Finance
经济管理类课程教材
金融系列

U0853293

投资学

TOUZIXUE

（第四版）

汪昌云　类承曜　谭松涛　编著

中国人民大学出版社
·北京·

出版说明

改革开放以来，中国的金融走上了高速发展的快车道，获得了前所未有的发展，有关院校都开设了金融课程，以便培养我国急需的人才。

一套高质量的教材是提高教学质量的前提之一。教材规定了教学内容，是教师授课取材之源，是学生求知和复习之本，没有优秀的教材，就无法提高教学质量。中国人民大学出版社推出“经济管理类课程教材·金融系列”，旨在推动国内金融人才培养工作的发展。

组织编写这套教材时，我们遵照以下原则：

1. 教材实行本土化。为了更快地与国际接轨，许多人主张采用“拿来主义”原则，直接引进国外的教材。实践证明，我国与发达国家相比，国情不同，文化背景不同，思维方式不同，语言表述方式不同，广大的专家教授一致认为：我们培养的是中国金融人才，是为中国的金融服务的，教材还是本土化为宜。在了解我国现况之后，再学习国外的知识。把中国的背景知识与国际接轨才是我们最需要的。该套教材均为本土原创作品。

2. 精选作者，保证教材质量。金融与国家的政策联系紧密，应用性强，培养的学生既要懂理论又要会应用，既要与国际接轨，又要考虑中国的国情。该套教材涵纳全国“政产学研”方面的作者，从源头上保证了这套书的质量。

3. 要始终保持教材的“精”与“新”。现代金融日新月异，课程设置不断变化。该套教材根据形势的发展，不断推出新课程教材，并不断修订、完善。

4. 形式多种多样，方便教材使用者。书中每章都设有

“本章小结”“本章要点”“本章关键术语”“本章思考题”和“本章练习题”等栏目，此外，各书还有配套的“学习指导书”，方便读者学习和使用。

总之，这套系列教材紧密结合当前国内外金融研究的最新成果与金融政策发展的实际情况，全面讲述金融基本理论和基本知识。我们相信“经济管理类课程教材·金融系列”的推出，能够为读者掌握现代金融知识、培养人才起到应有的作用。

中国人民大学出版社

前 言

总之，股票的价值只在于你从股票中得到哪些东西。就像老农夫告诉儿子的话：

买一头母牛就是为了牛奶，

买一只母鸡就是为了鸡蛋，

买一只股票，除了股利，还能要什么？

——约翰·威廉姆斯，《投资价值的理论》，1938

几乎在每个“投资学”或其他金融理论的课堂上，总会有一些学生问：“老师，我们为什么要学习这些枯燥的理论，推演这些复杂的模型？这些东西对我们今后的工作有用吗？”每每面对这些问题，除了无奈，我只能一次次地重复一句话：你们眼中这些枯燥的理论恰恰是过去60多年金融学领域一批才华横溢的天才所留下的为数不多的财富。哈里·马科维茨（Harry Markowitz）、威廉·夏普（William Sharpe）、费希尔·布莱克（Fisher Black）、迈伦·斯科尔斯（Myron Scholes）、罗伯特·默顿（Robert Merton）、尤金·法玛（Eugene Fama）……这一个个星光闪耀的名字，带给金融领域的不仅是学术的革命和思想的冲击，还有金融产业翻天覆地的变化。诺贝尔奖委员会不止一次奖励金融经济学领域的研究，其中一个重要的原因就在于这些研究的结果对金融市场产生了巨大的影响。马科维茨的资产组合选择理论造就了一大批风格迥异的共同基金；夏普等人的资本资产定价模型（CAPM）虽然在实证方面存在很大争议，但依然是实业界人士重要的投资工具。布莱克、斯科尔斯等人的期权定价模型更是极大地推动了衍生证券市场的发展，甚至为业界创造了一类全新的职业——金融工程师。随着高级概率论以及应用数学等其他科研领域对金融领域的渗透，一大批数学家和物理学家的身影开始出现在金融领域，他们为大量的金融机构计算衍生工具和对冲策略的价值。

今年，中国资本市场迈入而立之年。中国股票市场从零起步，经历了30年的飞速发展，沪深两市的上市股票数量从1990年的“老8股”增长到2019年末的3 858只股票，上市公司总市值已经高达60万亿元人民币，中国的股票市场是仅次于美国的第二大股票市场。随着中国资本市场的进一步改革开放，随着权证、股指期货、房屋贷款抵押证券等一系列金融衍生产品的推出，证券投资已经无法再停留在读懂财务报表、学会技术分析的水平上。中国的金融领域需要一大批拥有扎实的数理基础，同时能熟练应用现代金融理论的高级技术人员。当然，我们也非常清醒地认识到，这些能力的训练绝非一本投资学教材就能够实现的。但是，作为金融学本科阶段最重要的一门专业课，我们希望借助投资学为学生打开现代金融理论的一扇窗。因此，在本教材的编写过程中，我们尽可能做到如下几点：

第一，对于基础金融理论的介绍，力求反映学科前沿。经历了半个多世纪，现代金融学发展出了一套经典的理论框架，我们尽可能在教材中将这些理论原汁原味地展现给读者。

第二，注重金融学思想和数学的结合。作为本科生的基础课程，掌握金融理论背后的思想是首要的。但是，这并不意味着我们要用文字直白地把这些思想告诉读者。我们希望学生们能够透过数理公式去理解模型背后的金融思想。当然，考虑到本科生的数学基础，本书涉及的数学内容不超过微积分、线性代数和概率论的范畴。

第三，注重理论与实践的结合。我们在介绍经典理论的同时，也注重对证券市场的产品、制度、监管以及证券分析方法的介绍。

作为教材，本书面向的对象主要是经济学、金融学以及其他相关专业的本科生或者低年级研究生。在授课过程中，老师可以根据学生已有的经济学和金融学基础，增减讲授内容。在学习本教材之前，学生最好能够拥有中级微观经济学以及相关数学课程的基础。对于一些经典理论的延伸，有兴趣的读者可以进一步阅读每章后的参考文献。

本书的此次修订得益于校内外同行富有建设性的反馈意见和建议。本书在内容、数据上进行了大幅度的更新，在各章节增加了相关的专栏内容和学习拓展资源的二维码链接，以利于读者在进行理论学习的同时，更多地关注金融实践，并思考理论如何联系实践、实践如何促进理论发展等问题。除此之外，本书在每章结束时都增加了练习题。本次修订的写作分工如下：类承曜修订了第1章、第2章、第10章和第11章；谭松涛修订了第3章至第6章；汪昌云修订了其余章节并最后统撰定稿。另外，参加本书第一版编撰和资料整理工作的还有(按姓氏笔画)：邓力、江文熙、许莹、孙艳梅和李楠。本书的出版与以上同志的辛勤付出密不可分，在此一并致谢。

受水平和时间所限，书中内容的组织和表述仍有很多不尽如人意的地方，缺点和错误也在所难免，希望读者一如既往地海涵并不吝赐教。

编者

2020年春于北京

目　录

第1章

投资学基础

【本章导读】

在日常生活中，我们经常说到为自己的将来投资，进行房地产投资和金融投资等，投资已经成为一个大家都非常关注的话题。本章所述的投资，主要是指在金融市场上进行的投资，所以要理解投资，首先应当从理解金融市场开始。

与一般市场提供实物产品或服务不同，金融市场提供的金融产品是无形的，从股票、债券到期权期货，金融市场提供了庞大的金融资产供投资者选择。正是这些金融产品将整个经济体系中的各个参与者联系起来，实现了资源和风险的合理分配。经过多年的发展，学者对金融市场的研究已经为投资者的投资活动提供了很多现成的投资理论和指导，投资者可以自己管理自己的投资组合，也可以委托其他金融中介机构管理自己的金融资产，而金融中介机构凭借其规模和经验上的优势，可以实现大规模资产管理下的成本最低。

本章从金融资产与实物资产的比较入手，在此基础上明确了投资的具体含义；然后，对金融市场、金融市场的参与者以及金融产品做了简单的说明；最后，介绍了投资过程管理的几个重要环节。

第一节　投资的定义

一、投资的定义

（一）金融资产与实物资产

资产是指任何具有交换价值的所有物，能够为其所有者带来某种经济利益。按照其存在形式，资产可以分为实物资产和金融资产。实物资产能够给其所有者带来的收益依赖于特定的有形财产，如土地、房屋、机器设备等。金融资产之所以能够给其所有者带来收益，是因为它代表了对某种未来收益的合法要求权，最典型的是对未来现金流的要求权，如股票、债券等。

实物资产的恰当组合为社会提供了可供消费的产品和服务，是整个经济体真实财富的体现。实物资产的多少和其生产能力的高低，是衡量一个经济体是否发达的最基本指标，而金融资产则决定了实物资产所产生的收益或财富在投资者之间的分配。投资者可以选择现在就将其所持有的财富消费掉，也可以放弃现在的消费，以留待未来消费。金融资产为投资者提供了转移消费时间的工具，投资者可将现在持有的财富投资于某项金融资产，在未来时刻，投资者获得收益。与此同时，投资者的财富通过金融资产转移到了实物资产所有者那里，使得拥有实物资产的公司、个人能有足够的资金进行生产。

可以看出，金融资产与实物资产既有区别，又有紧密联系。两者的相同之处在于，它们都能为其所有者带来某种收益。金融资产与实物资产的区别在于，实物资产的组合本身就可以产生收益，而金融资产的收益最终是依赖于实物资产的。所以说，实物资产才是整个社会的真实财富，而金融资产只是将这些真实财富在不同的投资者之间进行了分配。

金融资产的主要功能有两方面：一是将资金从盈余一方转移到需要资金投资有形资产的一方；二是在转移资金的同时，将与有形资产的收益相关的风险在资金需求方和资金供给方之间进行重新分配，使得风险从没有能力承担的一方转移到有能力承担的一方，从而增强整个经济体系的稳定性。

（二）投资的定义

投资是指人们为了得到一定的未来收益或实现一定的预期目标，而将一定的价值或资本投入到经济运动过程中的行为。宽泛地讲，投资是现在付出一定的金钱，期望未来获得更多金钱的一种行为。投资具有两方面的特性：时间和风险。一方面，投资者现在付出金钱，未来获得回报，这个过程需要时间；另一方面，投资者现在付出的金钱是确定的，未来的收益则是不确定的，这种不确定就是风险。

人们为什么要进行投资？个人投资的原因多种多样，可能是想在停止工作后获得退休基金，所以在工作期间进行投资；可能是为了获得子女未来的教育经费，或者是为了支付某笔固定的费用等。机构进行投资同样有着多种多样的原因。但总体而言，人们进行投资主要考虑以下三个基本需求：

（1）获得收入。希望通过投资，在未来获得一系列收入。

（2）资本保值，即为了保持原始价值而进行的投资。投资者通过一些保守的投资方式，使资金在未来某一时点上可以获得，并且没有购买力的损失。保值是指真实购买力的价值被保值，所以名义价值的增长率应该趋同于通货膨胀率。

（3）资本增值。投资者通过投资可以实现资金升值、价值增长的目标。为实现这一目标，投资的货币价值增长率应该高于通货膨胀率，在扣除了税收和通货膨胀等因素后，真实的收益率应该为正。

根据不同的标准，投资可有如下几种分类：

按照投资的运用方式，投资可以分为直接投资和间接投资。直接投资是指将资金直接投入投资项目的建设或购置以形成固定资产和流动资产的投资。间接投资主要是指股票投资和债券投资，投资者用积累起来的货币购买股票、债券等有价证券，从而分享发行这些有价证券的公司进行投资后所带来的收益。

按照投入资金所增加的资产种类，投资可以分为实物投资和金融投资。正如实物资产与金融资产的区别一样，实物投资形成现实的固定资产或流动资产，会直接引起实物资产的增加；而金融投资主要体现为一种财务关系，货币资金转化为金融资产，并没有实物资产的增加。

按照投资主体的不同，可以将投资分成私人投资和公共投资。所谓私人投资，是指投资者以其私有财产进行投资的行为，企业投资和个人投资都属于该类。公共投资实际上就是政府部门投资，政府公共投资的资金来源于财政。

本书主要介绍金融投资相关领域的知识，对于实物投资的分析会有部分涉及，但并不作为重点讲解。所以，对实物投资感兴趣的读者可以参阅相关书籍。

二、投资与投机的区别

（一）对投机的重新理解

在经济生活中，人们常用的与投资相对应的一个词就是“投机”。一般认为，“投机”一词具有贬义性质，最常用到的关于投机的词组就是“投机倒把”和“投机分子”。在这两个词组中，投机很自然地与“违法、违规”联系起来，这是在我国传统商业背景下投机被赋予的特定含义。例如，1987年国务院颁布的《投机倒把行政处罚暂行条例》就明确规定：以牟取非法利润为目的，违反国家法规和政策，扰乱社会主义经济秩序的11种行为属于投机倒把行为。可见，在我国传统商业背景下，投机已不是字面上的“迎合时机”的意思，而成了“市场操纵”“违法、违规”的代名词。

然而，投机一词在现代市场经济条件下不能作如上理解。该词是从英语词汇speculation翻译过来的，原词的意思是“在不掌握事物具体事实和细节的情况下思考和讨论事情的原因和结果”。可见，其本身并没有“违法、违规”之意，而侧重于“思考”。在现代市场经济条件下，投机本质上是一种通过承担市场风险来获取收益的正常投资行为。一方面，投机强调在资本市场上获取资本利得的动机；另一方面，投机又是一个价格风险转移的过程，它使得风险由风险承担能力较弱或不愿意过多承担风险的投资者转移给风险承担能力较强或愿意承担更多风险的投资者，起到风险配置的作用。

另外，在资本市场上，将投机理解成以资本利得为主要目的的短期资产买卖行为的观点也非常流行。这种观点注重于投机的短期特点，从而将投机从投资中分离出来，专门代表投资的一种短期形式，而将投资的概念独立为长期的证券买卖，尤其是以获取股利为目的的证券买卖。

综上所述，我们可以看出，根据不同的语境，投机一词至少有三种用法：一是在我国传统商业文化背景下，“投机”成为违法、违规等商业活动的代名词；二是在现代市场经济背景下，投资者通过承担市场风险来获取经济利益的正常投资行为；三是在市场上以获取资本利得为目的的短期证券买卖行为。在使用投机一词时，应当对以上三种语境予以明确。

（二）投资还是投机

在金融领域，如果将投资和投机对应起来，我们应该如何理解它们的含义？例如，财经媒体这样报道："目前，证券市场投机气氛浓厚"，"中国股票市场经过大幅度的调整后，很多股票已经具有投资价值"。如果将投资和投机对应起来，投资就是一种得到合理、可预见的股利、利息或租金形式的收入和以长期内价值增值为目的而购买资产的行为。投资与投机的区别就在于投资收益回报的时间长短以及对回报的可预测性上。

投机被专门用来表示短期内利用市场机会获取资本利得的投资行为，其侧重于对短期市场价格走势的预测，投资者通过对价格风险的承担来获取资本利得，投机的回报具有很高的不确定性。投资则指长期追求价值增值的经济行为，其回报具有很高的确定性。合理限度内的投机对于证券市场具有重要的积极作用，投机行为的存在为证券市场提供了流动性。但是，如果投机过度，又可能造成证券市场的泡沫，最终引发证券市场的动荡。

（三）树立现代投资理念

对投资和投机的辨析，有助于投资者树立科学的现代投资理念，正确认识投资活动，这对我国证券市场的健康发展有着非常重要的意义。证券市场参与者的类型越来越多，参与者的背景越来越复杂，树立正确的投资理念有助于证券市场的稳定和社会的安定与团结。

现代投资理念有着丰富的内涵，通过上面对投资与投机的深入辨析，相信读者对现代投资理念至少会有以下的共识：

首先，现代投资理念要求树立合法投资的观念，摒弃传统的违法、违规的投机理念，正确认识投资是合法取得经济收益的经济行为。投机作为广义投资的一个组成部分，其核心是通过判断价格走势、承担市场风险来获取收益，而不是通过违法、违规的内幕交易或操纵市场来获取收益。

其次，现代投资理念要求投资者追求风险溢价，能够将收益与风险结合起来考虑，而不是单纯地无视风险溢价的赌博理念。风险溢价是指对投资者承担额外风险的经济补偿。理性的投资者承担风险并要求风险溢价补偿，是最基本的投资理念。无视风险溢价的投资行为，即单纯追求风险所带来的娱乐效用，而不考虑风险与收益相匹配的行为，属于赌博。投资者与赌博者最重要的区别就在于是否追求风险溢价，虽然有时因为市场的客观原因，投资者经过认真研究和思考的投资行为也有可能成为事实上的赌博行为，但理性投资者就应该摒除赌博者的心理，不应该进行盲目的风险承担。

再次，现代投资理念非常重视风险管理。投资者在承担风险和追求风险溢价的过程中，必然要进行风险管理，风险管理也已成为现代投资管理的核心组成部分。投资理论的快速发展为风险管理提供了丰富的工具，投资组合理论、对冲、套期保值和免疫等一系列方法，已经成为投资者应该了解和掌握的现代投资理念的重要组成部分。

最后，现代投资理念非常讲究科学的分析和理性的决策，而不是凭借主观臆想、内幕消息等的冒失行为。在现代投资领域中，投资者所面临的投资渠道和投资工具难以计数，从最基本的股票和债券，到复杂的金融衍生产品，投资者需要根据自己的投资目的和自身特征，研究选择适合自己的投资工具，制定适合自己的投资渠道，才能实现投资的真实目的，从投资过程中获益。

第二节 金融市场和金融产品

一、金融体系的基本功能

金融体系由金融机构和金融市场组成。金融体系的基本功能是将经济体系内盈余单位的资金向赤字单位转移，当资金通过金融机构（中介）转移时，就是间接金融；当资金通过金融市场转移时，就是直接金融。这种转移具有两方面的作用：在生产方面提高了生产的效率和数量，即提高了资源的配置效率；在消费方面提高了消费者的福利水平，例如，住房抵押贷款使消费者一生的收入平滑化，提高了消费者的效用水平。

金融中介的基本功能包括：

（1）期限中介。商业银行是金融中介机构的重要组成部分，它们的存款来自居民储蓄和商业机构的存款，其中有相当一部分是活期存款或者短期存款，而商业银行的贷款期限一般大于两年。如果没有商业银行的存在，借款人将不得不借短期贷款，或者寻找愿意长时期投资的贷款部门。而商业银行通过发行使自身成为债务人的金融债权，将长期资产转变为短期资产，一方面为借款者提供所需时间长度的贷款，另一方面又为存款者提供所需投资期限的金融资产。这样一来，投资者对其投资期限、借款人对其债务的大小都有了更多的选择。另外，银行可以利用到期前源源不断的存款发放长期贷款，这也降低了长期借款的成本。

（2）通过分散化降低风险。金融中介机构（如投资公司）可以用非常低的成本，将筹集的大额资金投资于多种资产，达到分散风险的目的。投资者可以通过购买投资公司的金融资产来分享这种低成本分散风险的好处。

（3）提供支付机制。现在，大部分交易都不是通过现金交易完成的，金融中介机构提供的支票、信用卡、借记卡和电子资金划拨等支付方式，已经成为现代支付机制的重要组成部分。同时，非现金支付也在很大程度上提高了金融市场的运行效率，金融中介机构提供的支付机制成为金融市场高速运转的前提和保障。

（4）降低订立合同和处理信息的成本。合同成本是指制定贷款合同和执行贷款协议条款的成本。信息处理成本包括处理金融资产及其发行人信息的时间机会成本，也包括获得这些信息的成本。金融中介机构的成员包括经过训练的分析、管理金融资产的专业人士，其贷款等协议可以是标准化的合同，专业投资人士可以监管贷款协议条款的执行情况，而这些业务都是金融中介机构的正常投资业务，所以它们能够以极低的成本进行。另外，金融中介机构在金融资产的信息处理上具有规模经济效应，因为金融中介机构管理的资金数额巨大，这样的低成本最终使得购买金融中介机构的产品的投资者获益。

二、金融市场

（一）金融市场的功能

金融市场是指金融资产交易的场所。随着信息技术的发展，有些金融市场已经没有固定的场所，通过计算机网络即可进行金融资产的各种交易。然而，在多数经济中，金融资产都是在某种有组织的金融市场中进行创造和交易的。

金融市场提供了三种最基本的功能：

（1）金融市场提供了流动性。流动性是指资产能够被迅速变现并且不会引起很大损失的能力。金融市场上聚集了希望出售和购买金融资产的投资者，金融市场的这种流动性机制使得金融资产对各种类型的投资者都有吸引力，让他们在希望变现时能够迅速变现。

（2）金融市场上买方和卖方的相互作用决定了资产交易的价格，从而也就确定了金融资产要求的收益率。金融市场的这一功能被称为价格发现过程，这一特点引导资金在不同的资产间进行配置。

（3）金融市场减少了交易的搜寻成本和信息成本。搜寻成本是指投资者为了寻找交易对方或符合自己要求的投资对象而引发的各项成本，包括显性成本和隐性成本。显性成本如广告费用等，隐性成本主要是指寻找的时间成本和机会成本。信息成本是指投资者为获得投资对象的投资价值而付出的相关成本。在一个有效的市场中，价格就反映了市场参与者收集到的所有信息。

在现代社会，金融市场的核心功能就是信息功能，这种信息功能体现在两个方面：一方面，证券市场本身要解决投资者和筹资者（证券发行者）之间的信息不对称问题，即证券的价格要及时、准确地反映所有信息。简言之，证券的价格能及时、正确地反映企业的内在价值。① 另一方面，证券市场要为经济体系的决策提供重要的信息。证券市场的信息对于公司治理机制及公司投融资决策都具有重要的意义。例如，公司的股票价格为考核公司的业绩提供了重要的参考信息，这对于公司治理中激励机制和约束机制作用的发挥是至关重要的。

（二）金融市场的分类

金融市场同样有多种划分方式，最常见的是按照交易工具的期限划分，金融市场可以划分为货币市场和资本市场。货币市场是指期限为1年或1年以内的金融资产的交易市场，也称短期资金市场。货币市场的功能主要是满足交易者的临时资金需求，因而保持了较高的流动性。资本市场即长期资金市场，主要是指期限长于1年的金融资产交易市场，该市场的主要功能是满足参与者的资金保值增值等需求。

按照对收益的要求权的不同，金融市场可以划分为债券市场和权益市场。在债券市场上交易的金融资产是对未来某一固定收益额的要求权。例如国债，其未来的现金流在发行之初便确定下来，投资者购买国债，就获得了未来这一系列确定现金流的要求权。权益市场则是对残值要求权的交易市场，所谓残值，是指在支付了债券等固定现金流后的残余价值。例如股票，投资者就是对公司总体价值中扣除债务后的部分要求权的代表。优先股给予其投资者固定数额的股利支付权利，从而也具有债券市场工具的特征。所以，交易债务工具和优先股的市场一般又被称为固定收益市场，不包含优先股的股票市场则被称为普通股市场。

专栏1-1对新中国证券市场的形成和发展进行了简要的介绍。

---

① 这就是市场有效性问题。

专栏1-1

中国的证券市场

证券市场（又称资本市场）是市场经济体系的一个十分重要的组成部分，是现代市场经济条件下实现国民经济中资本要素有效配置的主要机制。它通过一系列非常复杂的、人为设计的组织体制和运作机理在资本的供给者和需求者之间建立起一个渠道，为投资者管理风险，为资本的合理流动提供便利。证券市场主要包括债券市场、货币市场、股票市场、基金市场以及金融衍生工具市场等子市场。

1. 债券市场

我国债券市场的发展主要分为三个阶段。我国的债券市场起步于20世纪80年代初，最初的主要品种是国债。财政部于1981年开始恢复发行国债，当年7月1日，财政部通过行政分配实际发行国库券48.66亿元。随后，在上海、北京、深圳等地开始有企业以发行债券的形式筹集资金，后来，由银行发行的金融债券也开始出现。随着债券发行量的增加以及债券交易需求的加强，债券开始在银行或者信托公司的柜台进行交易，形成早期的债券交易市场。在这一阶段，我国债券市场发展程度有限，但是其雏形已经形成，作为交易市场，最基本的买方、卖方以及中介都已经出现，人们对债券的认识也逐步加深。

从20世纪90年代初开始，债券市场进入了第二个发展阶段。债券市场的交易品种更加丰富，出现了地方政府债券、地方企业的短期融资券、中外合资企业债券、境内外币债券等；发行方式也有了新的变化，系统定价发行的方式出现了新的形式，场内交易和场外交易并存。1993年，国务院颁布的《企业债券管理条例（修订草案）》使得企业债券的发行更为规范。债券的发行也由行政摊派改为承购包销。与此同时，享有信息、资金优势的商业银行、证券公司及其他金融机构大量持有国债并参与二级市场的肆意炒作，增大了债券市场的风险。1995年的“3·27”国债期货风波对债券市场构成巨大冲击，随后，国家正式停止一切场外债券市场的交易，国债期货交易品种退出市场。

1996年以后，债券市场进入了第三个发展阶段，银行间债券市场形成并获得了良好发展。商业银行过去一直参与证券交易所国债市场，1997年6月，中国人民银行下令所有商业银行退出证券交易所市场，并组建了银行间债券市场，市场参与者主要为国有商业银行、股份制商业银行、城市合作银行、保险公司及中央银行。1998年9月，国家开发银行采取公开招标方式，首次在银行间债券市场中市场化发行金融债券。随后，国家进出口银行、财政部、中国人民银行先后进入银行间债券市场进行市场化发债和公开市场操作，并逐步形成了财政部、中央银行、政策性银行在银行间债券市场中三足鼎立的局面。随着银行间债券市场的发展，其债券发行品种逐步实现多样化，出现了企业债券、次级债券、普通金融债券、短期融资券、资产支持证券、国家金融债券。

近年来，随着我国债券市场的逐步完善，新的债券品种不断涌现。地方政府债券以地方政府为发债主体。20世纪80年代末至20世纪90年代初，许多地方政府为了筹集资金修路建桥，都发行过地方政府债券，但这一行为在1993年被国务院叫停。2009年，经国务院批准，由财政部代新疆维吾尔自治区发行55亿元地方政府债券，成为这一阶段我国第一只地方政府债券。

公司债券和企业债券都是由企业发行的，但二者在中国并不相同。公司债券由上市的股份有限公司发行，企业债券则由中央政府部门附属机构、国有独资企业或者国有控股企业发行；公司债券的发行由中国证监会实行核准制，而企业债券的发行则由国家发展和改革委员会与国务院审批，要求银行做担保。2007年9月24日，中国第一只公司债券——“07长电债”开始发行。

我国第一只中小企业私募债券是2012年苏州华东镀膜玻璃有限公司中小企业私募债券。中小企业私募债券是我国中小企业在境内市场以非公开方式发行的公司债券。它采取备案制，发行利率不超过同期银行贷款基准利率的3倍，期限在1年（含）以上，对发行人没有净资产和盈利能力的门槛要求。中小企业私募债券将成为小微企业融资的新渠道。在投资者范围方面，深圳证券交易所不接受个人投资者，上海证券交易所则向符合条件的个人投资者开放认购和转让。

资产证券化是指将缺乏流动性的资产转换为在金融市场上可以自由买卖的证券，使其具有流动性的行为。我国资产证券化产品主要包括两大类：信贷资产证券化和企业资产证券化。2005年开始的我国信贷资产化试点因次贷危机中止。2012年，中国人民银行、中国银行业监督管理委员会（简称“银监会”）、财政部联合向银行发布了《关于进一步扩大信贷资产证券化试点有关事项的通知》，停滞4年之久的信贷资产证券化重新开闸。资产证券化在一定程度上解决了商业银行贷款资产在收益与流动性方面的矛盾。

经过近40年的发展，我国的债券市场已经形成以银行间市场为主，交易所市场为辅，商业银行柜台市场为补充的多层次债券市场体系。银行间市场的主要参与者是各类机构投资者，属于大宗交易市场，实行双边询价制度。交易所市场是零售市场，参与者包括除银行外的各类社会投资者。商业银行柜台市场也属于零售市场。近年来，我国债券发行量日益庞大，发行人逐步多元化，中小规模的债券融资增多，低评级债券规模扩大。截至2011年底，信用债券的发行总量达到22 169亿元，公司债券的发行量为1 291亿元，企业债券的发行量为2 515亿元。根据国际清算银行（BIS）的统计，我国债券市场排名从世界第20位大幅提升至世界第4位。其中，公司信用类债券市场实现跨越式发展。截至2017年底，信用债券的发行存量达到187 102.2亿元，公司债券的发行存量为50 797.4亿元，企业债券的发行存量为30 471.8亿元。2017年末，公司信用类债券的余额已达到18.3万亿元，占债券市场总余额的25.05%。[①] 截至2019年6月末，我国债券市场托管规模达92.12万亿元，已超越日本，世界排名第二，中国债券市场规模已位居全球前列。

2. 货币市场

货币市场是短期融资市场，融资期限在1年以下，该市场的主要金融工具是政府、银行、企业等发行的短期信用工具。由于其期限短，在保证了资金盈利性的同时，也保证了资金的安全性和流动性，具有期限短、流动性强、风险小的特点。就其结构而言，货币市场主要包括同业拆借市场、票据贴现市场、短期政府债券市场、证券回购市场、大额可转让定期存单等。

货币市场产生和发展的初始动力是为了保持资金的流动性，它借助各种短期资金融通工具将资金需求者和资金供给者联系起来，既满足了资金需求者的短期资金需求，又为资金盈余者的闲置资金提供了盈利机会。货币市场既从微观上为银行、企业对资金的安全性、流动性、盈利性的统一提供灵活的管理手段，又为中央银行实施货币政策调控宏观经济提供手段。

---

① Amstad, M., He, Z., 2019, *Chinese bond market and interbank market* (No. w25549), National Bureau of Economic Research.

改革开放以来，我国采取了“先资本市场，后货币市场”的发展思路，加之对货币市场认识的不足，我国货币市场的发展明显滞后。最早发展的货币市场子市场——同业拆借市场直到1986年才有了比较明显的发展。1996年，全国银行间同业拆借市场累计成交额为5 871.58亿元，到了2018年，银行间市场信用拆借、回购交易总成交量达862万亿元，同比增长24%。其中，同业拆借累计成交139.3万亿元，同比增长76%；质押式回购累计成交708.7万亿元，同比增长20.5%，以上数据显示，虽然我国货币市场的发展历史较为短暂，但发展的速度正在不断加快。

3. 股票市场

股票市场是已经发行的股票转让、买卖和流通的场所。20多年来，发行股票成为我国企业融资的重要渠道，股票也成为居民的重要投资形式。1984年11月，中国第一家股份公司——上海飞乐音响股份公司成立。1986年9月26日，中华人民共和国第一家代理和转让股票的证券公司——中国工商银行上海信托投资公司静安证券业务部宣告营业，从此恢复了我国已中断30多年的证券交易业务。1990年12月19日，上海证券交易所成立。这是中华人民共和国成立以来的第一家证券交易所。1991年7月3日，深圳证券交易所成立；同年8月28日，中国证券业协会在北京成立。沪、深证券交易所的成立标志着中国的证券交易市场开始走上正规化发展道路。1993年6月29日，青岛啤酒股份有限公司在中国香港正式招股上市，成为中国内地首家在香港上市的国有企业。1999年7月1日，《中华人民共和国证券法》开始实施。2001年2月，经国务院批准，中国证监监督管理委员会（简称“证监会”）决定境内居民可投资B股市场。目前，中国内地的机构投资者可以投资H股，个人投资者尚不能投资H股。

我国股票市场诞生初始，规定国有股和法人股不能流通，从而使我国股市出现了流通股和非流通股并存的独特现象，即所谓的股权分置。随着经济体制改革的深化和证券市场的发展，大量非流通股的存在成为完善资本市场基本制度的障碍，股权分置改革已经迫在眉睫。中国证监会于2005年4月29日发布了《关于上市公司股权分置改革试点有关问题的通知》，选择四家企业作为试点。此后，在有关部门的推动下，历时两年，到2007年末，已完成或者进入股改程序的上市公司总市值占应改革的上市公司总市值的98%。股权分置改革后，我国证券市场交易更加活跃，资本市场进程进一步加快。

为鼓励和扶植中小企业、民营企业和创业企业的发展，鼓励创新，2004年5月17日，经国务院批准，中国证监会正式发出批复，同意设立中小企业板块。2004年5月27日，举行中小企业板块启动仪式。中小企业板块成立后，为广大中小企业上市融资、公司治理和行业发展提供了良好的服务与支持。

2009年10月23日，创业板正式启动。2009年10月30日，华鹏飞等28只创业板新股上市。截至2010年10月28日，我国创业板总市值超过5 700亿元，流通市值超过1 300亿元。创业板市场的发展促进了高科技等创新型企业的发展，对于完善我国资本市场体系具有重要意义。

2006年6月30日，证监会发布《证券公司融资融券业务试点管理办法》，说明融资融券业务能提高市场的流动性，完善证券市场的价格发现功能，对股票市场的发展起到巨大的推动作用。2008年10月5日，证监会宣布启动融资融券试点。2011年11月25日，经中国证监会批准，《上海证券交易所融资融券交易实施细则》正式发布，使得融资融券业务更为规范。

2014 年 11 月 17 日，沪港通试点正式启动，允许内地和香港投资者通过当地证券公司买卖规定范围内的在对方交易所上市的股票。2016 年 12 月深港通开通；2017 年 7 月债券通开始运行；2018 年 6 月 A 股正式纳入 MSCI 新兴市场指数。以沪港通的开通为典型代表的这一系列资本市场开放政策标志着中国向放开市场迈出了一大步。

中国股市起步虽晚，但发展速度较快。自 2005 年开始，股市规模迅速发展，据美国 BIG 投资公司 2011 年发布的报告，中国内地市场占全球股市市值的 7.38%，当时就已经超过日本，位列全球第二。2018 年底，两市全年成交额为 90.3 万亿元。截至 2019 年底，股票总市价达到 65.83 万亿元。

4. 基金市场

1998 年 3 月 27 日，我国发行了第一只契约型封闭式基金——基金开元，封闭期为 15 年，标志着规范化的证券投资基金在我国正式发展。2001 年 9 月 21 日，华安创新基金发行，这是国内第一只契约型开放式基金，标志着我国证券投资基金的新发展。《中华人民共和国证券投资基金法》（简称《基金法》）是规范投资基金的资金募集与投资管理，保护基金投资者合法权益的一部重要法律。该法自 2004 年 6 月 1 日实施以来，对规范基金运作、保护投资者合法权益、促进基金业和证券市场健康发展发挥了重要作用。截至 2019 年底，全国 140 家基金管理公司管理的 6 084 只公募基金的资产净值总规模已达 14.7 万亿元，证券投资基金已成为证券市场最重要的机构投资者。

5. 金融衍生工具市场

金融衍生工具是投资者管理风险的重要工具。我国的衍生工具始于商品期货。1990 年 10 月 12 日，中国郑州粮食批发市场经国务院批准，成为我国第一家商品期货市场。20 世纪 90 年代中期，我国期货市场的发展走向一个“小高潮”。到 1993 年底，全国期货交易所达到 50 多家。为了遏止期货市场盲目发展，国务院授权中国证监会从 1993 年开始对期货市场主体进行了大规模的清理整顿和结构调整。上海、大连、郑州三家期货交易所被保留。1992 年 12 月，中国第一个金融衍生品——国债期货合约在上海证券交易所（简称“上交所”）首先推出。2006 年 9 月 8 日，经国务院同意，中国证监会批准，中国金融期货交易所成立。2010 年 2 月 20 日，证监会正式批复中国金融期货交易所沪深 300 股指期货合约和业务规则，标志着股指期货正式在我国推出。

资料来源：编者根据相关资料整理而得。

（三）金融市场参与者

金融市场的参与者包括家庭部门、商业部门和政府部门。家庭部门是经济体的净储蓄者。商业部门是经济体的净借款者，它们进入货币市场和资本市场进行融资，以满足自身发展的资金需求。政府部门在金融市场上也是以借款者的身份出现的，它们通过发行国债的形式借入款项，用财政收入来偿还。

所以，商业部门和政府部门是金融证券的主要发行者，它们发行的证券由家庭的储蓄直接购买或者间接购买。一般情况下，商业部门和政府部门发行的证券不是直接出售给家庭部门的，而是通过金融中介机构实现的。金融中介机构的基本功能就是将从市场上获得的金融资产改造成不同种类的更易接受的资产。例如，投资银行运用它们的知识及在投资机构和投资者中的关系网络来商议发行证券的类型、发行数量、证券价格和其他相关事宜，用以帮助商业部门和政府部门，使得股票和债券得以发行。金融中介机构包括存款性金融机构、保险公司、养老基金、投资公司等。下面重点介绍一些金融市场参与者的主要职能：

（1）商业银行。商业银行是以经营存贷款为主要业务，以营利为目的的金融机构。商业银行的资金来源主要是各项存款，包括活期存款、储蓄存款、定期存款等，以及各种非存款性借款、银行资本金和利润积累。商业银行在投资过程当中，多将安全性放在首位，而将盈利性放在次位。

商业银行在金融市场上既是资金供给者，又是资金需求者；既是金融市场的主体，又是金融市场的媒介；既在货币市场上活动，又在资本市场上投资，已成为在金融市场每一个方面都参与活动的金融机构。

近些年，西方国家商业银行的资产管理业务出现了两大明显趋势：一是商业银行越来越重视金融工具的组合管理，它们通过投资组合来获得盈利。二是商业银行传统业务（如贷款业务）也在证券化。也就是说，将银行业务也划分为若干等分，然后通过证券化这些业务并出售相应的证券来降低银行传统业务的风险，同时增强资产的流动性。

（2）投资银行。投资银行为企业提供发行股票、债券或重组、清算等业务，并从中抽取佣金；同时，投资银行还向投资者提供证券经纪服务和资产管理服务，并运用自有资本在资本市场上进行投资或投机。

狭义的投资银行业务仅指财务顾问（包括兼并收购、重组、股权转让等咨询服务）和承销（包括股票发行、债务发行、特殊金融工具发行等）。广义的投资银行业务还包括二级市场的销售与交易（证券经纪）、研究、资产管理、私人财富管理、私人股权和风险投资等。某些大型投资银行还发行自己的信用卡，并涉足商业银行业务。

（3）投资基金。投资基金，又称共同基金或证券投资基金，是由基金经理管理的、向社会投资者公开募集资金以投资于证券市场的营利性公司型证券投资基金。共同基金购买股票、债券、商业票据、商品或金融衍生工具，以获得利息、股利或资本利得。共同基金通过投资获得的利润由投资者和基金经理分享。

（4）养老基金。养老基金是一种契约型金融机构。这种基金的参加者多为私人企业的职工，资金来源主要有两个：一是劳资双方的积聚，即雇主和雇员各缴纳一部分；二是基金运用的收益。

在金融市场发达的国家，养老基金一般投资于各类上市公司，成为它们重要的股东成员；同时，养老基金也是机构投资者主导的金融市场中的重要参与者。据摩根士丹利的估计，截至 2008 年 1 月，全球养老基金掌控着超过 20 万亿美元的资产，远远超过保险公司、共同基金等。

（5）外国投资者。合格境外机构投资者（Qualified Foreign Institutional Investors，QFII）制度是指外国专业投资机构到境内投资的资格认定制度。在该制度下，QFII 被允许将一定额度的外汇资金汇入并兑换为当地货币，通过严格监督管理的专门账户投资当地证券市场，包括股利及买卖价差等在内的各种资本所得经审核后可转换为外汇汇出，这实际上就是对外资有限度地开放本国的证券市场。作为一种过渡性制度安排，QFII 制度是在资本项目尚未完全开放的国家和地区，实现有序、稳妥开放证券市场的特殊通道。

合格境内机构投资者（Qualified Domestic Institutional Investors，QDII）制度是指在资本项目未完全开放的国家，经该国有关部门批准，有控制地允许境内机构投资境外资本市场的股票、债券等有价证券的一项制度安排。设立该制度的直接目的是进一步开放资本账户，以创造更多的外汇需求，使人民币汇率更加平衡、更加市场化，并鼓励国内更多企业走出国门，从而减少贸易顺差和资本项目盈余，表现为让国内投资者直接参与国外市场，并获取全球市场收益。

外国投资者的参与，从积极的方面看，首先，给主权国家的金融市场活动注入了活力，为国际资本流入和充分利用外资提供了有利条件；其次，将市场竞争扩大到国际领域，有利于平均同类金融工具的价格水平；最后，对提高国际资本的使用效率有促进作用。从消极的方面看，首先，会对一国主权和金融安全造成冲击；其次，当外国投资者集中抽离资本时，容易诱发主权国家的金融危机，从而会扰乱主权国家既有的金融秩序。

金融市场为不同的投资者提供了一个交易的平台，协助他们实现自己特定的交易目的。投机者、对冲者和套利者就是金融市场参与者中非常重要的三类主体。

（1）投机者。投机者是指在市场上通过买空卖空、卖空买空，希望以较小的资金来博取利润的投资者。在期货市场上，投机者一旦预测期货价格将上涨，就会买进期货合同，一旦预测期货价格将下降，就会卖出期货合同，待价格与自己预料的方向变化一致时，再抓住机会进行对冲。投机者作为市场上最主要的参与者，为市场提供了所必需的流动性；同时，投机者的交易活动减少甚至消除了套利机会的存在，对资产价格的决定起到了必不可少的作用。

（2）对冲者。市场上还有一类投资者，他们希望通过金融市场来控制、降低自己所面临的风险，对冲者就是其中之一。对冲者同时进行两笔行情相关、方向相反、数量相当、盈亏相抵的交易，借以规避风险，使市场风险最小化。对冲交易是在期货市场形成后发展壮大的，这主要是因为期货交易采用保证金制度，同样规模的交易，只需要投入较少的资金；同时，期货可以买空卖空，合约平仓的虚盘对冲和实物交割的实盘对冲都可以做，完成交易的条件比较灵活。对冲者同时在期货市场和现货市场上进行数量相当、方向相反的交易，规避现货市场上因价格变化带来的风险，同时也放弃价格变化可能产生的收益，这种操作一般也被称为套期保值。

（3）套利者。套利者是指利用市场上两个相同或相关资产暂时出现的不合理价格关系同时进行一买一卖的交易，当这种不合理的价格关系缩小或消失时，再进行相反的买卖，以获取无风险利润的投资者。

套利最原始的定义是指利用不同国家或地区短期利率的差异，将资金由利率较低的国家或地区转移到利率较高的国家或地区进行投放，以从中获得利息差额收益的一种外汇交易。在现代金融市场中，套利已涉及所有可能出现不同价格的资产。套利者的存在，一方面帮助扭曲的市场价格恢复到正常水平；当市场上同一种产品的价格由于某些原因出现差异时，套利者便会利用这些机会获取利润，直到价格相等、这种套利机会不存在时才会停止。另一方面，套利可以增强市场的流动性。

三、金融产品

金融资产投资可以分为直接投资和间接投资两类，直接投资是指买方明确拥有某种证券的所有权，而间接投资则是指拥有一家机构的所有权，而该机构拥有一些真实的证券。间接投资涉及投资公司，包括共同基金、封闭式基金和单位投资信托。直接投资又分为投资可流通证券和不可流通证券。不可流通证券指银行存款等，可流通证券指可以在市场上交易的证券，包括货币市场工具、资本市场工具以及衍生证券。

（一）货币市场产品

货币市场工具是期限在 1 年以内的短期证券，包括国库券、商业票据、银行承兑汇票和大额可转让定期存单。这些工具的共同点是到期时间短、质量高、面额大和贴现出售。

（1）国库券。短期国库券是财政部发行的借据，财政部以国家的财政收入为还款依据。在我国，国库券的最短期限为 1 年，而在西方国家，国库券一般有 1 个月、3 个月、6 个月、9 个月和 1 年五种期限。

国库券因期限较短，故其发行价格一般采用贴现价格，即以低于票面金额的价格发行，到期时按票面金额偿还。票面金额与发行价格的差就是投资者的利息。国库券是流动性最好、信誉最高的证券，其收益率一般被视为市场上的无风险基准收益率。

（2）商业票据。商业票据是企业为筹集营运资金而发行的短期借据，一般是指商业上由出票人签发、无条件约定自己或要求他人支付一定金额、可流通转让的有价证券，是持有人具有一定权利的凭证。通常说来，企业发行商业票据作为商业银行贷款的补充，商业票据甚至可以完全取代商业银行贷款。

商业票据是由金融公司或某些信用较高的企业开出的无担保短期票据，其可靠程度依赖于发行企业的信用程度。

（3）银行承兑汇票。银行承兑汇票是由在承兑银行开立存款账户的存款人出票，向开户银行申请并经银行审查同意承兑的、保证在指定日期无条件支付确定的金额给收款人或持票人的票据。银行承兑汇票就是银行承担了向各方最终付款的责任。因此，银行承兑汇票的风险更多地取决于银行信誉的高低，而不是进行商业交易的公司的财务实力。

（4）大额可转让定期存单。大额可转让定期存单（CD）也称大额可转让存款证，是银行发行的一种定期存款凭证，凭证上印有一定的票面金额、存入日、到期日以及利率，到期后可按票面金额和规定利率提取全部本息，逾期存款不计息，大额可转让定期存单可流通转让、自由买卖。

（5）回购协议。回购协议是指以有价证券作抵押的短期资金融通，在形式上表现为附有条件的证券买卖。回购协议的一方向另一方出售一组证券，并同意在将来某日以更高的价格将这些证券赎回，也称回购。

回购协议将资金的流动性与收益性结合在一起，增加了投资者的兴趣。同时，回购协议还增强了长期债券的流动性，避免了证券持有者因将长期资产变现而可能带来的损失。回购协议一般期限较短，并且又有 100%的债券作抵押，所以投资者可以根据资金市场行情的变化及时抽回资金，避免长期投资的风险，具有很高的安全性。

（二）固定收益证券

货币市场工具的期限为自发行之日起 1 年或更短的时间，而固定收益证券市场由自发行之日起期限超过 1 年的所有债务工具组成。除了期限上的区别外，货币市场和固定收益证券市场的区别还体现为：货币市场工具除了定期存单外，都是贴现证券，而固定收益证券市场的证券多是付息证券，多数证券会定期按固定的利率支付利息，该利率叫作息票率。

（1）国家债券。国家债券的发行者是中央政府，由国家承担偿还本息的责任。它可以全部在证券交易所上市，也可以在到期前用作抵押贷款的担保品，而且国家债券的收益是免税的。因此，它的信誉好、风险小、流动性强、抵押代用率高，是最受投资者欢迎的金融资产之一。国家债券的发行量和交易量在证券市场一般都占有相当大的比重，不仅在金融市场上起着重要的融资作用，而且是各国中央银行进行公开市场业务的重要手段。

（2）地方政府债券。地方政府债券又称地方债券，是由市、县、镇等地方政府发行的债券。发行这类债券是为了筹措一定数量的资金用于满足市政建设、文化进步、公共安全、自然资源保护等方面的资金需要。

（3）公司债券。公司债券是股份制公司发行的一种债务契约，公司承诺在未来的特定日期偿还本金并按事先规定的利率支付利息。企业发行各种长期债务凭证是为了给投资项目筹集资金。

公司债券的风险较大，因此收益较高。对于某些债券而言，发行者与持有者之间可以相互给予一定的选择权，例如，可赎回债券就给予发行者（即发行公司）提前赎回债券的权利。

信用评级高于 BBB（或 Baa）级的公司债券被认为是可以投资的债券，而低于 BBB 级的债券通常被称为垃圾债券。

（4）外国债券。随着国际金融市场的发展，很多国家政府和企业都在境外发行债券，外国借款人（政府、私人公司或国际金融机构）在某个国家的债券市场上发行的以该国货币为面值货币的债券，被称为外国债券。例如，美国的扬基债券、日本的武士债券、英国的猛犬债券、西班牙的斗牛士债券、荷兰的伦勃朗债券，都是非本国主体在该国发行的债券。

还有一种在国外发行的债券叫作欧洲债券，它是一国政府、金融机构、工商企业或国际组织在国外债券市场上以第三国货币为面值发行的债券。

（5）优先股。优先股在法律上属于股票，但相对于普通股而言，优先股在利润分红及剩余财产分配方面具有优先权。优先股是一种混合证券，它既有普通股的特征，又有债券的特征。但是，从投资者的角度看，它更像债券。优先股通常预先确定股利收益率，优先股股东一般没有选举权和被选举权，对股份公司的重大经营无投票权，但在某些情况下可以享有投票权，优先股的索偿权先于普通股而次于债权人。优先股不同于债券的一点是，在发行机构无法支付债券本金和利息时，发行机构就会破产，而无法支付优先股股利时，发行机构不会破产。

（三）权益类产品

权益市场的主要投资工具就是普通股。普通股代表对一家企业的所有权，普通股的持有者为股东，股东即该企业的所有者，股东只拥有对剩余财产的求偿权。如果公司清算资产，普通股股东要在债权人得到赔偿后才能分配剩余的资产。上市公司的股票可以在股票交易所交易，目前在上海和深圳证券交易所上市交易的股票都是普通股股票。

普通股股东与独资经营或者合伙经营的所有者相比，优点在于承担有限责任——在公司破产时，股东的损失只是其投入股票的资金，股东不对公司的债务负全部责任。

普通股持有者按其所持股份比例享有以下基本权利：

（1）公司决策参与权。普通股股东有权参与股东大会，拥有建议权、表决权和选举权，也可以委托他人代表其行使股东权利。

（2）利润分配权。普通股股东有权从公司的利润分配中得到股利。普通股的股利是不固定的，由公司盈利状况及其分配政策决定。普通股股东必须在优先股股东取得固定股利之后才有权享受股利分配权。

(3) 优先认股权。如果公司需要扩张而增发普通股股票时，现有普通股股东有权按其持股比例，以低于市价的某一特定价格优先购买一定数量的新发行股票，从而保持其对企业所有权的原有比例。

(4) 剩余资产分配权。当公司破产或清算时，若公司的资产在偿还欠债后还有剩余，其剩余部分按先优先股股东、后普通股股东的顺序进行分配。

固定收益证券给投资者带来的最大好处就是利息支付所带来的当前收益，而普通股投资者购买股票主要是为了追求潜在的资本增值。从理论上讲，股票的价格由公司收益、分红比例、收益和股利增长率等因素决定，随着公司收益的增加，股票价格也会相应提高，由此产生了资本增值。固定收益证券市场和权益市场又被称为证券市场，在现代金融体系中发挥着至关重要的作用：

(1) 筹资功能。证券市场一方面为资金需求者筹集资金，另一方面为资金供给者提供投资对象。在证券市场上交易的任何证券，对资金需求者来说是筹资工具，对资金提供者来说则是投资工具。在经济运行过程中，既有资金盈余者，又有资金短缺者。资金盈余者为了使自己的资金增值，就必须寻找投资对象。在证券市场上，资金盈余者可以通过买入证券而实现投资；而资金短缺者为了发展自己的业务，就要向社会寻找资金。为了筹集资金，资金短缺者可以通过发行各种证券来达到筹资的目的。

(2) 资本定价。证券市场的第二个基本功能就是为资本决定价格。证券是资本的存在形式，所以证券的价格实际上是证券所代表的资本的价格。证券的价格是证券市场上证券供求双方共同作用的结果。证券市场的运行形成证券需求者和证券供给者之间的竞争关系，这种竞争的结果是：能产生高投资回报的资本，其市场需求就大，相应的证券价格就高；反之，证券的价格就低。因此，证券市场是资本的合理定价机制。

(3) 资本配置。证券市场的资本配置功能是指通过证券价格引导资本的流动而实现资本合理配置的功能。在证券市场上，证券价格的高低是由该证券所能提供的预期报酬率的高低来决定的。证券价格的高低实际上是该证券筹资能力的反映。能提供高报酬率的证券一般来自那些经营好、发展潜力巨大的企业，或者来自新兴行业的企业。由于这些证券的预期报酬率高，因而其市场价格也高，从而其筹资能力就强。这样，证券市场就能引导资本流向可产生高报酬率的企业或行业，从而使资本产生尽可能高的效率，进而实现资本的合理配置。

(四) 金融衍生工具

金融衍生工具又称衍生证券，是指价值随着标的资产价值变化而变化的证券，这些标的资产包括股票、股票价格指数、债券、农产品等。目前，衍生证券包括远期合约、期货、期权、互换等。

(1) 远期合约。远期合约是一种交易双方约定在未来的某一确定时间，以确定的价格买卖一定数量某种金融资产的合约。合约中要规定交易的标的物、有效期和交割时的执行价格等内容，它是20世纪80年代兴起的一种套期保值工具。远期合约主要有远期利率协议、远期外汇合约、远期股票合约。图1-1描述了远期合约买方和卖方在到期日的收益。

(2) 期货。期货买卖双方通过签订标准化的期货合约，同意按指定的时间、价格与其他交易条件，交收指定数量的现货。按现货标的物的不同，期货可分为商品期货与金融期货两大类。通常说来，期货集中在期货交易所进行买卖，但亦有部分期货合约可通过柜台交易进行买卖。

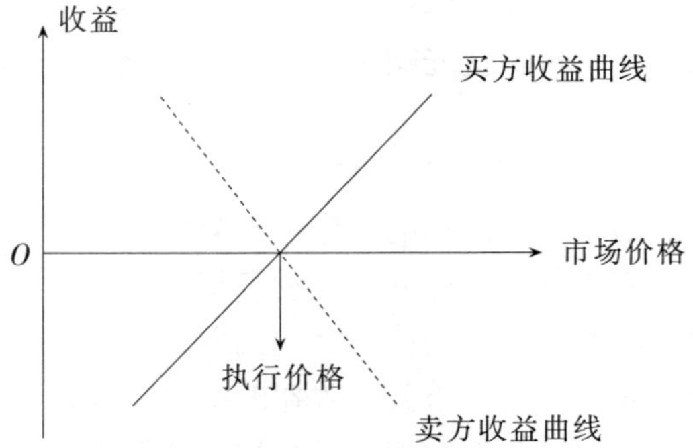

图 1－1 远期合约到期日收益

在期货交易中，同意交付商品的一方称为空头，而同意接受交割的一方称为多头。如果商品价格在签约日和交割日之间下跌，则空头方获利；相反，多头方在商品价格上升时获利。

进行期货交易的投资者基本上可以分为两类：套期保值者和投机者。套期保值者通过签订期货合约来降低标的商品价格的不确定性，他们拥有或者需要买入期货合约中的商品。投机者本来没有商品交易的需求，进行期货交易主要是为了从商品价格的短期波动中获利。

（3）期权。期权给予持有人在未来特定时间以特定价格买卖某一标的资产的权利。期权的持有者拥有在该项期权规定的时间内选择买或不买、卖或不卖的权利，他可以实施该权利，也可以放弃该权利，而期权的出卖者则只负有期权合约规定的义务。

按照期权赋予其所有者权利的不同，期权可以分为看涨期权和看跌期权。

看涨期权（Call Options）是指期权的买方向期权的卖方支付一定数额的期权费后，即拥有在期权合约的有效期内，按事先约定的价格向期权卖方买入一定数量期权合约规定的特定商品的权利，但不负有必须买进的义务。而期权卖方有义务在期权规定的有效期内，应期权买方的要求，以期权合约事先规定的价格卖出期权合约规定的特定商品。图 1－2 描述了看涨期权买方和卖方在到期日的收益。

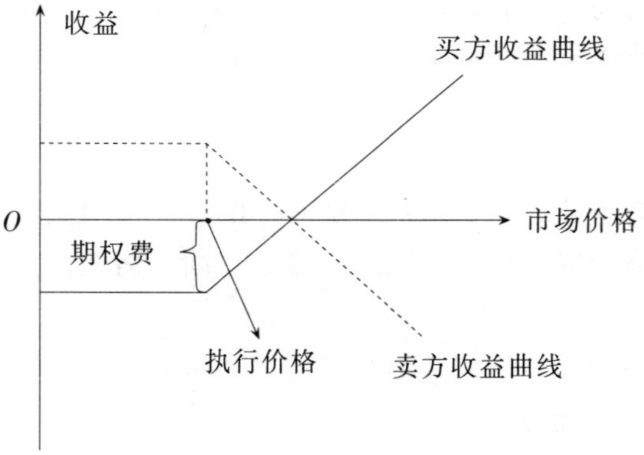

图 1－2 看涨期权到期日的收益

看跌期权（Put Options）是指期权的买方向期权的卖方支付一定数额的期权费后，即拥有在期权合约的有效期内，按事先约定的价格向期权卖方卖出一定数量期权合约规定的特定商品的权利，但不负有必须卖出的义务。而期权卖方有义务在期权规定的有效期内，应期权买方的要求，以期权合约事先规定的价格买入期权合约规定的特定商品。

按照期权交割时间的不同，期权可以分为美式期权和欧式期权。美式期权是指在期权合约规定的有效期内任何时候都可以行使权利。欧式期权是指在期权合约规定的到期日方可行使权利，期权的买方在合约到期日之前不能行使权利，过了期限，合约自动作废。

（4）互换。互换是一种双方商定在一段时间内彼此相互交换现金流的金融交易。例如，某公司可能有必须以日元支付的支出，但其收入以美元计值，而另一家公司的情形正好相反。这时，银行为了赚取手续费，可以安排一项能满足双方要求的货币互换。互换的种类有：

①利率互换。双方同意在未来的一定期限内，根据同种货币同样的名义本金交换现金流，其中，一方的现金流根据浮动利率计算，而另一方的现金流根据固定利率计算。

②货币互换。将一种货币的本金和固定利息与另一种货币的等价本金和固定利息进行交换。

③商品互换。一种特殊类型的金融交易，交易双方为了管理商品的价格风险，同意交换与商品价格有关的现金流，它包括固定价格及浮动价格的商品价格互换和商品价格与利率的互换。

另外，还有股权互换、信用互换和互换期权等互换合约。

下面，我们介绍金融衍生品市场的功能和金融衍生品市场监管的重要性。

（1）金融衍生品市场的功能。随着金融创新的发展，金融衍生品经过衍生再衍生、组合再组合的螺旋式发展，现在的种类已经十分繁多。但从本质上看，金融衍生品都是一系列远期合约的组合。在金融衍生品出现后，就呈现出不同于基础商品的特点，可归纳为：

①金融衍生品交易是在现时对基础工具未来可能产生的结果进行交易，交易结果要在未来时刻才能确定损益。

②金融衍生品交易的对象并不是基础工具，而是对这些基础工具在未来某种条件下进行处置的权利和义务，这些权利和义务以契约的形式存在，构成所谓的产品。

③金融衍生品是对未来的交易，按照权责发生制的财务会计规则，在交易结果出现之前交易双方的资产负债表并不反映这类交易的情况，因此，潜在的盈亏无法在财务报表中体现。

④金融衍生品是一种现金运作的替代物，如果有足够的现金，任何衍生品的经济功能都可以通过运用现金交易来实现。

⑤从理论上讲，金融衍生品可以有无数种具体形式，它可以把具有不同现金流量特征的工具组合成新的工具，但不管组合多么复杂，基本构成元素还是远期、期货、期权和互换。

⑥由于金融衍生品交易不涉及本金，从套期保值者的角度看，这减少了信用风险。

⑦金融衍生品交易可以用较少成本获取现货市场上需较多资金才能完成的结果，因此，具有高杠杆性。

金融衍生品的特征决定了它在市场中可以发挥的功能。首先，通过套期保值等手段，可以运用金融衍生品规避风险，这也是金融衍生品产生和不断发展的基础；其次，金融衍生品市场集中了各方面的参与者，他们带来了成千上万种关于衍生品基础资产的供求信息和市场预期，通过交易所类似拍卖方式的公开竞价形成市场均衡价格，所以金融衍生品市场还发挥着价格发现的作用。最后，金融衍生品也为投资者进行投资组合管理提供了基础工具，投资者可以利用金融衍生品对一项特定的交易或风险暴露的特性进行重新构造，实现预期的结果。

（2）金融衍生品市场监管的重要性。金融衍生品提高了国际金融市场的一体化程度，使得各国经济通过金融市场联系起来，区域性的产品变成了国家性、世界性的产品。但是，如果一个国家的经济情况出现恶化，其他国家也会受到影响。同时，由于金融衍生品的风险是客观存在的，对某一个参与者或者某个国家来说，风险会在一定程度上得到降低甚至完全规避，但对整个经济体来说，风险是不会消失的，它只是从一个参与者那里转移到了另一个参与者那里，而金融衍生品的高杠杆操作原理更是放大了投资者参与金融衍生品交易的风险。

2007 年 8 月开始席卷美国、欧盟和日本等世界主要金融市场的次贷风暴，已经对包括中国在内的各国经济造成了严重影响，而导致这一金融危机的主要原因就是金融衍生品的过度创新。

次贷的全称是次级抵押贷款，是指一些贷款机构向信用程度较差和收入不高的借款人提供的贷款。次级房屋抵押贷款经过贷款机构及华尔街用金融工程方法加以估算、组合、包装后，创造出债务抵押证券（CDO）、信用违约掉期（CDS）以及合成 CDO 等金融衍生品，然后打包出售给对冲基金、共同基金、商业银行、保险公司、投资公司等机构投资者。购买这些债券的金融机构，通过再次的资产证券化，将这些证券打包出售。经过多次的资产证券化，衍生品已经变得异常复杂，甚至连金融机构也无法正确估算其真实价值。

从 2006 年春天开始，短期利率的提高导致购房者的还贷负担大为加重；同时，住房市场的持续降温也使购房者出售住房或者通过抵押住房再融资变得困难。这种局面直接导致大批次级抵押贷款的借款人不能按期偿还贷款，进而引发"次贷危机"。而广泛投资于这些次级抵押贷款衍生品的金融机构则出现了巨额亏损，由于这些金融机构广泛使用高杠杆进行投资，损失更是进一步放大，从而对整个经济体造成了严重影响。例如，对于拥有或担保着近半数总额高达 12 万亿美元美国房屋抵押贷款债务的房利美和房地美，由于美联储担心这两大公司的倒闭会对经济造成无法估量的影响，因此于 2008 年 9 月 7 日对它们实施接管，这成为美国历史上规模最大的金融业援助。

绝大多数衍生品的结构非常复杂，而且往往在资产负债表之外运作，从而使得整个衍生品交易的透明性大大降低。另外，衍生品交易的保证金制度对金融市场产生了很高的杠杆效应。所以，对金融衍生品市场的监管，将是一国金融体系建设中非常重要的一环，对该国金融市场的健康发展起着至关重要的作用。

四、投资过程管理

投资过程作为一个连续不断的过程，应当有严格的步骤。优质的投资过程管理会考虑投资者个人所处不同人生阶段的不同需求，根据投资者的具体情况设计不同的投资策略。投资过程的管理始于投资政策的设定。

（一）设定投资政策

投资组合管理的第一步应该是设定投资政策，这一步骤或是由投资者自己设定的，或是在投资顾问的帮助下完成的。一般会建立一个投资计划书来明确投资策略，投资者应该在投资计划书中说明自己承担风险的意愿、投资目标和限制条件。

普通投资者对投资目标的认识多是获得尽可能多的收益，但只有这样的目标远不能构成完整的投资政策。这是因为，一方面，投资者的风险偏好没有明确；另一方面，投资者的特殊偏好以及投资期限也没有明确设定。这种做法的直接结果是，对投资绩效的衡量失去了参照的标准。不同的投资者有不同的风险偏好，有的投资者愿意通过承担高风险来获得更高的收益，他们的风险承担能力也相对较强。例如，某些高收入者对投资损失的承受能力要高于其他投资者，他们投资的目的就是获取高额的收益，因而投资导致的部分损失不会对他们的正常生活造成严重影响。而有些投资者更愿意获得稳定的投资回报，他们的风险承担能力相对较弱；相应地，他们能获得的收益也受到了限制。离退休人员的养老金投资便是这样的例子，由高风险导致的损失会对他们的生活造成严重的影响，所以他们只能选择风险小、收益稳定但相对较低的投资策略。另外，没有明确投资期限，也就失去了对投资业绩评价的基础。一项投资，从其历史表现来看，可能有正的投资收益，然而短期内投资的波动是很难避免的，因而投资期限的设定就成为投资业绩评价的基础因素。

另外，投资者自身因素的限制也会对投资目标的制定产生很大的影响。这些因素包括投资者的流动性需求、投资期限、税收因素、法律规范等。

总之，投资政策的设定应该由投资者主导。投资者必须明确自己现实的需求，并且熟悉金融市场和风险，投资者所设定的投资目标也应该是以风险和收益一起表示的投资目标。完整的投资政策，应该是在明确投资者的现实需求、风险偏好和投资限制的基础上制定的。

（二）分析证券

在设定了投资政策之后，投资者就需要对市场上的投资工具进行选择，以制定适合自己的投资组合。证券分析的方法大概有两类，一类是基础分析，另一类是技术分析。

基础分析，又称基本面分析，它认为任何金融资产的内在价值都等于该资产所能产生的预期收益的现值。例如，普通股的价值取决于以下因素：未来期望收益、股利分配率、未来收益和股利的期望增长率以及这些因素的不确定性。因此，股票基础分析家试图预测未来收益（即现金流）的时间分布和数量，然后再用适当的贴现率把它们折算成现值。股票的真实价值一经确定，就可以用它与这种股票的市场价格进行比较，从而鉴别这种股票的定价是否适当，真实价值低于当前市场价格的股票被认为是高估，而真实价值高于当前市场价格的股票则被认为是低估。基本面分析师寻找那些被错误定价的证券，他们希望从价格的调整中获得收益。

技术分析的理论基础是，证券价格过去的变化可以用来预测未来的价格变化。技术分析师采用一系列指标来反映证券的价格模式，他们相信这些价格模式反映了投资者对众多经济、政治和心理因素不断变化的态度。他们也相信，这种套用过去的价格波动模式来确定现在价格趋势的做法，是建立在趋势和模式会再次出现的基础之上的。技术分析被广泛用于股票价格指数、个股、债券、外币等许多投资的分析当中，那些相信技术分析的投资者比较关注股票价格过去的记录而不是公司现在的真实价值。

基础分析和技术分析都认为证券价格取决于供求关系的作用，但它们用不同的因素去评估供给和需求。以股票为例，基础分析的投资者认为，供给和需求是由收益和股利增长率等因素决定的，技术分析的投资者承认内在价值对于供求的作用，但他们认为一些更广泛的理性或者非理性因素才是决定供求的主要力量。所以，即使某只股票价格高于其内在价值，只要技术因素表明该股票还有很强的增值空间，技术分析师也会建议投资者持有该股票。

（三）构建投资组合

投资组合就是几种不同资产或投资的组合。现代投资组合理论认为，通过组合投资可以有效降低投资的非系统性风险，实现风险和收益的最佳配置。构建投资组合，就是要确定具体的投资资产和投资者在各种资产上的投资比例。

投资组合的收益通过各种资产收益的加权平均值来衡量，组合的风险则是通过组合内资产的方差和资产之间的相关系数表示的。对不同的投资组合来说，资产和在各资产上不同的投资比例会构成多种不同的风险-收益组合，我们称这些组合为投资可行集。在相同风险条件下，收益最高的投资组合即为最优的投资组合。在投资可行集中，投资者可以通过构造不同的投资组合来实现与自身情况最匹配的投资。

（四）调整投资组合

随着时间的推移，经济形势的变化可能使投资者在开始投资时所设立的投资目标与现实不相符，或者投资者自身因素的改变，如投资者变老、财富增减、家庭地位变化等，也会导致投资目标的调整变化。为此，投资者需要对现有的投资组合进行调整，卖掉一些原有的证券，买入一些新的证券。另一种情况就是，投资组合中的部分资产没有很好的表现，反倒是某些在期初不被看好的证券在后来表现得更有吸引力；此时，投资者就需要卖出原有的部分证券，同时买入新的证券。

（五）评价投资组合业绩

对投资组合的表现进行测度和评估是投资过程的重要环节，投资者应该在投资过程中和投资期结束时对投资组合的业绩进行评价。投资期内的评价有助于及时发现投资组合的表现与投资目标之间出现的差异，促使投资者及时进行调整，而投资期末的业绩评价则是对整个投资期内投资政策的执行效果及投资政策有效性的检测。同时，对投资期内经验的总结也有助于后续投资过程的进行。

对投资组合表现的测度和评估主要集中在以下一些方面：投资组合的总体表现、相对表现、成本以及风险。现代投资组合理论还提供了评估风险调整业绩的指标，如特雷诺比率和夏普比率，这些指标为我们评价投资组合的业绩提供了工具。

【小　结】

（1）资产可以分为实物资产和金融资产，实物资产的组合本身就可以产生收益，而金融资产的收益最终要依赖于实物资产。金融资产的主要功能有两个：一是将资金从盈余一方转移到需要资金投资有形资产的一方；二是在转移资金的同时，将与有形资产的收益相关的不可避免的风险在资金供给方和资金需求方之间进行重新分配。

（2）投资是指人们为了得到一定的未来收益或实现一定的预期目标，将一定的价值或资本投入到经济运动过程中的行为。投资者进行投资的目的包括获得收入、资本保值和资本增值。

（3）投资与投机既有联系又有区别。投机一词至少有三种用法：一是在我国传统商业文化背景下，“投机”成为违法、违规等商业活动的代名词；二是在现代市场经济背景下，投资者通过承担市场风险来获取经济利益的正常投资行为；三是市场上以获取资本利得为目的的短期证券买卖行为。投资者应当树立正确的现代投资理念。

(4) 金融市场是指金融资产交易的场所。金融市场提供了流动性，决定了资产交易的价格，而且减少了交易的搜寻成本和信息成本。金融市场的参与者包括家庭部门、商业部门、政府部门和金融中介机构。金融中介机构作为其他三类参与者的中介，可以通过分散化降低风险，提供支付机制，降低订立合同和处理信息的成本。

(5) 金融产品包括货币市场工具、资本市场工具以及金融衍生工具。货币市场工具有国库券、商业票据、银行承兑汇票、大额可转让定期存单和回购协议等。资本市场包括固定收益证券市场和权益市场。固定收益证券市场工具包括国家债券、地方政府债券、公司债券、外国债券和优先股等。衍生品市场的基本工具包括远期合约、期货、期权、互换等。

(6) 投资过程管理的步骤包括设定投资政策、分析证券、构建投资组合、调整投资组合和评价投资组合业绩。

【练习题*】

1. 询问你身边的人，他们是否有投资的经历？如果有，根据你的理解判断他们的投资行为属于实物投资还是金融投资。然后，进一步询问他们进行投资的目的是什么，并进行归类。

2. 查阅相关金融词典和汉语词典，找出这些词典对“投机”一词的解释，再翻看相关的英文词典，查看其对 speculation 的解释，仔细体会中文词典与英文词典解释的区别。

3. 优先股与普通股有什么区别和相同之处？

4. 证券市场的核心功能是什么？判断证券市场发展的标准是什么？

5. 依照本章中给出的看涨期权图示，并根据对看跌期权的理解，画出看跌期权的收益图。

6. 简述投资过程管理的步骤。

7. 你是如何理解投资与投机的？二者的主要区别有哪些？

8. 谈谈你对现代投资理念的理解。

9. 直接金融和间接金融的区别是什么？

10. 金融中介机构的基本功能有哪些？

11. 金融市场的基本功能有哪些？

12. 什么是货币市场？什么是资本市场？二者的功能分别是什么？

13. 金融市场的参与者有哪些？哪些是净储蓄者？哪些是净投资者？各个参与者在金融市场中扮演怎样的角色？

14. 投机者、对冲者和套利者的动机有何不同？

15. 外国债券与欧洲债券的区别是什么？

16. 证券市场在现代金融体系中的作用是什么？

17. 如何看待金融衍生品发展的利与弊？

---

* 本书各章练习题参考答案可登录中国人民大学出版社网站（www.crup.com.cn）搜索本书获取。——编者注

【参考书目】

［1］Thorsten Beck，and Ross Levine，“Legal Institutions and Financial Development”，Working Paper，10126

［2］“Finance Theory”，http://cepa. newschool. edu/het/schools/finance. htm

［3］博迪，等．投资学（第 10 版）．北京：机械工业出版社，2017

［4］克尼厄姆．向格雷厄姆学思考，向巴菲特学投资．北京：中国财政经济出版社，2005

［5］张亦春，郑振龙．金融市场学．4 版．北京：高等教育出版社，2013

第2章 证券发行和交易

【本章导读】

本章的主要目的是介绍证券市场——证券发行和交易的场所，证券市场随着技术的发展迅速发生着变化，但证券市场始终是公司筹集资金和投资者进行投资的场所。因此，证券市场的功能是本章重点介绍的内容。

根据证券市场功能的不同，可以将其划分为一级市场（证券发行市场）和二级市场（证券流通市场）。一级市场和二级市场的主要区别在于，证券的发行人可以从一级市场中获得资金，而二级市场上证券的换手只会引起资金从证券的买方流向卖方。本章的第一节描述了证券在一级市场上发售的过程，并介绍了在此过程中一个奇特的现象——IPO抑价现象。第二节在对二级市场分类后，重点介绍了证券交易所的价格形成机制。第三节结合国内实际情况讨论了证券监管的各种形式。第四节考察了股票价格指数的功能及其编制方法，并在结尾处介绍了国内外比较著名的股票价格指数。

下面，首先介绍一级市场上公开发行的程序。

第一节 一级市场

一级市场是证券发行的场所，一般由证券发行人、投资者和投资银行组成。发行人包括政府组织和商业组织等，投资者包括社会公众投资者和机构投资者。投资银行扮演了纽带的作用，它将发行人和投资者连接起来。投资银行一方面为发行人设计合适的融资工具并协助发行人掌握准确的发行时机，另一方面，对即将发行的证券进行准确的评价，以供投资者参考。

一、证券公开发行的程序

由于我国99%的债券交易在银行间债券市场进行，由证券公司主导发行的交易所债券市场仅占 1%，所以我们讨论的发行程序仅限于股票发行制度。

（一）发行人与投资银行的双向选择

首先，投资银行需要选择合适的发行人，发行人的情况关系到投资银行在承销过程中需要承担的风险。在选择发行人时，投资银行一般会考虑以下几个方面：发行人是否符合证券发行所必需的条件；发行人管理层的情况；发行人未来的增长潜力等。

其次，发行人在决定发行证券时也要仔细选择投资银行作为主承销商，因为主承销商是证券发行的灵魂，决定了发行的成败。发行人在选择主承销商时需要考虑的标准主要有：主承销商的声誉和能力；承销的经验；证券分销能力；造市能力；收取的承销费用。

（二）组建承销团与分销团

主承销商为了顺利完成证券的发行进而获得融资，一般会组成一个由承销辛迪加和销售集团组成的承销团。承销辛迪加的每一成员都必须负责承销一部分证券，因此要承担证券无法销售出去的风险，而销售集团成员则不用承担任何承销风险。主承销商在承销团中起着核心作用，承担主要的工作，包括组建承销团、代表承销团与发行公司签订承销合同和有关文件、决定承销团内各成员的承销份额、负责组织签订承销团内部成员的合同和有关文件、负责选择分销商和零售商、负责稳定发行市场的证券价格。

（三）组织 IPO 小组

IPO 小组主要包括主承销商、公司的管理人员、律师、会计师等。承销商作为 IPO 小组的核心，不仅承担整个证券发行的大部分工作，还要协调小组成员之间的工作。律师的主要职责是为公司提供如何使公司行为符合《中华人民共和国证券法》的建议，为申请做准备工作，解决证券监管机构提出的问题，同时对各种申请的报告和文件进行修正。会计师主要是对发行人的资产进行评估、对发行人的财务状况进行分析、出具有法律效力的资产评估报告和财务报告、编制证券发行所需要的财务报表等。

（四）实施上市辅导

在现阶段，为了保证在国内公开发行股票的公司能够按照有关的法律法规建立起规范的公司治理结构，提高上市公司的质量，主承销商需要在报送申请材料之前对发行人按照证监会颁布的《股票发行上市辅导工作暂行办法》实施为期一年的上市辅导。自 2004 年 2 月 1 日起正式实施的《证券发行上市保荐业务管理办法》规定，由保荐人负责发行人的上市推荐和辅导，核实公司发行文件与上市文件所载资料是否真实、准确、完整，协助发行人建立起严格的信息披露制度，并承担风险防范责任。

（五）尽职调查

尽职调查是指 IPO 小组成员（包括投资银行、律师事务所和会计师事务所）在证券承销时，以本行业公认的业务标准和道德规范，对发行人及市场的有关情况及有关文件的真实性、准确性和完整性进行核查、验证等专业调查。对于投资银行、律师事务所和会计师事务所等中介机构来说，如果发行人在公开发行过程中出现虚假陈述等欺诈公众事件，以至于影响了公众对证券价值的判断，必须承担相应的法律责任。但是，如果中介机构有足够的证据表明自己的行为符合其行业的业务标准和道德规范，并以应有的勤勉和专注对发行人及有关文件进行了审查，仍无法发现欺诈行为，即自己也是欺诈的受害者，则可以免责。

（六）制定与实施重组方案

IPO 小组成立之后就要对发行人进行重组，以使其符合公开发行的条件，即发行人主体明确、主业突出；资产负债结构合理；每股税后利润优于同类上市公司，在吸引投资者的同时，帮助企业筹集到更多的资金；有利于公司从股票市场上进行再融资；等等。

（七）制定发行方案

股票的公开发行是一个相当复杂的过程，需要 IPO 小组各成员的共同参与，同时还要准备大量的材料。因此，要求作为 IPO 小组核心的主承销商协调好各相关机构的工作，以保证材料在规定的时间里准备好。

（八）准备募股文件及报批

所谓募股文件，包括招股说明书及作为其编制依据和附件的专业审查意见。招股说明书是发行人向公众就发行中的有关事项作出披露，并向投资人提出购买或销售其股票的要约或邀请的法律文件。招股说明书必须对法律、法规、规章、上市规则要求的各项内容进行披露。发行人必须在主承销商及 IPO 小组其他成员的辅助下完成招股说明书，并由公司董事会表决通过。招股说明书不仅是投资者获得信息的最佳途径之一，也是投资者对公司股票进行价值判断的主要依据。为了使招股说明书的书写更加规范，中国证监会在《关于发布公开发行股票公司信息披露的内容与格式准则第一号〈招股说明书的内容与格式〉的通知》中对招股说明书的编制作出了详细的规定。

（九）路演

在证券主管机关批准证券的发行之后，承销商先选择一些可能销出股票的地点，然后再选择一些可能的投资者，主要是机构投资者。此后，带领发行人逐个地点去召开会议，介绍发行人的情况，了解投资人的意向。路演不仅仅是为了向广大投资者宣传证券的有关信息，以吸引所有可能的投资者，更重要的是为发行人和投资银行本身收集证券出售价格的信息。

（十）股票发行定价

股票发行价格的确定是一项重要并且复杂的工作，过高的发行价格会影响证券的顺利发行，不仅会增加承销商的承销风险，还不利于发行人及时筹集资金；发行价格过低则会减少发行人的筹资额，而且会影响证券的声誉。我国目前采用的是询价定价制度，根据这一制度，首次公开发行股票的公司及其保荐机构应向不少于 20 家（公开发行股数在 4 亿股及 4 亿股以上的，参与初步询价的对象应不少于 50 家）询价对象进行询价，以确定股票价格。

询价分为初步询价和累计投标询价两个阶段：在路演过程中，发行人及其主承销商通过与询价对象交流完成初步询价，确定发行价格区间及相应的市盈率区间。在累计投标询价过程中，询价对象根据规定的询价区间和申购数量缴足申购款进行委托申购，在确定价格时，对买入申报按价格优先、同价位时间优先原则排列，当某申报买入价位以上的累计有效申购数量达到申报卖出数量（即新股实际发行数量）时，此价位即为发行价。当该申报价位的买入申报不能全部满足时，按时间优先原则成交。当累计有效申报数量未达到新股实际发行数量时，则所有有效申报均按发行底价成交。

（十一）稳定价格

在股票的承销中，主承销商有义务对其所承销的股票实行稳定价格的策略，通常使用的三种稳定价格技巧为提供稳定报价策略、联合做空策略、“绿鞋期权”策略。提供稳定报价策略是指主承销商在承销期中报出一个不低于发行价的买入价，市场中任何该股票的卖家都可以按这个报价出售股票，因此增加了投资者对新发行股票的信心，有利于股票在二级市场上的表现，但这种策略由承销商承担了股票价格波动的风险。联合做空策略是指主承销商在分配证券给承销团成员时，实际数量比预定数量少，这就造成了承销商对于该证券的空头，如果承销商已经将预定数量的股票卖出，就意味着该承销商要从市场上买回相应数额的股票，以弥补自己的空头，这样就降低了股票上市后股票价格的下跌空间。但这种机制的缺点在于，一旦股票出现热销，那么发行人就会觉得股票价格被低估，从而减少融资额。针对这一情况，主承销商就会采用“绿鞋期权”策略，又称超额配售选择权，是指若发行的证券很快销售一空，而且客户还要求更多的股票，主承销商可利用此选择权要求发行人授予在发售日开市后 30 天内继续以原发行价购买发行人更多的股份。一旦协议条款经签署并上报相关证券监管部门备案，承销团即可行使权利继续购入发行人的股票，再转售给投资者以弥补供求之不足。绿鞋期权的名称来源于最初采用这种期权的公司，1963 年，佩恩·韦伯公司为绿鞋公司发行股票时第一次采用了这种期权。中国证监会于 2001 年 9 月 3 日公布了《超额配售选择权试点意见》，这标志着绿鞋期权在我国开始被运用。

（十二）发布墓碑广告

新股发行完毕或接近尾声时，承销团会发布墓碑广告，明确声明发行的各种事项，包括发行人资料、承销商资料、发行数量与规模。发布墓碑广告主要是为了显示投资银行的声望，因此，相关的排列次序很有讲究。

（十三）解散承销团，办理清算事宜

主承销商在接到承销团成员关于股票全部售出的通知后便宣布解散承销团，双方对发行价格和交易的限制就此解除。然后，主承销商将与承销团成员进行结算，包括以下四个步骤：

第一，主承销商和其法律顾问共同检查承销团成员是否履行了《承销商协议》和《承销协议》。

第二，主承销商按规定将承销集团和销售集团通过销售证券而筹得的资金如数交付发行人。

第三，主承销商支付销售集团成员佣金。

第四，由主承销商组织结算，承销团各成员稳定价格的操作至此结束，而其实质功能则是使投资者持有新发行股票的期间变长，而不急于在稳定价格期间出售股票。

案例 2-1

中国工商银行上市过程回顾

2005年4月18日，国务院正式批准中国工商银行（ICBC）改制方案。

2005年4月21日晚，汇金公司向中国工商银行注资150亿美元。

2005年5月，中国工商银行完成了2 460亿元损失类资产的剥离工作。

2005年6月27日，中国工商银行与中国华融资产管理公司、中国信达资产管理公司、中国东方资产管理公司、中国长城资产管理公司四大资产管理公司（AMC）分别签订了总额为4 590亿元的可疑类贷款的转让协议。

2005年7月13日，中国工商银行宣布完成财务重组计划。

2006年1月27日，中国工商银行宣布引进战略投资者高盛集团、安联集团、美国运通。

2006年7月，中国工商银行A+H同时上市方案获批。

2006年7月18日，中国工商银行正式向香港联交所递交H股上市申请。

2006年9月27日，刊登《招股意向书摘要》《发行安排及初步询价公告》，公布初步询价起始日。

2006年10月11日，公布初步询价截止日。

2006年10月16日，刊登《初步询价结果及发行价格区间公告》《网下发行公告》《网上资金申购发行公告》，公布网下配售起始日。

2006年10月17日，刊登《网上路演公告》。

2006年10月18日，刊登《网上资金申购发行提示性公告》，进行网上路演。

2006年10月19日，公布网上发行日和网下申购缴款截止日。

2006年10月20日，确定是否进行超额配售，确定本次发行的超额配售数量，确定是否启动网上网下回拨机制，确定超额配售后、回拨后（如果有）的网上网下发行数量。

2006年10月23日，刊登《定价、网下发行结果及网上中签率公告》，退还网下申购资金。

2006年10月24日，刊登《网上资金申购摇号中签结果公告》，网上申购资金解冻。

二、中国股票发行制度演变

（一）审批制（1990—2000年）

1. 额度管理阶段（1990—1995年）

新股发行和上市的审批权归属于不同的政府部门，将额度指标下达至省级政府或行业主管部门，由其在指标限度内推荐企业。

2. 指标管理阶段（1996—2000年）

新股发行计划改为“总量控制，限报家数”的管理办法，由国家计委、证券委共同制定股票发行总规模，证监会在确定的总规模内根据市场情况向各地区、各部门下达发行企业个数，并对企业进行审核。

（二）核准制（2001—2019年）

1. 通道制（2001—2004年）

具有主承销资格的证券公司推荐企业发行股票，实行“证券公司自行排队，限报家数”“过会一家，递增一家”的通道制。

2. 保荐制（2004—2019年）

由保荐代表人对发行人发行证券进行推荐和辅导，并核实公司发行文件中所载资料是否真实、准确、完整，协助发行人建立严格的信息披露制度，承担风险防范责任，并在公司上市后的规定时间内继续协助发行人建立规范的法人治理结构，督促公司遵守上市规定，完成招股计划书中的承诺，同时对上市公司的信息披露负有连带责任。

（三）注册制（2020年至今）

2019年12月28日，第十三届全国人大常委会第十五次会议修订了《中华人民共和国证券法》，其中规定A股将自2020年3月1日起全面推行证券发行注册制度。

根据科创板上市相关规定，同时符合《科创板首次公开发行股票注册管理办法（试行）》《上海证券交易所科创板股票发行上市审核规则》《上海证券交易所科创板股票上市规则》的规定，注册流程如下：

发行人向上交所提交上市申请文件→上交所受理或要求发行人补正文件→保荐人以电子文档形式报送保荐工作底稿和验证版招股说明书→上交所审核问询，出具审核报告→上市委员会审议→上交所出具同意审核意见或终止审核决定→证监会同意注册或不予注册

案例 2-2

华熙生物（688363.SH）科创板注册流程回顾

2017年11月，华熙生物从港交所私有化退市。

2019年4月10日，科创板申请获上交所受理。

2019年4月28日，进入上交所审核问询状态。

2019年8月27日，通过上市委员会审议。

2019年9月29日，证监会予以注册。

2019年11月6日，正式在科创板上市。

三、IPO抑价现象

几乎所有初次公开发行的股票都不存在既定的市场价格，所以承销商不得不为股票估计一个价格。所谓IPO抑价（IPO Underpricing）是指一只股票在初次公开发行后，上市第一天的收盘价格显著高出发行价格的现象。IPO抑价为在一级市场购买股票的投资者带来了高收益。人们发现，无论哪个国家或者哪个时段的样本，一般来说，IPO抑价现象都是普遍存在的。

在1960—2018年，美国上市公司IPO抑价（初始收益率）平均为16.8%。在1990—

1998 年间，美国上市公司 IPO 的抑价总额高达 270 亿美元，这一金额是这些公司年利润 80 亿美元的 3 倍多，是付给投资银行的费用 130 亿美元的 2 倍多。① 在 1999—2000 年的高科技公司泡沫年代，IPO 抑价高达 65%。② 然而，在 2009 年 7 月—2019 年 6 月，美国上市公司 IPO 抑价平均仅为 16%。

除了美国外，其他国家的股票市场也存在不同程度的 IPO 抑价现象，而且发展中国家股票市场的 IPO 平均抑价程度要高于发达国家。我国在 1990—2017 年的平均 IPO 抑价高达 157.7%，如表 2-1 所示。

表 2-1　　世界 54 个国家和地区首发上市平均收益率的比较

国家和地区	样本数据	时间跨度	首发上市平均收益率（%）
阿根廷	30	1991—2018	5.7
澳大利亚	2 069	1976—2018	19.8
奥地利	106	1971—2018	6.2
比利时	154	1984—2017	11.0
巴西	303	1979—2018	30.3
保加利亚	9	2004—2007	36.5
加拿大	758	1971—2017	6.4
智利	86	1982—2018	6.9
中国	3 554	1990—2017	157.7
塞浦路斯	73	1997—2012	20.3
丹麦	173	1984—2017	7.4
埃及	74	1990—2017	9.4
芬兰	209	1971—2018	14.2
法国	834	1983—2017	9.7
德国	779	1978—2014	23.0
希腊	373	1976—2013	50.8
中国香港	2 042	1980—2017	44.5
印度	3 145	1990—2017	85.2
印度尼西亚	531	1990—2017	26.4
伊朗	279	1991—2004	22.4
爱尔兰	38	1991—2013	21.6
以色列	348	1990—2006	13.8
意大利	312	1985—2013	15.2
日本	3 488	1970—2016	44.7
约旦	53	1999—2008	149.0
韩国	1 758	1980—2014	58.8
马来西亚	562	1980—2018	51.0
毛里求斯	40	1989—2005	15.2
墨西哥	149	1987—2017	9.9
摩洛哥	33	2000—2011	33.3
荷兰	212	1983—2017	13.3
新西兰	269	1979—2018	15.9
尼日利亚	125	1989—2017	12.8
挪威	266	1984—2018	6.7

① Loughran，T. and J. R. Ritter，2002，“Why Don't Issuers Get Upset about Leaving Money on the Table in IPOs”，*Review of Financial Studies*，15：413-443. Latest Version：October 1，2019.

② Ritter，Jay R. and Ivo Welch，2002，“A Review of IPO Activity，Pricing，and Allocations”，*The Journal of Finance*，57：1795—1829.

续前表

国家和地区	样本数据	时间跨度	首发上市平均收益率（%）
巴基斯坦	80	2000—2013	22.1
菲律宾	173	1987—2018	17.3
波兰	309	1991—2014	12.7
葡萄牙	33	1992—2017	11.5
俄罗斯	64	1999—2013	3.3
沙特阿拉伯	80	2003—2011	239.8
新加坡	687	1973—2017	25.8
南非	316	1980—2013	17.4
西班牙	199	1986—2018	9.2
斯里兰卡	105	1987—2008	33.5
瑞典	405	1980—2015	25.9
瑞士	164	1983—2013	27.3
中国台湾	1 620	1980—2013	38.1
泰国	697	1987—2018	40.0
突尼西亚	38	2001—2014	21.7
土耳其	404	1990—2014	9.6
阿拉伯联合酋长国	24	2003—2010	270.1
英国	5 185	1959—2016	15.8
美国	13 134	1960—2018	16.8
越南	69	2005—2012	49.1

资料来源：Loughran，T.，Ritter，J. R.，Rydqvist，K.（1995）."Initial Public Offerings：International Insights"，*Pacific-Basin Finance Journal*，1（3），139－140. Updated 2019.

在解释这一现象时，大部分理论都是在信息不对称的基础上展开的，并且可以划分为发行人与投资者之间的信息不对称、投资者与投资者之间的信息不对称以及发行人与承销商之间的信息不对称。①

（一）信号传递理论

该理论的出发点是发行人比投资者掌握更多的信息，因而质量低于平均水平的发行人很愿意以平均价格出售自己的股份，而高质量的发行人会被迫退出市场。为了使自己区别于劣质发行人，高质量的发行人会故意以一个低于市场价格的价格出售股份。

（二）信息显示理论

该理论的基本观点是发行人不了解投资者的需求和心理价位。为了诱使潜在投资者真实表达他们的需求和心理价位，承销商就利用分派股权的权利给投资者提供一个折扣，对那些显示出很强购买意愿的投资者进行补偿。因为挖掘投资者需求信息的常见做法是累计投标，即发行人和承销商通过路演推销股票，并获取潜在投资者的需求和心理价位，因此该理论又被称为累计投标理论。

（三）"赢者诅咒"和"马太效应"理论

这两个理论都基于投资者拥有的信息存在差异。在"赢者诅咒"中，知情的投资者只会

① Katti，S.，Phani，B. V.，2016，"Underpricing of Initial Public Offerings：A literature Review"，*Universal Journal of Accounting and Finance*，4（2），35－52.

去认购低估的股票，而不会去认购高估的股票，因此，不知情的投资者担心自己将会全额获配高估的股票，而对低估的股票获配不足，进而造成其预期回报为负。在这种情况下，不知情的投资者就会选择退出市场，解决这一问题的方法就是用抑价来弥补信息不足造成的损失。在“马太效应”中，投资者在做投资决策时，往往不是基于自己获得的信息，而是受到其他投资者行为的影响；也就是说，在一级市场上，投资者只会认购热门的IPO。IPO的定价太高就会增加发行失败的可能性。要避免发行的股票无人认购，最实际的方法就是抑价发行，因为抑价发行后就可以吸引第一批投资者，进而引来大量投资者的加入。

（四）代理理论

该理论假设承销商掌握更多的市场信息和发行新股的定价信息，因此发行人无法很好地监督承销商的行为，所以承销商可以抑价发行股票以减少承销该股票的风险，而且可以同与其关系密切的投资者建立良好的关系。

当然，也有一些理论并不基于信息不对称这一假设，而是从法律成本和市场交易成本角度出发来解释这一现象。法律成本理论认为一级市场发行价格较高会导致事后产生法律纠纷的可能性增加，因此，IPO抑价将会减少以后发生法律纠纷的可能性，进而减少法律成本。市场交易理论认为发行人在一级市场的收益与其在二级市场的收益是相互作用的，抑价销售的股票在二级市场上的交易会更活跃，从而承销商可以获得更多的佣金收入。

上述理论都是西方学者在研究欧美国家IPO抑价现象时给出的一些解释，其中一些理论还得到了实证研究的支持，但我们在解释国内IPO抑价现象时，不能完全套用这些理论。中国IPO抑价的特殊之处在于抑价程度远远高于其他国家，因此在解释国内IPO抑价现象时要结合中国的具体国情。由于政府每年都会控制IPO发行量以及IPO发行价格上限，这一政策造成了中国IPO市场供给远远小于需求的状况，导致一级市场吸引了大量资金。与此同时，由于二级市场投资者的乐观态度及其对新股的追捧力度较大，上市价格并不能真实反映其价值，也就是新股在二级市场上被高估了。总而言之，在解释国内IPO抑价现象时需要将非市场化的发行机制和投资者的非理性需求结合起来考虑。

专栏2-1介绍了Facebook由于发行价过高导致上市后价格下跌的情况。

专栏2-1

有关Facebook IPO案的事实、虚构与失误

Facebook上市失利仍是华尔街的热门话题。这只新股自上市以来平均每个交易日下跌1美元左右。照这样的速度跌下去，到2012年6月底这家社交网站将一文不值。到那个时候，首席执行官马克·扎克伯格（Mark Zuckerberg）如果再去麦当劳吃饭，与其说是显得有范儿，倒不如说是不得已而为之。

从首日交易之前有关Facebook的各种炒作来看，Facebook或许真的是一枚重磅炸弹。然而，当Facebook登陆美国市场进行首次公开募股时，它不过是一系列失败之中的一次重磅失败。没有引起注意的是，Facebook决定上市的时间正逢美国IPO市场的低潮期。根据Dealogic的数据，上周有六笔IPO交易取消，为2010年11月29日以来最多的一周。上周有八宗IPO案确定发行价，但今年以来IPO融资数额同比减少25%，IPO案的数量较去年同期也减少了7.5%。

一些刚上市公司的首日表现其实还不如Facebook，天然气运输公司GasLog的股票上市首日价格下跌了11%，钢铁经销商Edgen Group上市首日价格下跌了14%。截至本周二收盘，这两只股票的总体表现与下跌27%的Facebook差不多。GasLog从3月29日上市以来累计下跌了33%，Edgen较4月26日上市时下跌了29%。

和Facebook一样，很多股票IPO按传统指标衡量都估值过高，它们必须返回原形。相比发行价大幅下跌的公司，很多公司刚上市时的股票市盈率都达到20倍、30倍，甚至更高，它们未来的业绩成长被高估，比如GasLog，其现在14倍的市盈率就更为合理。当初它的市盈率远超过20倍。而Facebook基于过去12个月每股收益的市盈率是60倍，基于未来12个月每股预期收益的市盈率为49倍，其市值相当于现金流的43倍、相当于账面价值的12倍。汤森路透旗下的StarMine公司周二在一篇报告中认为，从基本面分析，Facebook每股只值10.22美元左右。

那么，Facebook的IPO就这样栽跟头了吗？是的。但在大多数IPO交易都不敢把发行价市盈率定得像Facebook这样高的当下，这也只能算栽了个跟头。用另一个指标来衡量，Facebook远远谈不上失败。在高处套现的投资者基本上是不会抱怨的。通过摩根士丹利和Facebook其他承销商的努力，他们收获了最大化利益。

总之，他们是花了钱后才利用IPO致富的，接下来就轮到我们当中的其他人买单了。

资料来源：韦德纳．有关Facebook IPO案的事实、虚构与失误．华尔街日报（中文版），2012-05-31.

四、证券发行的成本

证券发行的成本分为直接成本和间接成本。直接成本是指公司发行证券直接支付的费用，这类成本可在股票发行收入中扣除；间接成本是指公司虽然不需要直接对外支付却因错误定价而承担的损失。

（一）承销费用

承销费用一般需要根据股票发行规模来确定。由于包销的风险要大于代销，所以包销佣金要高于代销佣金。一般而言，国内包销商收取的费用为总金额的1.5%～3%，而代销费用为实际售出股票总金额的0.5%～1.5%。

除支付给承销商的费用外，发行人还要向其他中介机构（包括会计师事务所、律师事务所以及资产评估机构）支付费用。

（二）价格低估的成本

IPO抑价属于证券发行的间接成本，无论是将IPO抑价作为发行人所承担的对投资银行的道德风险成本，还是将其作为发行公司质量的传统信号，或是将其作为发行人对不知情投资者的补偿，IPO抑价均是发行人在新股发行中承担的一项间接成本。

国内外的实证研究都表明上市公司增发的发行价格存在一定的折扣率，这主要是由于增发导致股票供给增加，从而对股票价格造成压力，这种暂时性的价格压力将会在增发发行价格的折扣率中有所体现。另外，有学者从信息不对称的角度出发，提出增发股票时需要对那些处于信息劣势、承担风险的投资者进行补偿，因此在增发价格上会予以优惠。这也就成为上市公司增发证券要承担的间接成本。

案例 2-3

中国石油总市值跃居全球第一

从 2000 年在纽约、中国香港股市的横空出世，到 7 年后的“衣锦还乡”，我国最大的油气生产和销售商——中国石油天然气集团公司（简称“中国石油”，证券交易代码为 601857）终于王者归来。该股收报人民币 43.96 元，涨幅为 163.2%，成为 A 股第一大市值股票，在上证综合指数中的权重接近四分之一。按上市当日收盘价计算，中国石油市值高达 10 780 亿美元，超过埃克森美孚（目前总市值约为 4 876.82 亿美元），成为全球市值排名第一的公司。

大部分接盘散户被套

中国石油上市当日早盘高开于 48.60 元，大大超过了此前券商所估计的价格，随后升至 48.62 元后就一路单边下行，最低至 41.70 元，成交 15.47 亿股，换手率达到 51.58%，成交金额为 699.91 亿元；占沪市总成交额 1 571.16 亿元的 45%。中国石油收盘价在均价黄线之下，意味着接盘的大部分股民被套；相应的中国石油 H 股价格仅为 18.00 港元，下跌 8.16%，A 股与 H 股存在高达 200%的价差。无疑，昨日的“亚洲赚钱机器”让勇于追高的投资者又接受了一堂生动的风险教育课。

短期上升空间有限

基于中国石油的股票价格表现，大多数机构倾向于认为其短期内的进一步上升空间有限。申银万国认为，中国石油开盘 48.60 元属于一步到位。另有市场人士认为，该股后续涨升空间有限，若进一步集中炒作，对市场的抽血效应不容忽视，而它的高开低走，对蓝筹股的负面影响也是必然的。据了解，机构预测中国石油 2008 年的每股收益介于 0.87～1 元之间，据此，昨日收盘价对应的市盈率已达 44～51 倍。统计显示，国内十大券商对中国石油的最高定价为国海证券的 45 元，而最低定价为广发证券的 26 元。东方证券预计，中国石油 2007 年、2008 年的业绩分别为 0.92 元/股和 1.00 元/股，在目前的市场环境下，中国石油的合理价位为 35 元左右。

资料来源：中国石油总市值昨跃居全球第一. 每日经济新闻，2007-11-06.

第二节　二级市场

二级市场，又称证券流通市场，是指已发行证券进行交易的市场，主要包括证券交易所和场外交易市场。与一级市场相比，证券流通市场的结构和交易活动更为复杂，影响和作用也更大。首先，二级市场的存在和发展为投资者提供了流动性，使投资者可以放心参加一级市场证券的认购，从而有利于公司资金的筹集。其次，二级市场上证券的价格走势灵敏地反映了资金供求状况、行业前景和宏观经济形势的变化，是投资者进行经济预测和分析的重要指标。最后，公司的股票价格能很好地反映企业的经营状况。在发达的市场上，那些股票价格低迷的企业会被收购和兼并，而它们的管理层则有可能失业。因此，二级市场能够很好地督促管理层进行正确、有效的管理。

一、二级市场的分类

（一）证券交易所

证券交易所是一个有组织、有固定地点、集中进行交易的二级市场，是证券流通市场最重要的组成部分。证券交易所自身不参与股票的买卖，也不决定证券交易价格，只是提供一定的交易场所和设施，配备必要的管理和服务人员，对证券交易制定周密的规则并进行严格的管理，使得股票的持有者和购买者都有机会在市场上通过经纪人进行自由买卖。

1. 证券交易所的功能

（1）为投资者变现提供场所。证券交易所为投资者集中进行交易提供了场所，当投资者需要将持有的有价证券变现时，可以随时在证券市场上出售以获得现金。

（2）持续地形成价格，维持市场活力。证券交易所提供了固定的交易场所和交易规则，使得证券的供求双方集中在一起，集中体现了证券的供求关系，而经纪人的出现更是提高了证券交易的速度和规模。因此，证券交易所的交易成交量大、买卖频繁、价格波动较小并且能够迅速完成，是一个活跃的、能够持续形成价格的市场。

（3）集中社会资金，通过引导资金的流向进行资源的合理配置。交易所形成的证券价格能够较好地反映市场对公司经营状况以及行业前景的预期，价格的变化为投资者选择投资对象提供了方向。经营状况好、行业前景好的企业会受市场资金的追捧，导致其股票价格高涨。虽然公司不能直接从二级市场上获益，但股票价格向投资者传达的正面信息无疑会吸引更多的资金，从而降低公司融资的成本并增加公司的价值。

2. 证券交易所的类型

世界各国证券交易所按照其组织形式的不同可以分为会员制证券交易所和公司制证券交易所。

会员制证券交易所是以会员协会形式成立，不以营利为目的建立起来的组织，一般由证券公司组成，实行会员自治、自律、自我管理。采取会员制的证券交易所只为会员从事交易提供交易场所和服务设施，并对会员、上市公司和证券交易等进行管理，以保证证券交易的公开性、公平性、公正性，保护投资者利益。对于违反法令和交易所规章制度的会员，交易所将给予惩罚。目前，大多数国家的证券交易所均实行会员制，我国的上海和深圳证券交易所也实行会员制。

公司制证券交易所是以股份公司形式成立，以营利为目的建立起来的公司法人。公司制证券交易所不仅提供交易场所和服务人员，还设立了赔偿基金，对买卖任何一方的违约承担赔偿责任——一旦无法追回赔偿款，交易所将负责赔偿。公司制证券交易所的收益主要来自发行人的上市费、证券交易成交的手续费以及其他费用。纽约的泛欧证券交易所、瑞士的日内瓦证券交易所等都属于公司制。

从证券市场在各国的实践来看，交易所是证券市场的主流，在我国能够买卖股票的也只有交易所一种形式的市场，其他类型的市场还有待未来的发展。

专栏 2－2 对纽约证券交易所的产生、发展以及纽约证券交易所的上市要求进行了介绍。

专栏 2-2

纽约证券交易所

1. 纽约证券交易所的诞生

1792 年 5 月 17 日，当时 24 个证券经纪人在纽约华尔街 68 号外一棵梧桐树下签署了《梧桐树协议》，宣告了纽约股票交易所的诞生。

1817 年 3 月 8 日，这个组织起草了一项章程，并把名字更改为“纽约证券交易委员会”。1863 年改为纽约证券交易所。自 1868 年起，只有从当时老成员手中购买席位才可取得成员资格。

纽约证券交易所的第一个总部是 1817 年一间月租 200 美元、位于华尔街 40 号的房间，1865 年交易所才拥有自己的大楼（坐落在纽约市华尔街 11 号的大楼是 1903 年启用的）。交易所内设有主厅、蓝厅、“车房”等三个股票交易厅和一个债券交易厅，是证券经纪人聚集和互相交易的场所，共设有 16 个交易亭，每个交易亭有 16～20 个交易柜台，均装有现代化办公设备和通信设施。交易所的经营对象主要为股票，其次为各种国内外债券。除节假日外，交易时间为每周 5 天，每天 5 小时。自 20 世纪 20 年代起，它一直是国际金融中心，这里股票行市的暴涨与暴跌都会在其他资本主义国家的股票市场中引起连锁反应，并引起波动。现在，它还是纽约市最受欢迎的旅游名胜之一。

1914 年 7 月，交易所在第一次世界大战爆发后不久就被关闭了，但在同年 11 月 28 日又重新开放，主要是支持作战。

1929 年 10 月 24 日“黑色星期四”，美国股票市场崩溃，股票价格下跌引起的恐慌又导致了大萧条。1938 年 10 月 31 日，为了恢复投资者的信心，提高对投资公众的保护，交易所推出了 15 点计划。

1934 年 10 月 1 日，交易所向美国证券交易委员会申请并注册为一家全国性证券交易所，设立了包含 1 位主席和 33 位成员的董事会。1971 年 2 月 18 日，非营利法人团体正式成立，董事会成员的数量减少到 25 位。

自 1953 年起，成员限定为 1 366 名。只有盈利达到 250 万美元（税前）、最低发行股票 100 万股、给普通股股东以投票权并定期公布财务状况的公司，其股票才有资格在交易所挂牌。至 1999 年 2 月，交易所的日均交易量达到 6.7 亿股，交易额约为 300 亿美元。截至 1999 年 2 月，在交易所上市的公司已超过 3 000 家，其中包括来自 48 个国家的 385 家外国公司，在全球资本市场上筹集的资金超过 10 万亿美元。此外，美国政府、公司和外国政府、公司及国际银行的数千只债券也在交易所上市交易。

2007 年纽约泛欧交易所集团在纽约证券交易所和欧洲证券交易所同时挂牌上市，纽约泛欧交易所集团是全球规模最大、最具流动性的证券交易集团，为全球投资者及上市公司提供最多样化的金融产品和服务。

2. 纽约证券交易所的上市要求

纽约证券交易所对美国国内公司上市的要求包括：公司最近一年的税前盈利不少于 250 万美元；社会公众拥有该公司的股票不少于 110 万股；公司至少有 2 000 名投资者，每个投资者都拥有 100 股以上的股票；普通股的发行额按市场价格计算不少于 4 000 万美元；公司的有形资产净值不少于 4 000 万美元。

纽约证券交易所对美国国外公司上市的要求条件如下：社会公众持有的股票数目不少于250万股；有100股以上股票的股东人数不少于5 000名；公司的股票市值不少于1亿美元；公司必须在最近3个财政年度里连续盈利，且在最后一年不少于250万美元、前两年每年不少于200万美元或在最后一年不少于450万美元，3年累计不少于650万美元；公司的有形资产净值不少于1亿美元；对公司的管理和操作方面的多项要求。

资料来源：参见MBA智库百科关于纽约证券交易所的介绍。

（二）场外交易市场

场外交易市场是指在交易所外由证券买卖双方议价成交的市场，该市场没有固定的交易场所，也没有正式的组织，事实上是一种通过电信系统直接在交易所外进行证券买卖的虚拟交易网络。

场外交易市场与证券交易所的主要不同点是：

第一，场外交易市场的证券价格是由证券商之间通过直接协商确定的，不存在竞争性的要价和报价机制，而证券交易所的证券价格是买卖双方集中竞价的结果。

第二，场外交易市场交易不是在固定的场所和固定的时间进行的，而是通过电话进行的。证券交易所一般有固定的交易时间和场所，虽然随着电子技术的发展，大部分交易可以通过网络完成，买卖双方不需要再汇集到交易所进行交易，但大部分交易所还是保留了一个固定的场所，其象征意义要大于实际意义。

第三，场外交易市场的交易规则灵活、手续简单，而且管理也相对宽松。因此，场外交易市场不仅可以交易上市的证券，也可以交易未上市的证券，而证券交易所有严格的交易规则，并且市场监督严格，只能买卖符合上市条件的公司发行的证券。由于场外交易市场缺乏统一管理，因此其交易效率要低于证券交易所。

电子技术的发展打破了传统的场外交易市场的交易方式，使得场外交易市场有了新的发展，目前，场外交易市场可以划分为以下三种形式：

（1）柜台市场，也称店头市场，属于传统的场外交易场所。在这个市场里，主要交易经过公开发行却未能在证券交易所上市的证券。柜台市场采用议价的方式成交，一般只进行即期交易。目前，柜台市场最为典型、最为发达的是美国的纳斯达克。

（2）第三市场，又称店外市场，是靠交易所会员直接从事大宗已在交易所挂牌上市的证券交易而形成的市场。第三市场的出现主要是由于证券交易所过去的固定佣金制。固定佣金制使证券交易的成本升高，所以一部分交易所会员通过直接联系完成交易，这样不仅降低了证券交易的成本，而且提高了成交速度。因此，第三市场得到了迅速发展，其交易量增大、地位显著提高。

（3）第四市场是指投资者不经过证券公司，相互之间直接进行证券交易而形成的市场，目前只在美国有所发展。其特点有：①交易成本低，买卖双方直接交易，不通过中间人，佣金比其他市场少得多。据统计，在美国利用这种方式进行交易比在交易所成交节省70%的佣金。②有利于保持交易的秘密性，由于证券市场的信息具有很高的价值，而交易所对信息披露的要求非常高，不利于一些秘密交易的完成。③由于双方直接谈判，所以有可能获得双方均满意的价格。

二、市场的结构

按照组织程度的高低，我们可以把金融市场划分为四类：直接交易市场、经纪市场、做市商市场、拍卖市场。

（一）直接交易市场

直接交易市场本是组织程度最低的市场，证券的买者和卖者必须直接寻找到对方，不仅增加了交易者的寻找成本，还具有零星参与、低价和非标准化等特征，因此它逐渐被组织程度更高的市场取代。但近年来随着网络技术的发展，网上证券直接交易由于不受时间、空间的限制，而且减少了中间环节、降低了交易成本，因此在世界范围内迅猛发展。在美国，二级市场的直接交易根据交易系统的不同，可以划分为网上公告牌系统（Bulletin Board System，BBS）和网上选择性交易系统（Alternative Trading System，ATS）。网上公告牌系统是为买卖双方提供交易机会的非营利系统，一般为公司的网址，它可为证券交易者提供网上接触的机会，从而增加证券的流动性。虽然网上公告牌系统为交易双方牵线搭桥、提供设备，具有传统交易所的部分功能，但由于其既缺乏执行中心交易的设备，又没有监管条件，所以还不能称其为交易所。网上选择性交易系统由众多的经纪商、交易商投资形成，它采用全自动的电子交易撮合系统，绕过中间商，买卖双方可以直接在该系统中配对撮合。ATS不仅加快了交易速度，节省了与做市商交易的信息搜寻成本和隐含价格成本，以及经纪商的中介服务费，而且具有透明度高、匿名等优势。

（二）经纪市场

经纪市场的组织程度要比直接交易市场的组织程度高。在这个市场中，买方或者卖方通过经纪人搜寻市场中可以购买的证券或潜在的投资者，因经纪人长期置身于市场所产生的规模经济效应使得市场参与者付给经纪人的报酬十分低廉，从而提高了整个市场的效率。

（三）做市商市场

在做市商市场中，做市商利用自有资金建立起某证券的一定库存，根据市场供求变化即时报出最高买价和最低卖价，宣布愿意以该价格与任何人交易。这种为买而卖或者为卖而买的交易方式连接着供求双方，做市商起着中介人的作用。做市商的出售价格和购买价格的差额就是其利润来源。这种市场一般出现在某一特定类型资产的交易活动增长的时候。

做市商用自己的账户在每个时点通过报出的买卖价格与投资者进行交易，可以为投资者提供暂时的流动性，从而减少投资者的时间耗费；同时，由于做市商通过连续的报价和利用自身账户的买卖，使得价格的变动趋于连续和缓和，在短期内起到了稳定市场价格的作用。但由于做市商掌握了市场的供求情况，占有信息优势，这样不仅降低了市场信息的透明度，而且有可能通过获取垄断信息取得垄断利润。

目前，欧美成熟市场以做市商制度为主，而我国的银行间债券市场也采用了做市商制度。

（四）拍卖市场

拍卖市场是组织程度最高的市场。在拍卖市场中，所有的交易者都聚集在一起购买或出售某种资产。拍卖市场不需要做市商作为中介，而是所有的买方和卖方聚集在一起，通过一种事先规定的竞价原则形成大家都认可的价格。

三、二级市场价格的形成

二级市场价格的形成过程被称为交易机制。这个过程可能包括一个特别的中介机构（如纽约泛欧证券交易所里的做市商），可能在一个中央大厅处理交易（如期货交易池），也可能是一个无形的市场，双方通过电子系统进行交易。因此，交易机制是一个整体的概念，包括了可能对价格形成产生作用的各种交易规则的总体。所谓交易规则是指证券市场规定的在证券交易所中交易应该遵循的守则。证券交易市场的交易机制一般包括以下两方面内容，即市场的参与者和市场的交易规则。

（一）参与者

根据参与者在市场中扮演的角色不同，可以将其分成以下四种：

（1）投资者。投资者根据自己对市场的判断发出各种买卖指令，而这些指令有可能立即执行，也有可能过一段时间才能执行，这取决于市场价格的实际情况。

（2）经纪商。他们替投资者传送交易指令，也为投资者提供咨询服务。经纪商不为自己的账户交易，只是作为一个中间人，将指令传送到交易场所。

（3）交易商。他们主要为了自己的账户交易。当然，交易商和经纪商并不是绝对分开的，事实上，很多证券公司在经营经纪业务的同时都会有自营业务。

（4）做市商。他们为证券交易提供买卖报价。通常做市商在证券交易中保持一定的头寸，并通过自己的账户买卖证券以维持证券价格的合理稳定。

虽然不是每个市场上都有上述四类参与者，有些市场可能只有三类，有些市场可能还有其他一些参与者，但证券市场参与者的地位总是属于上述四类中的某一类或某几类。

（二）市场的交易规则

在市场的交易规则里，最重要的规则是形成证券价格的规则。通常来说，证券市场所采用的基本交易方式有集合竞价交易方式、连续竞价交易方式和做市商交易方式三种。

在集合竞价交易方式下，首先需要设定一段时间为集合竞价时间，在这段时间里，交易系统将所有接受的买卖指令在集合竞价申报时间结束的时刻，进行一次性集中撮合，产生一个统一的成交价格。撮合的原则是：①是使集合竞价的成交量最大的价格；②使高于成交价格的买进申报与低于成交价格的卖出申报全部成交；③与成交价格相同的买方或者卖方至少有一方全部成交。满足上述条件的价格被称为市场出清价格。

在连续竞价交易方式下，投资者的交易指令进入交易系统后，由系统对买卖指令逐笔撮合确定成交。连续竞价时，成交价格的确定原则为“时间优先，价格优先”。当最高买入申报价格与最低卖出申报价格相同时，该价格就是成交价。如果买入申报价格高于即时揭示的最低卖出申报价格，以即时揭示的最低卖出申报价格为成交价；如果卖出申报价格低于即时揭示的最高买入申报价格，以即时揭示的最高买入申报价格为成交价。

在做市商交易方式下，每只股票都会有一个或多个做市商，做市商根据所掌握的信息并结合自己对市场的判断报出买卖证券的价格，投资者可以根据做市商报出的价格与之发生交易。做市商由于为市场提供了即时流动性，并且因为手里的存量证券而承担了一定的风险，因此，做市商在同一时刻的卖出报价将高于买入报价，这中间的差额就是做市商的利润，被称为买卖价差。除此之外，交易所要求做市商必须在任何情况下都提供买入服务和卖出服务，因此，在市场价格剧烈波动时，做市商将承担很大的风险。

综合比较上述三种交易方式，在连续竞价交易方式下，投资者可以知道当前的市场交易情况和有关报价情况，透明度较高，但容易受到大规模指令的影响。而在集合竞价交易方式下，由于不能及时传达交易信息，因而被认为在市场透明度方面存在不足，但集合竞价没有市场买卖差价，并且可以降低大规模指令对价格的冲击；在做市商交易方式下，可以保证交易的流动性和价格的稳定性，并且做市商可以纠正买卖指令的不均衡状态，但做市商几乎垄断了市场交易，而且做市商在处理交易指令的过程中缺乏透明度，造成对做市商的监管成本比较高。

在证券市场交易的实践中，一般把采取做市商交易方式形成价格的机制称作报价驱动交易机制，而把连续竞价交易方式下的价格形成机制称作指令驱动交易机制。

（三）我国证券市场的交易机制

我国证券市场的参与者主要包括投资者、经纪商和交易商。证券交易所的会员可以进行经纪业务，也可以进行自营业务。在市场上还有大宗交易者，大宗交易的成交价格由买卖双方在当日的最高和最低成交价格之间确定。如果该证券当日无成交，则以前一日收盘价为成交价。大宗交易由买卖双方达成一致，由交易所确认后即可成交。大宗交易的成交量、成交价及买卖双方于收盘后单独公布。

我国证券市场实行的是指令驱动机制，没有做市商，每个交易日的 9:15—9:25 实行集合竞价，9:30—11:30 和 13:00—15:00 则以连续竞价方式进行交易。

在交易时间里，投资者通过证券公司营业部进行委托买卖，营业部的工作人员将委托指令报给交易大厅的交易员，由其将买卖指令输入交易所的电脑主机。投资者也可在营业部的电脑终端直接输入委托指令，通过卫星传输网和地面光纤数据传输网将指令传输给交易所电脑主机。电脑主机在得到买卖指令后，根据“价格优先、时间优先”的原则自动撮合成交。

（四）保证金交易

保证金交易业务是指证券公司在经营经纪业务时，以客户提供部分资金或有价证券作为担保为前提，为其代垫交易所需资金或有价证券的差额，从而完成顾客的证券交易业务。保证金交易业务是证券公司的融资融券功能与经纪业务相结合的产物，是一种金融创新。

在保证金交易业务中，证券公司只提供信用给委托证券公司代理证券交易的客户，虽然证券公司在这一过程中动用了自有资金，但资金的借贷是以客户所提供的资金和证券为担保的，因此证券公司几乎不承担风险，反而可以吸引客户，以获得更多的佣金收入。根据客户借贷对象的不同，可以把保证金交易业务分为融资和融券两项。

融资，又称买空，是指客户委托买入证券时，证券公司用自有资金或融入的资金为客户垫支部分资金以完成交易，日后由客户归还本金和利息。这种交易的好处在于客户通过融资实现了财务杠杆，当证券价格上涨时，投资者的收益率将会增加；反之，如果证券价格下跌，客户的损失也因为这一杠杆效应而增加。因此，买空行为一般发生在投资者对证券未来走势看多的情况下。例如，某投资者有 10 000 元用于投资 A 股票，现价为 10 元，买入后股票价格上涨至 15 元，如果不考虑手续费，投资者可获利 5 000 元，收益率为 50%；如果客户从证券公司融资 10 000 元，利率为 10%，于是当股票价格上涨至 15 元时，客户将获利 9 000 元，收益率为 90%。

融券，又称卖空，是指客户卖出证券时，证券公司以自有证券、客户抵押或借入的证券为客户代垫部分或全部证券以完成交易，日后由客户从市场上买入所借证券并归还，同时按与证券价格相当的价款计付利息。如果证券的价格下跌，那么投资者就可以比卖出价格低的价格买回证券，从而获得收益；反之，投资者将承受损失。因此，卖空的立足点是投资者对该证券未来的价格走势看淡。与买空一样，借贷证券所带来的杠杆效应也放大了投资者承担的风险。为了防止过度投机造成的股票价格波动，一般交易所只允许在点位上升时才能进行卖空交易，也就是说，只有有记录的上一个股票价格变动是正时，才允许进行卖空交易。

证券公司为了控制风险，在从事保证金交易业务时都要求客户缴纳一定的保证金（现金或证券）。买空和卖空交易中保证金率的计算略有差异。

在买空交易中，保证金率的计算公式如下：

$$保证金率=\frac{证券的市值-借款}{证券的市值}$$

在卖空交易中，保证金率的计算公式如下：

$$保证金率=\frac{总资产-借券的市值}{借券的市值}$$

在买空交易和卖空交易之初，投资者的保证金率必须不低于证券公司规定的一个最低比率，即初始保证金率。证券公司会随时跟踪客户账户上实际保证金率的变化情况，当投资者账户的实际保证金率低于初始保证金率时，该账户成为限制性账户。在买空交易中，实际保证金率随着买空证券价格的降低而降低；而在卖空交易中，实际保证金率则随着卖空证券价格的降低而上升。

一旦实际保证金率低于证券公司规定的一个更低的维持保证金率，证券公司就会要求客户追加保证金；否则，证券公司将自动为客户平仓，以减小客户的违约风险。

案例 2-4

融资融券维持担保比例计算

在下面的案例中，我们假定投资者在 T 日进行了一笔融资交易和一笔融券交易，假设投资者获得的授信额度为 200 万元，融资额度为 140 万元，融券额度为 60 万元，公司提供的融券证券为抚顺特钢（600399）。投资者信用账户内存有现金 100 万元，其他可充抵保证金证券情况见表 2-2。标的证券名单及其折算率见表 2-3。证券价格无涨跌幅度的限制。计算账户保证金率。

表 2-2　　可充抵保证金证券

券种	价格（元）	数量（股）	折算率
000656	10	10 000	0.65
000159	8	5 000	0.7
600999	11	10 000	0.7
600009	12	5 000	0.7

表2-3 标的证券

券种	融资标的	融券标的	价格（元）	折算率
000089	是	是	5	0.65
000078	是	否	6	0.6
600399	是	是	5	0.7
600599	是	是	10	0.7

交易前，投资者账户内的资产如表2-4所示。

表2-4 投资者账户

资产			负债	
项目	价值（元）	备注	项目	价值（元）
现金	1 000 000	初始资金		
000656	10 000×10=100 000	库存		
000159	5 000×8=40 000	库存		
600999	10 000×11=110 000	库存		
600009	5 000×12=60 000	库存		
合计	1 310 000			

投资者账户内可用保证金余额为1 000 000+10 000×10×0.65+5 000×8×0.7+10 000×11×0.7+5 000×12×0.7=1 212 000元。

（1）假设投资者融资买入证券深圳机场（000089），价格为5元（假设可充抵保证金证券价格不变）。

证券深圳机场（000089）融资买入保证金率=1−0.65+0.5=0.85

可用保证金余额/该证券融资买入保证金率=1 212 000/0.85=1 425 882.35① 元

客户可融资买入证券深圳机场（000089）的最大数量

=min（最大可融资买入该证券金额，融资额度）/5

=min（可用保证金余额/该证券融资买入保证金率，融资额度）/5

=min（1 425 882.35，1 400 000）/5

=1 400 000/5 =280 000（股）

假设该客户融资买入股票200 000股，全部成交金额=200 000×5=1 000 000元。

该笔交易相关费用：佣金=1 000 000×0.003=3 000元。

深圳机场（000089）为深市A股，无过户费。股票买入方无印花税。

该笔交易后，投资者的融资负债为1 003 000元，该笔交易需要保证金1 003 000×0.85=852 550元。

（2）融券卖出抚顺特钢（600399），价格为7元（假设此时可充抵保证金证券和融资买入证券价格不变）。

抚顺特钢（600399）融券卖出保证金率=1−0.7+0.5+0.1=0.9

可用保证金余额/该证券融券卖出保证金率

=（1 212 000−852 550−3 000）/0.9

=356 450/0.9=396 055.56

① 本书计算结果四舍五入后保留两位小数或取整，均用等号表示。

客户可融券卖出抚顺特钢（600399）的最大数量
=min（最大可融券卖出该证券金额，融券额度）/7
=min（可用保证金余额/该证券融券卖出保证金率，融券额度）/7
=min（396 055.56，600 000）/7=396 055.56/7=56 579（股）

假设客户融券卖出抚顺特钢（600399）50 000股，则全部成交金额=50 000×7=350 000元，需要初始保证金=350 000×0.9= 315 000元。

该笔交易相关费用：佣金=350 000×0.003=1 050元，印花税=350 000×0.001=350元，过户费=50 000×0.001=50元。

扣除交易相关费用后，投资者此笔融券卖出所得为：350 000−1 050−350−50=348 550元。

假设T日收市后：

1. 证券价格发生了变化，如表2-5所示。

表2-5　收市价格

股票	价格（元）
000656	8
000159	4
600999	7
600009	6
000089	4
600399	5

2. 系统对T日发生的交易开始计提利息、费用，利率和费率如表2-6所示。

表2-6　利率和费率

融资利率（%）	6
融资费率（%）	6

T日清算计提的利息、费用包括：

（1）融资利息=融资金额×融资利率/365=1 003 000×6%/365=164.88元；

（2）融券利息=融券负债×融券费率/365=50 000×5×6%/365=41.10元（融券负债为客户融券数量×融券市价，且该金额随证券价格的变动而不断变化）；

（3）利息、费用总计=164.88+41.10=205.98元。

3. T日清算后可用保证金计算如表2-7所示。

表2-7　可用保证金计算

项目	运算符	数值（元）	结果（元）
现金−∑融券卖出金额	+	1 000 000+348 550−348 550	1 000 000
∑（充抵保证金的证券市值×折算率）	+	10 000×8×0.65+5 000×4×0.7+10 000×7×0.7+5 000×6×0.7	136 000
∑[（融资买入证券市值−融资买入金额）×折算率]	+	200 000×4−1 003 000 客户融资买入浮亏，折算率取1	−203 000
∑[（融券卖出金额−融券卖出证券市值）×折算率]	+	（348 550−50 000×5）×0.7 客户融券卖出浮盈，折算率取0.7	68 985

续前表

项目	运算符	数值（元）	结果（元）
$\sum$ 融资买入证券金额×融资保证金率	—	1 003 000×0.85	852 550
$\sum$ 融券卖出证券市值×融券保证金率	—	50 000×5×0.9	225 000
利息及费用	—	205.98	205.98
可用保证金余额		−75 770.98	

4. T 日清算后投资者账户资产计算如表 2－8 所示。

表 2－8　T 日清算后投资者账户资产计算

资产			负债	
项目	价值（元）	备注	项目	价值（元）
现金	1 348 550	包括初始资金 100 万元及融券卖出所得 348 550 元	融资负债	1 003 000
000656	10 000×8＝80 000	库存	融券负债	50 000×5＝250 000
000159	5 000×4＝20 000	库存	利息、费用	205.98
600999	10 000×7＝70 000	库存		
600009	5 000×6＝30 000	库存		
000089	200 000×4＝800 000	融资买入		
合计	2 348 550		合计	1 253 205.98

此时，账户维持保证金率为 2 348 550/1 253 205.98＝1.874 0。

（五）证券交易的成本

1. 佣金

佣金是由经纪人代客户完成交易而获得的收入。在我国，佣金还包括交易所收取的交易经手费和证券监管部门收取的证券管理费等费用。因此，佣金是我国证券公司因提供经纪业务而取得的报酬，也是证券经纪业务得以存续的经济基础。除了执行基本的买卖指令外，证券经纪人还提供下述服务：证券保管；通过分析，预测经济的基本面以及行业和企业状况，针对证券价格未来的走势提供专业的看法。

佣金是证券交易的主要成本之一，证券交易成本的降低将明显提高投资者的投资信心，提高资本市场的运行效率，提高资产配置的效率以及一国证券市场的综合竞争力。我国现行的证券交易佣金制度规定：A 股、B 股、证券投资基金的交易佣金实行最高上限向下浮动制度，证券公司向客户收取的佣金不得高于证券交易金额的 0.3%，也不得低于代收的证券交易监管费和证券交易所手续费等。

2. 印花税

我国证券交易的主要税收是印花税，该税的课征始于 1990 年，见表 2－9。1990 年 7 月 1 日在深圳证券交易所开始课征，当时深圳市政府参照香港证券市场，对卖方征收 0.6%的印花税，从而约束股票的转让行为，目的是稳定初建的股票市场及适度调整资本利得。但在发展初期，市场规模和证券交易印花税的规模均较小，且股票市场供求严重失衡，这使得印花税未得到投资者的重视，但随着证券市场规模的扩大和印花税征收总额的增加，印花税开始成为一个重要的市场调节工具。

表 2－9　我国证券市场 A 股交易印花税调整过程

印花税调整时间	上海证券交易所		深圳证券交易所	
	印花税税率（%）	备注	印花税税率（%）	备注
1990 年 7 月	—	—	0.6	仅对卖方征收
1990 年 11 月	—	—	0.6	对交易双方征收
1991 年 10 月	0.3	对交易双方征收	0.3	为活跃市场
1997 年 5 月	0.5	为抑制过度投机	0.5	为抑制过度投机
1998 年 6 月	0.4	为活跃市场	0.4	为活跃市场
2001 年 11 月	0.2	为活跃市场	0.2	为活跃市场
2005 年 11 月	0.1	为活跃市场	0.1	为活跃市场
2007 年 5 月	0.3	为抑制投机	0.3	为抑制投机
2008 年 4 月	0.1	为活跃市场	0.1	为活跃市场
2008 年 9 月	0.1	为活跃市场，单边征收	0.1	为活跃市场，单边征收

3. 价差

所谓价差是指在做市商制度下，证券投资者与交易商进行交易时发生的成本。H. 德姆塞茨（H. Demsetz）在《交易成本》一文中指出，买卖价差实际上是有组织的市场为交易的即时性支付的成本。关于买卖价差的理论主要有两个方面：首先，从存货的角度看，作为市场中介的做市商在做市时将面临交易者提交的大量买入指令和卖出指令，由于这些指令是随机的，因此在买入指令和卖出指令之间会产生不平衡。为避免破产，做市商有必要保持一定的头寸作为缓冲。而头寸的存在给做市商带来了一定的存货成本，为弥补这些成本，做市商设定了买卖价差。其次，从信息的角度看，与做市商做交易的投资者包括知情交易者和不知情交易者，知情交易者拥有关于资产真实价格的未公开信息，并且拥有是否与做市商交易的选择权，因而他们在与做市商交易时只会获利而不会损失，因此做市商只能用与不知情交易者交易时的盈利来冲销这些损失，才能保证自己不破产，而这些盈利的来源就是做市商设定的买卖报价价差。

4. 价格影响

上述成本是小额交易要考虑的成本，大一些的交易就有必要考虑价格的影响。这是因为某一证券的供给暂时是有限的，那么在某一特定时点，交易量小的投资者可以被视为价格接受者，他们对市场价格没有影响。但是大额成交，以购买为例，交易量越大，投资者的买价就越高，进而交易指令要求执行越快、下交易指令的个人和机构的知识越丰富，交易商出的买价就越高。

第三节　证券市场监管

对证券市场的监管是指证券监管部门为了消除因为市场机制失灵而带来的证券产品和证

券服务价格扭曲以及由此引起的资本配置效率下降，确保证券市场的高效、平稳、有序运行，通过法律、行政和经济的手段，对证券市场运行的各个环节和各个方面所进行的组织、规划、协调、监督及控制的活动和过程。

一、证券监管的目标与原则

证券监管的总目标是建立起高效、公平的证券市场，也就是建立一个既能充分发挥资金配置作用，同时又能合理竞争、信息透明、交易成本低的市场。这一总目标可以分解成以下四个具体的目标：运用和发挥证券市场机制的积极作用，限制其消极作用，有效控制证券市场的系统性风险；保障合法的证券交易活动，监督证券中介机构依法经营，促进整个证券业的公平竞争；消除因证券市场的原因造成的信息不对称，防止内幕交易、市场操纵等不法行为，维持证券市场的正常秩序；结合国家宏观经济的需要，运用多种渠道调控证券市场，优化资金配置，提高整个社会的配置效率。

为实现证券市场监管的目标，应当坚持以下原则：依法管理原则；“三公”原则；自愿原则；政府监管与自律相结合的原则。

（1）依法管理原则，证券监管部门必须以国家法律法规为依据，合理划分有关方面的权利和义务，禁止一切非法的市场交易活动，保护市场参与者的合法利益。

（2）“三公”原则，即“公平、公开、公正”原则。公平原则要求市场参与者都具有平等的法律地位、均等的交易机会、相同的获取信息的机会以及遵循同样的交易原则。营造公平的市场环境是监管部门不可推卸的责任。公开原则要求市场信息公开化，信息披露及时、完整、准确、持续。公正原则要求监管部门公正对待一切被监管对象，对证券市场违法行为的处罚、对纠纷事件的处理都应当公正进行。

（3）自愿原则，即证券市场中的交易活动都必须遵循市场规则，买卖双方根据自己的意愿和偏好成交，不允许行政部门强制干预。

（4）政府监管与自律相结合的原则，该原则是指在加强监管部门监管力度的同时，还要加强从业者的自我约束、自我管理。监管部门只能为证券市场的良好运行提供保证，而从业人员的自身素质才是证券市场有秩序运行的基础。因此，自我管理是证券市场监管不可或缺的要素。

二、我国现行证券监管体制

中国在证券监管实践中，融合国外成功监管经验和国内实际情况，建立了集中监管模式，即政府通过专门的证券法规并设立全国性的证券监管机构来统一管理全国的证券市场。在这种模式下，政府在证券市场的监管中占据了主导地位。集中监管的优势在于：①具有专门的证券市场监管法规和统一的管理口径，使得市场行为有法可依，提高了证券市场监管的权威性。②监管者超常的地位使其能够更好地体现和维护证券市场监管的“公平、公开、公正”原则，并起到协调全国证券市场的作用。同时，集中监管也有其劣势：①过多的行政干预不利于市场的独立性。②在证券市场监管的过程中，自律组织与政府监管机构的配合难以协调一致。③面对市场行为的迅速变化，很难作出迅速并且有效的决策。

目前，在集中监管模式下，我国建立了三级监管体制：中国证监会负责全国证券市场的监管；按大区设立 9 个监管办公室，负责区域内的证券市场监管；地方证监局负责对当地的上市公司、证券期货经营机构、投资咨询机构、中介机构的证券期货业务活动进行监督管理。

三、监管的形式

目前对金融市场的监管有四种形式：①信息披露监管；②金融活动监管；③证券公司监管；④对外国参与者的监管。下面对每种监管形式进行讨论并介绍其在中国的发展情况。

（一）信息披露监管

信息披露要求证券发行人对现实或潜在的购买者提供有关证券的公开财务信息，其目的是通过充分公开、公正的制度，避免信息不对称，从而保护公众投资者的利益。

根据我国证券法规的规定，我国上市公司的信息披露不仅限于上市前招股说明书和上市公告书的披露，还要求上市公司承担持续性信息披露的责任。《中华人民共和国证券法》以及《公开发行证券的公司信息披露内容与格式准则》规定上市公司必须按时披露其年报、半年报、季报以及针对某些重大事件和重大消息的临时公告，并对各类公告的内容和准则进行了严格的规定。另外，依照法律、行政法规作出的公告，应当在国家有关部门指定的报刊、网站上或者专门出版的公报上刊登，同时将其备置于公司住所、证券交易所，以供社会公众查阅。证券监督管理机构对上市公司年度报告、半年报、季报以及临时公告有监督权，并有权对故意隐瞒重要信息的公司进行惩罚。

（二）金融活动监管

对金融活动的监管包括对证券交易者和金融市场交易的监管，尤其是对内幕交易和市场操纵行为的监管。在证券市场上，通过内部消息和操纵股票价格来获得利润是不合法的。所谓内部消息是指由高层管理人员、董事或主要股票持有者所掌握的，尚未公之于众的消息。操纵价格则是利用自身优势，人为改变股票价格以获利的行为。

在 2005 年修订的《中华人民共和国证券法》中，内幕交易和市场操纵是禁止的交易行为。该法对内幕信息以及内幕信息的知情人进行了认定，并对知情人的市场交易行为提出了要求。同时，《中华人民共和国证券法》还列举出了连续交易操纵、约定交易操纵以及自买自卖操纵三种市场操纵行为。在 2007 年开始试行的《证券市场内幕交易行为认定指引（试行）》和《证券市场操纵行为认定指引（试行）》，进一步制定了内幕交易和市场操纵的认定标准。其中，前者对内幕人的认定做了细化，补充了内幕人、内幕信息的范围，对当然内幕人、法定内幕人、规定内幕人和其他途径获取内幕信息者的举证责任进行了合理划分。后者将一些典型的操纵手法，如虚假申报、抢先交易、蛊惑交易、特定交易、尾市交易操纵等行为纳入了认定范围。

对内幕交易和市场操纵的调查、认定和处理是证券监管领域的世界性难题，也是我国证券执法的难点和重点。特别是在我国证券市场的变革期，各种市场违法、违规行为有了新的表现：股份“全流通”后，相关利益群体对股票价格更为关注；随着国有企业改革的深入，公司并购、资产注入越来越多，各种内幕消息增加。这些都加大了金融监管的难度，对监管机构提出了新的要求。

（三）证券公司监管

对证券公司的监管包括证监会对证券公司资格的监管、对证券公司资本金的监管以及证券自律组织对证券公司行为的监管。

（1）对证券公司资格的监管是指证券公司的设立必须满足公司所在国法律规定的条件。这些条件包括对公司章程以及注册资本额的要求，董事、监事、高级管理人员的任职资格等。满足上述条件者即可向证券监管机构提出申请。经审查后，监管机构认为符合条件的将发给特许证。

（2）对证券公司资本金的监管是为了保证证券公司能够履行其职责，一般表现在以下三个方面：首先，规定最低资本额。国内规定券商必须拥有 1 000 万元的净资本，自营商则必须有 2 000 万元的净资产。其次，提存保证金。为了弥补证券交易及其他业务因事故而发生的损失以及赔偿因证券公司的失误而对客户造成的损失，证监会要求证券公司必须提取一定比例的营业保证金。此外，还须按盈利 3%以上的标准提取证券交易风险基金。最后，规定自营交易额。国内规定，证券公司账户上持有的证券市价总额不得超过公司资本金的 80%；同一种证券的持有量不得超过公司资本金的 30%；持有同一企业股票的数额不得超过该企业总额的 5%和本公司资本金的 10%；证券交易营业部用于购买证券的资金不得超过其运行资本的 50%。

（3）证券交易所、证券交易同业公会是证券行业的自律组织，对证券公司的行为实行监管。自律组织制定规章制度，从道义上建立起券商彼此监督、彼此制约的机制，最大限度地防止证券公司的违规行为，同时还对证券公司的违规行为实施处罚。

（四）对外国参与者的监管

这种政府行为主要是限制外国公司在国内市场上的作用以及对金融机构所有权的控制。由于金融在国民经济中处于核心地位，因此各国对本国金融市场上的外国参与者都会实施监管。特别是在中国加入 WTO 之后，对外国参与者的监管已经成为监管机构亟须解决的新课题。

随着 2002 年《合格境外机构投资者境内证券投资管理办法》（简称《管理办法》）的施行，合格境外机构投资者境内证券投资作为一种资本市场渐进开放的制度安排进入中国。《管理办法》对三个方面的问题作出了规定：合格境外机构投资者资格的认定问题；合格境外机构投资者汇出、汇入资金的监控问题；合格境外机构投资者的投资范围和额度限制问题。

而《外资参股证券公司设立规则》的颁布不仅意味着证券业的开放进一步走向深化，也使得国内证券业的竞争更加激烈。该规则对外资参股证券公司的业务范围、境外股东的条件，以及境外股东的持股比例都作出了规定。

第四节　股票价格指数

股票价格指数是证券市场中最为重要的经济指标。世界上最早编制的美国道琼斯股票价格指数至今已有 130 多年的历史，而道琼斯公司自 1896 年开始发布的 30 种工业股票价格指数是世界上最为重要的股票价格指数之一，是全球观察美国证券市场乃至美国经济状况最好的指标。我国从1991年4月开始编制深圳证券交易所股票价格指数，同年7月开始编制上海证券交易所股票价格指数，以求反映相关交易所上市股票的市场行情和发展趋势。

一、股票价格指数的功能

股票价格指数产生的初衷是描述市场的走势，而随着股票价格指数的运用，投资者发现跟踪指数操作也能带来收益，因此，股票价格指数具有两方面的功能。

（一）基准功能

在编制股票价格指数之初，其功能相对单一，只是作为测度股票市场的标尺。具体来说，股票价格指数的基准功能主要体现在以下两个方面：

（1）反映整体股票市场走势。股票价格指数的涨跌刻画的是整体市场的运行状况，而非个别股票的运行状况。将指数在每个时点上对股票市场的描述连起来就是市场的运动轨迹。因此，指数不仅是对股票市场价位的度量，也是股票市场发展历史的记录，可用来研究股票市场的演进历程。

（2）反映国民经济总体情况。如果上市公司的行业分布与国民经济吻合，那么股市就可以作为国民经济的“晴雨表”，此时的股票价格指数就成为反映国民经济状况很重要的指标。当上市公司代表的经济成分占国民经济的比例达到相当的水平后，国民经济的繁荣与衰退可通过上市公司盈利的增减来改变股票价格指数的走势，而且股票价格指数在反映国民经济的情况时通常还会有一定的放大效应。

（二）投资功能

自20世纪70年代开始，随着现代投资理论的逐渐成熟，尤其是股票市场结构的变化和完善，股票价格指数的投资功能日益凸现出来，从国际发达资本市场的运作实践来看，股票价格指数的投资功能主要体现在以下两个方面：

（1）为股票价格指数期货交易提供标的。股票价格指数期货是在20世纪80年代金融创新中出现的重要金融工具。由于股票价格指数基本反映了整个股票市场的情况，因此，股票价格指数期货产生的一个重要原因是投资者管理风险的需要，尤其是管理系统性风险的需要。另外，投资者通过股票价格指数期货交易可以分享国民经济增长的成果，并且可以消除非系统性风险。

（2）为指数基金提供模板。所谓指数化投资是指通过复制某一股票价格指数或者按照其编制原理构建投资组合而进行组合投资的办法。指数化投资的理论基础是有效市场假说，根据这一理论，股票市场的竞争将会驱使股票价格充分且及时地反映该股票的信息，从而使得投资者只能获得经风险调整的市场平均收益率。指数基金采取消极投资策略，只期望获得市场平均收益率。

二、股票价格指数的编制和计算

（一）选择样本股

样本股可以是市场上全部的股票，也可以是有代表性的股票。选择样本股有两个重要标准：首先，样本股的市价总值要占交易所上市的全部股票市价总值的相当部分；其次，样本股票价格变动趋势要反映股票市场价格变动的总趋势。例如，道琼斯工业股票价格指数就选取了美国埃克森石油公司、通用汽车公司和美国钢铁公司等30家著名大工商业公司的股票作为样本股；标准普尔500指数的样本公司则由在纽约证券交易所上市的400家工业企业、40家公用事业、20家运输企业和40家金融企业组成。与道琼斯工业股票价格指数相比，标准普尔500指数选取的样本公司的行业分布广，样本公司市值约占总市值的80%左右，并且考虑了发行量的影响，信息资料齐全，能更精确地反映股票市场的变化。

（二）选定基期，并以一定方法计算基期平均股票价格或市值

人们通常会选择某一有代表性或股票价格相对稳定的日期为基期，并按选定的某一种方法计算这一天的样本股平均价格或总市值。股票价格指数的计算方法主要有以下三种：

（1）简单算术平均法。简单算术平均法就是将样本股票每日收盘价之和除以样本数。最早的道琼斯股票价格指数就采用这种方法来计算。这种方法虽然简单易懂，但它存在两个严重的问题：一是当样本股票发生股票拆分、派发红利、增资等情况时，股票价格平均数就会产生断层并失去连续性；二是没有考虑各样本股票的权数，因此不能区分重要性不同的样本股票对股票价格平均数的不同影响。

（2）修正平均数法。修正平均数法需要求出一个常数除数，修正因股票分割、发放股利等原因造成的股票价格平均数的变化，从而使得股票价格平均数保持连续性。具体做法是以新股票价格总额除以旧的股票价格平均数，从而求出新的除数，再以报告期的股票价格总额除以新除数，就得到修正的股票价格平均数。例如，某股市选取A、B两只股票为样本股，某日收盘价分别为150元、50元，并公布B股票以一股送一股的方式将总股本扩大一倍，次日的开盘价变为150元、25元，收盘价变为140元、35元。假定该股市的基期均价为100元，并以此作为指数100点，那么根据修正平均数法求指数的做法，我们先求出新除数：

$$\text{新除数}=\frac{150+25}{\frac{150+50}{2}}=1.75$$

然后就可以求出次日的均价和指数：

$$\text{次日均价}=(140+35)/1.75=100 \qquad \text{次日指数}=100$$

（3）加权平均数法。加权平均数法是指根据各种样本股的相对重要性赋予其一定的权数，然后求出加权平均股票价格。权数可以是样本股的成交量、股票发行量等。例如，某股市的样本股包括A、B两只股票，报告期价格为16元、25元，基期股票价格分别为8元、5元，基期的指数为1 000点，它们在报告期的流通股数量分别为2.5亿股、3亿股，则：

$$\text{股票价格指数}=\frac{16\times2.5+25\times3}{8\times2.5+5\times3}\times1\,000=3\,285.7$$

三、著名指数的介绍

（一）道琼斯股票价格指数

道琼斯股票价格指数是世界上最早和最有影响的股票价格指数，它自1884年7月3日

由查理斯开始编制。最初，该股票价格指数选取了 11 种具有代表性的股票并使用简单算术平均法计算，此后道琼斯指数的样本股票逐渐扩大。自 1887 年起，道琼斯股票价格指数开始分成工业和运输业两大类。1929 年，道琼斯股票价格指数又增加了公用事业类股票。目前，道琼斯工业股票价格指数包括 30 只股票，运输业包括 20 只股票，公用事业类包括 15 只股票。自 1928 年起，道琼斯股票价格指数采用修正平均数法，即在计点的股票除权或除息时采用连接技术，以保证股票价格指数的连续性。

现在的道琼斯股票价格指数是以 1928 年 10 月 1 日的指数为基数的，因为这一天收盘的道琼斯股票价格指数约为 100 美元，所以就将这一天定为基准日。以后的股票价格同基准日相比计算出的百分数就成为各期的股票价格指数，所以现在的道琼斯股票价格指数都是用点数作单位的，股票价格指数的每一点涨跌都是相对于基准日的涨跌百分数。

（二）标准普尔股票价格指数

标准普尔股票价格指数是由标准普尔公司编制的。该公司从 1923 年开始编制股票价格指数，最初选取了 230 只股票，编制两种指数。到了 1957 年，这一股票价格指数的范围扩大至 500 只，分成 95 个组合，其中最重要的四种组合是工业股票组、铁路股票组、公用事业股票组和 500 种股票混合组。该股票价格指数以 1941—1993 年抽样股票的平均市价为基数，以上市股票数为权数，采用加权平均数法计算指数。

（三）香港恒生指数

恒生指数是香港联合交易所影响最大的股票价格指数，由香港恒生银行于 1969 年开始发布。恒生指数的样本股是在中国香港上市的 33 家有代表性且经济实力雄厚的大公司的股票，可分为四大类——4 种金融业股票、6 种公用事业类股票、9 种房地产业股票和 14 种其他工商业股票。这些股票的市值占香港股票市值的近 7 成，具有很强的代表性。

（四）上证综合指数

上证综合指数是上海证券交易所自 1991 年 7 月 15 日开始编制的，它选择上海证券交易所的所有股票作为样本，以股票发行量为权数按加权平均数法计算，基期指数为 1 000。随着上市公司数量的增加，上海证券交易所从 1992 年 2 月起分别公布 A 股指数和 B 股指数；1993 年 5 月 3 日起正式发布工业、商业、地产业、公用事业、综合五大类股票价格指数。

（五）深证综合指数

深证综合指数以深圳证券交易所上市的全部股票为样本股，以 1991 年 4 月 3 日为基期，基期指数为 100，以指数股计算日股数为权数进行加权平均计算。新股上市时，在其上市后第二天将其纳入样本股计算；若样本股股权结构发生变化，则以变动日为新基日，并以新基数计算，同时以连锁法将计算得到的指数还原至原有基日，以维持指数的连续性。每日连续计算的环比公式为：

$$今日即时指数=\frac{上日收盘指数\times 今日即时指数股总市值}{经调整的上日指数股收市总市值}$$

【小 结】

1. 一级市场是公司发行股票、债券和其他证券来融资的场所。在一级市场上公开发行股票要经历一个复杂而严格的程序，它包括以下步骤：发行人与投资银行的双向选择、组建承销团与分销团、组织IPO小组、实施上市辅导、尽职调查、制定与实施重组方案、准备募股文件及报批、路演、股票发行定价、稳定价格、发布墓碑广告、解散承销团、办理清算事宜。

2. 二级市场是证券流通的场所，它包括证券交易所、场外交易市场。按照组织程度的高低，可以把金融市场划分为直接交易市场、经纪市场、做市商市场、拍卖市场。

3. 证券市场制定了一定的交易规则，参与者（投资者、经纪商、交易商、做市商）在这一规则下进行交易，形成了二级市场上的证券价格。证券市场的基本交易方式包括集合竞价交易方式、连续竞价交易方式、做市商交易方式。

4. 保证金交易业务是指证券公司在经营经纪业务时，以客户提供部分资金或有价证券作为担保为前提，为其代垫交易所需资金或有价证券的差额，从而完成顾客的证券交易业务。根据客户借贷对象的不同，可以把保证金交易业务分为融资和融券两类。

5. 证券市场监管是为了消除市场失灵带来的证券价格扭曲，确保证券市场的高效、平稳、有序运行。证券监管必须坚持依法管理原则、“三公”原则、自愿原则、政府监管与自律相结合的原则。目前对金融市场的监管有四种形式：①信息披露监管；②金融活动监管；③证券公司监管；④对外国参与者的监管。

6. 股票价格指数的基本职能是反映股票市场的走势以及国民经济的运行情况。随着现代投资理论的成熟，股票价格指数具有投资功能：为股票价格指数期货交易提供标的、为指数基金提供模板。

【练习题】

1. 简述科创板初次公开发行的程序。
2. 解释IPO抑价现象的主要理论。
3. 什么是绿鞋期权？
4. 二级市场是如何分类的？
5. 二级市场的作用是什么？
6. 证券市场的主要交易形式有哪些？
7. 世界各国的证券交易所有几种组织形式？它们的区别是什么？我国上海和深圳证券交易所属于哪种形式？
8. 场外交易市场与证券交易所的区别是什么？
9. 简述市场的三种交易规则。
10. 证券交易的成本由哪几部分构成？
11. 证券监管的目标和原则是什么？

12. 金融市场监管的几种主要形式是什么？

13. 我国的现行监管机制是什么？谈谈这种监管机制的利与弊。

14. 简述股票价格指数的功能。

15. 选择我国的一个股票价格指数，了解其编制过程。

16. 如果你以 30 元的价格购买了 500 股 A 股票，你向证券公司借了一部分股票，且初始保证金为 75%，最低保证金为 50%，那么你最少要有多少自有资金？在什么价格下你需要追加保证金？

17. 如果你购买了 1 000 股价格为 60 元的 B 股票，由于你看好这只股票，向经纪人借了 15 000 元，贷款利率为 5%，那么你的初始保证金是多少？如果 3 个月后股票价格上涨到 65 元，你卖出这只股票后的收益率是多少？

18. 如果某股市选取 A、B、C 三只股票为样本股，某日收盘价分别为 150 元、50 元、40 元，并公布 B 股票以一股送一股的方式将总股本扩大一倍，次日的开盘价变为 150 元、25 元、40 元，收盘价变为 140 元、29 元、45 元。假定该股市基期均价为 100 元，并将此作为指数 100 点，请根据修正平均数法计算该市场指数。

19. 假定某国的股票市场上只有 A、B、C 三家上市公司，它们的股份数和价格如下表所示，以股本为权数，以 2019 年 3 月 1 日为基期，基期定为 100 点，假定基期到即期各公司的股本不变，利用加权平均数法计算某国 2020 年 4 月 1 日的股票价格指数。

		A 股票	B 股票	C 股票
	总股本	2 亿股	5 亿股	10 亿股
2019 年 3 月 1 日	股票价格	10 元	15 元	8 元
2020 年 4 月 1 日	股票价格	13 元	17 元	7 元

20. 某投资者买入市价为 15 元的 A 股票 600 股，过了一段时间后，股票价格上涨至 20 元，如果不考虑手续费，投资者的收益率为多少？如果投资者此时将该股票卖出，考虑交易成本（佣金按 0.3%计算，印花税税率为 0.1%），投资者可获利多少？

【参考书目】

[1] 李茂生．中国证券市场透析．北京：中国社会科学出版社，2002

[2] 吴林祥．证券交易制度分析．上海：上海财经大学出版社，2002

[3] 罗美娟．证券市场与产业成长．北京：商务印书馆，2001

[4] 杜渲君．中国证券市场：监管与投资者保护．上海：上海财经大学出版社，2002

[5] 博迪，等．投资学（第 10 版）．北京：机械工业出版社，2017

第3章 证券的收益与风险

【本章导读】

收益与风险是投资学或者说整个金融学中最基本的两个概念。我们知道，现代金融学本质上是考虑如何在不确定条件下对稀缺资源进行跨期分配。在假定资源无法进行跨期转移的情况下，经济个体只能通过在证券市场上的投资解决当期禀赋与当期消费之间的差异。给定市场中所有的证券，他们会根据自身的风险偏好或者效用函数决定其分配在不同证券上的资金，进而实现最优的跨期消费。在这一过程中，经济个体首先必须了解证券的风险和收益特征，然后才能在考虑了这些特征的情况下进行自己的投资决策。因此，如何度量证券的风险和收益成为投资学乃至整个金融学的基础。

本章第一节介绍了收益的概念及度量指标；第二节介绍了风险的来源、比较及度量指标；第三节讨论了投资者的风险态度，并给出了风险规避投资者风险规避程度的度量方法。

第一节　收益的度量

一、持有期收益率

证券投资收益是指初始投资的价值增量，这一增量来源于两个部分：一是证券价格在投资者持有期内的变化给投资者带来的收益；二是投资者因持有证券获得的现金支付。例如，投资者以每股 10 元的价格买入 1 万股某只股票，一年后股票价格上升至 12 元。其间，上市公司每股发放股利 0.2 元。在不考虑税收的情况下，投资者在这一年的收益可以通过如下方程计算得出：

$$10\,000\times[(12-10)+0.2]=22\,000(\text{元})$$

从上例可以看出，证券的投资收益依赖于初始投资金额。为了比较不同投资行为的投资表现，我们需要剔除初始投资额的因素。为此，我们引入收益率或者持有期收益率（Holding Period Return，HPR）的概念，用下式表示：

$$HPR=\frac{(P_t-P_0)+D_t}{P_0} \tag{3-1}$$

其中，P_0为持有期初的证券价格；P_t 为持有期末的证券价格；D_t 为持有期内的现金收益。

在上例中，投资者一年的投资收益率为：

$$HPR=\frac{(12-10)+0.2}{10}\times 100\%=22\%$$

在该投资者的持有期收益中，有 20%是由股票价格上涨带来的，有 2%为年度股利。当然，投资者的持有期有可能并不等于一年。在这种情况下，HPR 的计算要转换成年收益率。一般来说，在没有明确指出的情况下，HPR 都是指年收益率。

二、多期收益率的衡量

投资者的投资可能会跨越多个时期，而在不同的时期，投资的收益率并不相同。例如，某投资者在 2011—2015 年间每年的投资收益率分别为 10%、13%、9%、12%和 15%。在这种情况下，要衡量该投资者在整个投资期内的投资表现就需要将每年的投资收益率进行平均或者加总，其中最常用的方法就是算术平均法和几何平均法。

1. 算术平均法

算术平均收益率就是将各期收益率的简单算术平均值 $\overline{HPR}$ 作为整个投资期的年投资收益率，具体的计算公式如下：

$$\overline{HPR}=\frac{\sum_{i=1}^{n} HPR_i}{n} \tag{3-2}$$

其中，n 为投资期数；HPR_i为第 i 期的投资收益率。

将（3-2）式应用到前面的例子中，我们可以得出该投资者 2011—2015 年间的平均年收益率为：

$$\overline{HPR}=\frac{10\%+13\%+9\%+12\%+15\%}{5}=11.8\%$$

2. 几何平均法

用算术平均法计算出的收益率并非投资者 5 年投资表现的真实衡量。假设有两个投资者，投资者 A 在第 1 年的投资收益率为 20%，在第 2 年的投资收益率为 30%；投资者 B 在第 1 年的投资收益率为 50%，在第 2 年的投资收益率为 4%。如果两个投资者的初始投资都是 100 元，那么在第 2 年末，投资者 A 的资金余额为：

$$100\times(1+20\%)\times(1+30\%)=156(\text{元})$$

投资者 B 的资金余额为：

$$100\times(1+50\%)\times(1+4\%)=156(\text{元})$$

上述计算结果表明，在这两年中，两个投资者的投资表现相当。然而，从用算术平均法计算出的结果可以看出，投资者 A 的平均收益率为 25%，而投资者 B 的平均收益率为 27%。这说明用算术平均法得到的平均收益率只是投资者真实收益率的一个近似值。投资者真实的平均收益率可以通过下述方法获得。

假设投资期限为 n 年，投资者每年的持有期收益率为 HPR_i。这样一来，投资者在第 n 年末的资金余额就可以写为：

$$\prod_{i=1}^{n}(1+HPR_i)$$

如果我们假设投资者每年获得一个相同的收益率 $\overline{HPR}$，为了在第 n 年末获得相同的资金余额，$\overline{HPR}$ 就应该满足：

$$\prod_{i=1}^{n}(1+HPR_i)=\prod_{i=1}^{n}(1+\overline{HPR})=(1+\overline{HPR})^n$$

进而，我们得到：

$$\overline{HPR}=\left[\prod_{i=1}^{n}(1+HPR_i)\right]^{\frac{1}{n}}-1 \tag{3-3}$$

这就是该投资者的几何平均收益率。继续上述例子，我们可以计算出投资者 A 的几何平均收益率为：

$$\overline{HPR}_A=\sqrt{(1+20\%)\times(1+30\%)}-1=24.9\%$$

投资者 B 的几何平均收益率为：

$$\overline{HPR}_B=\sqrt{(1+50\%)\times(1+4\%)}-1=24.9\%$$

从几何平均收益率的角度看，投资者 A 和投资者 B 的投资表现是相同的。

对于平均收益率而言，算术平均收益率仅仅是真实收益的一个近似。这种近似在各期收益率相差不大的情况下是可行的，然而，一旦当中某期收益率异常低（例如，亏损幅度较大，导致 $1+HPR$ 近似等于零），即便其他各期收益率均很高，整个持有期的算术平均收益率也接近于零。但是，用几何平均法计算出的持有期收益率可能会很高。

三、投资组合的收益率

以上收益率考虑的都是单种金融资产，如果投资者持有的是由多种资产组成的投资组合，那么此时的投资收益率就是所谓的投资组合收益率。在计算投资组合收益率的时候，由于投资者在不同资产上分配的资金量可能是不同的，因此投资组合的收益率计算公式必然要反映出这一因素。

假设一个资产组合中包含 n 种金融资产，在投资组合持有期内，每种金融资产的持有期收益率为 R_i，投资者在第 i 种资产上分配的资金占资金总额的比例为 W_i，则该资产组合的收益率 R_P 为：

$$R_P=W_1R_1+W_2R_2+\cdots+W_nR_n \tag{3-4}$$

其中，$\sum_{i=1}^{n}W_i=1$。

【例 3-1】　投资组合收益率

假设投资者持有三种金融资产，即股票、政府债券和银行存款，其价值分别为 10 万元、5 万元和 1 万元。如果这三类资产的年收益率分别为 10%、4%和 2%，试计算该投资者所有资产的年收益率。

将这三类资产看作一个投资组合，根据每种资产的价值可以计算出该资产在资产组合中的权重分别为 62.5%、31.25%和 6.25%，由此计算出投资组合的收益率为：

$R_P = 62.5\% \times 10\% + 31.25\% \times 4\% + 6.25\% \times 2\% = 7.625\%$

四、期望收益率

持有期收益率是从事后的角度，或者是当投资收益不存在不确定性时计算出的投资收益率。与持有期收益率不同，期望收益率是从事前的角度对未来不确定的投资收益进行衡量，从而为投资决策提供依据。例如，某石油公司打算在某海域进行石油勘探，如果勘探获得成功，公司能够获得 100 亿元的收益；如果勘探失败，公司收益为零。在勘探进行之前，我们无法计算出公司在未来的实际投资收益，而只能根据相关的资料和信息估算公司的收益水平的期望值，然后再依据这一期望收益水平进行投资决策。

为了计算一项投资的期望收益率，我们首先需要知道该投资所有可能出现的状态以及每种状态发生的概率。期望收益率就是各种状态下收益率的加权平均值，而权重就是每种状态发生的概率。其数学表达式如下：

$$E(HPR) = \sum_{j=1}^{n} P_j \times HPR_j \qquad \sum_{j=1}^{n} P_j = 1 \tag{3-5}$$

其中，$E(HPR)$为期望收益率；P_j为第 j 个状态发生的概率；HPR_j为第 j 种状态发生后的期望收益率。

【例 3-2】　期望收益率

假设某公司未来一年的投资收益依赖于下一年的宏观经济状况，而宏观经济可能出现三种状态：繁荣、一般和萧条。在每种状态下，公司收益率分别为 10%、5%和−7%。根据经济学家的预测，未来宏观经济出现繁荣的概率为 0.3，出现一般的概率为 0.4，出现萧条的概率为 0.3。结合上述信息，计算该公司的期望收益率。

将上述数据应用到（3-5）式中，可以计算出公司的期望收益率为：

$E(HPR) = 0.3 \times 10\% + 0.4 \times 5\% + 0.3 \times (-7\%) = 2.9\%$

在这个例子中，影响公司未来收益的因素只有一个，即宏观经济状态。未来宏观经济状态的不确定导致了公司收益的不确定。然而，一旦给定未来某个经济状态，公司的投资收益也就是确定的。此外，需要指出的是，在上面的定义中，我们并没有限定投资的是单种资产还是资产组合。如果经济个体投资的是一个资产组合，那么在（3-5）式中的 HPR_j 就是第 j 个状态发生时资产组合的收益率。假设投资组合共包含 m 种资产，每种资产在每种状态下的持有期收益率为 HPR_{ij}。将投资组合收益率的表达式代入（3-5）式，可以得出投资组合的期望收益率为：

$$E(R_P) = \sum_{j=1}^{n} P_j \times \sum_{i=1}^{m} W_i \times HPR_{ij} = \sum_{i=1}^{m} W_i \times E(HPR_i) \tag{3-6}$$

（3-6）式表明，投资组合期望收益率的计算有两种方法：一是先计算出每种状态下投资组合的持有期收益率，然后再将投资组合看作一个整体，计算出组合的期望收益率。二是先计算出投资组合中每种资产的期望收益率，然后再对这些资产的期望收益率进行加权平均，而权重就是每种资产占投资组合的比重。

【例 3-3】　投资组合的期望收益率

假设某投资者等比例持有两只股票 ABC 和 XYZ。两只股票的收益率受到利率升降和原材料价格高低的影响。未来的经济状态有四种：①利率上升，原材料价格上涨；②利率上升，原材料价格下跌；③利率下降，原材料价格上涨；④利率下降，原材料价格下跌。如果每种经济状态发生的概率分别为 0.1、0.2、0.3、0.4，并给定每只股票在每种经济状态下的投资收益率（见表 3－1），试计算该投资组合的期望收益率。

表 3－1　不同经济状态下的投资收益率

	利率上升	利率下降
原材料价格上涨	5%；10%	7%；7%
原材料价格下跌	7%；12%	10%；9%

为了计算投资组合的期望收益率，我们可以先求出每种状态下投资组合的收益率，然后再计算投资组合的期望收益率。由于两只股票是等权重的，因此有：

$$W_{ABC}=W_{XYZ}=\frac{1}{2}$$

在状态①发生的情况下，投资组合的收益率为：

$$HPR_{P1}=\frac{1}{2}\times 5\%+\frac{1}{2}\times 10\%=7.5\%$$

在状态②发生的情况下，投资组合的收益率为：

$$HPR_{P2}=\frac{1}{2}\times 7\%+\frac{1}{2}\times 12\%=9.5\%$$

在状态③发生的情况下，投资组合的收益率为：

$$HPR_{P3}=\frac{1}{2}\times 7\%+\frac{1}{2}\times 7\%=7\%$$

在状态④发生的情况下，投资组合的收益率为：

$$HPR_{P4}=\frac{1}{2}\times 10\%+\frac{1}{2}\times 9\%=9.5\%$$

投资组合的期望收益率等于投资组合在每种状态下收益率的加权平均值，其中，权重为每种状态发生的概率，即：

$$E(R_P)=0.1\times 7.5\%+0.2\times 9.5\%+0.3\times 7\%+0.4\times 9.5\%=8.55\%$$

当然，我们也可以先计算出每只股票的期望收益率：

$$E(R_{ABC})=0.1\times 5\%+0.2\times 7\%+0.3\times 7\%+0.4\times 10\%=8\%$$

$$E(R_{XYZ})=0.1\times 10\%+0.2\times 12\%+0.3\times 7\%+0.4\times 9\%=9.1\%$$

投资组合的期望收益率等于每种资产期望收益率的加权平均值，权重为每种资产在投资组合中的比重，即$\frac{1}{2}$。由此，我们得出投资组合的期望收益率：

$$E(R_P)=\frac{1}{2}\times 8\%+\frac{1}{2}\times 9.1\%=8.55\%$$

第二节　风险的度量

一、风险的定义与来源

风险意味着事情在未来的结果存在多种可能性，而且这些不同的结果对投资者来说是有优劣之别的。在前面石油勘探的例子中，勘探在未来的结果有两种——成功和失败。而且，两种结果带来的收益水平是有差异的。这就意味着，对于石油公司来说，勘探是存在风险的。

从某种程度上讲，我们可以将风险视为结果的不确定性。如果能够知道未来所有可能出现的结果以及每种结果对应的概率，那么我们就可以用一个随机变量来描述这种不确定性，进而用该随机变量的某些统计特征来刻画风险水平。

虽然投资收益的不确定性可能有很多来源，但在证券投资过程中，投资者可能遭遇的风险主要来自以下几个方面：

（1）企业的经营风险（Business Risk）。它是指由企业经营的不确定性带来的企业盈利的不确定性。经营的不确定性主要反映在两个方面：销售收入和经营费用。由于外部的经济环境、企业自身的管理状况、企业的营销力度等因素都会直接影响企业的销售收入和经营费用，因此这些因素的变化会直接导致企业利润的变化，进而给投资该企业的资金带来风险。企业的经营风险可以用经营杠杆（Degree of Operating Leverage，DOL）来表示，即：

$$DOL=\frac{\text{息税前收益变化百分比}}{\text{销售收入变化百分比}}$$

或者

$$DOL=\frac{\text{产品价格}-\text{变动成本}}{\text{产品价格}-\text{变动成本}-\text{固定成本}}$$

（2）流动性风险（Liquidity Risk）。流动性是金融资产的一个重要特征，是指一种金融资产迅速转换为交易媒介（货币）而不致遭受损失的能力。流动性风险有两层含义：一是指资产转换为货币的速度；二是指资产在向货币转换过程中价值的减少程度。如果资产无法快速变现，或者为了在短期内变现导致资产价值出现较大的损失，我们就说这种资产流动性较差，或者流动性风险较高。例如，在房地产市场中，有的房产的出售可能需要数月甚至数年才能实现，或者为了立即变现，房产出售方不得不在价格上作出较大让步。在这种情况下，房产就是一种流动性欠佳的资产。影响流动性风险大小的因素主要是市场的活跃程度。市场参与者越多、需求越大，市场的活跃程度就越高，资产的流动性也就越强。

（3）违约风险（Default Risk）。违约风险又称信用风险（Credit Risk），是指部分或者全部的初始投资不能按照契约规定如期、足额收回的风险。违约风险的大小与被投资公司的财务状况以及破产清算时证券的清偿顺序有关。被投资公司的财务状况越差，投资者所处的清偿顺序越靠后，投资的违约风险就越大。

二、不同资产风险的比较

在介绍了风险的定义和来源之后，下面将抛开风险的具体形式，从一个抽象的角度来考察不同资产的风险大小。假设有两种风险资产，它们在下一期的收益率分别用两个随机变量 y 和 z 来描述。我们说资产 y 的风险比 z 大，如果存在一个随机变量 ε 满足：

$$y-E(y)=^{d}z-E(z)+\varepsilon \qquad E(\varepsilon|z)=E(\varepsilon)=0 \tag{3-7}$$

进一步，如果 ε 是一个非零的随机变量，那么我们就称 y 的风险严格比 z 大。在（3-7）式中，符号 $=^{d}$ 意味着等式左侧和右侧是同分布的。也就是说，等式左侧和右侧的随机变量

以相同的概率取相同的值。而 $E(\varepsilon|z)=E(\varepsilon)$ 意味着 ε 的均值独立于 z，即 ε 基于 z 的条件期望值独立于 z。

在此说明一点，“同分布”或者“分布相等”是一个比“相等”弱很多的概念。两个随机变量如果在每种状态下都能取相同的值，我们就称这两个随机变量是相等的。然而，对于“分布相等”来说，该条件是充分条件而非必要条件。例如，某一随机变量在状态 1 的情况下取值为 0，在状态 2 的情况下取值为 1；另一随机变量在状态 1 的情况下取值为 1，在状态 2 的情况下取值为 0。如果两个状态发生的概率相等，那么这两个随机变量就是“分布上相等”的。但是，很明显，这两个随机变量并不相等。

【例 3-4】　风险的比较

我们假设随机变量 z 以相等的概率取值 10 和 -10。当 $z=10$ 时，随机变量 ε 以 0.75 的概率取值 10，以 0.25 的概率取值 -30；当 $z=-10$ 时，ε 以 0.25 的概率取值 30，以 0.75 的概率取值 -10。在上述条件下，我们可以发现 $2z$ 和 $z+\varepsilon$ 有相同的分布。但是，很显然，两者是不相等的。这是因为，如果二者相等，我们就可以得出 $z=\varepsilon$，但它是不成立的。如果进一步给定 ε 均值独立于 z，(3-7) 式的两个条件就都得到了满足。此时，我们就可以得出 $2z$ 的风险严格比 $z+\varepsilon$ 大。

均值独立是一个比无关性强但是比独立性稍弱的约束。如果两个随机变量是独立的，那么它们一定是均值独立的；但是，反过来并不成立。在例 3-4 中，ε 均值独立于 z，但是 ε 并不独立于 z。因为 ε 以 z 为条件的条件分布是依赖于 z 的。类似地，如果两个随机变量是均值独立的，那么它们一定是无关的，反之也不成立。例如，我们假设组合 (z, ε) 以相同的概率取如下数值 (1，1)，(2，0)，(3，1)。这时我们可以发现，ε 与 z 是不相关的，但它并不是均值独立于 z 的。

最后需要说明的一点是，无关和独立都是对应的。如果 z 与 ε 是无关（独立）的，那么 ε 与 z 也是无关（独立）的。但是均值独立并没有这种性质，z 均值独立于 ε 并不意味着 ε 也均值独立于 z。

三、风险的度量

如前所述，我们介绍了如何在两种不同资产的风险水平之间进行比较。然而，这种方法的意义主要是在理论上。在实际的操作过程中，我们需要更为简单易行的风险度量指标。本节将介绍几种传统的风险度量方法：范围法、标准差法和变异系数法。

范围法是通过给出随机变量的最大值、最小值来衡量风险的大小的。这种方法并不考虑随机变量在最大值、最小值之间的分布状况，只是通过随机变量取值范围粗略地度量风险的大小。标准差法是根据随机变量的概率分布计算出随机变量的方差或标准差。这种方法将资产收益的不确定性概括成一个数字，从而方便了不同资产风险的比较。给定未来每种状态发生的概率以及每种状态下资产的收益率，资产收益率的方差就可以写为：

$$\sigma^2=\sum_{j=1}^{n}P_j\times(HPR_j-\overline{HPR})^2$$

其中，n 为未来可能发生的状态数；P_j 为第 j 种状态发生的概率；HPR_j 为第 j 种状态发生时资产的持有期收益率；$\overline{HPR}$ 为资产期望收益率；σ 为资产收益率的标准差，而 σ^2 为资产收益率的方差。

【例3-5】 风险的方差度量

我们延续例3-3。假设某投资者等比例持有两只股票ABC和XYZ。两只股票的收益率受到利率升降和原材料价格高低的影响。未来的经济状态有四种：①利率上升，原材料价格上涨；②利率上升，原材料价格下跌；③利率下降，原材料价格上涨；④利率下降，原材料价格下跌。如果每种经济状态发生的概率分别为0.1、0.2、0.3、0.4，并给定每只股票在每种经济状态下的投资收益率（见表3-2）。试通过计算两种资产收益率的方差比较其风险水平。

表3-2　　不同经济状态下的投资收益率

	利率上升	利率下降
原材料价格上涨	5%；10%	7%；7%
原材料价格下跌	7%；12%	10%；9%

根据前面的计算结果，我们知道两种资产的期望收益率分别等于8%和9.1%。这样一来，股票ABC收益率的方差为：

$$\begin{aligned}\sigma_{ABC}^2 &= \sum_{j=1}^{4} P_j \times (HPR_j - 8\%)^2 \\ &= 0.1\times(5\%-8\%)^2+0.2\times(7\%-8\%)^2 \\ &\quad +0.3\times(7\%-8\%)^2+0.4\times(10\%-8\%)^2 \\ &= 0.03\%\end{aligned}$$

进而有：

$$\sigma_{ABC}=1.732\%$$

$$\begin{aligned}\sigma_{XYZ}^2 &= \sum_{j=1}^{4} P_j \times (HPR_j - 9.1\%)^2 \\ &= 0.1\times(10\%-9.1\%)^2+0.2\times(12\%-9.1\%)^2 \\ &\quad +0.3\times(7\%-9.1\%)^2+0.4\times(9\%-9.1\%)^2 \\ &= 0.030\,9\%\end{aligned}$$

由此可得：

$$\sigma_{XYZ}=1.758\%$$

因此，如果用标准差来衡量风险的话，股票XYZ的风险水平要高于股票ABC。

标准差是用随机变量偏离其均值或期望值的程度来衡量资产风险的。然而，在投资过程中，风险和期望收益之间存在一种替代关系。也就是说，对于风险喜好的投资者而言，他们愿意为获取更高的收益而承担更大的风险。因此，在对不同资产的风险进行比较时，我们有时应比较单位期望收益的风险水平，而这一指标就是变异系数。给定资产收益的标准差和期望收益，变异系数（Coefficient of Variance）可以写为：

$$CV=\frac{\sigma}{HPR}$$

变异系数考虑了投资者在风险和收益之间的替代关系，但变异系数假定这种替代关系是线性的。如果投资者认为风险和收益之间不是简单的线性关系，那么我们就不能再依靠变异系数进行投资决策了。

四、资产组合的风险

如前所述，我们可以用资产收益的方差来衡量某种资产的投资风险。事实上，这一指标同样适用于资产组合的风险计算。假设某一资产组合 P 中包含 N 种资产，其中第 i 种资产的收益率为 $\tilde{r}_i$，投资到该资产的财富比例为 w_i。因此，整个资产组合的收益率可以表示为：

$$\begin{aligned}\tilde{r}_P &= w_1\tilde{r}_1 + w_2\tilde{r}_2 + \cdots + w_N\tilde{r}_N \\ &= \sum_{i=1}^{N} w_i\tilde{r}_i\end{aligned}$$

资产组合的期望收益为：

$$E(\tilde{r}_P) = \sum_{i=1}^{N} w_i E(\tilde{r}_i)$$

资产组合的方差为：

$$\begin{aligned}\sigma_P^2 &= E[\tilde{r}_P - E(\tilde{r}_P)]^2 \\ &= E[\sum_{i=1}^{N} w_i\tilde{r}_i - \sum_{i=1}^{N} w_i E(\tilde{r}_i)]^2 \\ &= E\{\sum_{i=1}^{N} w_i[\tilde{r}_i - E(\tilde{r}_i)]\}^2 \\ &= E\{\sum_{i=1}^{N}\sum_{j=1}^{N} w_i w_j[\tilde{r}_i - E(\tilde{r}_i)][r_j - E(\tilde{r}_j)]\} \\ &= \sum_{i=1}^{N}\sum_{j=1}^{N} w_i w_j \sigma_{ij}\end{aligned}$$

其中，σ_{ij} 为第 i 种资产和第 j 种资产收益率的协方差。我们可以将每种资产的投资权重写成一个向量 $\boldsymbol{w}=(w_1, w_2, \cdots, w_N)'$，将 N 种资产的方差和协方差写成下述矩阵：

$$\boldsymbol{V}=\begin{pmatrix}\sigma_{11} & \sigma_{12} & \cdots & \sigma_{1N} \\ \sigma_{21} & \sigma_{22} & \cdots & \sigma_{2N} \\ \vdots & \vdots & & \vdots \\ \sigma_{N1} & \sigma_{N2} & \cdots & \sigma_{NN}\end{pmatrix}$$

其中，σ_{ij} 是第 i 种资产和第 j 种资产收益率的协方差。由于 $\sigma_{ij}=\sigma_{ji}$，所以 N 种资产的方差-协方差矩阵是对称的。这样一来，对于任意 N 种资产的投资权重 ω，N 种资产构成的投资组合的方差就可以写成：

$$\sigma_P^2=\boldsymbol{w}'\boldsymbol{V}\boldsymbol{w}=(w_1, w_2, \cdots, w_N)\begin{pmatrix}\sigma_{11} & \sigma_{12} & \cdots & \sigma_{1N} \\ \sigma_{21} & \sigma_{22} & \cdots & \sigma_{2N} \\ \vdots & \vdots & & \vdots \\ \sigma_{N1} & \sigma_{N2} & \cdots & \sigma_{NN}\end{pmatrix}\begin{pmatrix}w_1 \\ w_2 \\ \vdots \\ w_N\end{pmatrix}$$

由于对于任意的向量，$\boldsymbol{w}'\boldsymbol{V}\boldsymbol{w}$ 都是大于等于零的，因此方差-协方差矩阵是正定的。

当投资组合中只包含两种资产 A 和 B 的时候，投资组合的方差为：

$$\sigma_P^2=w_A^2\sigma_A^2+w_B^2\sigma_B^2+2w_Aw_B\sigma_{AB}$$

写成矩阵形式就是：

$$\sigma_P^2=(w_A, w_B)\begin{pmatrix}\sigma_{AA} & \sigma_{AB} \\ \sigma_{BA} & \sigma_{BB}\end{pmatrix}\begin{pmatrix}w_A \\ w_B\end{pmatrix}$$

第三节　风险态度及其度量

一、投资者的风险态度与效用函数

面对风险，不同的经济个体可能有不同的反应。举一个最简单的例子，假设有一个赌局，参与者通过掷一枚均匀的硬币来决定收益的分配。如果掷得硬币的正面，参与者可以赚100元；如果掷得硬币的反面，参与者输掉100元。对于这样一个赌局，有些个体愿意参与，有些个体不愿意参与，也有一些个体无所谓是否参与。事实上，这三类个体就对应着三类不同的风险态度，即风险喜好、风险规避和风险中性。为了更准确地对这三个概念进行定义，我们首先引入"公平赌博"的概念。

定义 3-1　公平赌博

记 $\tilde{g}$ 为一个不确定支付，如果该支付的期望值 $E(\tilde{g})$ 等于零，我们就称 $\tilde{g}$ 为一个公平赌博。

定义 3-2　风险规避

如果其效用函数 $u(\cdot)$ 满足下式，我们称某参与者是严格风险规避的：

$$E[u(w+\tilde{g})]<E[u(w)] \qquad \forall E(\tilde{g})=0$$

由于 $E(w+\tilde{g})=E(w)$，因此风险规避就意味着在面临一个确定性收益和一个不确定性收益时，如果两者的期望值相同，那么风险规避的投资者总是偏好前者。在前面赌博的例子中，无论参与者是否参与赌博，他的期望收益都是零。在这种情况下，如果参与者最终选择了确定性结果，也就是不参与赌博，那么他就是风险规避的。与之类似，我们可以给出风险中性和风险喜好的定义。

定义 3-3　风险中性

如果其效用函数 $u(\cdot)$ 满足下式，我们称某参与者是风险中性的：

$$E[u(w+\tilde{g})]=E[u(w)] \qquad \forall E(\tilde{g})=0$$

定义 3-4　风险喜好

如果其效用函数 $u(\cdot)$ 满足下式，我们称某参与者是风险喜好的：

$$E[u(w+\tilde{g})]>E[u(w)] \qquad \forall E(\tilde{g})=0$$

如果投资者在决策过程中只考虑资产的风险和收益，那么风险规避投资者可能会放弃部分收益来避免承担某一水平的风险。而对于风险中性的投资者来说，资产风险的大小不会影响其投资决策。在投资过程中，风险中性投资者只关心投资的期望收益，至于投资收益的不确定性并不是他们关心的内容。然而，对于风险喜好的投资者来说，风险是一种"乐趣"，为了获得这种"乐趣"，他们甚至愿意承担收益率降低的可能性。

投资者的风险态度与效用函数的形状是有关系的。

定理 3-1　当且仅当 $u(\cdot)$ 是严格凹函数时，参与者是严格风险规避的。

证明：首先证明必要性，即由风险规避推出效用函数是凹的。

任意给出两个不同的支付 w_1 和 w_2，不妨设 $w_2>w_1$。假设 $p\in(0, 1)$，我们可以构造一个赌博 $\tilde{g}$：参与者以 p 的概率获得 g_1，以 $1-p$ 的概率获得 g_2。其中，g_1 和 g_2 的定义如下：

$$g_1=-(1-p)(w_2-w_1)$$

$$g_2=p(w_2-w_1)$$

我们可以很容易地计算出 $E(\tilde{g})=0$，换句话说，$\tilde{g}$ 是一个公平赌博。接下来，我们定义：

$$w=pw_1+(1-p)w_2$$

这样一来，就有：

$$w_1=w+g_1$$

$$w_2=w+g_2$$

假设参与者面临两种选择：确定性地获得支付 w，或者以 p 的概率获得 w_1，以 $1-p$ 的概率获得 w_2。如果参与者是风险规避的，那么他更偏好前者，即：

$$u(w)>p\times u(w_1)+(1-p)\times u(w_2)$$

或者

$$u[pw_1+(1-p)w_2]>p\times u(w_1)+(1-p)\times u(w_2)$$

因此，$u(\cdot)$ 是凹函数。

下面，我们证明充分性，即从凹的效用函数推导出投资者风险规避的结果。这部分的证明可由詹森不等式直接得到。根据詹森不等式，我们有：

$$E[u(w+\tilde{g})]\leqslant u[w+E(\tilde{g})]=u(w) \qquad \forall E(\tilde{g})=0$$

这意味着投资者是风险规避的。这样一来，我们就得出下述结论：当个体偏好能够用效用函数表示时，凹的效用函数等价于风险规避。

从几何意义上看，如果用横轴表示获得的收益，用纵轴表示效用，那么凹的效用函数就说明参与者希望获得的收益越多越好，但收益的增加为投资者带来的边际效用是递减的（见图3-1）。

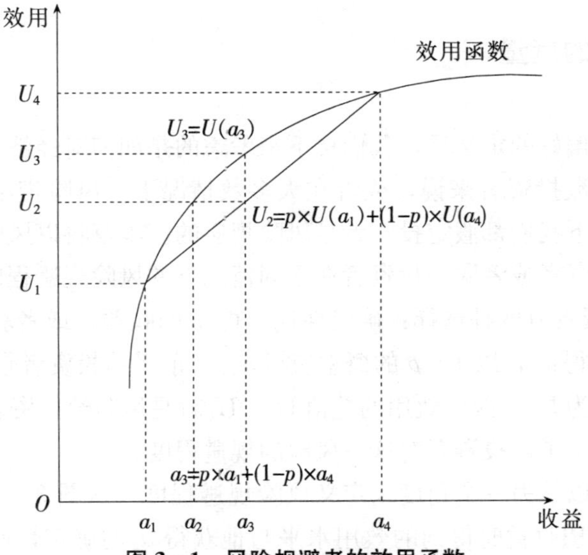

图3-1　风险规避者的效用函数

在图 3－1 中，参与者有两种选择：确定性地获得 a_3 的收益，从而得到效用 U_3；或者以 p 的概率获得 a_1 的收益，以 $1-p$ 的概率获得 a_4 的收益，从而得到期望效用 U_2。从图 3－1 中可以看出，若效用函数是凹的，即 $U_3>U_2$，那么参与者更偏好确定性收益。

与之相对应，当参与者的效用函数是凸函数时（如图 3－2 所示），我们有：

$$u[pw_1+(1-p)w_2]<p\times u(w_1)+(1-p)\times u(w_2)$$

这说明，确定性地获得 $pw_1+(1-p)w_2$ 的收益给参与者带来的效用低于以 p 的概率获得 w_1，以 $1-p$ 的概率获得 w_2 给参与者带来的效用。换句话说，此时的参与者是风险喜好的。而当参与者的效用函数是线性函数时，有：

$$u[pw_1+(1-p)w_2]=p\times u(w_1)+(1-p)\times u(w_2)$$

确定性地获得 $pw_1+(1-p)w_2$ 的收益给参与者带来的效用与以 p 的概率获得 w_1，以 $1-p$ 的概率获得 w_2 给参与者带来的效用是相同的。此时，参与者是风险中性的。

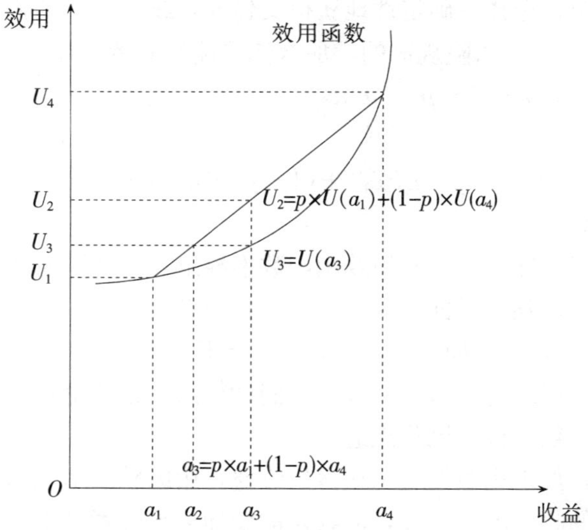

图 3－2　风险喜好者的效用函数

二、风险规避的度量

在给出三类风险偏好的定义后，我们接下来考虑的是如何对经济个体的风险偏好程度进行度量。由于对大多数投资者来说，或者在大多数情况下，风险带给投资者的效用都是负的，因此，一般情况下我们都假定投资者是风险规避的。本章将以风险规避投资者为例，寻找一个指标对不同投资者或者同一投资者在不同情况下的风险规避程度进行比较。

图 3－1 中的投资者有两种选择：确定性地获得 a_3 的收益，或者获得一个等于 a_3 的期望收益（以 p 的概率获得 a_1，以 $1-p$ 的概率获得 a_4）。前者给投资者带来的效用为 U_3，后者给投资者带来的效用为 U_2，两个效用的差值 U_3-U_2 就是风险给投资者带来的效用损失。该数值在一定程度上衡量了此投资者对这一风险的规避程度。

当然，我们也可以从另一个角度来定义风险规避程度。从图 3－1 中可以看出，投资者获得一个等于 a_3 的期望收益时得到的效用水平与他获得 a_2 的确定性收益时得到的效用水平是相同的。换句话说，a_2 就是一个与风险性收益 a_3 等价的确定性收益水平，而差值 a_3-a_2

体现了投资者为了获得确定性收益而愿意放弃的风险性收益水平。该指标被称为风险溢价(Risk Premium)，是衡量风险规避投资者对确定性收益水平偏好强度的另一指标。下面将给出风险溢价的一个准确定义。

定义 3-5 风险溢价

某投资者参与一个公平赌博 $\tilde{g}$ 所要求的风险溢价水平 π 可以定义为：

$$E[u(w+\tilde{g})]=u(w-\pi)$$

上式左端是一个财富为 w 的投资者参与某公平赌博 $\tilde{g}$ 获得的期望效用水平，上式右端是该投资者放弃 π 数量的财富后的效用水平。上式表明，风险溢价 π 就是投资者为了避免参与某一公平赌博 $\tilde{g}$ 所愿意放弃的财富值，而它的负值，也就是 $-\pi$，则被称为风险赌博的确定性等价（Certainty Equivalence)。

需要补充一点，上面把风险溢价定义为投资者为避免参与某一公平赌博所愿意放弃的财富值。我们也可以从另一个角度将风险溢价定义为让投资者参与某一公平赌博而给他的最小财富补偿，即：

$$E[u(w+\tilde{g}+\hat{\pi})]=u(w)$$

当然，对于同一赌博，π 和 $\hat{\pi}$ 可能是有差异的。但是，当 $\tilde{g}$ 的取值范围非常微小时（对应着小风险水平的赌博)，π 和 $\hat{\pi}$ 是近似相等的。相关的证明非常简单，我们分别对风险溢价的两个定义式在 w 点进行泰勒展开。根据第一个定义，我们可以得到：

$$\begin{aligned}E[u(w+\tilde{g})]&=u(w)+u'(w)E(\tilde{g})+\frac{1}{2}\times u''(w)E(\tilde{g}^2)+o(\tilde{g}^2)\\&=u(w)-u'(w)\pi+o(\pi)\\&=u(w-\pi)\end{aligned}$$

由于 $\tilde{g}$ 为公平赌博，所以 $E(\tilde{g})=0$。另外，当 $\tilde{g}$ 的取值范围非常微小时，$\tilde{g}^2$ 和 π 的高阶无穷小也是非常微小的量。因此，我们有：

$$\pi\cong-\frac{1}{2}\times\frac{u''(w)}{u'(w)}\times E(\tilde{g}^2)=-\frac{1}{2}\times\frac{u''(w)}{u'(w)}\times\mathrm{var}(\tilde{g})$$

类似地，我们可以对第二个定义式进行泰勒展开，从而计算出 $\hat{\pi}$ 的表达式与 π 近似相等。

从风险溢价的表达式可以看出，风险的溢价程度与两个因素相关：一个因素是风险水平的大小，也就是方差 $\mathrm{var}(\tilde{g})$；另一个因素则是方差前的比例系数 $-\frac{1}{2}\times\frac{u''(w)}{u'(w)}$。该系数的数值取决于投资者的效用函数形式，或者说，取决于投资者对待风险的态度。我们注意到，由于 $u'>0$，$u''<0$，因此该比例系数是正的。这说明风险水平越高，风险溢价程度就越大，而比例系数则反映出投资者的风险规避程度。我们将该比例系数称为绝对风险规避（Absolute Risk Aversion）系数，即：

$$A(w)\triangleq-\frac{u''(w)}{u'(w)}$$

同时，我们将该数值的倒数称为风险容忍（Risk Tolerance）系数，即：

$$T(w)=\frac{1}{A(w)}=-\frac{u'(w)}{u''(w)}$$

从风险规避系数的表达式中可以发现，投资者的风险规避程度是其财富数量的函数。那么，随着投资者财富的增加，其风险规避程度是降低还是升高呢？直观来看，由于财富的边际效用是递减的，因此参与公平赌博的潜在损失给富裕的投资者带来的效用降低应该比较小。这样一来，随着财富数量的增加，投资者为避免参加公平赌博而愿意放弃的财富应该是降低的。换句话说，富裕的投资者应该更倾向于参加公平赌博。但出于同样的原因，富裕的投资者从公平赌博中可能获得的收益给他带来的效用增加也比较小，这意味着赌博对富裕投资者的吸引力比较低。因此，最终的关系需要看两个影响的加总结果。假设效用是财富的二次函数，如：

$$u(w)=a+bw+cw^2$$

其中，$b>0$，$c<0$。

我们可以由此计算出绝对风险规避系数为：

$$A(w)=-\frac{u''(w)}{u'(w)}=-\frac{2c}{b+2cw}$$

当财富数量增加时，风险规避系数也是增大的。假设效用是财富水平的对数函数，如：

$$u(w)=\ln(w)$$

其中，$w>0$。

此时，绝对风险规避系数为：

$$A(w)=-\frac{u''(w)}{u'(w)}=\frac{1}{w}$$

当财富数量增加时，风险规避系数是降低的。假设效用是财富水平的指数函数，如：

$$u(w)=-\mathrm{e}^{-Aw}$$

其中，$A>0$。

此时，绝对风险规避系数为：

$$A(w)=-\frac{u''(w)}{u'(w)}=A$$

而这个时候财富水平的变化不会影响到投资者的风险规避程度。

从以上三个例子中可以看出，财富水平对绝对风险规避系数的影响是不确定的，它依赖于投资者效用函数的具体形式。值得一提的是，当投资者的效用函数是指数函数时，其绝对风险规避系数是一个常数。因此，我们称这种效用函数为常数绝对风险规避（Constant Absolute Risk Aversion，CARA）函数。

绝对风险规避系数衡量了投资者对总财富某一绝对水平变化的规避程度，但该指标并没有考虑财富水平的变化相对于投资者总财富水平的大小。与绝对风险规避系数不同，相对风险规避系数衡量了投资者对总财富某一比例变化的规避程度。

下面考虑以总财富为基数的赌博。参与者在赌博中的盈亏数量是其总财富的某一比例 $\tilde{g}w$，参与者的风险溢价水平也是定义在总财富基础上的，其数值等于 $\pi_R w$。这样一来，对于风险规避投资者来说，有：

$$E[u(w+\tilde{g}w)]=u(w-\pi_R w)$$

重复前面类似的推导可知，对于一个小风险的赌博（即 $\tilde{g}w$ 取值范围很小）来说，有：

$$\pi_R=\frac{1}{2}\left[-\frac{wu''(w)}{u'(w)}\right]\mathrm{var}[\tilde{g}]$$

与之相对应，可以得到参与者的相对风险规避（Relative Risk Aversion）系数为：

$$R(w)\triangleq-\frac{wu''(w)}{u'(w)}$$

通过比较绝对风险规避系数和相对风险规避系数可知：

$$R(w)=w\times A(w)$$

专栏3－1讨论了人为什么会参与赌博这样一个与期望效用理论关于人们风险态度的假设可能有出入的问题。

专栏3－1

人为什么会参与赌博?

赌博是人类最古老的行业之一。按照国际惯例，玩家在赌场赢钱的概率大约为48%。换句话说，赌客的期望收益是负的。那么，为什么还会有成千上万的人参与赌博呢？

第一种可能是，参与赌博的人都是非理性的（至少是经济学意义上的非理性）。在这种情况下，这类风险喜好群体的规模会越来越小，因为他们手中的赌资会越来越少。但如果经济体中不断注入新的人群（年轻人），那么非理性人群在社会中的比重可能会相对稳定。当然，这类非理性的人群更大的可能是年轻人，或者缺乏经验的人。

第二种可能是，我们不能把赌博和其他的财富追求行为相提并论。人们喜欢赌博，可能仅仅是因为他们愿意为了享受骰子滚动时带来的刺激而舍弃一些财富。如果这一点成立，那么风险投资的效用就要被看作风险投资带来的财富变化和情感刺激的函数了。

第三种可能是，一个人会面对不同的财富，有时表现出厌恶风险，有时又表现出喜好风险。例如，弗里德曼和萨维奇（Friedman and Savage，1948）就曾经提到一个现象，那就是很多人会同时购买彩票和保险。这两种产品体现出投资者完全相反的两种风险态度，前者是风险喜好，而后者是风险规避。而且人们在风险事件中可能损失的财富越多时，越倾向于呈现出风险规避的特征。

最后一种观点的出发点是人们具有怪异的行为。例如，人们在参加风险游戏的时候总是高估自身的博弈技能和成功的概率。结果，预期值为负的赌博就被错误地想象成了具有正的预期价值。因此，与其将赌博说成风险偏好，不如说是过于自信。

赌博的参与决策与股票市场的参与决策有很多类似之处。2007年，谢国忠在接受采访的时候曾经给中国股民算过一笔账。在2007年以前，A股上市公司的盈利水平大约为每年4 000亿元，也就是每个交易日17亿元。考虑到当时中国股票市场中的流通股只占总股本的三分之一左右，因此，流通股所对应的上市公司盈利只相当于每个交易日5.67亿元。而2007年前4个月，政府每个交易日日均印花税收入达到5.3亿元，再加上券商每日佣金收入4.2亿元，市场平均每天付出的交易费用达9.5亿元。换句话说，中国股民付出的交易费用比企业盈利还多出67.5%，这比在赌场赌博输钱的概率都大。那么，中国投资者参与市场的动机是什么呢？年轻的冲动、投资的乐趣、过度自信，还是其他原因呢？

资料来源：达兰．驾驭风险．北京：中国人民大学出版社，2010.

三、风险规避的比较

在给出风险规避的众多衡量方法之后，我们可以利用这些方法比较同一投资者对不同风险水平的规避程度或者不同投资者对同一风险水平的规避程度。

首先，利用风险溢价指标考察同一投资者对同一风险水平的规避程度。在图 3-3 中，我们假定投资者有两种风险投资选择：一是以 p 的概率获得 a 的支付，以 $1-p$ 的概率获得 d 的支付；二是以 $q(q<p)$ 的概率获得 a 的支付，以 $1-q$ 的概率获得 d 的支付。在第一种情况下，投资者的期望收益为 b，相应的期望效用为 U_1，此时的风险溢价在图 3-3 中对应着 e_1f_1。在第二种情况下，投资者的期望收益为 c，相应的期望效用为 U_2，此时的风险溢价在图 3-3 中对应着 e_2f_2。通过比较 e_1f_1 和 e_2f_2 的长度，我们就可以比较该投资者在面临这两个风险时的风险规避程度。

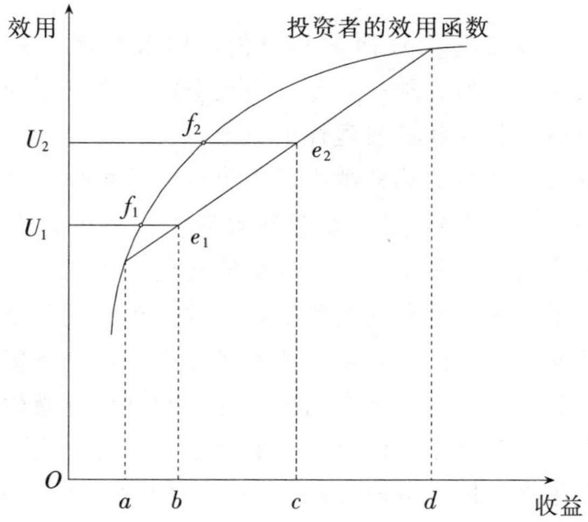

图 3-3　同一投资者面临不同风险

注：$b=p\times a+(1-p)\times d$；$c=q\times a+(-q)\times d$。

图 3-4 给出了不同投资者在面对相同风险时的风险溢价程度。位于上方的曲线是投资者 1 的效用函数，位于下方的曲线是投资者 2 的效用函数。两个投资者面临相同的风险资产，即以 p 的概率获得 a 的支付，以 $1-p$ 的概率获得 c 的支付。对于这两个投资者来说，该风险资产的期望收益是相同的，都等于 b。但投资者 1 对应的期望效用水平为 U_1；而投资者 2 对应的期望效用水平为 U_2。两位投资者面临该风险资产时的风险溢价水平分别为 e_1d_1 和 e_2d_2。通过比较这两个数值的大小，可以比较两位投资者对该风险的规避程度。

当然，除了风险溢价外，我们还可以通过绝对风险规避系数和相对风险规避系数来比较投资者的风险规避程度。在给出投资者效用函数以及财富水平之后，这种比较是很容易进行的。然而，对上述风险规避程度的比较都是在给定初始财富水平的基础上进行的。事实上，如果投资者的效用函数满足一定的条件，我们还可以在“总体上”比较两个投资者的风险规避程度。

定理 3-2　给定投资者的效用函数 $u_1(w)$ 和 $u_2(w)$ 为递增函数，而且是二阶可微的，则下列命题之间是等价的：

（1）对于任意的 w，$A_1(w)\geqslant A_2(w)$。

（2）$u_1[u_2^{-1}(z)]$ 是凹的。

（3）存在 $f(\cdot)$，$f'(\cdot)>0$ 且 $f''(\cdot)\leqslant 0$，使得 $u_1(w)=f[u_2(w)]$。

（4）$\pi_1\geqslant\pi_2$，对于所有的财富水平 w 和公平赌博 $\tilde{g}$ 成立。

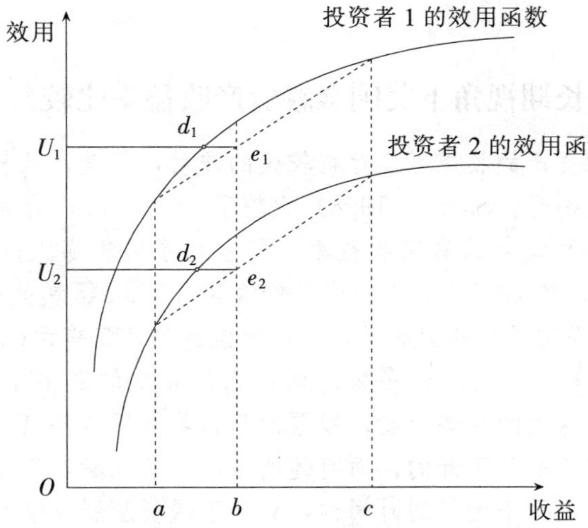

图 3-4　不同投资者对同一赌博的风险溢价

注：$b=p\times a+(1-p)\times c$。

证明：(1) ⇒ (2)

令 $z=u_1[u_2^{-1}(z)]$，且 $w=u_2^{-1}(z)$，由此计算出：

$$f'(z)=\frac{u'_1[u_2^{-1}(z)]}{u'_2[u_2^{-1}(z)]}>0$$

$$f''(z)=\frac{u''_1[u_2^{-1}(z)]\times u'_2[u_2^{-1}(z)]-u'_1[u_2^{-1}(z)]\times u''_2[u_2^{-1}(z)]}{\{u'_2[u_2^{-1}(z)]\}^2}$$

$$=-[A_1(w)-A_2(w)]\frac{u'_1(w)}{[u'_2(w)]^2}$$

在 $A_1(w)\geqslant A_2(w)$ 的情况下，我们可以得到 $f''(z)\leqslant 0$。因此，$u_1[u_2^{-1}(z)]$是凹函数。

(2) ⇒ (3)

由于 u_2是递增的，因此 u_2^{-1} 存在。定义 $f(z)=u_1[u_2^{-1}(z)]$，根据第一部分的证明过程，$f(z)$ 满足 $f'(\cdot)>0$ 且 $f''(\cdot)\leqslant 0$。此外，由于 $f[u_2(w)]=u_1(w)$，第二部分得证。

(3) ⇒ (4)

对于任意赌博 $\tilde{g}$，有：

$$u_1(w-\pi_1)=E[u_1(w+\tilde{g})]=E\{f[u_2(w+\tilde{g})]\}$$

由于 $f(\cdot)$ 是凹函数，根据詹森不等式，可以得出：

$$E\{f[u_2(w+\tilde{g})]\}\leqslant f\{E[u_2(w+\tilde{g})]\}=f[u_2(w-\pi_2)]$$

此外，由于 $f[u_2(w-\pi_2)]=u_1(w-\pi_2)$，可以得出 $u_1(w-\pi_1)\leqslant u_1(w-\pi_2)$，进而得到 $\pi_1\geqslant\pi_2$。

(4) ⇒ (1)

对于小赌博而言，给定财富水平 w，如果 $\pi_1\geqslant\pi_2$，这就意味着投资者1的风险规避程度更高，即 $A_1(w)\geqslant A_2(w)$。所以，如果对于任意财富水平 w，都有 $\pi_1\geqslant\pi_2$，这就表明 $A_1(w)\geqslant A_2(w)$对于任意 w 都成立。

由此，我们证明了上述四个命题之间的等价性。

专栏 3-2

长期视角下美国金融资产收益率比较

在短期内，各种金融资产的收益可能存在较大的波动，但是，从长期看，不同金融资产的收益状况是否有较大差别呢？Siegel（1998）比较了 1807—1997 年期间，美国金融市场上股票、国债、短期国库券和黄金的真实收益率（即考虑了通货膨胀以及现金收入再投资），结果发现，如果购买股票，到 1997 年的时候资产价值达到 558 945 美元；如果购买国债，资产价值将达到 803 美元；如果购买短期国库券，资产价值达到 275 美元；但如果投资到黄金上，资产价值则缩水到 0.84 美元。在绝大多数时间段内，股票的真实年度收益率基本维持在 6.6%～7.2%之间。而且从大的趋势上看，股票的收益能够保持持续稳定增长，这与股票市场分享了美国经济长期增长是分不开的。而有趣的是，从长期看，黄金并没有像人们想象的那样实现保值增值。在接近两个世纪的时间内，剔除了通货膨胀影响之后，黄金的价值是下跌的。从这个角度来看，巴菲特贬低黄金的投资价值并非不经之谈。

图 3-5　美国金融资产长期实际收益状况

注：本图来自 Siegel（1998）。

专栏 3-3

中国股票市场资产的风险-收益状况

与美国相比，中国股票市场起步晚，发展时间短。然而，这并不影响我们对过去 20 多年沪深两市 A 股股票的风险-收益特征做一个总结。在本专栏中，我们对相关公司的收益状况进行一下描述统计。

首先，我们从国泰安（CSMAR）数据库中获取了 1991—2019 年间所有 A 股上市公司考虑现金红利再投资的年度收益率，然后对样本进行了如下删减：(1) 剔除公司上市第一个日历年份的收益数据；(2) 剔除 2019 年底之前已经退市的公司数据。随后，我们分别计算出 1991 年、2001 年、2011 年以来，每家公司从上市后一年到 2019 年底的年均收益率状况。图 3-6、图 3-7 和图 3-8 给出了一个简单的收益率频率图。从图中可以看出，无论是 1991—2019 年、2001—2019 年还是 2011—2019 年，中国沪深两市 A 股上市公司股票整体的年均收益率都是大于零的。从统计结果上看，年度收益率的均值分别为 8.2%、7.6%和 0.8%；但是中位数高于均值的水平，分别为 15.2%、13.8%和 3.6%。

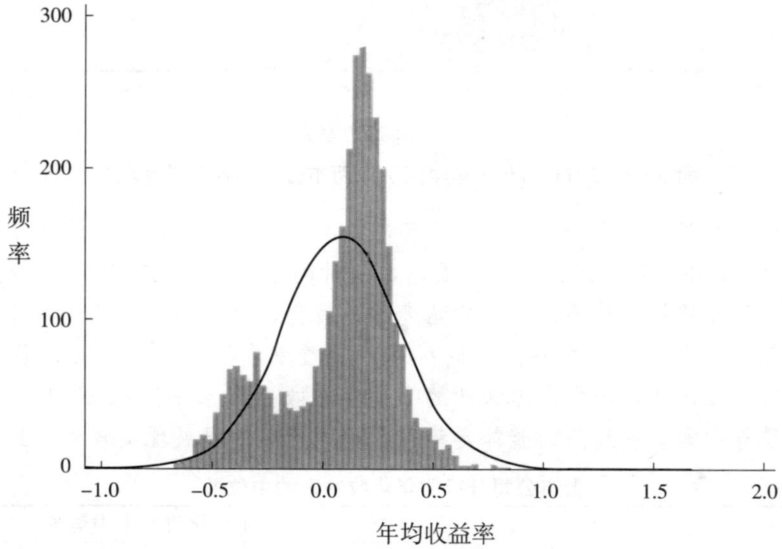

图 3-6　1991—2019 年中国沪深两市公司年均收益率状况

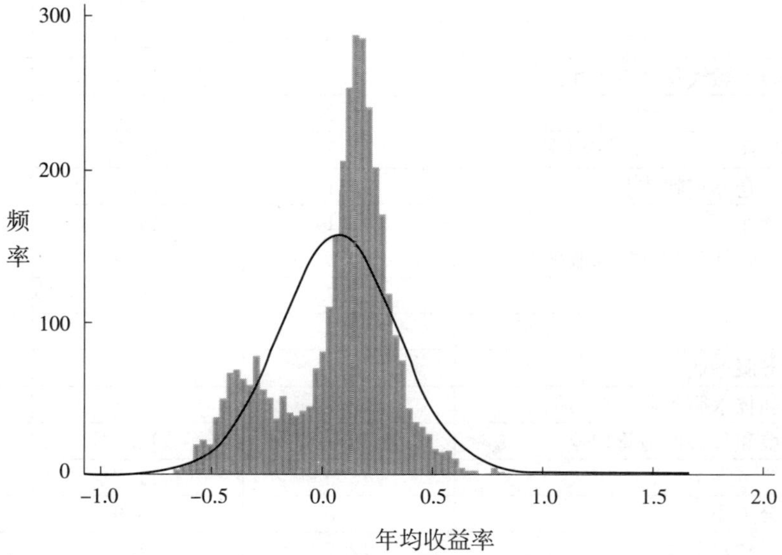

图 3-7　2001—2019 年中国沪深两市公司年均收益率状况

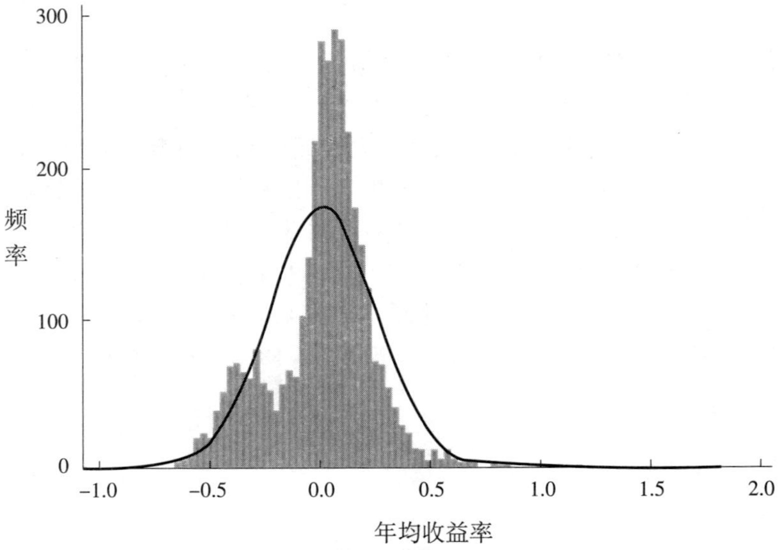

图 3-8　2011—2019 年中国沪深两市公司年均收益率状况

进一步，我们按照证监会一级行业分类标准，给出了上市公司分行业的年化收益率中位数的统计状况（见表 3-3）。从该表可以看出，从时间序列角度看，不同行业上市公司年化收益率整体呈现下降趋势。从不同行业的角度看，教育，卫生和社会工作，信息传输、软件和信息技术服务业的上市公司在不同时间区间的收益率水平都相对较高，稳定性较好。而农、林、牧、渔，采矿业，批发和零售业的平均年化收益率水平则在 2011 年之后下降幅度较大。以上结果与中国宏观经济的整体走势以及不同产业的发展现实较为一致。

表 3-3　　上市公司分行业年化收益率的中位数

行业		分行业年化收益率中位数（%）		
		1991—2019 年	2001—2019 年	2011—2019 年
A	农、林、牧、渔业	12.9	13.0	0.8
B	采矿业	20.3	18.8	−6.3
C	制造业	13.0	12.0	2.7
D	电力、热力、燃气及水生产和供应业	17.4	14.4	2.7
E	建筑业	11.2	9.7	3.3
F	批发和零售业	18.2	15.7	1.9
G	交通运输、仓储和邮政业	15.1	13.4	5.6
H	住宿和餐饮业	17.1	14.2	3.1
I	信息传输、软件和信息技术服务业	19.6	18.2	13.3
J	金融业	15.7	15.6	9.7
K	房地产业	23.8	21.9	8.4
L	租赁和商务服务业	16.8	16.1	8.8
M	科学研究和技术服务业	−7.7	−7.7	−7.7
N	水利、环境和公共设施管理业	13.9	11.5	3.4
P	教育	18.5	11.7	21.0
Q	卫生和社会工作	27.0	26.9	28.3
R	文化、体育和娱乐业	12.7	11.3	3.1
S	综合	23.9	19.5	10.0

篇幅原因，我们这里不太可能对统计结果一一予以展示。但是对上市公司收益率水平以及分布状况的认识是进行投资实践的第一步。我们在很多时候会想当然地用一些观点指导实践，但问题在于，有些观点可能是似是而非的。而解决这一问题最好的方法就是去做大量细致的统计分析。正如医学院的学生要学习解剖学才能认识清楚人体各个器官的功能，投资者要想认识证券市场的运行机制也需要具备“解剖市场”的能力。

【小 结】

1. 持有期收益是衡量投资收益的基本指标，对于证券投资来说，持有期收益来源于两个部分：一是证券价格在投资者持有期内的变化给投资者带来的收益；二是投资者因持有证券获得的现金支付。对于资产组合而言，其投资收益等于组合中各资产的投资收益按照一定权数进行加权平均，这里的权数等于投资在各资产上的资金数额占总投资金额的比例。

2. 在所有度量风险的指标中，方差或者说标准差是最常用的指标之一，它是对资产收益率总体波动情况的度量。对于一个包含 N 种资产的投资组合来说，组合收益率的方差等于 $\sum_{i=1}^{N}\sum_{j=1}^{N}w_i w_j \sigma_{ij}$。

3. 我们将期望值等于零的不确定性支付定义为“公平赌博”。如果一个投资者不愿意参加一个公平赌博，或者说，如果面临两个期望值相等的收益，但其中一个是确定性收益，另一个是不确定性收益，投资者总是选择前者的话，我们称该投资者是风险规避的。

4. 投资者的风险规避程度可以用风险溢价、绝对风险规避系数和相对风险规避系数来度量。其中，风险溢价是投资者为了获得确定性收益而愿意放弃的风险性收益水平。对于一个风险较小的公平赌博而言，风险溢价水平近似等于绝对风险规避系数乘以该公平赌博的方差。而相对风险规避系数则等于绝对风险规避系数乘以投资者的财富总额。

【练习题】

1. 以下哪个指标度量了两种资产间风险的关联性？

A. 两种资产收益率的平均值　　B. 两种资产收益率的极大值

C. 两种资产收益率的协方差　　D. 两种资产收益率的标准差

2. 股票A和B收益率的标准差分别是0.1和0.5，协方差为0.03，两种股票收益率的相关系数是多少？

A. 0.2　　B. 0.4　　C. 0.6　　D. 0.8

3. 对于风险喜好的投资者而言，收益与其为投资者带来的效用间的关系是：

A. 收益越高，效用越大，边际效用是递减的

B. 收益越高，效用越大，边际效用是不变的

C. 收益越高，效用越大，边际效用是递增的

D. 收益越高，效用越小，边际效用是递减的

4. 其他条件保持不变，随着一组证券收益率的相关性的增加，这组证券构成的投资组合的收益率和风险最有可能增加的是以下哪项？

	收益率	风险
A	否	否
B	否	是
C	是	否
D	是	是

5. 某投资者目前持有的投资组合的期望收益率为 12%。该投资者现在打算将其中的一只期望收益率为 14%的股票卖出，然后买进一只期望收益率为 13%的股票。与该投资者目前持有的股票相比，调整后的投资组合的期望收益率将会怎样？

A. 无论新组合的标准差如何变化，其收益率的期望值都将高于 12%

B. 无论新组合的标准差如何变化，其收益率的期望值都将低于 12%

C. 如果新组合的标准差变大了，其收益率的期望值可能高于 12%

D. 如果新组合的标准差变小了，其收益率的期望值可能高于 12%

6. 投资者在年初以 10 元/股的价格买入 1 000 股某只股票，并在年末以 9.7 元的价格卖出。当年该公司每 10 股发放股利 6 元。试计算投资者当年的持有期收益。

7. 某基金过去 5 年的年投资收益率分别为 70%、40%、−20%、−90%、100%，试计算该基金 5 年的算术平均收益率与几何平均收益率。

8. 假设某资产组合中包含三种风险资产，在某一持有期内，每种资产的收益率和市场价值如下表所示。试计算该资产组合在持有期内的收益率。

资产	市场价值（万元）	收益率（%）
1	100	10
2	150	−2
3	200	7

9. 某投资者预期资产 A 在未来一年内收益率的概率分布如下表所示：

收益率（%）	概率
5	0.1
10	0.2
12	0.4
−8	0.3

试计算该资产在这一时间段内的期望收益率以及期望收益率的方差。

10. 假设某投资者持有股票 X 和 Y，对应着未来可能出现的不同的宏观经济环境，两只股票的收益率如下表所示：

	繁荣	一般	萧条
概率	0.3	0.5	0.2
股票 X 的收益率	17%	12%	6%
股票 Y 的收益率	13%	10%	9%

试计算投资组合的期望收益率以及期望收益率的方差。

11. 某投资者的效用函数形式为 $u(r)=\ln(1+r)$，其中，r 为资产收益率。给定股票 A

在未来不同经济状态下的可能收益率（如下表所示），试计算该投资者的期望效用水平。

	繁荣	一般	萧条
概率	0.2	0.4	0.4
股票X的收益率	10%	8%	2%

12. 某投资者的效用函数与资产的期望收益率和标准差有关，其形式为 $u=E(r)-0.005A\sigma^2$，其中，A 为该投资者的风险规避系数。下表是市场中存在的四种风险资产：

资产	期望收益率（%）	标准差（%）
A	12	30
B	15	40
C	20	25
D	25	35

（1）如果该投资者是风险中性的，他会选择哪种资产进行投资？

（2）如果该投资者是风险规避的，他不会选择哪些资产？

（3）在什么情况下，该投资者会选择资产D，而不选择资产C？

13. 假设市场上有三种资产，股票X、股票Y和短期国债，三种资产的年期望收益率分别为10%、8%、2%，股票X收益率的标准差为0.4，股票Y收益率的标准差为0.2，股票X、Y收益率的相关系数为0.02。若一个投资者构造的投资组合在股票X、股票Y和短期国债这三种资产上的投资比例为1∶1∶2，试计算该种投资组合的年期望收益率与收益率的标准差。（短期国债被视为无风险资产，自身收益率的标准差为0，和其他两种资产收益率的相关系数为0。）

【参考书目】

[1] LeRoy, S. F., J. Werner, 2001, *Principles of Financial Economics*, Cambridge, UK: Cambridge University Press

[2] Copeland, T. E. and J. F. Weston, 2005, *Financial Theory and Corporate Policy*, 4th edition, Boston: Addison-Wesley Publishing Company, Inc.

[3] Siegel, J., 1998, *Stocks for the Long Run: The Definitive Guide to Financial Market Returns and Long-Term Investment Strategies*, New York: McGraw-Hill Publishing Company

[4] 曹凤岐，刘力，姚长辉．证券投资学．2版．北京：北京大学出版社，2007

[5] 王江．金融经济学．北京：中国人民大学出版社，2006

[6] 博迪，等．投资学（第10版）．北京：机械工业出版社，2017

第4章 最优资产组合选择

【本章导读】

从某种意义上说，选择最优资产组合的过程就是风险规避的投资者将财富分配到市场中的各种金融资产上，从而使自身效用达到最大化的过程。在选择最优资产的过程中，投资者需要做的工作有两个：首先是认识市场，也就是通过对市场的观察，并结合自身的投资经验对市场上各种资产未来收益率的特征形成一定的信念；随后，投资者根据这些信念以及自身的风险态度，选择投资到不同资产上的财富数量，从而实现效用最大化。

资产组合选择理论最早是由马科维茨（Markowitz）在1952年提出的，随后托宾（Tobin）等人对这一理论进行了扩展和推广，从而使这一理论成为现代金融理论的基石之一。该理论假定投资者在决策过程中只关心资产收益率的期望值和方差，收益率的其他统计特征不在投资者的考虑范畴之内。因此，人们有时也将该理论称为均值-方差模型。需要说明的是，在最初的资产组合选择模型中，投资者是不能对风险资产进行卖空操作的，因此本章前两节同样延续了这一假定。

本章的结构安排如下：第一节介绍了当市场由不同资产组成时，资产组合的效率边界；第二节介绍了投资者在不同市场环境下对最优资产组合的选择；第三节在前两节的基础上给出了马科维茨资产组合选择模型；第四节介绍了资产组合风险分散化的问题。

第一节　资产组合的效率边界

最优投资组合选择的过程就是投资者将财富分配到不同资产从而使自己的效用达到最大的过程。然而，在进行这一决策之前，投资者首先必须弄清楚的是，市场中有哪些资产组合可供选择以及这些资产组合的风险-收益特征是什么。虽然市场中金融资产的种类千差万别，但是从风险-收益的角度看，我们可以将这些资产分为两类：无风险资产和风险资产。这样一来，市场中可能的资产组合就可以简化为如下几种：一种无风险资产和一种风险资产的组合；两种风险资产的组合；一种无风险资产和两种风险资产的组合。下面，我们将逐一分析在这三种市场环境下资产组合各自的风险-收益特征。

一、一种无风险资产与一种风险资产的组合

当市场中只有一种无风险资产和一种风险资产的时候，我们可以假设投资者投资到风险资产上的财富比例为 w，投资到无风险资产上的财富比例为 $1-w$。这样一来，投资组合的收益就可以写为：

$$\tilde{r}_p = w\tilde{r} + (1-w)r_f$$

其中，$\tilde{r}$ 为风险资产的收益，是一个随机变量；r_f 为无风险资产的收益，是一个常数。

这样，资产组合的期望收益和标准差就可以写成下述形式：

$$E(\tilde{r}_p) = wE(\tilde{r}) + (1-w)r_f$$

$$\sigma_p = w\sigma$$

其中，σ 为风险资产的标准差。

根据以上两个式子，我们可以消掉投资权重 w，并得到投资组合期望收益与标准差之间的关系。

$$E(\tilde{r}_p) = r_f + \frac{E(\tilde{r}) - r_f}{\sigma} \times \sigma_p \tag{4-1}$$

当市场中只有一种无风险资产和一种风险资产时，（4－1）式就是资产组合所有可能的风险-收益集合，又称投资组合可行集。（4－1）式在“期望收益-标准差”平面中是一条直线（见图 4－1），该直线通过代表无风险资产 r_f 和风险资产 $\tilde{r}$ 的点，我们称这条直线为资本配置线（Capital Allocation Line）。

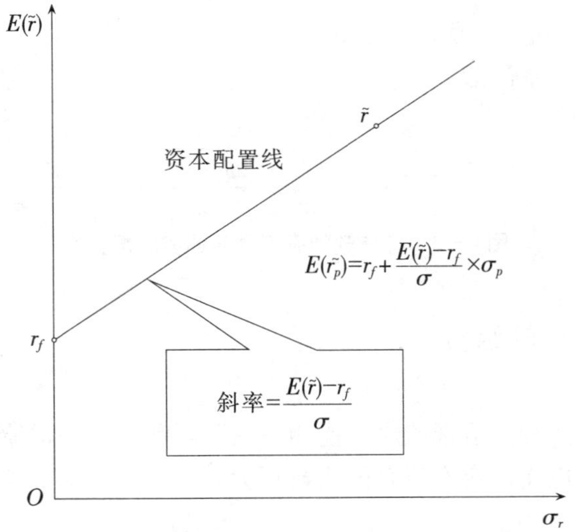

图 4－1　一种无风险资产和一种风险资产构成的投资组合可行集

随着投资者改变风险资产的投资权重 w，资产组合就落在资本配置线上的不同位置。具体来说，如果投资者将全部财富都投资到风险资产上（$w=1$），资产组合的期望收益和方差就是风险资产的期望收益和方差，资产组合与风险资产重合。如果投资者将全部财富都投资

到无风险资产上（$w=0$），资产组合的期望收益和方差就是无风险资产的期望收益和方差，资产组合与无风险资产重合。风险资产 $\tilde{r}$ 和无风险资产 r_f 将资本配置线分为三段，其中，无风险资产和风险资产之间的部分意味着投资者投资在风险资产和无风险资产上的财富都是正值；此时，$0<w<1$。风险资产 $\tilde{r}$ 右侧的部分意味着投资者以无风险收益率借入部分资金，然后将其全部财富和借入的资金一起投资到风险资产中；此时，$w>1$。由于我们没有考虑卖空风险资产的问题，所以不存在 $w<0$ 的情况。

资本配置线的斜率等于资产组合每增加一单位标准差所增加的期望收益，换句话说，就是每单位额外风险的额外收益。因此，我们有时也将这一斜率称为收益-波动性比率。

在资本配置线的推导中，我们假设投资者能以无风险收益率借入资金。然而，在实际的资本市场中，投资者在银行的存贷款利率是不同的。一般来讲，存款利率要低于贷款利率。因此，如果把存款利率视为无风险收益率，那么投资者的贷款利率就要高于无风险收益率。在这种情况下，资本配置线就变为一条折线。我们可以假设无风险收益率为 r_f，投资者向银行贷款的利率为 r_f'，且 $r_f'>r_f$。在这种情况下，若投资者需要借入资金投资到风险资产上，资本配置线的斜率就应该等于 $[E(\tilde{r})-r_f']/\sigma$，该斜率值小于 $[E(\tilde{r})-r_f]/\sigma$。此时，在期望收益-标准差平面上，资本配置线就变成如图 4-2 所示的形状。其中，资本配置线在风险资产右侧部分的斜率要低于其左侧部分。

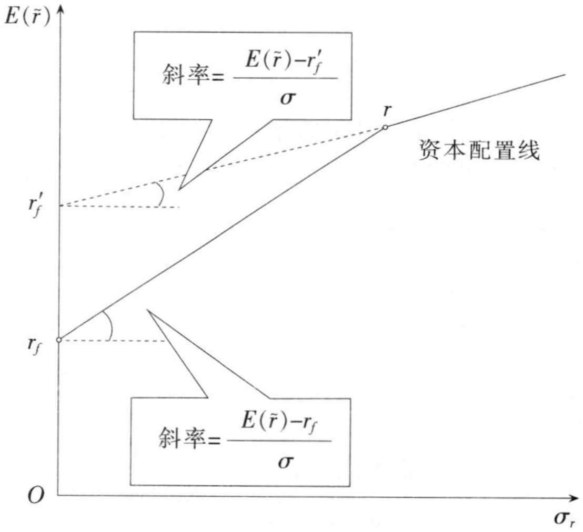

图 4-2 存贷款利率不同时的资本配置线

二、两种风险资产的组合

当市场中的资产是两种风险资产时，比如一只股票和一只公司债券，且投资到股票上的财富比例为 w。我们可以将该资产组合的收益写为：

$$\tilde{r}_p=w\tilde{r}_S+(1-w)\tilde{r}_B$$

此时，资产组合的期望收益和标准差分别为：

$$E(\tilde{r}_p)=wE(\tilde{r}_S)+(1-w)E(\tilde{r}_B)$$

$$\begin{aligned}\sigma_p^2&=w^2\sigma_S^2+(1-w)^2\sigma_B^2+2w(1-w)\text{cov}(\tilde{r}_S,\tilde{r}_B)\\&=w^2\sigma_S^2+(1-w)^2\sigma_B^2+2w(1-w)\rho_{S,B}\sigma_S\sigma_B\end{aligned}$$

其中，$\rho_{S,B}$为股票和债券收益率的相关系数。

此时，根据期望收益的表达式，我们可以求出投资权重 w 为：

$$w=\frac{E(\tilde{r}_p)-E(\tilde{r}_B)}{E(\tilde{r}_S)-E(\tilde{r}_B)}$$

将其代入标准差方程，可以得到该资产组合期望收益和标准差之间的关系式：

$$\sigma_p^2=a\times E^2(\tilde{r}_p)-b\times E(\tilde{r}_p)+c \tag{4-2}$$

其中，

$$a=\frac{\sigma_S^2+\sigma_B^2-2\rho_{S,B}\sigma_S\sigma_B}{[E(\tilde{r}_S)-E(\tilde{r}_B)]^2}$$

$$b=\frac{2E(\tilde{r}_B)\sigma_S^2+2E(\tilde{r}_S)\sigma_B^2-2[E(\tilde{r}_S)+E(\tilde{r}_B)]\rho_{S,B}\sigma_S\sigma_B}{[E(\tilde{r}_S)-E(\tilde{r}_B)]^2}$$

$$c=\frac{E^2(\tilde{r}_B)\sigma_S^2+E^2(\tilde{r}_S)\sigma_B^2-E(\tilde{r}_S)E(\tilde{r}_B)\rho_{S,B}\sigma_S\sigma_B}{[E(\tilde{r}_S)-E(\tilde{r}_B)]^2}$$

在市场中存在两种风险资产的情况下，(4-2) 式描述了资产组合所有可能的期望收益和标准差的组合。当 $\rho_{S,B}$取不同的值时，上述关系式在期望收益-标准差平面中的形状也有所不同。我们对此分三种情况进行讨论：

(1) 情形一，$\rho_{S,B}=1$。

在这种情况下，两种资产的收益率是完全正相关的。此时，标准差方程变为：

$$\sigma_p^2=[w\sigma_S+(1-w)\sigma_B]^2$$

在不考虑卖空或者借贷的情况下（即 $0<w<1$），标准差方程式可以写为：

$$\sigma_p=w\sigma_S+(1-w)\sigma_B$$

结合期望收益的表达式，可以求出：

$$E(\tilde{r}_p)=\frac{E(\tilde{r}_S)-E(\tilde{r}_B)}{\sigma_S-\sigma_B}\times(\sigma_p-\sigma_B)+E(\tilde{r}_B)$$

当两种风险资产完全正相关时，上式是资产组合期望收益和标准差的关系式。该关系式在期望收益-标准差平面中是一条通过 S 点和 B 点的线段（见图 4-3）。

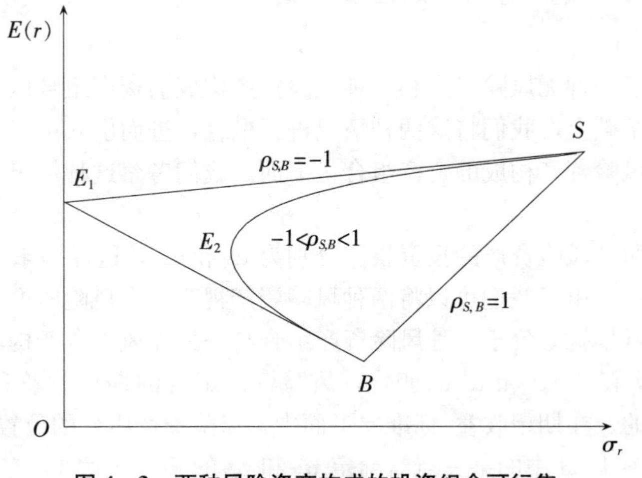

图 4-3　两种风险资产构成的投资组合可行集

(2) 情形二，$\rho_{S,B}=-1$。

在这种情况下，两种资产的收益率是完全负相关的。此时，标准差方程变为：

$$\sigma_p^2=[w\sigma_S-(1-w)\sigma_B]^2$$

该方程式对应着

$$\sigma_p=w\sigma_S-(1-w)\sigma_B \qquad w\geqslant\frac{\sigma_B}{\sigma_S+\sigma_B}$$

或者

$$\sigma_p=(1-w)\sigma_B-w\sigma_S \qquad w<\frac{\sigma_B}{\sigma_S+\sigma_B}$$

再结合期望收益的表达式，可以求得资产组合期望收益和标准差之间的关系如下：

$$E(\tilde{r}_p)=\begin{cases}\dfrac{E(\tilde{r}_S)-E(\tilde{r}_B)}{\sigma_S+\sigma_B}\times(\sigma_p+\sigma_B)+E(\tilde{r}_B) & w\geqslant\dfrac{\sigma_B}{\sigma_S+\sigma_B}\\ -\dfrac{E(\tilde{r}_S)-E(\tilde{r}_B)}{\sigma_S+\sigma_B}\times(\sigma_p-\sigma_B)+E(\tilde{r}_B) & w<\dfrac{\sigma_B}{\sigma_S+\sigma_B}\end{cases}$$

上式对应着两条斜率相反的折线（见图 4－3），折线的一部分通过 S 点和 E_1 点；另一部分则通过 B 点和 E_1 点。其中，E_1 的坐标为 $\left[0,\ \dfrac{E(\tilde{r}_S)\sigma_B+E(\tilde{r}_B)\sigma_S}{\sigma_S+\sigma_B}\right]$，为 $\rho_{S,B}=1$ 时投资组合可行集内的最小方差点。

（3）情形三，$-1<\rho_{S,B}<1$。

此时，（4－2）式在期望收益-标准差平面中对应着两条双曲线。考虑到经济含义，我们只保留双曲线在第一象限的部分（见图 4－3）。这条双曲线的顶点 E_2 是 $-1<\rho_{S,B}<1$ 时资产组合可行集内的最小方差点。

从图 4－3 中可以看出，在情形二和情形三中，我们可以根据最小方差点将可行集分为两个部分：位于最小方差点上方的部分（SE_1 和 SE_2）及位于最小方差点下方的部分（E_1B 和 E_2B）。很显然，在最小方差点下方的可行集中，期望收益随着标准差的增大而降低。对于风险规避的投资者而言，这部分资产组合显然是无效率的，投资者只会选择可行集中最小方差点上方的资产组合。我们将这部分资产组合称为全部资产组合的效率边界（Efficient Frontier）。

三、一种无风险资产与两种风险资产的组合

前面分别考察了一种无风险资产和一种风险资产构成的资产组合以及两种风险资产构成的资产组合。在此基础上，我们将这两种情况进行融合，进而引入第三个资产组合，即一种无风险资产和两种风险资产构成的资产组合。下面，我们考察这种情况下投资组合可行集的状态。

我们首先假设两种风险资产的投资权重分别为 w_1 和 w_2，这样一来，无风险资产的投资权重就是 $1-w_1-w_2$。由于我们可以将两种风险资产视为一个风险资产组合，因此三种资产构成的投资组合可行集就等价于一种风险资产组合与一种无风险资产构成的可行集。但与前面的情况略有不同，随着 w_1 和 w_2 的变化，风险资产组合的期望收益和方差并不是确定的值，而是不断变化的。在期望收益-标准差平面中，风险资产组合的位置也不再是图 4－1 中确定的一点，而是图 4－3 中的某一点。给定 w_1 和 w_2 的某一比例 k，在期望收益-标准差平面中就对应着一个风险资产组合。该组合与无风险资产的连线形成了一条资本配置线（如图 4－4 所示），这条资本配置线就是在市场中存在三种资产时的投资组合可行集。随着我们改变投资比例 k，风险资产组合的位置就会发生变化，资本配置线也相应发生变化。

从图 4-4 中可以看出，两种风险资产组成的效率边界上的任何一点与无风险资产的连线都能构成一条资本配置线。然而，比较图 4-4 中的两条资本配置线 CAL_0 和 CAL_1 可以发现，对于任一标准差，资本配置线 CAL_0 上资产组合的期望收益率都比 CAL_1 上的高。换句话说，相对于 CAL_0 上的资产组合，CAL_1 上的资产组合是无效率的。事实上，我们可以很容易地发现，在所有的资本配置线中，斜率最高的资本配置线在相同标准差水平下拥有最大的期望收益率。从几何角度讲，这条资本配置线就是通过无风险资产并与风险资产组合的效率边界相切的一条线，我们称这条资本配置线为最优资本配置线。相应地，切点组合 P_0 被称为最优风险资产组合。因此，当市场中有一种无风险资产和两种风险资产的时候，有效的投资组合可行集就是通过无风险资产和风险资产组合，且斜率达到最大的资本配置线。

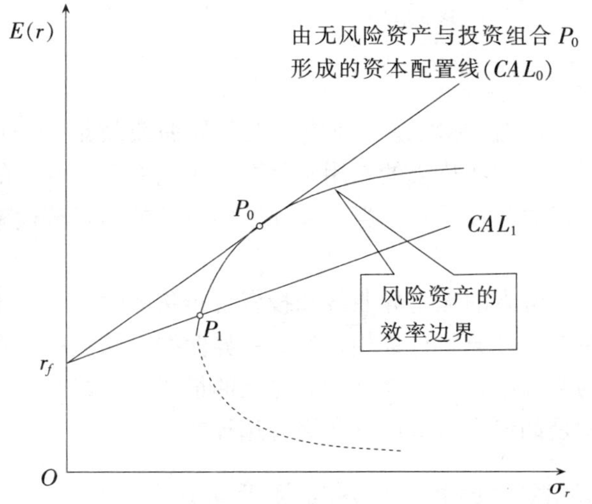

图 4-4　一种无风险资产和两种风险资产的投资组合可行集

第二节　最优资产组合选择

给定了市场中的投资可行集，投资者接下来面临的问题就是如何在可行集中进行资产组合的选择。在这一过程中，我们首先对投资者的个人特征和行为准则做几个假定：一是投资者都是风险规避的，即在收益相等的条件下，投资者会选择风险最低的投资组合。二是投资者在最优资产组合的选择中只关心资产的均值、方差以及协方差。三是最优资产组合就是使投资者效用达到最大的资产组合，换句话说，投资者在资产组合的选择过程中遵循效用最大化原则。下面，我们就在以上几个假定条件下考察投资者如何进行资产组合的选择。

一、不同市场环境下最优资产组合的选择

前面介绍了不同市场环境下的投资可行集。给定这些可行集，投资者就要在不同资产组

合的风险和收益之间进行权衡，进而寻找到一个最优的资产组合。然而，由于不同投资者的风险规避程度是不同的，因此，即便面对同一个投资可行集，不同的投资者也会选择风险水平不同的资产组合，而他们进行选择的标准就是使自身的效用水平达到最大。

由于投资可行集是定义在收益率的均值和标准差的基础上的，因此，我们这里也将效用定义成这两个变量的函数，即：

$$U=U(\mu,\sigma)$$

其中，$\mu=E(\tilde{r})$，$\sigma=\sqrt{\text{var}(\tilde{r})}$。

给定效用水平 $\overline{U}$，在期望收益-标准差平面中，$\overline{U}=U(\mu,\ \sigma)$ 就是投资者的无差异曲线。对于风险规避的投资者而言，期望收益的增加会提高投资者的效用水平；标准差或者风险的增大则会降低效用水平。因此，我们有：

$$\frac{\partial U}{\partial \mu}>0 \qquad \frac{\partial U}{\partial \sigma}<0$$

这就意味着，在期望收益-标准差平面中，无差异曲线就是一条向右上方倾斜的曲线，而且向左上方倾斜的无差异曲线代表的效用水平要高于向右下方倾斜的无差异曲线的效用水平。给定投资者的效用函数 $U(\mu,\ \sigma)$，当风险和期望收益的边际替代率递减的时候，无差异曲线就是凸向原点的。①

这样一来，在给定投资者的无差异曲线和投资可行集的情况下，最优资产组合的选择就变为寻找一条最靠近左上方并与可行集相切的无差异曲线。切点就是在可行集范围内能够使投资者效用达到最大的资产组合，也就是我们寻找的最优资产组合。下面，我们研究对应着不同的可行集，投资者是如何进行最优资产组合选择的。

（一）一种无风险资产和一种风险资产

此时，投资组合可行集就是通过无风险资产和风险资产的资本配置线（如图 4-5 所示）。

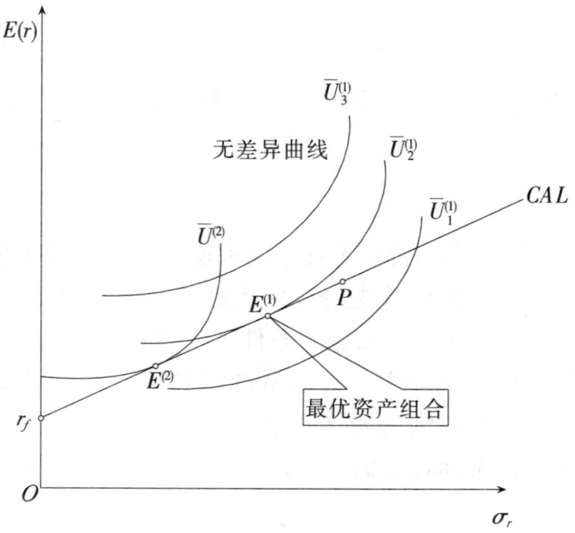

图 4-5　存在一种无风险资产和一种风险资产时最优资产组合的选择

① 边际替代率递减与边际效用递减是两个不同的概念，在这里，边际效用递减是无法保证无差异曲线凸向原点的，详细的说明可以参见 Nicholson，*Microeconomic Theory：Basic Principles and Extensions*。

给定投资者 1 的效用函数，$\overline{U}_1^{(1)} \sim \overline{U}_3^{(1)}$ 对应着投资者三个效用水平下的无差异曲线。比较这三条无差异曲线可以发现，在给定风险水平的情况下，$\overline{U}_3^{(1)}$ 上资产组合的期望收益最大，$\overline{U}_1^{(1)}$ 上资产组合的期望收益最小。这意味着 $\overline{U}_3^{(1)}$ 代表的效用水平最高，$\overline{U}_1^{(1)}$ 代表的效用水平最低。在三条无差异曲线中，$\overline{U}_1^{(1)}$ 与资本配置线相交，$\overline{U}_2^{(1)}$ 与资本配置线相切，$\overline{U}_3^{(1)}$ 与资本配置线没有任何交集。这意味着可行集中存在资产组合能够使投资者达到 $\overline{U}_1^{(1)}$ 和 $\overline{U}_2^{(1)}$ 的效用水平，而可行集中所有的资产组合都无法使投资者的效用达到 $\overline{U}_3^{(1)}$。事实上，对于投资者 1 来说，在所有与资本配置线存在交集的无差异曲线中，由于 $\overline{U}_2^{(1)}$ 与资本配置线相切，因而 $\overline{U}_2^{(1)}$ 拥有最高的效用水平。因此，$\overline{U}_2^{(1)}$ 和资本配置线的切点 $E^{(1)}$ 就对应投资者 1 的最优投资组合。

不同投资者的风险规避程度是不同的，因而他们对于风险和收益的权衡也存在差异。对于风险规避程度较高的投资者而言，他们会将财富更多地投入无风险资产中，从而获得风险水平较低的资产组合。在图 4－5 中，投资者 2 的风险规避程度较高，在他选择的最优资产组合 $E^{(2)}$ 中，无风险资产所占的比例较高。与投资者 1 相比，他的最优资产组合的风险水平相对较低。

（二）两种风险资产

当市场中存在两种风险资产时，可供投资者选择的有效资产组合就是图 4－3 中双曲线上半部分的效率边界（这里主要考虑 $-1<\rho_{S,B}<1$ 的情况）。由于效率边界的上半部分是凸向 y 轴的［根据（4－2）式可知］，而投资者无差异曲线是凸向 x 轴的，因此随着无差异曲线向左上方移动，两者就存在相切的可能，而切点正是我们要找的最优资产组合。同样，不同投资者无差异曲线的形状不同，它们与效率边界的切点位置也不相同。如图 4－6 所示，对于风险规避程度较高的投资者而言，他们会选择效率边界左侧、风险较低的资产组合（如点 E_1）；风险规避程度较低的投资者则会选择效率边界右侧、风险较高的资产组合（如点 E_2）。

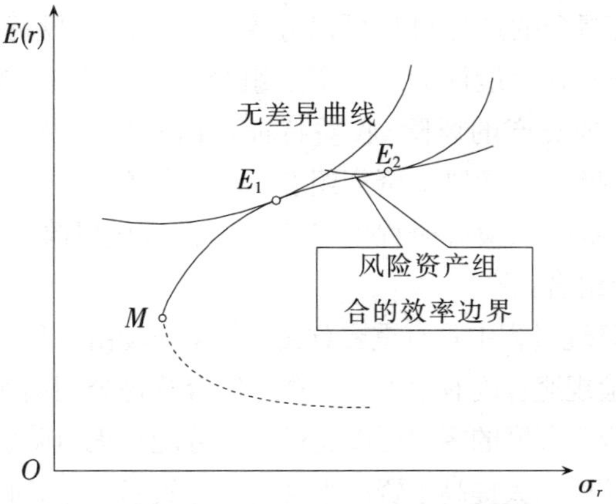

图 4－6 存在两种风险资产时最优资产组合的选择

（三）一种无风险资产和两种风险资产

当市场中存在一种无风险资产和两种风险资产时，投资者会在两种风险资产构成的风险资产组合和无风险资产之间进行财富分配，也就是在风险资产组合和无风险资产构成的资本配置线上选择待投资的资产组合。由于在所有通过无风险资产的资本配置线中，与效率边界相切的资本配置线在相同的风险水平下拥有最大的期望收益，因此对于所有的投资者来说，他们都会在这条资本配置线上进行最优资产组合的选择。最优资产组合就是无差异曲线与资本配置线的切点（如图 4－7 所示）。

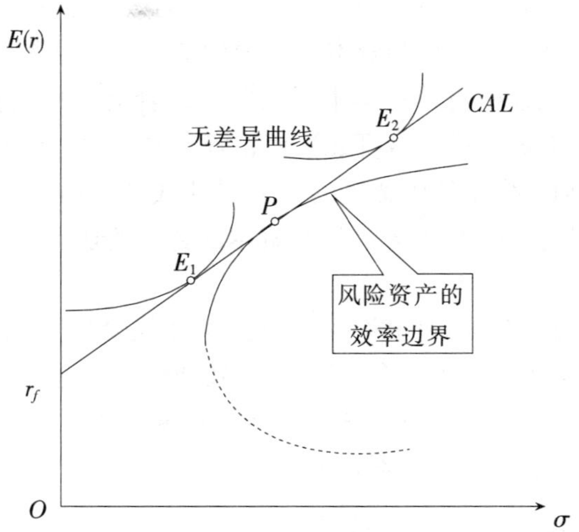

图 4－7　存在一种无风险资产和两种风险资产时最优资产组合的选择

二、分离定理

从图 4－7 中可以看出，当市场中存在无风险资产和多种风险资产时，只要投资者是风险规避者，不管他具体的效用函数如何，所选择的风险资产组合都是一样的，也就是无风险资产与效率边界相切的 P 点。投资者的效用函数或者说风险规避程度决定了他持有的无风险资产和风险资产组合 P 的比例，这一性质就是所谓的分离定理（Separation Theorem）。

根据这一定理，投资组合的选择过程可以分为两个阶段，投资者先要根据各风险资产的期望收益、方差以及协方差确定最优的风险资产组合，这完全是一项技术性工作。在这一阶段，投资者只需要考虑各种资产的风险-收益特征，而不用涉及个人的风险偏好。事实上，所有投资者在这一阶段选择的最优风险资产组合都是相同的。在确定了最优风险资产组合的基础上，投资者将根据自身的风险规避程度确定投资在最优风险资产组合和无风险资产上的比例，从而得到最优资产组合。

分离定理在资产组合管理过程中具有重要意义。如果市场由一种无风险资产和众多风险资产构成，那么不管客户的风险规避程度有何差异，资产组合管理公司给所有客户提供的风险资产组合都是相同的。不同风险规避程度的客户可以通过选择分配在无风险资产上的财富比例来调节最优资产组合的风险水平，这就大大提高了资产组合的管理效率，并降低了管理的单位成本。

第三节　马科维茨资产组合选择模型

前面介绍了在市场中存在两种资产或三种资产时，投资者进行投资组合选择的方法。事实上，这些方法完全可以推广到存在多种资产的市场环境中。Markowitz（1952）和 Tobin（1958a，1958b）在这方面作出了卓著的贡献。Markowitz（1952）给出了市场中存在 N 种风险资产时最优资产组合的选择模型；Tobin（1958a，1958b）则在这一模型的基础上取消了全部证券都存在风险的假设，从而提出了在市场中存在一种无风险资产的情况下最优资产组合的选择模型。下面，我们简要介绍一下这两个模型的主要思想。

一、马科维茨资产组合选择模型

马科维茨资产组合选择模型考察的是市场中存在多种风险资产时，投资者最优资产组合的选择。在 Markowitz（1952）以后，不少文章在这个模型的基础上进行了一些修改。在此，我们给出该模型的一般形式。下面先给出两个概念的定义。

定义 4－1　如果一个资产组合在所有与其期望收益相同的资产组合中拥有最小的方差，那么我们称其为边界资产组合（Frontier Portfolio）。所有边界资产组合组成的投资组合集构成一个投资组合边界（Portfolio Frontier）。

投资组合边界是在投资可行集中每一风险水平下最优资产组合的集合。有了这个定义之后，最优资产组合的选择就变成寻求投资组合边界的过程。这是因为，一旦给出投资组合边界，投资者就可以根据自身的风险规避程度，通过选择资产组合的标准差（或者期望收益）找到他所需要的最优资产组合。下面，我们就从马科维茨资产组合选择模型的假设开始介绍。

马科维茨资产组合选择模型中有如下假设：

（1）市场中存在 $N\geqslant 2$ 种风险资产。如果没有特别说明，每种资产的方差都是有限的，每种资产的期望收益率都不相等。此外，我们还假定任何一种资产的收益率都无法用其他资产收益率的线性组合来表示。这一条件保证了资产的收益率是线性独立的（Linearly Independent），同时，所有资产收益率的方差-协方差矩阵是非奇异的。

（2）投资者是风险规避的，在收益相等的情况下，投资者会选择风险最低的投资组合。

（3）投资期限为一期，在期初时，投资者按照效用最大化原则进行资产组合的选择。

（4）市场是完善的，无交易成本，而且风险资产可以无限细分。投资者可以对风险资产进行卖空操作。①

（5）投资者在最优资产组合的选择过程中，只关心风险资产的均值、方差以及不同资产间的协方差。坦率地说，这一条件是比较苛刻的。一般而言，在两种情况下这一条件可以得到满足。第一种情况是对投资者效用函数的形式进行限制。如果我们对投资者效用函数在期望收益 $E(\tilde{r})$ 处进行泰勒展开，就可以得到：

$$U(\tilde{r})=U[E(\tilde{r})]+U'[E(\tilde{r})][\tilde{r}-E(\tilde{r})]+\frac{1}{2}U''[E(\tilde{r})][\tilde{r}-E(\tilde{r})]^2$$
$$+\sum_{n=3}^{\infty}\frac{1}{n!}U^{(n)}[E(\tilde{r})][\tilde{r}-E(\tilde{r})]^n$$

在这种情况下，风险资产的期望收益、标准差以及期望收益的高阶矩都会对投资者的效

① 在 Markowitz（1952）的文章中，卖空操作是不被允许的。

用水平产生影响。然而，如果效用函数是收益率的二次函数，即：

$$U(\tilde{r})=-a\tilde{r}^2+b\tilde{r}+c$$

则投资者的期望效用为：

$$\begin{aligned}E[U(\tilde{r})]&=-aE(\tilde{r}^2)+bE(\tilde{r})+c\\&=-a[E^2(\tilde{r})+\sigma^2(\tilde{r})]+bE(\tilde{r})+c\end{aligned}$$

此时，影响投资者期望效用的因素只有风险资产的期望和方差。因此，当效用函数是收益率的二次函数时，投资者在进行投资决策时只需要考虑风险资产的期望和方差。然而，这种效用函数也不是没有缺陷的。二次型的效用函数意味着当投资者的财富超过某一数值的时候，财富的增加会降低投资者的效用水平。此外，二次型效用函数还意味着投资者的绝对风险规避系数随着财富的增加而递增。这样一来，对于拥有这种效用函数的投资者来说，风险资产就是一个劣等品。这些推论违背了我们的经济学直觉。

除了对投资者的效用函数进行限定之外，我们还可以通过限定风险资产收益率的分布来实现上述目标。我们知道，如果一个随机变量服从正态分布，那么它的高阶矩就可以写成其均值和方差的函数。因此，如果我们假定风险资产的收益率是多元正态分布的（Multivariate Normal Distribution），那么它的统计特性就可以通过其均值和方差来刻画。另外，由于正态分布的可加性，风险资产组合也服从正态分布。这样一来，投资者在进行最优资产组合的选择时就只需要考虑资产的均值和方差。

在以上假设条件下，最优资产组合的选择问题就可以写成下述优化问题：

$$\min_{\{w\}}\frac{1}{2}\boldsymbol{w}'\boldsymbol{V}\boldsymbol{w}$$

$$\text{s. t.}\quad \boldsymbol{w}'\boldsymbol{e}=E(\tilde{r}_P),\quad \boldsymbol{w}'\boldsymbol{1}=1$$

其中，$\boldsymbol{w}$ 为风险资产组合中各资产的权重构成的向量；$\boldsymbol{V}$ 为风险资产收益率的方差-协方差矩阵；$\boldsymbol{e}$ 为风险资产组合中各资产的期望收益率构成的向量；$\boldsymbol{1}$ 为单位向量。

最优化行为就是通过选择风险资产组合中各资产的权重，最终找到一个最优的权重向量，使得风险资产组合在保证期望收益率等于 $E(\tilde{r}_P)$ 的前提下，实现方差最小化。具体的求解过程见本章附录。可以证明，当市场中有 N 种风险资产构成的时候，投资组合边界在期望收益-标准差平面上还是一个抛物线的形状。

二、存在无风险资产时的最优资产组合选择

在前面的模型中，我们假定市场中都是风险资产。Tobin（1958a，1958b）对该模型进行了改进，托宾假定市场中除了 N 种风险资产外，还存在一种无风险资产，投资者可以按照无风险收益率 r_f 借入或者借出资金。这样一来，最优化问题就变成如下形式：

$$\min_{\{w\}}\frac{1}{2}\boldsymbol{w}'\boldsymbol{V}\boldsymbol{w}$$

$$\text{s. t.}\quad \boldsymbol{w}'\boldsymbol{e}+(1-\boldsymbol{w}'\boldsymbol{1})r_f=E(\tilde{r}_p)$$

其中，$\boldsymbol{w}$ 为风险资产的投资权重；$1-\boldsymbol{w}'\boldsymbol{1}$ 为无风险资产的投资权重。这个最优化问题的求解与前面类似，具体过程同样参见本章附录。

第四节 资产组合风险分散化

在现代金融理论出现前很长的一段时间里，分散化投资的概念已经深入人心。想必很多投资者都很熟悉一句谚语——“不要把所有的鸡蛋放到同一个篮子中”，事实上，这便是分散化投资最通俗的表述。然而，直至1952年马科维茨发表了资产组合选择模型，人们才第一次从理论上揭开了分散化投资的真正面纱。本节介绍为什么将不同的资产放到一起就能实现风险的分散以及风险分散化对投资行为有哪些指导意义。

一、资产收益率的相关性与资产组合的风险分散

如前所述，当两种风险资产放到一起的时候，资产组合的期望收益等于组合中各资产期望收益的加权平均值，即：

$$E(\tilde{r}_p)=w_1E(\tilde{r}_1)+(1-w_1)E(\tilde{r}_2) \tag{4-3}$$

而组合的方差并不像期望收益那样是两种资产方差的加权平均值，而是：

$$\sigma_p^2 = w_1^2\sigma_1^2 + w_2^2\sigma_2^2 + 2w_1w_2\operatorname{cov}(\tilde{r}_1,\tilde{r}_2) \tag{4-4}$$

从（4-4）式可以看出，给定两种资产的期望收益率，如果这两种资产收益率的协方差是负的，那么资产组合的方差就比较小。另外，即便两种资产的收益率正相关，只要这两种资产的相关系数不等于1，即这两种资产不是完全正相关的，那么该资产组合的标准差仍然低于每种资产标准差的加权平均值。由于标准差的加权平均值为：

$$w_1\sigma_1+w_2\sigma_2$$

而其平方为：

$$w_1^2\sigma_1^2+w_2^2\sigma_2^2+2w_1w_2\sigma_1\sigma_2$$

该数值对应着两种资产的相关系数等于1（也就是完全正相关）时的方差水平。因此，我们可以得出如下结论：当市场中存在两种风险资产时，资产组合的期望收益等于每种资产期望收益的加权平均值，但组合的标准差却小于等于各组成资产的标准差的加权平均值。只要两种风险资产不是完全正相关的，那么由它们组成的资产组合的风险-收益机会总是优于资产组合中各资产单独的风险-收益机会。

以上是存在两种风险资产时的情况。实际上，如果我们将其中一种风险资产看成风险资产组合，那么上述结论依然成立。在这种情况下，只要该风险资产与资产组合不是完全正相关的，那么新加入的风险资产对原资产组合的风险-收益就会起到改善作用。下面，我们看一下资产组合中包含N种风险资产的情况。

根据N种风险资产的方差公式：

$$\sigma_p^2 = \sum_{i=1}^{N}\sum_{j}^{N} w_iw_j\sigma_{ij}$$

可得：

$$\sigma_p^2 = \sum_{i=1}^{N} w_i^2\sigma_i^2 + \sum_{i=1}^{N}\sum_{j\neq 1}^{N} w_i w_j \sigma_{ij}$$

上式表明，资产组合的风险可以分成两个部分：每种资产的方差和不同资产间的协方差。前者反映了每种资产自身的风险状况对资产组合风险的贡献；后者表示不同资产相互作用对组合风险的影响。如果用矩阵表示的话，资产组合的风险水平可以表示如下：

$$\sigma_p^2 = \boldsymbol{w}'\boldsymbol{V}\boldsymbol{w} = \boldsymbol{w}'\begin{pmatrix} \boxed{\sigma_{11}} & \sigma_{12} & \cdots & \sigma_{1N} \\ \sigma_{21} & \boxed{\sigma_{22}} & \cdots & \sigma_{2N} \\ \vdots & \vdots & & \vdots \\ \sigma_{N1} & \sigma_{N2} & \cdots & \boxed{\sigma_{NN}} \end{pmatrix}\boldsymbol{w}$$

其中，方差-协方差矩阵的对角线上是每种资产收益率的方差，矩阵其他位置上的元素则是不同资产收益率的协方差。从方差的两种表达式都可以看出，当资产组合中有 N 种风险资产时，方差部分有 N 项，协方差部分有 N^2-N 项。因此，当 N 较大时，协方差项的数目将远远超过方差项。此时，资产组合的风险将主要由资产收益率的协方差决定，而资产自身的风险水平可以忽略不计。

我们可以根据一个特例来认识这一点。假设 N 种资产以相同的比例构成资产组合，即每种资产的权重 $w_i=\dfrac{1}{N}$，而且每种资产的方差都等于 σ^2，不同资产间的相关系数等于 ρ。此时，资产组合的方差可以表示为：

$$\begin{aligned}\sigma_p^2 &= \sum_{i=1}^{N}\frac{1}{N^2}\times\sigma^2 + \sum_{i=1}^{N}\sum_{j\neq 1}^{N}\frac{1}{N^2}\times\rho\sigma^2 \\ &= \frac{1}{N}\times\sigma^2 + \frac{N^2-N}{N^2}\times\rho\sigma^2\end{aligned}$$

当 N 趋于无穷大的时候，方差部分趋于零，协方差部分趋于一个常数。由此可见，当资产组合中资产数目较大时，资产间的相互影响是资产组合的主要风险来源。

二、系统性风险与非系统性风险

如前所述，资产组合可以有效地分散风险，但并不能完全消除风险。随着资产组合中资产数目的增加，资产自身的风险对组合风险水平的影响越来越小，但不同资产间的相互作用并不能随资产数目的增加而消失。根据资产风险的这两种特性，我们将风险分为两类：一类是只反映资产本身的特性，并且可以通过增加资产组合中的资产数目而最终消除的风险，这类风险称为非系统性风险，或者个别风险。另一类是反映各资产的共同运动、无法通过资产组合中资产数目的增加而消除的风险，这类风险称为系统性风险，或者市场风险。

非系统性风险是由单种资产自身的一些因素造成的收益不确定性。例如，某个公司因为总经理的辞职、投资决策的失误、被其他公司兼并或收购等事件给公司股票的投资收益带来的不确定性。系统性风险则是能对市场中所有资产的收益产生影响的不确定性。例如，宏观经济环境的变化、国际国内政治局势的变化、石油危机等因素给投资收益带来的不确定性。这类不确定性是所有资产相互作用、相互影响后表现出的整体收益的不确定性。

通过增加资产组合中风险资产的数目，我们可以减少非系统性风险对投资收益的影响。但是，随着资产组合中资产数目的增加，非系统性风险的降低速度却在迅速下降。研究表明，当资产组合中的资产数目少于10种时，额外增加一种资产对组合风险水平的降低作用是很显著的。但是，一旦组合中的资产数目超过15种，那么该组合的风险程度就非常接近系统性风险的水平。这时，即便加入更多的资产，组合风险程度的降低也非常有限。图4－8给出了资产组合的风险程度与组合中资产数目之间的关系。

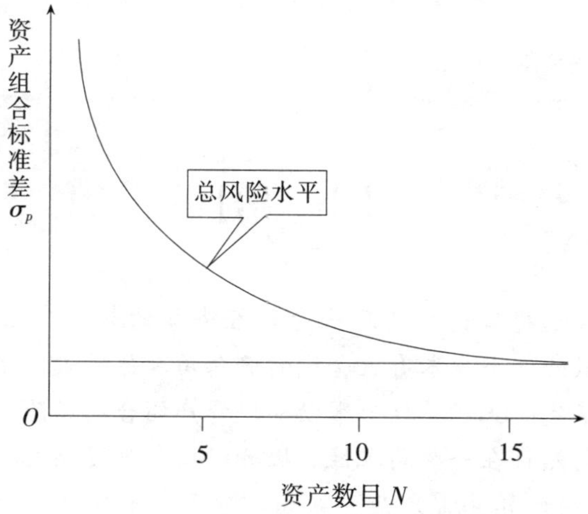

图4－8　资产数目与组合风险的关系

【课外推荐4－1】

证券组合多元化

尽管分散化能降低乃至消除组合的非系统性风险的结论毋庸置疑，但是现实中投资者的投资组合远远没有达到组合优化的程度，往往表现为分散化程度不足。专栏4－1分析了这种情况。

专栏4－1

投资分散化程度不足

如果认为人们的财富分为两个部分——通过工作获得的人力资本收入和通过投资获得的资本性收入，那么按照分散化投资的理念，我们应该使这两种收入之间的相关性尽可能小，甚至为负值。另一方面，由于人力资本收入与本人所在国经济水平高度相关（国家经济繁荣，则就业机会增加，工资水平上涨；国家经济萧条，则失业概率增大，工资水平下降），因此，资本性收入与本国经济水平之间的相关性应该尽可能小一些。换言之，投资者应该将部分财富投资到国外资本市场。

然而，至少在20世纪70年代，经济学家就注意到，与传统的投资组合理论的预测结果相比，本国投资者所持有的国外资产仅占其投资组合的很小一部分（Levy and Sarnat，1970；Lessard，1976，1983；Solnik，1974）。French and Poterba（1991）对股票市场的研究发现，在美国、日本和英国，分别有94%、98%和82%的投资者只购买自己国家的股票。

对此，一种可能的解释是国际投资壁垒的存在阻碍了投资者购买其他国家的资产。但是，随着绝大多数投资壁垒的消失，人们发现投资本国资产的倾向并没有发生本质变化。第二种解释认为国家间的界限导致了购买国外资产时会面临汇率波动、制度变化、文化和税收差异、政治风险等。这些风险可能会阻碍投资者进行跨国投资。第三种解释认为，投资者选择持有国内股票的主要原因是对冲他们对不可交易产品的消费的风险（Stockman and Dellas，1989）。还有一种解释则是从信息不对称的角度进行的，投资者之所以不购买外国股票，主要是由于他们对国外证券市场以及国外上市公司的相关信息了解较少。然而，这些解释都是从持有外国资产的成本（或者风险）角度进行考虑的。持有外国资产能够给投资者带来多大的好处？这些好处能否弥补上述成本？不同国家投资者持有外国资产的比例为什么有所不同？哪些因素会影响本国投资者对外国资产的持有量？这些问题可能还需要我们进行更深入的研究。

资料来源：作者根据相关文献整理而得。

【小　结】

马科维茨的资产组合选择理论作为现代金融经济学的起点，在观念上有两个重大的突破：一是将资产组合的风险这个原本有点含糊的概念用具体的数学语言定义出来；二是阐明了不同风险资产之间的不完全正相关性会帮助实现资产组合的风险分散。这一理论虽然非常直观，但在现实运用中仍然存在一些局限性。撇开对风险度量指标的争议，该理论最大的问题在于方差-协方差矩阵的计算异常复杂。例如，对于一个拥有 N 种金融资产的市场来说，要想计算该市场的效率边界，我们首先要计算由$\frac{N(N+1)}{2}$个方差和协方差构成的方差-协方差矩阵。当 N 的取值达到 1 000 的数量级时，需要计算的方差和协方差的数量就要达到百万数量级。此外，为了计算最优资产组合，我们还需要计算这一矩阵的逆。即便在计算机技术十分发达的今天，这一计算量也是异常惊人的。因此，马科维茨的资产组合选择理论主要是在思想上对投资行为具有指导意义。在实际操作中，我们还需要进一步寻找其他理论。

【练习题】

1. 名词解释

资本配置线　投资组合边界　最优投资组合

2. 下面关于分散化投资的表述哪个是正确的？

A. 适当的分散化可以降低或者消除系统性风险

B. 分散化投资会降低投资组合的期望收益率，因为它降低了投资组合的总风险

C. 随着越来越多的证券被加入投资组合，总风险一般会以递减的速度减少

D. 只有当不同资产的收益率不相关时，分散化投资才能降低资产组合的风险

3. 马科维茨的资产组合理论主要着眼于______。

A. 系统性风险的减少

B. 分散化对资产组合风险的影响

C. 非系统性风险的确认

D. 积极的资产组合管理，以扩大收益

4. 以下关于相关系数的论述哪个是错误的?

A. 当两种资产的相关系数小于 1 时，可以通过分散化降低风险

B. 如果两种资产的相关系数等于零，可以用这两种资产构造出零方差组合

C. 如果两种资产的相关系数等于 1，可以用这两种资产构造出零方差组合

D. 相关系数越低，分散化投资带来的好处就越大

5. 某投资者将一只股票加入某一资产组合中，如果该股票与现有的资产组合有相同的标准差，而且两者的相关系数小于 1，那么新资产组合的标准差将会______。

A. 降低

B. 不会改变

C. 增加，且增加量等于新加入股票的标准差

D. 增加，但增加量小于新加入股票的标准差

6. 某投资者现在持有股票 A，并打算继续购买股票 B 或者股票 C。如果三只股票有相同的期望收益率和总风险，而且 A 与 B 的相关系数为−0.5，A 与 C 的相关系数为 0.5，那么，该投资组合的风险将会______。

A. 在购买 B 时降低更多

B. 在购买 C 时降低更多

C. 在购买 C 时增加

D. 如果同时购买两只股票，风险将保持不变

7. 当投资组合中股票数量增加时，组合的系统性风险将会______。

A. 按递减的速率减少　　B. 按递增的速率减少

C. 按递减的速率增加　　D. 难以确定

8. 以下哪个投资组合一定会落在马科维茨效率边界下方?

投资组合	期望收益率（%）	标准差（%）
A	7	14
B	9	26
C	12	22
D	15	30

9. 假设市场中只有两种风险资产 A 和 B，其方差-协方差矩阵和期望收益矩阵如下所示:

$$\Sigma=\begin{bmatrix}0.01 & 0.05\\ 0.05 & 0.25\end{bmatrix},\quad R'=[0.2\quad 0.1]$$

则如下说法哪个正确?

A. 风险规避投资者都不会买入资产 B

B. 风险规避投资者有可能买入资产 B

C. 同时买入 A 和 B 可以降低投资者的风险

D. 资产 B 有可能落在有效边界上

10. 如果市场中存在多个风险资产，且市场允许以无风险利率进行借贷，那么效率边界上的投资组合:

A. 不存在系统性风险

B. 不存在非系统性风险

C. 可能不存在任何风险

D. 一定存在系统性风险

11. 如果市场中存在多个风险资产，但投资者存在融资约束，即无法以无风险利率水平进行借款，那么，与提供无风险利率贷款的情况相比：

A. 市场中所有投资者的期望效用水平都会下降

B. 市场中所有投资者的最优资产组合风险都会降低

C. 市场中风险规避程度较高的投资者受到的影响较大

D. 市场中风险规避程度较低的投资者受到的影响较大

12. 假设市场中只有两只股票 A 和 B（没有无风险资产），而且股票 A 和 B 的相关系数为−0.4。两只股票的标准差和期望收益率如下：

股票	期望收益率（%）	标准差（%）
A	20	20
B	15	25

（1）是否有人会有兴趣投资股票 B?

（2）如果将资金的 40%投资在股票 A 上，将资金的 60%投资在股票 B 上，则该投资组合的期望收益和标准差分别等于多少?

（3）假设某投资者希望购买一个最小标准差的投资组合，他应该如何分配自己的资金?

13. 假如你打算投资 1 000 美元在短期国债和两个风险资产 X 和 Y 上。已知短期国债的收益率为 0.05，风险资产 X 的期望收益率为 0.14，标准差为 0.1，风险资产 Y 的期望收益率为 0.1，方差为 0.08，且 X 和 Y 收益率的相关系数等于 1。如果市场不允许卖空，为构造一个期望收益率等于 0.11 的投资组合，你在短期国债上的投资权重应该等于多少?

14. 市场中有两只股票 A 和 B，它们的收益率特征如下：

股票	期望收益率	标准差
A	0.15	0.2
B	0.1	0.1

两只股票收益率的相关系数为 0.5。

（1）如果要获得一个最小方差组合，投资者应该如何在上述两种资产上分配自己的资金?

（2）股票 A 和 B 组成的最优资产组合边界的一般方程式是什么?

【参考书目】

[1] Harry Markowitz，1952，“Portfolio Selection”，*Journal of Finance*，March，pp. 77-91

[2] Meir Statman，1987，“How Many Stocks Make a Diversified Portfolio”，*Journal of Financial and Quantitative Analysis*，September，pp. 353-363

[3] 博迪，等．投资学（第 10 版）．北京：机械工业出版社，2017

本章附录

为了解这个最优化问题，我们构造拉格朗日函数如下：

$$\min_{\{w,\lambda,\gamma\}} L=\frac{1}{2}\boldsymbol{w}'\mathbf{V}\boldsymbol{w}+\lambda[E(\tilde{r}_p)-\boldsymbol{w}'\boldsymbol{e}]+\gamma(1-\boldsymbol{w}'\mathbf{1}) \tag{4-5}$$

其中，λ 和 γ 是两个正的常数。

该最优化问题的一阶条件为：

$$\frac{\partial L}{\partial \boldsymbol{w}'}=\mathbf{V}\boldsymbol{w}-\lambda\boldsymbol{e}-\gamma\mathbf{1}=0 \tag{4-6a}$$

$$\frac{\partial L}{\partial \lambda}=E(\tilde{r}_p)-\boldsymbol{w}'\boldsymbol{e}=0 \tag{4-6b}$$

$$\frac{\partial L}{\partial \gamma}=1-\boldsymbol{w}'\mathbf{1}=0 \tag{4-6c}$$

由于方差-协方差矩阵是正定的，因此最优化的一阶条件就是全局最优的充要条件。由（4-6a）式可以得到：

$$\boldsymbol{w}=\lambda\mathbf{V}^{-1}\boldsymbol{e}+\gamma\mathbf{V}^{-1}\mathbf{1} \tag{4-7}$$

在（4-7）式两边左乘向量 $\boldsymbol{e}'$，可得：

$$E(\tilde{r}_p)=\lambda(\boldsymbol{e}'\mathbf{V}^{-1}\boldsymbol{e})+\gamma(\boldsymbol{e}'\mathbf{V}^{-1}\mathbf{1}) \tag{4-8a}$$

在（4-7）式两边左乘向量 $\mathbf{1}'$，可得：

$$1=\lambda(\mathbf{1}'\mathbf{V}^{-1}\boldsymbol{e})+\gamma(\mathbf{1}'\mathbf{V}^{-1}\mathbf{1}) \tag{4-8b}$$

由于（4-8a）式和（4-8b）式中 λ 和 γ 的系数都是常数，因此可以很容易地求出 λ 和 γ：

$$\lambda=\frac{CE(\tilde{r}_p)-A}{D}$$

$$\gamma=\frac{B-AE(\tilde{r}_p)}{D}$$

其中，

$$A=\mathbf{1}'\mathbf{V}^{-1}\boldsymbol{e}=\boldsymbol{e}'\mathbf{V}^{-1}\mathbf{1}$$

$$B=\boldsymbol{e}'\mathbf{V}^{-1}\boldsymbol{e}$$

$$C=\mathbf{1}'\mathbf{V}^{-1}\mathbf{1}$$

$$D=BC-A^2$$

将 λ 和 γ 的表达式代入（4-7）式中，可得最优资产组合的权重为：

$$w_p=g+hE(\tilde{r}_p) \tag{4-9}$$

其中，g 和 h 为两个一维向量，它们的表达式分别为：

$$g=\frac{1}{D}[B(\mathbf{V}^{-1}\mathbf{1})-A(\mathbf{V}^{-1}\boldsymbol{e})]$$

$$h=\frac{1}{D}[C(\mathbf{V}^{-1}\boldsymbol{e})-A(\mathbf{V}^{-1}\mathbf{1})]$$

这样一来，任何边界组合中各风险资产的权重都必然满足（4-9）式。此外，由于(4-6a)式、(4-6b）式和（4-6c）式是最优化问题的充要条件，因此任何满足（4-9）式的资产组合都必然是边界组合。

我们看到，如果一个边界组合的期望收益率等于0，那么这一资产组合中各资产的权重就是 g。如果一个边界组合的期望收益率等于1，那么组合中各资产的权重就是 $g+h$。因此，g 和 $g+h$ 就对应着投资组合边界上的两个边界组合。

此外，任意给出一个边界组合 q，由于它满足（4-9）式，所以有：

$$w_q=g+hE(\tilde{r}_q)$$

如果我们将 $1-E(\tilde{r}_q)$ 比例的财富投资到 g 上，将 $E(\tilde{r}_q)$ 比例的财富投资到 $g+h$ 上，那么在新的资产组合中，各资产的权重为：

$$[1-E(\tilde{r}_q)]g+E(\tilde{r}_q)(g+h)=g+hE(\tilde{r}_q)=w_q$$

换句话说，这个由 g 和 $g+h$ 构成的资产组合就是 q。这样一来，我们可以看到，投资组合边界上的任意资产组合都可由资产组合 g 和 $g+h$ 按照某个比例重新构建。实际上，我们可以将这个结论一般化，投资组合边界上的任意资产组合都可由任意两个期望收益率不相等的边界组合按照一定权重构建出来。此命题的证明留给大家。

如果市场中存在无风险资产，则此时最优化行为的求解过程如下：

首先构造拉格朗日函数：

$$\min_{\{w,\lambda\}} L=\frac{1}{2}\mathbf{w}'\mathbf{V}\mathbf{w}+\lambda[E(\tilde{r}_p)-\mathbf{w}'\mathbf{e}-(1-\mathbf{w}'\mathbf{1})r_f]$$

该最优化问题的一阶条件为：

$$\mathbf{V}\mathbf{w}=\lambda(\mathbf{e}-\mathbf{1}r_f) \tag{4-10}$$

在（4-10）式两边左乘 $\mathbf{V}^{-1}$，可得：

$$\mathbf{w}=\lambda\mathbf{V}^{-1}(\mathbf{e}-\mathbf{1}r_f)$$

再结合约束条件：

$$r_f+\mathbf{w}'(\mathbf{e}-\mathbf{1}r_f)=E(\tilde{r}_p)$$

可得：

$$\lambda=\frac{E(\tilde{r})-r_f}{(\mathbf{e}-\mathbf{1}r_f)'\mathbf{V}^{-1}(\mathbf{e}-\mathbf{1}r_f)}$$

将上式代入（4-10）式中，即可得到最优资产组合的权重：

$$w_p=\mathbf{V}^{-1}(\mathbf{e}-\mathbf{1}r_f)\times\frac{E(\tilde{r})-r_f}{H} \tag{4-11}$$

其中，

$$H=(\mathbf{e}-\mathbf{1}r_f)'\mathbf{V}^{-1}(\mathbf{e}-\mathbf{1}r_f)=B-2Ar_f+Cr_f^2$$

式中 A、B、C 的定义与前面相同。

如果将权重表达式代入目标函数，即可得到最优资产组合的方差为：

$$\sigma^2(\tilde{r}_p)=w_p'\mathbf{V}w_p=\frac{[E(\tilde{r}_p)-r_f]^2}{H} \tag{4-12}$$

当市场中存在无风险资产时，(4-12）式给出了最优资产组合的期望收益和标准差的关系式。对该式进行整理，可以得到：

$$\sigma(\tilde{r}_p)=\begin{cases}\dfrac{E(\tilde{r}_p)-r_f}{\sqrt{H}} & E(\tilde{r}_p)\geqslant r_f\\ -\dfrac{E(\tilde{r}_p)-r_f}{\sqrt{H}} & E(\tilde{r}_p)<r_f\end{cases}$$

该方程组对应着期望收益-标准差平面上从（0，r_f）发出的两条射线，它们的斜率分别等于$\sqrt{H}$和$-\sqrt{H}$。当r_f的取值不同时，这两条射线与风险资产可行集的相对位置也会发生变化。但是，除了一种特殊情况外，这两条射线中总有一条是通过卖空风险资产实现的。前面关于市场中存在一种无风险资产和两种风险资产时的结论只是该方程组的一种情况。本书对这部分内容不做进一步介绍，有兴趣的读者可以参考 Huang and Litzenberger（1988）。

第5章 资本资产定价模型

【本章导读】

马科维茨的资产组合选择理论在均值-方差框架下考察了投资者对风险资产组合的选择过程，从而开辟了现代金融理论的先河。然而，这一理论将金融资产的收益率作为已知的出发点，而没有深究这些资产为什么会有这样的收益率，更没有告诉我们资产价格是如何受到投资者偏好以及资产特征影响的。此外，马科维茨的资产组合选择理论还告诉人们，通过构建投资组合可以将一种资产中的某些风险消除掉，这就意味着并不是单种资产的总风险决定了该资产的价格水平。那么，单种资产的价格与风险之间究竟有什么关系呢？这一问题直到1964年才由夏普（Sharpe）给出了一个答案。随后，林特纳（Lintner，1965）、莫辛（Mossin，1966）也分别独立地给出了各自的证明。这三篇文章从本质上看是等价的，它们共同构建了对现代金融学影响深远的资本资产定价模型。本章将介绍资本资产定价模型及其实证检验。

本章共分四节。第一节介绍了金融学中两种基本的资产定价方法；第二节给出了资本资产定价模型的基本内容；第三节介绍了资本资产定价模型的两个扩展形式；第四节给出了资本资产定价模型的实证检验方法。

第一节 两种基本的资产定价方法

现代金融经济学的一个核心内容就是如何在不确定的市场环境下为金融资产进行定价。换句话说，就是给定某种金融资产在未来所有可能状态下的价值，如何确定这一资产在当前的价值。对于这一问题，最简单的想法就是先估计未来每种状态发生的概率，然后再用这些概率作为权重计算每种状态下资产价值的加权平均值。如果我们把金融资产的未来价值看作一个随机变量，那么该随机变量的期望值就是金融资产当前的价值。在金融经济学的早期研究中，人们就是用这种方法对金融资产进行定价的。然而，随着金融经济学的发展，这种定价方式逐渐被人们所抛弃。20 世纪 50 年代后，金融经济学领域发展出两种主要的金融资产定价方法，即一般均衡定价模型和套利定价模型。前者是在一般均衡框架下通过经济主体最大化自身的目标函数以及市场出清来获得均衡状态下的价格体系的，后者是在无套利假设下通过套利机会的消除来获得市场中各种金融资产的价格水平的。虽然在一定条件下，两者是等价的，但它们的出发点以及背后的经济含义却有较大的差异。在正式介绍具体模型之前，我们先对这两种定价方法的主要思想进行一个简单的回顾。

一、一般均衡定价模型

1874 年 1 月，在瑞士洛桑大学执教的瓦尔拉斯（Walras）在《交换的数学理论原理》一文中，首次提出了一般经济均衡理论的主要观点。虽然从数学的角度看，这一理论在发表之初还不是那么严谨，但在随后的 80 年内，经过冯·诺依曼（J. von Neumann）、里昂惕夫（W. Leontiev）、萨缪尔森（P. Samuelson）、希克斯（J. Hicks）等一批数学家和经济学家的改进，阿罗（Arrow）和德布鲁（Debreu）终于在 1954 年给出了一般经济均衡存在性的严格证明。如今，这一理论也成为现代数理经济学的重要基石。

简单地说，一般经济均衡描述了这样一种经济状态。在一个经济体中有两种经济人员——消费者和生产者。消费者追求的是消费效用的最大化，生产者追求的是生产利润的最大化，两者的经济活动分别形成市场上各种商品的需求和供给。市场的供求状况会影响商品的价格，而价格又会进一步影响需求和供给。随着供给和需求的不断调整，市场上每一个商品最终都会有一个确定的价格水平，在这个水平下，总供给和总需求相等，而每个消费者和生产者也能实现他们的最大化目标。此时，我们称经济达到了理想的一般均衡状态。

1953 年，阿罗在《证券在风险承担的最优配置中的作用》一文中将证券理解为在不确定的状态下有不同价值的商品。在此基础上，德布鲁通过拓展商品空间的维数，将原来的一般经济均衡模型拿来处理金融产品。德布鲁认为，金融产品（或者说证券）无非是不同时间、不同状态下有着不同价值的商品。但后来人们发现，金融市场和一般商品市场之间存在一个本质的不同，那就是金融市场的不确定性。由于经济个体是通过效用最大化来进行决策的，消费者的效用函数是他所消费商品量的函数，而生产者的效用函数则是其生产计划（同样可以用商品数量来表示）的函数。在确定性市场环境中，无论是消费者还是生产者，他们面临的商品数量都是确定的值，而且相应的效用水平也是确定的。然而，在不确定性的市场环境中，商品数量是一个随机变量，变量的取值依赖于未来经济状态。如果仍然使用确定性环境下的效用函数，那么效用函数的值也将是一个依赖于未来经济状态的随机变量。这样一来，人们就无法直接通过函数值进行决策。

为了解决这一问题，经济学家引入了冯·诺依曼和摩根斯坦（Morgenstern）在 1944 年提出的期望效用函数理论，将经济个体在不确定环境下的决策行为描述为最大化期望效用函数的过程。借助期望效用函数这一工具，证券市场一般均衡的形成过程就可以看成是通过两个方面的相互影响来完成的。一方面，给定市场中可供交易的证券，特别是它们未来的支付以及现在的价格，每一个投资者都将从最大化个人期望效用的角度选择最优的证券持有量。另一方面，投资者对证券的需求会共同影响证券的价格，一旦价格使得对证券的需求恰好等于它的供给，那么此时的投资者就选择了他们的最优持有量，并且市场出清。换句话说，这时的市场达到了均衡。由此，我们就能用一个完整的均衡模型来回答金融资产的定价过程，并给金融经济学真正注入经济学的内容。

二、套利定价模型

自 1958 年开始，莫迪利亚尼（Modigliani）和米勒（Miller）发表了一系列文章探讨公司的财务政策与公司价值之间的关系。这些讨论一方面产生了 MM 定理，并开创了公司财务这门新的学科；另一方面，他们在文章中将无套利假设作为一个“公理”，然后从这一假设出发对金融资产进行定价。所谓无套利假设是指在一个完善的金融市场中不存在套利机会，也就是无成本地获取无风险利润的机会。从微观的角度看，无套利假设是指如果两种资产（组合）在未来每一个状态下的支付都是一样的，那么这两种资产（组合）的价格应该是一样的。无套利假设类似于普通商品定价问题中的“没有投入就没有产出”的假设。由于在金融市场中最后都会以钱来结算，所以投入和产出都是钱。所谓无套利假设就是“无钱投入就无钱产出”，这就是现代理论金融经济学的一条“公理”。

从某种程度上讲，莫迪利亚尼和米勒的无套利假设其实只是“均衡定价论”的一个推论，即达到一般均衡的价格体系一定是无套利的。但是，这种方法不需要对投资者的偏好以及禀赋进行任何假设，也不需要考虑金融资产的供给和需求等问题。这样一来，我们就可以脱离“均衡定价方法”的复杂框架，进而对金融资产进行直接定价。正是由于这种便利性，“套利定价方法”在金融经济学中得到了广泛的应用。无论是布莱克-斯科尔斯（Black-Scholes）的期权定价公式，还是罗斯（Ross）的套利定价理论（Arbitrage Pricing Theory），都是基于这种方法展开的。

当然，套利定价模型也存在一些缺陷。例如，这种方法只能就事论事，因此无法建立全市场的理论框架。另外，无套利假设这条“公理”显然只在非常理想的市场条件下才会成立，因此它被证券市场中的技术分析流派所排斥，因为后者的出发点就是在证券市场中不断寻求套利机会。不过，无套利假设是否成立可以看作市场是否有效的标志，套利机会很多的市场显然不是一个有效的市场。在这样的市场中，定价问题不可能有稳定的解。而定价问题可以作为理论问题来研究时，必须要求市场有这种无套利假设。

第二节　资本资产定价模型

资本资产定价模型是现代金融学的奠基石。在马科维茨提出资产组合选择理论之后，他的学生威廉·夏普在此基础上引入了市场组合的概念，并假定资产收益与市场组合线性相关。这样一来，任何风险资产的风险-收益特征都可以用资产收益率的均值、标准差以及对市场组合的敏感度来描述。这一改进大大地简化了马科维茨的资产组合选择理论。此外，尽管资产组合选择理论指出了资产的价格并非由其总风险决定，但它并没有阐明究竟哪一部分风险与资产价格有关。夏普在 1964 年发表的《资本资产价格：风险状态下的市场均衡理论》一文中对这一问题进行了积极的探索并取得了重大突破。随后，林特纳（Lintner，1965）

和莫辛（Mossin，1966）也独立地证明了相同的结论。他们三人的论文构成著名的资本资产定价模型（Capital Asset Pricing Model，CAPM）。这一模型的核心思想是，单种资产或者证券组合的期望收益率与其系统性风险正相关。下面，我们具体介绍该模型。

一、CAPM 的基本内容和推导过程

资本资产定价模型的假设：

（1）市场中存在大量的投资者，每一个投资者的财富相对于所有投资者的财富总和来说都是微不足道的。换句话说，投资者是资产价格的接受者，单个投资者的交易行为无法影响资产价格。

（2）所有投资者都是理性的，追求资产组合的收益最大化和方差最小化。换句话说，他们都采用马科维茨的资产组合选择模型进行投资决策。

（3）在投资选择过程中，所有投资者对证券的评价和对经济局势的看法都是一致的，因此，投资者关于证券收益率的概率分布期望是一致的。此外，我们还假设所有投资者拥有相同的投资期限。

（4）投资者的交易对象仅限于公开金融市场上的资产。对于非交易性资产，如人力资本等不在本模型的考虑范围之内。

（5）投资者可以在固定的无风险利率水平上借入或者贷出任何额度的资产。

（6）市场中不存在证券交易费用和税收。

在以上假设下，我们可以得出如下结论：

（1）所有投资者都将持有包含所有可交易资产的市场组合。

本结论涉及三个问题：什么是市场组合？为什么投资者都要持有相同的组合？投资者持有的组合为什么就是市场组合？首先，当我们把所有个人投资者的资产组合加总时，借与贷将相互抵消，加总的风险资产组合的价值等于整个经济中全部财富的价值。其中，每只股票在该组合中的比例等于该股票的市值占所有股票市值的比例。这一资产组合就是市场组合，我们记为 M。其次，由于 CAPM 假设认为，所有投资者都将按照马科维茨的均值-方差模型进行投资组合的选择，而且他们的投资期限与投资信念都相同，因而他们必然会选择相同的最优风险组合。最后，投资者持有的组合必然是市场组合，这是市场价格调整的结果。如果投资者持有的最优资产组合中不包括某只股票 X，就意味着市场中所有投资者对该股票的需求都为零，因此该股票的价格将会下跌；当股票价格变得异常低廉时，它对投资者的吸引力就会相当大，投资者最终会将该股票吸纳到最优资产组合中。因此，价格的动态调整保证了所有股票都能进入最优资产组合，问题是以什么价位进入。

（2）市场组合 M 不仅在效率边界上，而且也是资本配置线与有效边界的切点。

这一点很容易理解，由于所有投资者都是采用马科维茨的均值-方差模型进行投资组合选择的，因此，最终所有投资者选择的风险资产组合一定在有效边界上，而且是资本配置线与有效边界的切点。这样一来，在市场中存在无风险资产和多种风险资产的情况下，资本配置线（CAL）就变成一条通过无风险资产和市场组合的直线，此时，我们称其为资本市场线（Capital Market Line，CML），见图 5－1。资本市场线可用如下方程描述：

$$E(r_p)=r_f+\frac{\sigma_p}{\sigma_M}\times[E(r_M)-r_f] \tag{5-1}$$

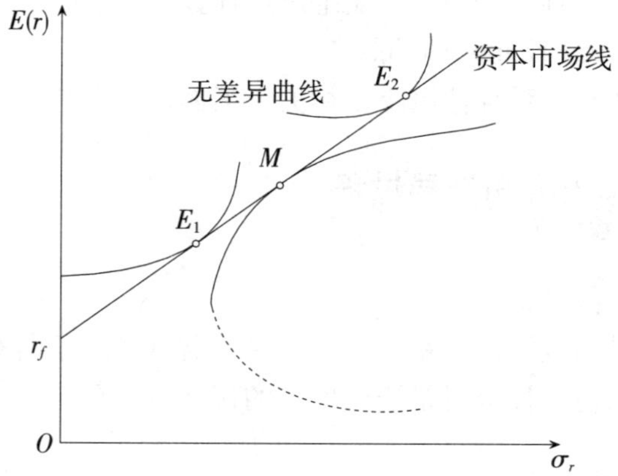

图 5-1　资本市场线

（3）单种资产的风险溢价与市场组合 M 的风险溢价是成比例的，与相关市场组合中证券的 β 系数也成比例。

该结论如果用公式来表述，即：

$$E(r_i)=r_f+\beta_i[E(r_M)-r_f]$$

其中，β 系数可定义为：

$$\beta_i=\frac{\text{cov}(r_i,\ r_M)}{s_M^2}$$

要解释这一点，我们首先从市场组合是切点组合开始。由于切点组合是所有风险资产组合中与无风险资产连线的斜率达到最大的点，因此，切点组合必然是下述最优化问题的解：

$$\max_{w_1,w_2,\cdots,w_N}\ 斜率=\frac{E(r_p)-r_f}{\sigma_p}$$

$$\text{s. t.}\quad E(r_p)=\sum_{i=1}^{N}w_iE(r_i),\sum_{i=1}^{N}w_i=1$$

其中，$E(r_p)$ 为风险资产组合 p 的期望收益；σ_p 为其标准差，目标函数就是在期望收益-方差平面中风险资产组合 p 与无风险资产组合 r_f 连线的斜率。

在约束条件中，$E(r_i)$ 为每种风险资产的期望收益率，w_i 为每种风险资产在风险资产组合 p 中的权重。约束条件意味着风险资产组合 p 是由所有风险资产组成的。最优化问题就是通过选择风险资产的权重 w_i，使风险资产组合 p 与无风险资产 r_f 连线的斜率达到最大。一旦我们求出权重 w_i，就相当于求出了切点组合。下面，我们介绍具体的求解过程。

首先，我们将斜率用 θ 来标记，即：

$$\theta=\frac{E(r_p)-r_f}{\sigma_p}$$

将风险资产组合的期望收益和标准差代入斜率表达式中，可得：

$$\theta=\frac{\sum_{i=1}^{N}w_i[E(r_i)-r_f]}{\left[\sum_{i=1}^{N}w_i^2\sigma_i^2+\sum_{i=1}^{N}\sum_{j=1,i\neq j}^{N}w_iw_j\sigma_{ij}\right]^{\frac{1}{2}}}$$

令

$$F_1(w)=\sum_{i=1}^{N}w_i[E(r_i)-r_f]$$

$$F_2(w)=\Big[\sum_{i=1}^{N}w_i^2\sigma_i^2+\sum_{i=1}^{N}\sum_{j=1,i\neq j}^{N}w_iw_j\sigma_{ij}\Big]^{-\frac{1}{2}}$$

有：

$$\frac{\partial F_1(w)}{\partial w_k}=E(r_k)-r_f$$

$$\frac{\partial F_2(w)}{\partial w_k}=-\frac{1}{2}\Big(\sum_{i=1}^{N}w_i^2\sigma_i^2+\sum_{i=1}^{N}\sum_{j=1,i\neq j}^{N}w_iw_j\sigma_{ij}\Big)^{-\frac{3}{2}}\times\Big(2w_k\sigma_k^2+2\sum_{j=1,j\neq k}^{N}w_j\sigma_{jk}\Big)$$

由于方差-协方差矩阵是正定的，因此最优化问题的求解只需要满足一阶条件，即：

$$\frac{\partial\theta}{\partial w_k}=F_1(w)\times\frac{\partial F_2(w)}{\partial w_k}+F_2(w)\times\frac{\partial F_1(w)}{\partial w_k}=0\qquad k=1,\ 2,\ \cdots,\ N$$

将偏微分的表达式代入一阶条件，可得：

$$-\frac{\sum_{i=1}^{N}w_i[E(r_i)-r_f]}{\sum_{i=1}^{N}w_i^2\sigma_i^2+\sum_{i=1}^{N}\sum_{j=1,i\neq j}^{N}w_iw_j\sigma_{ij}}\times\Big(w_k\sigma_k^2+\sum_{j=1,j\neq k}^{N}w_j\sigma_{j,k}\Big)+[E(r_k)-r_f]=0$$

$$k=1,\ 2,\ \cdots,\ N\qquad(5-2)$$

令

$$\lambda=\frac{\sum_{i=1}^{N}w_i[E(r_i)-r_f]}{\sum_{i=1}^{N}w_i^2\sigma_i^2+\sum_{i=1}^{N}\sum_{j=1,i\neq j}^{N}w_iw_j\sigma_{ij}}=\frac{E(r_p)-r_f}{\sigma_p}$$

则（5-2）式可以写成：

$$-\lambda\Big(w_k\sigma_k^2+\sum_{j=1,k\neq j}^{N}w_j\sigma_{jk}\Big)+[E(r_k)-r_f]=0\qquad k=1,\ 2,\ \cdots,\ N$$

进而，

$$E(r_k)-r_f=\lambda w_k\sigma_k^2+\sum_{j=1,k\neq j}^{N}\lambda w_j\sigma_{jk}\qquad k=1,\ 2,\ \cdots,\ N$$

如果令 $z_k=\lambda w_k$，我们就得到 N 个方程构成的方程组，即：

$$E(r_1)-r_f=z_1\sigma_1^2+z_2\sigma_{21}+z_3\sigma_{31}+\cdots+z_N\sigma_{N1}$$
$$E(r_2)-r_f=z_1\sigma_{12}+z_2\sigma_2^2+z_3\sigma_{32}+\cdots+z_N\sigma_{N2}$$
$$\vdots$$
$$E(r_N)-r_f=z_1\sigma_{1N}+z_2\sigma_{2N}+z_3\sigma_{3N}+\cdots+z_N\sigma_N^2$$

由此我们可以求出 z_k，然后通过标准化得到最优化问题的解 w_k^*，即：

$$w_k^*=\frac{z_k}{\sum_{k=1}^{N}z_k}\qquad k=1,\ 2,\ \cdots,\ N$$

此外，由于市场组合 M 是切点组合，因而有：

$$r_M=w_1^*r_1+w_2^*r_2+\cdots+w_N^*r_N$$

进而，

$$\mathrm{cov}(r_M,\ r_i)=w_1\sigma_{1i}+w_2\sigma_{2i}+\cdots+w_n\sigma_{ni}$$

因此，我们有：

$$E(r_i)-r_f=l\text{cov}(r_M, r_i) \tag{5-3}$$

由于（5-3）式对市场组合也是成立的，因此下式成立：

$$E(r_M)-r_f=l\text{cov}(r_M, r_M)=ls_M^2$$

结合上面两式，可得到：

$$E(r_i)-r_f=\frac{\text{cov}(r_i, r_M)}{s_M^2}\times[E(r_M)-r_f] \tag{5-4}$$

如果将 β_i 定义为 $\frac{\text{cov}(r_i, r_M)}{s_M^2}$，那么（5-4）式就可以写为：

$$E(r_i)=r_f+\beta_i[E(r_M)-r_f] \tag{5-5}$$

这就是 CAPM 的基本形式。进一步，对（5-5）式进行变换，可得：

$$E(r_i)-r_f=\beta_i[E(r_M)-r_f] \tag{5-6}$$

（5-6）式的左端是任意风险资产（组合）期望收益率与无风险收益率的差，称为该风险资产（组合）的风险溢价。（5-6）式表明，任意风险资产（组合）的风险溢价与市场风险资产组合的风险溢价成正比，与该风险资产（组合）的 β 值也成正比。

二、CAPM 的意义

前面给出了资本资产定价模型的一个简略证明。首先，我们要指出，CAPM 是一个市场均衡模型，这一点在 Sharpe（1964）的文章中反复被提到。另外，Duffie（1988）还明确提出了 CAPM 的一般均衡模型。既然市场达到均衡，那就意味着证券的供给和需求相等，市场达到出清，而且市场中每个参与者都能实现自身效用最大化。下面，我们就在这一基础上分析（5-6）式的经济含义。

我们知道，市场组合的收益率可以表示为组合中每种资产收益率的加权平均值，即：

$$r_M=\sum_{i=1}^{N}w_ir_i$$

因此，市场组合的方差就等于组合中每种资产与市场组合的协方差的加权平均值，即：

$$\text{var}(r_M)=\text{cov}\left(\sum_{i=1}^{N}w_ir_i, r_M\right)=\sum_{i=1}^{N}w_i\text{cov}(r_i\ r_M)$$

其中，求和符号中每一项 $w_i\text{cov}(r_i, r_M)$ 均可视为第 i 种资产对市场组合方差的贡献。

此外，第 i 种资产对市场组合的风险溢价是 $w_i[E(r_i)-r_f]$，因此，第 i 种资产的收益-风险比率可以表示为：

$$\frac{\text{第 } i \text{ 种资产对风险溢价的贡献}}{\text{第 } i \text{ 种资产对方差的贡献}}=\frac{w_i[E(r_i)-r_f]}{w_i\text{cov}(r_i, r_M)}=\frac{E(r_i)-r_f}{\text{cov}(r_i, r_M)}$$

该比率测度的是投资者对组合中某资产所要求的风险溢价水平，通常称为风险的市场价格。当市场达到均衡时，对所有资产而言，这一数值都是相等的。换句话说，当市场达到均衡时，有：

$$\frac{E(r_i)-r_f}{\text{cov}(r_i, r_M)}=\frac{E(r_j)-r_f}{\text{cov}(r_j, r_M)}\triangleq\bar{k} \tag{5-7}$$

即：

$$E(r_i)-r_f\triangleq\bar{k}\text{cov}(r_i, r_M) \qquad i=1, 2, \cdots, N$$

这是因为如果任何一种资产的收益-风险比率高于其他资产，那么投资者就会调整其投资组合，卖出收益-风险比率低的资产，买进收益-风险比率高的资产。这样一来，当市场达到均衡的时候（投资者不会再进行投资组合的调整），所有资产的收益-风险比率应该达到一致。如果在（5－7）式两边同乘 w_i，然后对所有的 i 求和，我们就可以得到：

$$\sum_{i=1}^{N} w_i[E(r_i)-r_f] \triangleq \sum_{i=1}^{N} w_i\bar{k}\,\mathrm{cov}(r_i,\ r_M)$$

即：

$$E(r_M)-r_f=\bar{k}\,\mathrm{cov}(r_M,\ r_M)=\bar{k}\,\mathrm{var}(r_M)$$

或者

$$\frac{E(r_M)-r_f}{\mathrm{var}(r_M)}=\bar{k}$$

这就意味着当市场达到均衡时，每种资产的风险价格与市场组合的风险价格等同，即：

$$\frac{E(r_i)-r_f}{\mathrm{cov}(r_i,\ r_M)}=\frac{E(r_M)-r_f}{\mathrm{var}(r_M)}$$

对上式稍做变形就可以得到（5－6）式中 CAPM 的表达式。由此我们可以看到，CAPM 意味着单种证券的合理风险溢价取决于单种证券对市场组合风险的贡献程度。当市场达到均衡时，每种资产或者资产组合的单位风险获得的风险溢价水平是相同的。

接下来，我们考虑某一包含 n 种资产的资产组合 P，并假设每种资产在组合中的权重为 w_k。这样一来，对每种资产应用资本资产定价模型，可得：

$$E(r_1)-r_f=\beta_1[E(r_M)-r_f]$$
$$E(r_2)-r_f=\beta_2[E(r_M)-r_f]$$
$$\vdots$$
$$E(r_n)-r_f=\beta_n[E(r_M)-r_f]$$

在每个式子两边分别乘以该资产的权重，并将 n 个式子相加，我们得到：

$$\sum_{i=1}^{N} w_i[E(r_i)-r_f]=\sum_{i=1}^{N} w_i\beta_i[E(r_M)-r_f]$$

即：

$$E(r_P)-r_f=[E(r_M)-r_f]\sum_{i=1}^{N} w_i\beta_i$$

由于资本资产定价模型对资产组合同样成立，因此有：

$$E(r_P)-r_f=\beta_P[E(r_M)-r_f]$$

比较上面两个式子可以发现：

$$\beta_P=\sum_{i=1}^{N} w_i\beta_i$$

这就意味着资产组合的 β 值等于组合中每种资产 β 值的加权平均，而且其权重就是每种资产在组合中的权重。特别地，由于资本资产定价模型对市场组合也成立，因此有：

$$\beta_M=\sum_{i=1}^{N} w_i\beta_i=\sum_{i=1}^{N} w_i\,\frac{\mathrm{cov}(r_i,\ r_M)}{\mathrm{var}(r_M)}=1$$

这意味着市场中所有资产的 β 值加权平均后等于 1。如果某资产的 β 值大于 1，那就说明该资产收益率的波动大于市场组合收益率的波动；如果某资产的 β 值小于 1，那就说明该资产收益率的波动小于市场组合收益率的波动。

此外，β值还是衡量资产风险水平的一个指标。只是与马科维茨投资组合选择模型中的标准差指标不同，β值衡量的是资产的系统性风险。从某种意义上说，标准差衡量的是资产的总风险。在总风险中，有一部分风险是可以通过分散化投资消除的，即非系统性风险；而另一部分风险是分散化投资无法消除的，即系统性风险。然而，在定价过程中，资产的价格只与该资产系统性风险的大小有关，与其非系统性风险的大小无关。换句话说，市场只是针对系统性风险进行风险补偿，投资者如果承担了非系统性风险是无法获得额外收益的。在资本资产定价模型中，β值衡量的就是这种系统性风险。

如果给定市场组合的期望收益率和无风险收益率，（5－5）式就可以被视为均衡状态下资产 i 的系统性风险与其期望收益率之间的关系式。这个关系式放到期望收益-β平面中就是一条直线，我们称其为证券市场线（Security Market Line，SML）。由于当资产的系统性风险等于 0 时，其对应的期望收益率就是无风险收益率，当资产的系统性风险等于 1 时，其对应的期望收益率就是市场组合的期望收益率，因此证券市场线必然通过（0，r_f）和（1，$E(r_M)$）两点（见图 5－2）。

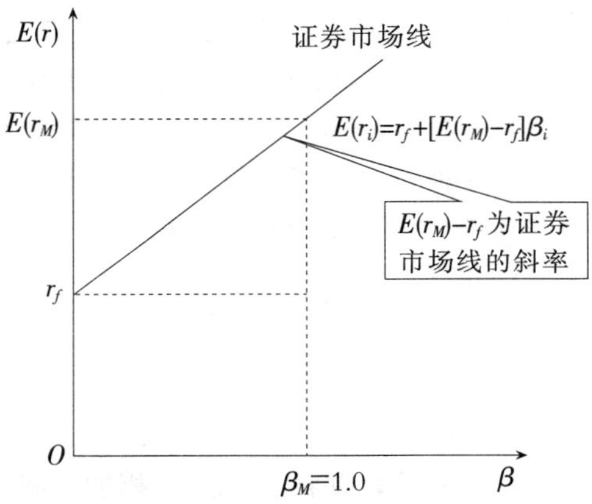

图 5－2　证券市场线

此外，证券市场线还具有下述特征：

第一，证券市场线是资本资产定价模型的几何表示。由于资本资产定价模型描述的是市场均衡情况下资产的期望收益率与其β值（系统性风险）之间的关系，因此，当市场均衡时，所有资产都将落在证券市场线上。

第二，当市场处在非均衡状态时，资产的实际收益既可能大于均衡状态下的期望收益，也可能小于这一数值。此时，我们可以将实际收益写成如下形式：$r_i=\alpha_i+[r_f+(E(r_M)-r_f)\beta_i]$。该式中，中括号内的部分就是资产在市场均衡状态下的期望收益，或者说是该资产的应得收益；α_i为该资产实际收益对应得收益的偏离程度，人们通常称其为詹森指标。如果α_i大于零，那么在图 5－2 中，资产处在证券市场线的上方。这说明资产实际收益超过了它的应得收益，资产（买入时的）价格被低估；反之，如果α_i大于零，资产处在证券市场线的下方，则说明资产（买入时的）价格被高估。

第三，从资产实际收益率公式可以看出，高收益的获取有两种渠道：一是选择 α 值较大的资产进行投资。也就是说，在资产价格被大幅低估时买入，或者在资产价格被大幅高估时卖出。二是当市场组合的期望收益率大于 r_f 时（或者说当市场处在上涨趋势时）选择

高 β 的资产进行投资，从而获取较高的回报。虽然从获得高收益这个角度上看两种渠道的效果是一致的，但是二者有着本质的不同。前者是通过证券分析挖掘低估值股票获得超额收益，而后者是通过承担更高的系统性风险获得正常收益；前者的关键在于选股，后者的关键在于择时。

第四，从实际收益率公式我们还可以看出，如果投资者对于市场走势难以判断，或者不愿意承担系统性风险给资产价格带来的影响，那就可以一方面通过市场分析选择买入 α_i 为正的资产，另一方面卖空 β_i 份市场组合对冲掉资产 i 面临的市场风险，从而使得整个投资组合不受市场波动的影响。在这一过程中，一个核心的问题是如何尽可能准确地估计出资产 i 的 β 值。

第五，前面曾介绍过资本市场线（CML），这条线描述的是有效组合期望收益与总风险（标准差）之间的关系。因此，资本市场线上的点就是效率组合，它和市场是否达到均衡无关。而证券市场线描述的是市场均衡时资产或资产组合的期望收益率与其系统性风险（β 值）之间的关系。不管资产组合是不是效率组合，只要市场达到均衡，这个关系就一定成立。因此，在证券市场线上的点不一定在资本市场线上；而当市场达到均衡时，在资本市场线上的点一定在证券市场线上。

第三节 资本资产定价模型的扩展

一、零 β 资本资产定价模型

在推导 CAPM 的过程中，我们曾对市场中的无风险资产做了几个假定，即市场中存在无风险资产，投资者能够以无风险利率借款或者贷款，而且借款和贷款的利率是相同的。然而在现实中，严格意义上的无风险资产是不存在的，即便是美国短期国库券也只是近似的无风险资产。此外，现实经济中，投资者借款和贷款的利率往往是不同的。因此，为了使模型更好地反映现实世界，Black（1972）考察了市场中不存在无风险资产以及借款和贷款利率不相等情况下的 CAPM。布莱克发现，无论是无风险资产的存在性还是投资者以无风险利率借款和贷款的要求都不是 CAPM 成立的必要条件。然而，当市场中不存在无风险资产时，CAPM 的形式会发生一定的变化。布莱克的思想主要为：由于无风险资产的收益不存在波动性，因此它不会随市场一起变化。此外，无风险资产的 β 值为零。如果我们能构造出一个投资组合，使这个投资组合的收益与市场无关，那么这种资产的 β 值就为零。布莱克证明，如果可以构造出零 β 投资组合，CAPM 将被修正为如下形式：

$$E(r_p)=E(r_z)+\beta_p[E(r_M)-E(r_z)]$$

其中，$E(r_z)$ 是零 β 投资组合的期望收益率；$E(r_M)-E(r_z)$ 为市场的风险溢价。

零 β CAPM 的形式并没有发生太大变化，只不过这里用零 β 投资组合的期望收益率代替了无风险利率。当市场中存在零 β 投资组合时，资本市场线会变成图 5-3 中的形式。

如果一种资产的 β 值等于零，那就意味着这种资产与其他资产收益率的协方差恰好抵消

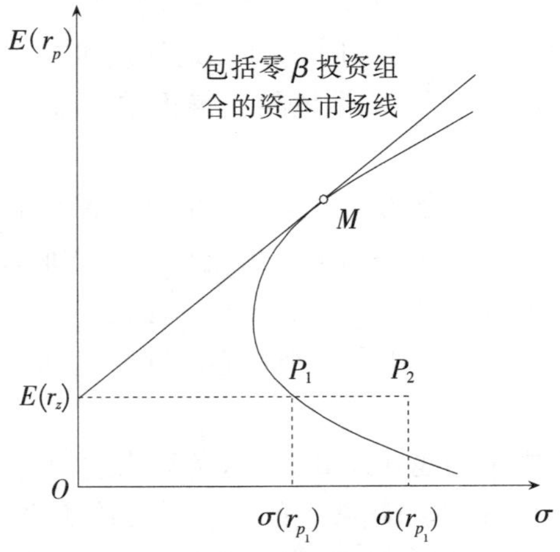

图 5－3　零 β 投资组合的资本市场线

了该资产的方差，从而它对市场组合的方差贡献等于零。从这个意义上说，这种资产也是无风险的。下面研究的主要问题在于如何构造一个零 β 投资组合。该问题解决的关键在于卖空市场操作。

卖空是指卖出自己并不拥有的资产，以期从预期的资产价格下跌中获利。我们通过一个例子简单介绍一下卖空的具体操作过程。假设某投资者 A 认为 IBM 的股票在未来会大幅下跌，因此这个投资者就跟经纪人联系卖空 500 股 IBM 股票。经纪人先从另一位客户那里借来 500 股 IBM 股票，然后以正常的方式在公开市场上卖出，并把卖出股票的收入给投资者 A。只要经纪人能够不断地借到股票，该投资者就可以按照自己的意愿不断维持该空头头寸。在某一时刻，投资者会通过买入 500 股 IBM 股票将该头寸平仓。经纪人将这些股票转到借出股票的账户中。如果 IBM 的股票价格在未来下降，投资者获利；反之，投资者遭受损失。

当市场中存在卖空机制的时候，我们就可以创造出一个与市场组合无关的投资组合。该组合既包括实际拥有的股票，又包括卖空的股票。这样，当价格上升的时候，投资组合实际拥有的股票将会获利，从而产生正的收益；而那些卖空的股票将会导致损失，从而产生负的收益。只要适当调整投资组合中各资产的权重，我们就能使整个投资组合的收益不随市场波动而变化。

如果我们可以构造出许多零 β 投资组合，那么应该选择哪个组合呢？例如，图 5－3 中的 p_1 和 p_2，它们都不在马科维茨有效边界上，但它们都是可行组合。如果可以在 p_1 和 p_2 中进行选择的话，投资者应该选择哪个呢？答案是 p_1。在所有可能的零 β 投资组合中，投资者将选择风险最小的那个组合，该组合称为最小方差零 β 投资组合。

当然，零 β 资本资产定价模型在实际操作中也并非那么完美。由于现实中并非所有投资者都能进行卖空操作，许多机构投资者是被禁止卖空或者在卖空方面受到限制的，因此，布莱克的模型虽然避免了对“以无风险利率借款和贷款”这一条件的依赖，但它仍然不能反映所有投资者面临的现实世界，因为它所要求的可以无限制地卖空并非所有投资者都能做到。

二、多因素资本资产定价模型

马科维茨资产组合选择理论和 CAPM 都假设投资者关心的唯一风险就是证券价格在未来的不确定性。然而，现实中的投资者通常还关心其他会影响其未来消费商品和服务能力的风险。例如，与未来劳务收入有关的风险、消费品未来相对价格变化的风险、未来投资机会变化的风险等。在承认投资者面临这些风险的前提下，Merton（1973）以消费为基础对象扩展了 CAPM，推导出当人们面临这些额外市场风险来源时，在其生存期间的最优消费组合。默顿（Merton）推出的这一模型被称为多因素 CAPM，其基本形式如下：

$$E(r_p)=r_f+\beta_{pM}[E(r_M)-r_f]+\{\beta_{p,F_1}[E(r_{F_1})-r_f]+\beta_{p,F_2}[E(r_{F_2})-r_f]$$
$$+\cdots+\beta_{p,F_k}[E(r_{F_k})-r_f]\}$$

其中，F_i 为额外的市场风险来源；β_{pM} 为投资组合对市场风险的敏感程度；β_{p,F_k} 为投资组合对第 k 个风险来源的敏感程度。

上述表达式说明，除了市场风险之外，投资者还要为其承担的、与每一个额外风险来源有关的风险取得补偿。如果不存在额外的风险来源，上式就简化为只剩下投资组合的期望收益率，也就是 CAPM 的基本形式。

第四节　资本资产定价模型的实证检验

资本资产定价模型用一个简明的公式描述了金融资产的收益和风险之间的关系。然而，这一公式是在一系列假设前提的基础上成立的，市场的真实状况与模型结论是否吻合还需要我们进一步的实证检验。对资本资产定价模型的实证检验工作相当丰富，本书着重介绍 Fama and MacBeth（1973）的实证工作，对于其他关于资本资产定价模型的实证研究，有兴趣的读者可以参考 Elton and Gruber（1987）。

我们知道，如果资本资产定价模型成立，那么根据股票价格计算出的资产收益率与 β 值之间就会存在如下关系：第一，在一个有效的资产组合 m 中，资产 i 的期望收益率与该资产的风险度量指标 β_i 之间是线性相关的，β_i 的平方项对期望收益率的解释能力不显著。第二，资产 i 的系统性风险完全由 β_i 度量。换句话说，除了市场因素之外，没有其他因素对资产 i 的期望收益率有边际解释能力。第三，对于一个由风险规避投资者构成的市场来说，资产的风险水平越高，期望收益率就越大。这就意味着 β_i 对应的系数符号为正，或者说，市场组合的期望收益率大于无风险资产的收益率。

早期的资本资产定价模型的实证研究主要用横截面数据来进行，检验工作主要针对 CAPM 的截距项和斜率。具体来说，就是用横截面的平均资产收益率与相应资产的 β 值进行回归，即：

$$r_i=a_0+a_1\beta_i+\varepsilon_i$$

该回归方程的截距项 a_0 对应着无风险收益率 r_f，斜率 a_1 对应着市场组合的风险溢价 $E(r_M)-r_f$。然而，这种方法存在两个问题：

（1）对于单种资产 β 值的估计往往不够准确。Black，Jensen and Scholes（1972）考察了不同 β 值投资组合的收益率，结果发现这些投资组合的平均收益率与 CAPM 的预测结果并不一致。β 值较低的股票组合收益率估计值要比 CAPM 的预测值高（即 η_i 较大）；β 值较高的股票组合收益率估计值要比 CAPM 的预测值低（即 η_i 较小）。换句话说，样本 β 值的估计存在测量误差问题，如图 5－4 所示。

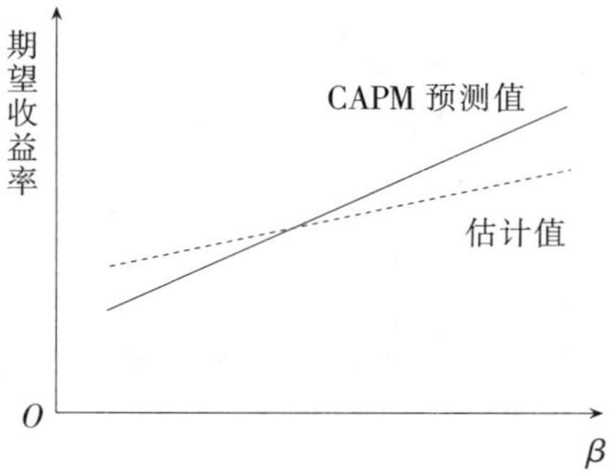

图 5－4　β 值的测量误差

布莱克等人还发现，β 值的测量误差对于单只股票来说较大，但对于证券组合来说则相对较小。因此，人们在对 CAPM 进行检验时，更多地用证券组合的 β 值代替单种证券的 β 值。但是，如果随机地对证券进行分组，然后计算每组证券组合的 β 值，那么不同证券组合的 β 值就会非常接近，而且证券组合 β 值的取值范围也将大大缩小，这同样会给回归带来不便。为解决这一问题，我们可以先按照证券 β 值的大小对证券进行排序，再按照 β 值的大小构建投资组合。例如，我们可以先对所有证券进行排序，然后再 N 等分，每一等份内的证券构成一个证券组合。这样一来，所有证券就被分成 N 个证券组合，每个证券组合对应一个 β 值。对证券组合的 β 值和期望收益进行回归就可以得到资产风险和收益之间的关系式。

但是，这种方法在解决不同投资组合间 β 值差异较小问题的同时，又给我们带来了一个新的问题：由高 β 值的股票组成的投资组合的 β 值也较高，结果造成高 β 值投资组合的估计值倾向于比真实值大。同时，由低 β 值的股票组成的投资组合的 β 值也较小，由此造成低 β 值投资组合的估计值倾向于比真实值小。为了尽可能降低这一问题带来的估计误差，布莱克将时间分为两期，用第一期的 β 值对证券进行排序，从而构造出投资组合，然后用第二期的数据计算这一投资组合的 β 值。

（2）回归的残差 ε 中往往包含相同的波动源，如行业因素。这样一来，不同资产的残差 ε_i 和 ε_j 之间就可能存在正相关性，这会导致斜率的 OLS 估计量的标准差被低估。对于这一问题，Fama and MacBeth（1972）给出了一种解决办法。下面，我们就以这篇文章为基础，介绍一下 CAPM 的具体检验过程。

如前所述，CAPM 描述的是资产的期望收益率与其系统性风险水平（也就是 β 值）之间的关系。当该模型成立的时候，我们有如下结论：

（1）期望收益率与 β 值之间是线性关系，β 值的平方及其高阶项对期望收益率的解释能力不显著。

（2）β 值是解释资产收益率唯一的风险指标。非 β 值风险对资产收益率的解释能力不显著。

（3）当我们用 β 值对期望收益率进行回归时，截距项与无风险收益率的差应该不显著异于零。

（4）由于市场组合承担的风险水平要超过无风险资产，因此长期来看，市场组合的风险溢价要大于零，即 β 系数的估计值应为正值。

这四点正是 CAPM 检验的四个基本假设，由此，我们可以给出 CAPM 的检验方程：

$$r_{it}=\gamma_{0t}+\gamma_{1t}\beta_i+\gamma_{2t}\beta_i^2+\gamma_{3t}s_i+\varepsilon_{it} \tag{5-8}$$

其中，s_i 为非 β 风险水平；ε_i 为残差项。

在检验过程中，Fama and MacBeth（1973）使用的是 1926 年 1 月至 1968 年 6 月（共 510 个月）在纽约证券交易所上市的所有公司的月度收益率数据。利用这些数据，我们首先可以计算出市场组合的收益率以及每只股票的 β 值。其中，市场组合的收益率为：

$$r_M=\sum_{i=1}^{N}w_ir_i \tag{5-9}$$

每种证券的 β 值为：

$$\beta_i=\frac{\mathrm{cov}(r_i,r_M)}{\mathrm{var}(r_M)} \tag{5-10}$$

其中，w_i 为第 i 种资产的市值占所有股票市值的比例。

此外，我们可以把证券 i 的收益率写成以下两部分：

$$r_{it}=b_ir_{mt}+\eta_{it} \tag{5-11}$$

其中，b_ir_{mt} 为证券 i 的收益率中受市场因素影响的部分；η_{it} 为与市场因素无关的部分。

如果用 r_{it} 的方差度量证券 i 收益率的总体波动水平，那么对（5－11）式两端取方差可得：

$$\mathrm{var}(r_{it})=b_i^2\mathrm{var}(r_{mt})+\mathrm{var}(\eta_{it})$$

换句话说，证券 i 的总体风险水平一部分由市场风险构成，另一部分则由那些与市场因素无关的风险构成。前者就是我们所说的由 β 值度量的系统性风险，后者则是非系统性风险，或非 β 风险。这样一来，我们就可以用证券 i 的收益率对市场收益率进行如下回归：

$$r_{it}=a_i+b_ir_{mt}+\eta_{it}$$

回归所得的残差项的标准差（或者方差）可以作为非 β 值风险的度量指标 s_i。

在具体检验过程中，为了避免横截面数据给回归带来的问题，Fama and MacBeth（1973）首先将总长为 43 年的时间分成 9 个时间段。其中，第一段时间从 1926 年开始到 1938 年结束；第二段时间从 1927 年开始到 1942 年结束……（具体见表 5－1。）然后，针对每个时间段，又将其划分成三个部分。以第一个时间段为例，它由 1926—1929 年的投资组合形成期（Portfolio Formation Period）、1930—1934 年的初始检验期（Initial Testing Period）以及 1935—1938 年的检验期（Testing Period）组成。

表 5－1　　时间段划分方式

	时段（年）								
	1	2	3	4	5	6	7	8	9
投资组合形成期	1926—1929	1927—1933	1931—1937	1935—1941	1939—1945	1943—1949	1947—1953	1951—1957	1955—1961
初始检验期	1930—1934	1934—1938	1938—1942	1942—1946	1946—1950	1950—1954	1954—1958	1958—1962	1962—1966
检验期	1935—1938	1939—1942	1943—1946	1947—1950	1951—1954	1955—1958	1959—1962	1962—1966	1967—1968

我们首先计算出每只股票在投资组合形成期（1926—1929 年）中的 β 值（记为 $\hat{\beta}_i$），再

按照这个 β 值对样本内所有股票进行排序，并由此构造出 m 个投资组合（例如，$m=20$，每个投资组合包含 J 只股票[①]）。然后，根据初始检验期（1930—1934 年）内的收益率数据计算出每个投资组合在检验期内的 β 值：

$$\hat{\beta}_p = \sum_{i=1}^{J} w_i \hat{\beta}_i$$

我们将这些投资组合的 β 值记为 $\{\hat{\beta}_{p1}^{(0)}, \hat{\beta}_{p2}^{(0)}, \cdots, \hat{\beta}_{pm}^{(0)}\}$。接下来，根据初始检验期内投资组合的 β 值和收益率对（5－8）式进行估计，从而得到估计值 $\{\hat{\gamma}_0^{(0)}, \hat{\gamma}_1^{(0)}, \hat{\gamma}_2^{(0)}, \hat{\gamma}_3^{(0)}\}$，我们称其为初始估计值（Initial Estimation）。为了防止上市公司的退市行为（Delisting），在初始检验期之后的 4 年里（即检验期 1935—1938 年），我们逐月重新计算每个投资组合的 β 值。在计算 $\hat{\beta}_p$ 的过程中，$\hat{\beta}_i$ 每年进行一次更新。这样一来，在检验期内第 k 个月份，我们都有一组投资组合 β 的估计值序列 $\{\hat{\beta}_{p1}^{(k)}, \hat{\beta}_{p2}^{(k)}, \cdots, \hat{\beta}_{pm}^{(k)}\}$ 以及相应的收益率估计值。根据这些数据，我们可以逐月进行（5－8）式的估计，并得到相应的估计系数 $\{\hat{\gamma}_0^{(k)}, \hat{\gamma}_1^{(k)}, \hat{\gamma}_2^{(k)}, \hat{\gamma}_3^{(k)}\}$。例如，在 1935—1938 年间共有 48 个月份，相应地，可以得到这四个系数的 48 组估计值。再加上初始估价值，我们在第一个时间段内对每个系数就有 49 个估计值，即 $\{\hat{\gamma}_0^{(k)}\}_{k=0}^{49}$，$\{\hat{\gamma}_1^{(k)}\}_{k=0}^{49}$，$\{\hat{\gamma}_2^{(k)}\}_{k=0}^{49}$，$\{\hat{\gamma}_3^{(k)}\}_{k=0}^{49}$。

变换投资组合的形成期和检验期，并重复上述计算步骤，我们可以得到每个系数分别在第二个时间段到第九个时间段内的估计值序列，将每个系数在不同时段内的估计值序列合并，就可以得到各系数全部的估计值序列 $\{\hat{\gamma}_0^{(k)}\}_{k=0}^{N}$，$\{\hat{\gamma}_1^{(k)}\}_{k=0}^{N}$，$\{\hat{\gamma}_2^{(k)}\}_{k=0}^{N}$，$\{\hat{\gamma}_3^{(k)}\}_{k=0}^{N}$。利用这些估计值，我们可以用 t 检验指标给出每个系数在某个时间段内的显著性水平，即：

$$t(\overline{\hat{\gamma}_j}) = \frac{\overline{\hat{\gamma}_j}}{s(\hat{\gamma}_j)/\sqrt{n}}$$

其中，$\overline{\hat{\gamma}_j} = \frac{1}{n}\sum_{k=1}^{n} \hat{\gamma}_j^{(k)}$，$j=0, 1, 2, 3$；$s(\hat{\gamma}_j)$ 为 $\{\hat{\gamma}_j\}$ 的标准误差；n 为 $\hat{\gamma}_j$ 在被考察期内估计值的个数（例如，在 1939—1946 年期间，估计值的个数就是 99）。这样一来，我们就能给出任意时间段内某个系数的显著性水平，而且这种检验方法避免了不同股票收益率的相关性对检验指标的影响。

尽管早期的金融理论和实证证据均表明只有承担系统性风险才能获得风险补偿，但近期的学术研究开始重新质疑这个基础命题，并且有越来越多的证据表明个体性风险被定价了。专栏 5－1 讨论了这种情况。

专栏 5－1

个体性风险应该获得补偿吗？

资本资产定价模型认为，当市场达到均衡的时候，资产的期望收益应该由资产承担的系统性风险来决定。由于投资者能够通过分散化投资消除非系统性风险，因此，对于投资者承担的非系统性风险，市场不应该给予其风险补偿。

① 我们在这里做了简单化处理，认为市场中所有股票的数目恰好是 m 的倍数。在一般情况下，我们可以让 m 个投资组合中中间的 $m-2$ 个投资组合包含 $\text{int}(N/m)$ 只股票。然后，当 N 是偶数时，首尾两个投资组合各包含 $\text{int}(N/m)+\frac{1}{2}[N-m\times\text{int}(N/m)]$ 只股票；当 N 是奇数时，多出的那只股票被放到最后一个投资组合中。

然而，在现实经济中，完全的分散化投资并不是投资者普遍的投资行为。Goetzmann and Kumar（2004）考察了 1991—1996 年 62 000 个投资者账户的数据，结果发现，超过 25%的投资者只持有 1 只股票；超过 50%的投资者持有不超过 3 只股票；只有不到 10%的投资者持有超过 10 只股票。而根据 Campbell et al.（2001）的研究，如果随机抽取，我们需要 50 只股票才能得到一个完全分散化的投资组合。

因此，这就出现了一个矛盾，一方面完全分散化的投资是普通投资者无法实现的；另一方面，市场又需要这些投资者参与到市场中来。这样一来，是不是就意味着为了让众多投资者参与到市场中，市场应该为个体性风险提供一定的补偿呢？换句话说，是不是从横截面角度看，个体风险较高的公司应该获得更高的期望回报呢？Merton（1987，JF）给出了一个模型，对此进行了刻画；而 Fu（2009，JFE）则从实证角度给出了相应的验证。二者对上述问题的回答都是肯定的。

资料来源：作者根据相关文献整理而得。

【小　结】

1. 资产定价是现代金融学最核心的内容之一，而资本资产定价模型则是众多资产定价模型的基础。该模型首次给出了资产风险和收益之间的确切关系，即当市场达到均衡时，任意资产组合的风险溢价都等于其系统性风险与市场组合风险溢价的乘积，即：

$$E(r_p)-r_f=\beta_p[E(r_M)-r_f]$$

其中，系统性风险的衡量指标为 β_p，它是该资产组合收益率与市场组合收益率的协方差与市场组合方差的比，即：

$$\beta_p=\frac{\text{cov}(r_p,r_M)}{\text{var}(r_M)}$$

2. 投资组合的 β 值等于组合内每种资产 β 值的加权平均值，而权重等于该资产在投资组合中的比重，即 $\beta_p=\sum_{i=1}^{n}w_i\beta_i$。

3. 资本资产定价模型描述了市场均衡状态下资产的收益与风险之间的关系。当市场处于非均衡状态时，资产的价格或者收益率可能会与资本资产定价模型描述的不尽相同。

4. 对资本资产定价模型的检验主要就是考察资产期望收益率与 β 值之间是否线性相关；β 值是不是解释资产收益率的唯一风险指标；回归的截距项是否与无风险收益率相近；β 值的估计系数是否为正值。

【练习题】

1. 判断下列观点的对错。

（1）零 β 投资组合的期望收益率等于零。

（2）CAPM 意味着证券收益率越大，投资者要求该证券提供的收益率也越大。

(3) 我们可以通过将资金的75%投资在短期国债上、将剩余资金投资在市场组合上来构造出一个β值等于0.75的投资组合。

2. 以下关于CML和SML的表述哪个是错的？

A. 在SML上方的点是被低估的资产

B. 投资者应该为承担系统性风险而获得补偿

C. 在SML上方的资产对投资者而言是没有内在价值的

D. 市场组合应该包括经济中所有的风险资产

3. 资本资产定价模型认为，下述哪种因素能够最好地解释资产组合的收益率？

A. 利率风险　　B. 公司特有风险

C. 系统性风险　　D. 可分散风险

4. 假设CAPM成立，下列有关SML和CML的说法哪个是不成立的？

A. 资本市场线的斜率始终为正

B. 资本市场线与证券市场线重合

C. 资本市场线代表最佳可获得的CAL

D. 资本市场线是连接无风险资产和市场组合的线

5. 在证券市场线（SML）中，对横轴β的定义哪个是最正确的？

A. 对系统性风险的绝对度量

B. 对非系统性风险的绝对度量

C. 对系统性风险标准化后的度量

D. 对非系统性风险标准化后的度量

6. 一个价值100 00元的资产组合，其中A证券值4 000元，B证券值2 500元，其他3 500元用于C证券，A、B、C证券的β值为1.3、1、0.8。那么资产组合的β值为______。

A. 1.01　　B. 1.05　　C. 1.09　　D. 1.11

7. 如果市场中无风险收益率为5%，市场收益率为10%，则β值等于1.2的股票应该获得的收益率为多少？

A. 6%　　B. 7.2%　　C. 11%　　D. 15%

8. 按照资本资产定价模型，假定市场期望收益率为15%，无风险利率为7%，某股票的β值等于1.5，期望收益率等于15%，则下列说法哪个正确？

A. 该股票被高估　　B. 该股票被低估

C. 该股票的α值为2%　　D. 以上都不对

9. 假设市场中无风险收益率为5%，市场指数的收益率为15%，某股票的β值等于1.2，股票价格为20元。如果投资者预计一年后该股票的价格会上升到24元，那么该股票属于下述何种情况？

A. 被高估了，不应该购买　　B. 被低估了，应该购买

C. 正确定价，应该购买　　D. 正确定价，不应该购买

10. 依据资本资产定价模型，正确定价的证券有______。

A. 负β值　　B. 正α值　　C. 正β值　　D. 零α值

11. A经理的投资组合以1.5的β值实现20%的投资收益。B经理的投资组合以1.2的β值实现15%的投资收益。假设市场收益率为13%，无风险利率为5%。比较两位基金经理的市场表现。

A. A 经理好，因为其投资组合的 α 值更高

B. B 经理好，因为其投资组合的 α 值更高

C. A 经理好，因为其投资组合的收益率更高

D. B 经理好，因为其投资组合的 β 值更低

12. 给定证券市场线，如果两种风险资产与市场组合的协方差是相同的，那么这两种资产最有可能有相同的______。

	β 值	期望收益率
A	否	是
B	是	否
C	是	是
D	否	否

13. 某投资者持有的投资组合位于资本市场线上，根据投资组合选择模型，如果该投资者将超过其所有财富的资金投资在市场组合中，那么该投资者持有的投资组合______。

A. 有着比市场组合更高的非系统性风险

B. 有着比市场组合更低的非系统性风险

C. 有着比市场组合更高的系统性风险

D. 在 CML 上的位置在市场组合的右侧

14. 股票 A 的 β 值为 1.3，期望收益率为 0.23，股票 B 的 β 值为 0.6，期望收益率为 0.13。假设 CAPM 成立，市场组合的期望收益率为多少？无风险利率为多少？

15. 在 2008 年，短期国债（视为无风险资产）的收益率为 5%。假设市场上一个 β 值等于 1 的投资组合的要求收益率为 13%，根据 CAPM，则

（1）市场组合的期望收益率为多少？

（2）对于 β 值等于 0 的股票，它的期望收益率等于多少？

（3）假设一只股票的当前价格为 100 元，你预期一年后股票价格会达到 108 元，而且在这一年中公司每股会派发 5 元的红利。如果该股票的 β 值等于 0.5，请问股票当前的价格是否被高估了？

16. 市场中存在两种资产 X 和 Y，它们的方差-协方差矩阵和期望收益矩阵如下所示：

$$\Sigma = \begin{bmatrix} 0.01 & 0 \\ 0 & 0.0064 \end{bmatrix},\ R' = [0.2 \quad 0.1]$$

回答如下问题：

（1）假设市场组合由这两种资产等权重组成，零 β 投资组合的预期收益应该等于多少？

（2）用数学公式描述证券市场线。

（3）用上述资产构造一个方差最小的证券组合，资产权重应为多少？

（4）求方差最小组合和零 β 投资组合的协方差。

【参考书目】

[1] Elton, E., M. Gruber, 1987, *Modern Portfolio Theory and Portfolio Analysis*, 3rd ed, New

York：John Wiley

[2] Fama，E E. F.，J. D. MacBeth，1973，"Risk，Return and Equilibrium：Empirical Tests"，*The Journal of Political Economy*，81(3)：607-636

[3] Black，F.，M. Jensen，M. Scholes，1972，"The Capital Asset Pricing Model：Some Empirical Results"，in *Studies in the Theory of Capital Markets*，edited by Michael Jensen，New York：Praeger

第6章

因素模型与套利定价理论

【本章导读】

在前面介绍马科维茨资产组合选择模型时，我们曾经说过计算量过大的问题是该模型在现实应用中的一个巨大障碍。对于一个包含 n 只股票的投资组合来说，我们要计算它的方差-协方差矩阵就要估计 n 个期望收益、n 个方差和 $\frac{n^2-n}{2}$ 个协方差。当 n 取值为 100 的时候，总的估计量就达到 5 150 个；当 n 取值为 1 500 的时候，总的估计量将超过 100 万个。因此，我们需要找到一种方法对这一模型进行简化，从而减少实际应用过程中的数据加工量，减轻计算负担。本章共分三节。第一节概况介绍了因素模型的思想；第二节介绍了套利的概念、几何意义以及市场无套利的一些基本条件；第三节给出了套利定价理论及其相关实证检验。

第一节　因素模型

一、单因素模型的起因

分析资产选择模型中的方差-协方差矩阵，我们可以发现，绝大部分的计算发生在对不同证券协方差的估计过程中。经验表明，经济周期、劳动力成本、原材料价格等宏观经济因素也会同时影响许多公司的收益状况。一旦这些经济因素发生了某种非预期的变化，市场中所有证券的收益都会受到不同程度的影响，这就导致了不同股票收益之间的协方差往往是正的。另外，还有一些公司特有的因素，如上市公司治理状况、董事长的管理才能、关键技术人员的离职等，只会对该公司自身的业绩造成影响。这些因素与其他公司的收益状况是不相关的。因此，如果我们假定公司收益的不确定性只有以上两种来源，即对所有公司都有影响的宏观经济因素和单个公司特有的因素，那么公司收益之间的相关性就完全是由前者造成的。这样，我们就可以把公司的持有期收益率写成如下形式：

$$r_i = E(r_i) + m_i + e_i \tag{6-1}$$

其中，$E(r_i)$ 为该证券在持有期开始时的期望收益率；m_i 为持有期间非预期的宏观经济因素对证券收益率的影响；e_i 为非预期的公司特有事件对证券收益率的影响。

由于 m_i 和 e_i 都是非预期的事件对收益率的影响，因此它们的期望收益率都等于零。进一步，我们可以将非预期的宏观经济因素记为 F，并假设不同公司对该因素有不同的敏感度，记为 β_i。这样一来，非预期的宏观经济因素对公司 i 收益率的影响就等于 $\beta_i F$。因此，(6-1) 式就演变成：

$$r_i = E(r_i) + \beta_i F + e_i \tag{6-2}$$

这就是股票收益的单因素模型。

这样一来，我们就用宏观经济因素 F 和公司特有因素 e_i 刻画了每个公司收益率的不确定性。由于 e_i 是除宏观经济因素之外的因素，因此它是独立于 F 的。给定这一条件，我们可以计算出公司收益率的方差为：

$$\sigma_i^2 = \beta_i^2 \sigma_F^2 + \sigma^2(e_i)$$

即公司收益率的波动来源于宏观经济因素的波动和公司特有因素的波动。

此外，由于 e_i 是第 i 个公司特有的因素，因此，对于两个不同的公司 i 和 j 来说，e_i 独立于 e_j，两个公司收益率相关性的唯一来源就是它们共同依赖的宏观经济因素。因此，不同公司收益率之间的协方差为：

$$\text{cov}(r_i, r_j) = \text{cov}(\beta_i F + e_i, \beta_j F + e_j) = \beta_i \beta_j \sigma_F^2$$

在以上两个结论下，我们再计算 n 个公司收益率的方差-协方差矩阵就只需要估计下述指标：n 个期望收益率 $E(r_i)$ 的估计；n 个敏感度 β_i 的估计；n 个公司特有因素方差 $\sigma^2(e_i)$ 的估计；1 个宏观经济因素方差 σ_F^2 的估计。

换句话说，此时我们需要估计出 $(3n+1)$ 个指标。对 n 为 100 和 1 500 两种投资组合来说，我们的估计量分别为 301 和 4 501，远远低于本章开始时给出的数值。由此可见，单因素模型通过增加一定的假设条件大大简化了资产选择模型的计算量。

二、单指数模型

在单因素模型中，由于我们没有给出具体的测度宏观经济因素的指标，这使得该模型的应用存在很大的局限性。夏普用股票价格指数的收益率代替了单因素模型中的宏观影响因素，从而解决了这一问题。夏普的模型给出了与单因素模型类似的方程，称为单指数模型，即：

$$r_i = E(r_i) + \beta_i r_M + e_i \tag{6-3}$$

将该式写成风险溢价或者超额收益的形式，可以得到：

$$r_i - r_f = \alpha_i + \beta_i (r_M - r_f) + e_i \tag{6-4}$$

或者写成：

$$R_i = \alpha_i + \beta_i R_M + e_i \tag{6-5}$$

其中，R_i 和 R_M 分别为股票 i 和市场指数超过无风险收益的超额收益；α_i 为市场指数的超额收益等于零时股票超额收益率的期望值。

(6-5) 式表明，股票 i 收益率的不确定性来自两个方面：一是市场指数的不确定性，即市场风险或系统性风险，反映在 R_M 上。不同公司受该风险的影响程度不同，β_i 衡量了这种敏感程度。二是公司自身特有的风险，也可以看成非系统性风险，反映在 e_i 上。接下来，我们看一下单指数模型中两个参数 α_i 和 β_i 的经济含义。

首先，根据（6－3）式中的单指数模型，我们可以求出股票 i 的收益和市场指数收益之间的协方差为：

$$\begin{aligned}\mathrm{cov}(r_i,r_M)&=\mathrm{cov}(\beta_i r_M+e_i,r_M)\\&=\beta_i\mathrm{var}(r_M)+\mathrm{cov}(e_i,r_M)\\&=\beta_i\sigma_M^2\end{aligned}$$

其中，最后一个等式的成立是由于市场风险是独立于公司的特有风险的。从上式可以算出：

$$\beta_i=\frac{\mathrm{cov}(r_i,r_M)}{\sigma_M^2}$$

这就意味着单指数模型中的 β 系数与资本资产定价模型中的 β 值有着相同的经济含义。

另外，如果对（6－4）式两边同时取期望，可以得到：

$$E(r_i)-r_f=\alpha_i+\beta_i[E(r_M)-r_f]$$

比较该式与资本资产定价模型可以发现，CAPM 对应着 $\alpha_i=0$ 时的单指数模型。换句话说，当市场中所有股票的 α 值都等于零的时候，单指数模型与 CAPM 是等价的。由于 CAPM 描述的是市场达到均衡、所有资产的价格都处在“公平定价”状态时收益率与风险的关系，因此，这就意味着单指数模型描述的收益率与风险的关系并不一定是均衡状态。当 $\alpha_i>0$ 时，资产的实际收益率高于 CAPM 预测的收益率，资产当前的价格被低估；当 $\alpha_i<0$ 时，资产的实际收益率低于 CAPM 预测的收益率，资产当前的价格被高估。

三、多因素模型

前面介绍了单因素模型，在这个模型中，我们将公司股票价格的波动分解为宏观经济因素风险和公司特有风险两部分。然而，这里的宏观经济因素与其说是一个单一的因素，不如说是一系列因素的综合。实际上，经济周期、利率、通货膨胀率、能源价格等因素正是宏观经济因素的具体表现，而多因素模型正是用这些具体的风险来源取代前面抽象的、综合的宏观经济因素，然后再对资产的收益进行解释。

以两因素模型为例，我们假设宏观经济风险主要来源于经济周期和利率的变化。这样一来，我们就能用 GDP 的增长率和利率水平来衡量系统性风险。任何股票的收益率都将同时受到这两个因素以及公司自身特有因素的影响，因而，我们可以将其写为：

$$r_i=E(r_i)+\beta_{i\mathrm{GDP}}\mathrm{GDP}+\beta_{iIR}IR+e_i$$

上式右边的宏观因素包含了经济中的系统性风险，其中每个因素的系数都用来衡量该股票对这个风险因素的敏感度，或者称为因子载荷（Factor Loading）。e_i 仍是对公司特有风险的衡量。

与单因素模型相比，多因素模型更为丰富，也能更好地描述不同风险对资产的不同影响。

例如，我们假设市场中有两个公司：一个公司是对宏观经济周期非常敏感，但对市场利率不那么敏感的石油生产公司。另一个公司是对宏观经济周期不敏感，但对利率非常敏感的食品加工公司。这样一来，如果经济进入繁荣期，同时利率也随之上升，那么这对石油生产公司来说是个好消息，而对食品加工公司而言则是个坏消息。此时，两个公司受单因素的影响是反向的。但是，如果经济进入繁荣期，同时利率随之下降，这对石油生产公司和食品加工公司都是好消息。此时，两个公司受单因素的影响就是同向的。因此，我们很难给出两个公司对单因素的敏感度，而多因素模型则能很好地捕捉不同公司对多个因素反应的差异。

第二节　套利与套利组合

市场中不存在套利机会是金融资产定价过程中最基本的一个假定。套利机会是否存在依赖于金融资产的价格，当价格满足一定条件时，套利机会就会消除。本节将简单介绍套利的概念以及套利与价格之间的关系。

一、套利的原则

粗略地讲，所谓套利是指投资者以零投资，在不承担任何风险的情况下，获取正收益的投资行为。套利过程中所构造的投资组合称为套利组合。具体来说，套利机会可以分为两类：第一类套利称为强套利（Strong Arbitrage），是指投资组合在期初有严格负的价格，却能在未来提供非负的收益。第二类套利是指投资组合在期初的价格为零，在未来却能获得非负且不等于零的收益。①

第一类套利和第二类套利统称套利，因此，一个套利组合并不一定是强套利组合。例如，市场中存在两种证券 X 和 Y，价格都等于 1，证券的收益依赖于未来经济状态。假设未来经济有两种可能，如果第一种状态发生，证券 X 和 Y 的收益都等于 1；如果第二种状态发生，证券 X 的收益为 1，证券 Y 的收益为 2。我们很容易发现，如果卖空 1 单位证券 X，买进 1 单位证券 Y，我们的初始投资为零，但在将来有正的概率获得正收益，而且获得负收益的概率为零。因此，这一投资组合对应着第二类套利组合。事实上，大家可以验证，在这个例子中并不存在强套利组合。

接下来，我们通过一个例子来看如何求解套利组合。

【例 6-1】　假设经济中有 A、B、C、D 四只股票，每只股票在一期的收益都受到该期的通货膨胀率和利率水平的影响。表 6-1 给出了各股票在不同经济形势下的收益状况。

表 6-1

股票	高通货膨胀率		低通货膨胀率	
	高利率	低利率	高利率	低利率
A	−20	40	20	60
B	0	30	70	−20
C	90	−10	−20	70
D	15	15	23	36

① 这里所谓的“非负”，是指证券组合在未来每种状态下的收益都大于等于零。而“非负且不等于零”是指证券组合在未来每种状态下的收益都大于等于零，而且必须有一种状态下的收益严格大于零。这时，也可以认为证券组合在未来有正的概率获得正的收益，而获得负收益的概率为零。

假设每种经济形势发生的概率都等于 25%，而且每只股票在零期的价格都等于 1 元，那么在这种价格水平下，市场是否存在套利组合？

我们假设在一个由上述四只股票构成的投资组合中，各股票的投资额分别为 w_1、w_2、w_3、w_4。如果该组合是套利组合，那么它有可能是第一类套利组合，即初始价格小于零，且未来每种状态下的收益不为负。换句话说，股票权重满足如下不等式：

$$\begin{cases} w_1+w_2+w_3+w_4<0 \\ -20w_1+0w_2+90w_3+15w_4\geqslant 0 \\ 40w_1+30w_2-10w_3+15w_4\geqslant 0 \\ 20w_1+70w_2-20w_3+23w_4\geqslant 0 \\ 60w_1-20w_2+70w_3+36w_4\geqslant 0 \end{cases} \tag{6-6}$$

该组合也可能为第二类套利组合，即初始价格等于零，但未来每种状态下的收益不小于零，且至少有一种状态下的收益大于零。此时，股票权重满足：

$$\begin{cases} w_1+w_2+w_3+w_4=0 \\ -20w_1+0w_2+90w_3+15w_4\geqslant 0 \\ 40w_1+30w_2-10w_3+15w_4\geqslant 0 \\ 20w_1+70w_2-20w_3+23w_4\geqslant 0 \\ 60w_1-20w_2+70w_3+36w_4\geqslant 0 \\ \text{且所有不等式中的等号不能同时成立} \end{cases} \tag{6-7}$$

我们发现，(1，1，1，−3) 的投资组合能够同时满足 (6 - 7) 式中的所有条件。此时，投资者买入股票 A、B、C 各一份，同时卖空三份股票 D。该投资组合在期初的成本为零，但在未来四种经济状态下的收益率分别为 25%、15%、1%和 2%。如果我们稍微降低股票 A 的投资额，并使其他三只股票的投资额保持不变，例如，(0.99，1，1，−3)，那么初始成本为−0.01，而且在未来四种经济状态下的收益率分别为 25.2%、14.6%、0.8%和 1.4%。此时，(6 - 6) 式中的每个条件都能得到满足。因此，在当前的价格水平下，市场中不但存在套利机会，而且这种套利机会还是强套利机会。

二、套利的几何意义

为了更好地理解证券价格与套利之间的关系，首先，我们以拥有两只证券的市场为例，从几何形态上对套利进行解释。我们假设市场中存在两只证券 1 和 2，它们在期初的价格分别为 p_1 和 p_2。这样，在两只证券构成的平面内（见图 6 - 1），该价格就对应着平面内的一点 $p=(p_1, p_2)$。如果该平面同时表示投资者在两只证券上的投资金额，那么我们容易得知，通过原点并与价格向量 Op 相垂直（正交）的直线 OQ 上的点代表的都是价格等于零的投资组合；该直线右侧的点代表的都是价格水平大于零的投资组合，而该直线左侧（即阴影部分）的点代表的都是价格水平小于零的投资组合。

其次，我们假设期末时可能发生的经济状态有三种，在每种经济状态下，两只证券的收益情况如图 6 - 2 所示。其中，$x_{\cdot 1}$、$x_{\cdot 2}$、$x_{\cdot 3}$ 的坐标分别对应着两只证券在第一种状态、第二种状态、第三种状态下的收益。同样，如果该平面同时表示投资者在两只证券上的投资金额，那么过原点与向量 $Ox_{\cdot 1}$ 垂直的直线 OA 的右侧对应的点代表所有在第一种状态下获得正收益的投资组合。这样一来，对应着每种状态我们都能画出一条垂线，所有垂线右侧区域相交的部分（也就是图 6－2 中折线 AOB 所构成的扇形区域）就对应着在三种状态下收益均大于零的投资组合；折线 AOB 上的点则对应着在某些状态下收益为零，在某些状态下收益为正的投资组合；而 AOB 之外区域上的点所对应的投资组合总会在某些状态下出现负的收益。

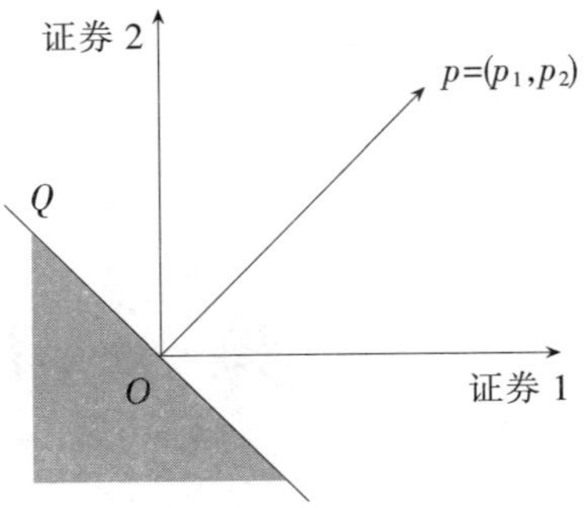

图 6－1　在阴影区域的投资组合价格为负

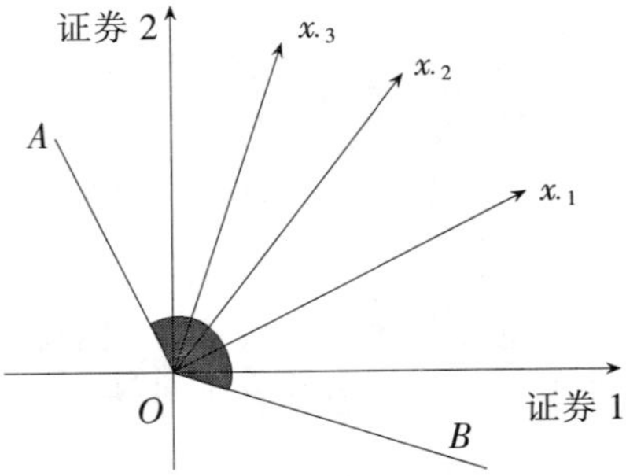

图 6－2　两只证券在不同状态下的收益情况

最后，我们将以上两幅图合并成一幅图。给定每只证券在未来不同状态下的收益，当价格向量的方向发生变化时，阴影区域与扇形区域的相对位置就可能出现三种可能：一是 OQ 的阴影部分与 AOB 的扇形部分除原点之外没有重合的区域（见图 6－3）。这意味着如果一个投资组合在未来每种状态下的收益都是严格大于零的（即该组合处于 AOB 扇形范围内），那么该投资组合的价格水平也必然大于零。换句话说，此时市场不存在套利机会。

第二种情况是阴影区域的边界 OQ 与扇形区域在 OA 或者 OB 上重合，而且除这部分之外，两者之间没有其他交点（见图 6－4）。在这种情况下，射线 OA 上的点对应的投资组合价格等于零，而且在第一种状态下的收益等于零，在其他两种状态下的收益大于零。这意味着在这种定价水平下，市场中存在第二类套利机会。

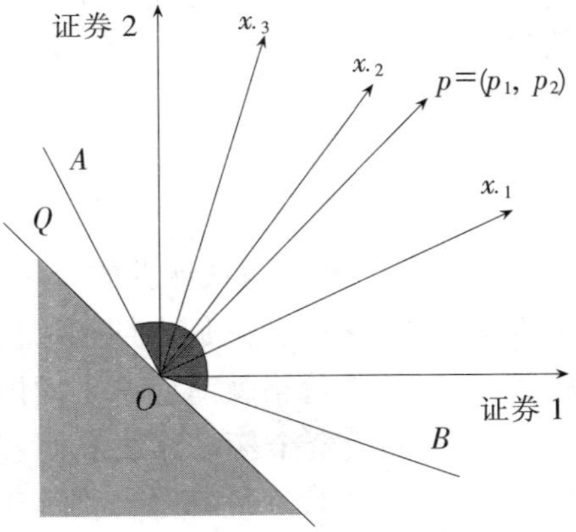

图 6－3　不存在套利机会的市场

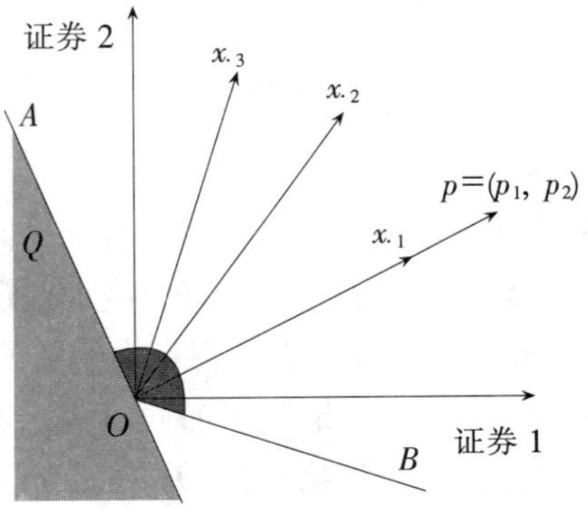

图 6－4　存在第二类套利机会的市场

第三种情况是阴影区域与扇形区域有重叠的情形（见图 6－5）。此时，在重叠区域内的任意一点所对应的投资组合都有严格负的价格，而且在未来三种状态下都能获得正的收益。这说明市场在此时存在强套利机会。

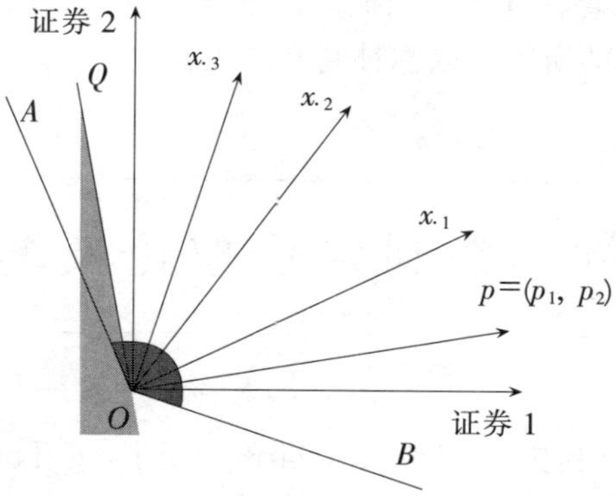

图 6-5　存在强套利机会的市场

三、一价定律、价格的正定性与无套利

一价定律（Law of One Price）是指对于任意两个投资组合，如果它们在未来每种状态下的收益都是相同的，那么这两个投资组合在当前的价格也应该相等。一价定律意味着零收益的证券的价格也必定等于零。如果这一条件不成立，换句话说，如果某种零收益的证券的价格等于 p，那么两倍的该证券的收益依然等于零，而其价格等于 $2p$。这样一来，市场中零收益的证券就可以具有任意的价格。进而，对于任何一个投资组合，在其基础上加入一种零收益的证券仍然是其自身，而该投资组合的价格却发生了变化。因此，如果一价定律不成立，市场中所有的证券都可以具有任意的价格。当市场中不存在套利机会时，一价定律必然得到满足，否则我们可以通过卖空高价证券然后买入低价且有相同收益的证券进行套利。

无套利成立所需的另一个条件是所有在未来每种状态下都有正收益的投资组合，其价格都要大于零。如果我们将价格函数 $q(\cdot)$定义在资产的未来收益 z 上，那么这一性质意味着价格函数是严格正定的（Strictly Positive），即任给一个严格大于零的收益 z，该收益对应的证券组合的价格 $q(z)$ 都大于零。事实上，关于一价定律、价格正定性和无套利，我们有如下的定理：

定理 6-1　当价格函数同时满足一价定律和严格正定性的时候，市场是无套利的，反之亦然。

本节还要特别指出两点：第一，套利行为是使市场达到有效的重要手段。只要市场中有足够多的套利者，而且这些套利者有足够的资金实力实施套利行为，那么一旦市场中出现套利机会，这些投资者就能迅速抓住这些机会进行获利。与此同时，套利行为通过改变证券的供给和需求，进而改变证券的价格，并最终使价格回归到合理水平。第二，在现实的证券市场中，我们有时会发现，即便一些证券出现定价错误，而且人们发现了这种错误，但出于某些原因，投资者也难以实施套利行为，这就是所谓的套利限制[①]（Limit of Arbitrage）。常见的使套利受限的状况有以下几种：一是我们难以找到一种完全对等的证券来规避可能出现的基本面风险（Fundamental Risk）。二是市场中存在噪音交易者（Noise Trader），他们的交易行为有可能使价格偏差长时间保持下去。因此，对于一个有投资期限的投资者而言，噪

① 相关总结可参见 Barberis and Thaler（2003）。

音交易者风险可能使他们的套利行为受到损失。三是某些套利的执行成本（Implementation Cost）过高，从而使得套利的所得难以弥补套利的收益。

第三节　套利定价理论及其检验

Ross（1976）提出了套利定价理论（Arbitrage Pricing Theory，APT）。与 CAPM 类似，这一模型也给出了资产的期望收益率与风险之间的关系。但与 CAPM 不同的是，APT 的假设条件要简单很多，而且两个定价模型背后的思想也是不同的。本节将介绍套利定价模型。

一、APT 的推导

套利定价模型本质上是一个因素模型。首先，它假定任何证券的收益率都可以写成 k 个风险因素的线性方程的形式，即：

$$\tilde{r}_i = E(\tilde{r}_i) + b_{i1}\tilde{F}_1 + b_{i2}\tilde{F}_2 + \cdots + b_{ik}\tilde{F}_k + \tilde{\varepsilon}_i \tag{6-8}$$

其中，$\tilde{r}_i$ 为资产的收益率；$E(\tilde{r}_i)$ 为资产 i 的期望收益率；$\tilde{F}_k$ 为第 k 种系统性风险因素，这里假设 $\tilde{F}_k$ 的期望值都等于零；b_{ik} 为资产 i 的收益率对第 k 种系统性风险的敏感度；$\tilde{\varepsilon}_i$ 为第 i 种资产特有的风险因素，同样假设 $\tilde{\varepsilon}_i$ 的期望等于零。

此外，套利定价模型还有如下假定：

（1）市场中所有参与者对资产收益率有相同的信念，而且都能用（6－8）式的因素模型来表示。

（2）市场中风险资产的个数 n 远远大于系统性风险的种类 k。

（3）市场中不存在套利机会。

在以上假定下，对于任意一个初始投资为零的投资组合，如果我们用 w_i 表示投资在第 i 种资产上的资金在总财富中的比例，那么 w_i 就满足下式：

$$\sum_{i=1}^{n} w_i = 0 \tag{6-9}$$

而该投资组合的收益可以写成：

$$\begin{aligned}\tilde{r}_p &= \sum_{i=1}^{n} w_i \tilde{r}_i \\ &= \sum_{i=1}^{n} w_i E(\tilde{r}_i) + \sum_{i=1}^{n} w_i b_{i1}\tilde{F}_1 + \sum_{i=1}^{n} w_i b_{i2}\tilde{F}_2 \\ &\quad + \cdots + \sum_{i=1}^{n} w_i b_{ik}\tilde{F}_k + \sum_{i=1}^{n} w_i \tilde{\varepsilon}_i\end{aligned} \tag{6-10}$$

我们通过对 w_i 的选择可以使投资组合满足：①每种资产上的投资金额在总财富中的比例都很小，即 $w_i \approx \frac{1}{n}$；②投资组合中包含足够多的资产，即 n 足够大；③w_i 的取值能够使投资组合对所有系统性风险的敏感度都等于零。

这样一来，由于不同资产特有风险之间是相互独立的，因此由大数定理可以保证，当 n 足够大的时候，$\tilde{\varepsilon}_i$ 的加权平均值 $\sum_{i=1}^{n} w_i\tilde{\varepsilon}_i$ 趋近于零。另外，由于 w_i 的选择使投资组合对所有系统性风险的敏感度都等于零，即对于任意的 k，有：

$$\sum_{i=1}^{n} w_i b_{ik} = 0 \tag{6-11}$$

因此，(6－10) 式就变为：

$$\tilde{r}_p = \sum_{i=1}^{n} w_i E(\tilde{r}_i) \tag{6-12}$$

换句话说，按照上述方法构造出的投资组合的收益就是一个确定的值，而不再是一个随机变量。由于该投资组合的初始投资为零，按照无套利的假设条件，该投资组合的收益必须等于零，即：

$$\tilde{r}_p = \sum_{i=1}^{n} w_i E(\tilde{r}_i) = 0 \tag{6-13}$$

根据线性代数的知识，当 (6－9) 式、(6－11) 式和 (6－13) 式三个式子同时成立时，期望收益 $E(\tilde{r}_i)$ 必然能写成 b_{i1}，b_{i2}，…，b_{ik} 的线性表达式，即：

$$E(\tilde{r}_i) = \lambda_0 + \lambda_1 b_{i1} + \lambda_2 b_{i2} + \cdots + \lambda_k b_{ik} \tag{6-14}$$

其中，λ_i 为一些待定常数。

接下来，我们看这些参数的具体含义。首先，我们注意到 b_{ik} 是资产对第 k 种系统性风险的敏感度，因此对于无风险资产而言，$b_{i1} = b_{i2} = \cdots = b_{ik} = 0$。因此，有：

$$E(r_f) = r_f = \lambda_0$$

接下来，我们构造一个"纯因素"投资组合 δ_k。该投资组合对第 k 种系统性风险的敏感度为 1，对其他风险的敏感度为 0。这样一来，δ_k 的期望收益为：

$$E(\delta_j) = \lambda_0 + \lambda_j = r_f + \lambda_j$$

由此，我们得到：

$$\lambda_j = E(\delta_j) - r_f \tag{6-15}$$

令

$$\bar{\delta}_j = E(\delta_j)$$

然后将 (6－15) 式代入 (6－14) 式中可以得到：

$$E(\tilde{r}_i) = r_f + (\bar{\delta}_1 - r_f)b_{i1} + (\bar{\delta}_2 - r_f)b_{i2} + \cdots + (\bar{\delta}_k - r_f)b_{ik} \tag{6-16}$$

这就是套利定价模型的基本形式。

二、"纯因素"组合的构造

在套利定价模型的推导过程中，我们曾提到要构造"纯因素"投资组合，下面就用一个例子来介绍"纯因素"组合的构造方法。假定市场中有足够多的证券，由于我们可以利用分散化的方法构造出一些只受系统性风险影响的投资组合，因而下面的例子就不考虑风险资产的非系统性风险。

【例 6－2】 假设经济中有两种系统性风险 F_1 和 F_2。证券 A 和证券 B 对这两种风险的敏感度如表 6－2 所示。

表 6-2

	b_{i1}	b_{i2}
证券 A 的敏感度	1	2
证券 B 的敏感度	2	1

我们假设某投资组合在证券 A 上的投资比例为 w_1，在证券 B 上的投资比例为 w_2，其余资金投资在无风险资产上。那么，该投资组合对风险 F_1 的敏感度为：

$$b_{p1} = \sum_{i=1}^{2} w_i b_{i1} = w_1 \times 1 + w_2 \times 2 = w_1 + 2w_2$$

对风险 F_2 的敏感度为：

$$b_{p2} = \sum_{i=1}^{2} w_i b_{i2} = w_1 \times 2 + w_2 \times 1 = 2w_1 + w_2$$

当 $w_1 = -\frac{1}{3}$，$w_2 = \frac{2}{3}$ 时，该投资组合对风险 F_1 的敏感度就等于 1，对风险 F_2 的敏感度等于 0。此时，我们卖空相当于财富数量 $\frac{1}{3}$ 的证券 A，用财富数量的 $\frac{2}{3}$ 买入证券 B，并将财富数量的 $\frac{2}{3}$ 投资到无风险资产上。当 $w_1 = \frac{2}{3}$，$w_2 = -\frac{1}{3}$ 时，投资组合对风险 F_1 的敏感度等于 0，对风险 F_2 的敏感度等于 1。这样一来，我们就构造出两个“纯因素”组合。

三、套利定价理论与资本资产定价模型的比较

套利定价理论与资本资产定价模型之间的异同可以从下面几个角度来理解。

从相同的角度看：首先，两者在理念上很相似，都主张在市场达到均衡时，个别证券的预期收益率可由无风险收益率加上风险溢价来决定。其次，两者都说明了风险与报酬之间的理性原则——更多的系统性风险，更高的预期报酬。最后，当只有一个共同因素（如市场收益率）能影响证券的收益时，这两个理论是一致的。

APT 与 CAPM 之间的差异体现为以下几点：①APT 对资产收益率的分布不需要进行任何假设。②APT 对投资者效用函数的假设更为简单，它只需要投资者满足餍足和风险规避两个基本特性。③CAPM 纯粹从市场投资组合的观点来探讨风险与收益的关系，认为经济体系中的全面变动（即市场风险）才是影响个别证券预期收益率的主要且唯一因素；而 APT 则认为不止一个经济因素会对个别证券的收益产生影响。④CAPM 所借用的市场组合实际上不存在，因此只能借用单一股票价格指数来评估市场风险与收益；而 APT 则不需要市场组合，只要设定若干个“因素”加入模型即可用于预测。⑤APT 的一个弱点在于，我们没有一个既定的理论来说明影响资产收益率的因素具体有哪些。在使用过程中，大家对这些因素并没有一个统一的选择，这给 APT 的应用带来了一定的不利影响。

四、套利定价理论的检验

1. 罗尔（Roll）和罗斯的实证研究

与资本资产定价模型一样，套利定价理论也面临着实证检验的问题。Gehr(1975)、Roll and Ross(1980)、Reinganum(1981) 以及 Chen(1983) 用纽约证券交易所和美国证券交易所

上市股票的日收益率数据对APT进行了检验，他们的检验步骤大致如下：

(1) 首先对所有股票进行分组。

(2) 收集一组股票的日收益率数据，并根据每只股票的收益率计算出该组股票的方差和协方差矩阵。

(3) 运用最大似然因子分析法，确定影响收益率变化的因子个数以及因子载荷 b_{ij}。

(4) 用估计出的 b_{ij} 来解释不同股票期望收益率在横截面上的差异，进而估计出每个因子相应的风险溢价及其显著性。

(5) 对每一组股票重复 (2) ～ (4) 步。

以 Roll and Ross (1980) 为例，该文利用 1962 年 7 月 3 日—1972 年 12 月 31 日在纽约证券交易所和美国证券交易所上市的 1 260 只股票的收益率数据对 APT 进行了检验。他们首先将这1 260 只股票按照字母顺序进行分组，每组包括 30 只股票，然后对每一组分别运行上述 4 个步骤。该文的分析结果表明，至少有三个因子的风险溢价显著不等于零，这说明确实存在影响所有资产收益率变化的不同因素。在 APT 的检验过程中，我们还要关注另一个参数——截距项 λ_0。根据 APT，λ_0 应该等于无风险利率，当我们分别对每一组股票进行估计的时候，该指标应该是相等的。罗尔和罗斯的研究发现，在全部 42 组资产组合中，有 38 组没有迹象表明 λ_0 之间存在差异，这与 APT 的预测是吻合的。因此，从以上两个结论看，我们没有理由拒绝套利定价理论。

然而，用因子分析法检验 APT 时存在一个缺点，那就是该方法无法告诉我们具体的因子是什么。这样一来，如果其他一些非系统性风险因素，如单只股票收益率的方差、公司规模以及资产上一期的收益率能够显著地解释资产的期望收益率，我们同样无法拒绝 APT。为了防止这种偏差出现，Roll and Ross (1980) 进一步考察了股票收益率的方差对估计出的期望收益率的解释能力，结果发现，加入方差后对期望收益率的解释能力没有任何增加。与此同时，Chen (1983) 运用了与 Roll and Ross (1980) 不同的方法也得出了相同的结论，而且该文还发现，资产上一期的收益率对本期的期望收益率也没有显著的解释能力。但是，对于公司规模指标，大家的结论并不一致。按照 APT 的预测，如果因子载荷在时间维度上是平稳的，那么按照市值对上市公司进行分组后，不同组的超额收益率应该有相同的均值。然而，Reinganum (1981) 却发现不同组间的超额收益率存在显著差异。这表明 APT 检验中得到的风险溢价不等于零的因子可能是由公司规模造成的，因而 APT 就有可能被拒绝。然而，Chen (1983) 的研究却发现，公司规模的引入并没有增加模型对期望收益率的解释能力。

虽然从数学上很难通过因子分析去识别影响证券收益的背后因素，但 Chen，Roll and Ross (1983) 却给出了一组能够广泛反映宏观经济的因素。这些因素包括行业产出指数、非预期通货膨胀、违约风险溢价的变化（用 AAA 级公司债券与 BBB 级公司债券到期收益率的差值衡量）、利率期限结构的意外变化（用长期政府债券和短期政府债券的到期收益率的差值衡量）。这样一来，我们就可以得出证券收益四因素模型：

$$r_{it}=\alpha_i+\beta_{iIP}IP_t+\beta_{iUI}UI_t+\beta_{iCG}CG_t+\beta_{iGB}GB_t+e_{it}$$

2. 从三因素模型到五因素模型

在资本资产定价模型和套利定价模型诞生之后，学者逐渐发现公司自身的一些特征对股票的收益率具有一定的解释能力。这些特征除了前面所说的公司规模之外，还有公司现金流量与股票价格比、账面价值与股票价格比、企业的销售收入增长率等。这些因素与公司承担的系统性风险并没有直接的联系，因此，它们对股票价格的解释能力在很大程度上是对资本资产定价模型以及套利定价理论的一种违背。对此，法玛（Fama）和弗伦奇（French）在1992—1996年间用了一系列文章来解释这一现象。

Fama and French（1992）考察了β值、公司规模、市盈率、负债率、账面市值比五个因素对股票收益率的影响，结果发现如下两个结论：①无论是对β值进行单独回归还是与其他因素一起进行联合回归，β值对平均收益的影响都很小。②用β值之外的四个因素对收益率进行单变量回归，结果发现四个因素对收益率的影响都是显著的。但是，当将四个因素一起放入模型时，公司规模和账面市值比几乎完全覆盖了市盈率和负债率的影响。随后，在1993年，法玛和弗伦奇进一步发现，市场超额收益率、公司规模以及账面市值比三个因素对股票收益有较为显著的影响。

1996年，法玛和弗伦奇再次合作发表了《资产定价异象的多因素解释》。在这篇文章中，两人认为许多所谓的资产定价的异常现象都是相互联系的，它们绝大多数都能在Fama and French（1993）三因素模型的框架下得到解释。该文指出，一个资产组合的风险溢价$E(r_i)-r_f$可以用三个因素来解释：

【课外推荐6-1】

尤金·法玛介绍

（1）市场组合的风险溢价$E(r_M)-r_f$。

（2）小市值股票组合与大市值股票组合收益率之差SMB。

（3）高账面市值比的组合与低账面市值比的组合的收益率之差HML，即：

$$E(r_i)-r_f=b_i[E(r_M)-r_f]+s_iE(SMB)+h_iE(HML)$$

该文认为，HML可以表示一个公司危机的相对严重程度。那些长期维持低收入的小公司的HML相对较大，而且HML的斜率为正；那些长期维持高收入的大公司的HML相对较小，HML的斜率为负。相应地，小公司股票的收益有一部分没有被市场解释，因此，会有一部分额外的收益来给予补偿。

法玛和弗伦奇认为，上面的三因素模型是好的，可以解释因公司规模、账面市值比不同而产生的收益率差异。但他们也承认，该模型存在一定的缺陷，市场中的某些异常现象还无法完全用这一模型解释。

就在法玛和弗伦奇写作关于三因素模型的一系列经典论文之时，Jegadeesh and Titman（1993）的一篇文章讨论了资产收益率在短期内的惯性表现，即在过去一段时间内（一年以内）收益率较高的资产在未来一段时间内（一年以内）是否依然较高。他们的研究表明，在过去6个月内投资收益率最高的10%的股票在未来6个月内的收益率要比过去6个月内投资收益率最低的10%的股票高出12.01%。在此基础上，Carhart（1997）考察了共同基金的投资表现，同样发现了一年以内的惯性现象。由此，Carhart（1997）在法玛和弗伦奇三因素模型的基础上加入了动量因子，从而形成了所谓的四因素模型。

在此后接近20年的时间内，四因素模型成为衡量正常投资收益的基准模型。然而，Novy-Marx（2013）发现，总盈利-资产比率（Gross Profits-to-Assets）对股票横截面平均收益率具有接近于HML因子的解释能力。与此同时，Aharoni，Grundy and Zeng（2013）指出，公司投资水平和股票平均收益率显著相关（也可以参见Haugen and Baker，1996；Titman，Wei and Xie，2004；Fama and French，2006，2008等）。由此可见，之前的模型对资产横截面收益率差异的解释并不全面。因为无论是三个因素还是四个因素都难以解释由公司盈利能力和投资模式造成的股票收益率的差异。

考虑到这些问题，Fama and French（2015）提出了五因素模型，即在原有的三因素模型的基础上加入了代表盈利能力的 RMW 因子和代表投资模式的 CMA 因子。与之前因子的构建方式类似，RMW 是营业利润率（Operating Profitability）高的公司构造的投资组合的收益率减去营业利润率低的公司构造的投资组合的收益率。CMA 则是投资水平低（“保守”）的公司构造的投资组合的收益率减去投资水平高（“积极”）的公司构造的投资组合的收益率。该文章利用 1963 年 7 月—2013 年 12 月的美国股票市场的相关数据，根据市值-账面价值比，市值-营业利润率和市值-投资水平，对股票进行了 3 次 5×5 均分，每次得到 25 个投资组合。该文章发现，总体而言，存在价值、盈利能力以及投资效应。即在控制其他变量的情况下，股票的账面市值比越高，营业利润率越高，投资水平越低，则公司股票平均收益率越高，而且这些现象在小公司的股票中尤为明显。

随着量化投资的兴起，因素模型又开始受到人们的关注。我们相信，随着研究的深入，一定会有越来越多的因子被人们挖掘出来。我们对股票横截面收益率的解释可能远未结束。

专栏 6-1

华尔街最大的秘密

华尔街有众多共同基金可以出售给你，它们或是“绝对回报”基金，或是“中型股混合”基金，还有可能是“小型股增长”基金。许多经纪商、理财顾问和销售员都会对你说，只有将所有这些基金按适当比例混合持有，你才能构建出合理的投资组合，使其回报与你的“风险承受能力”得到完美匹配。

在你投入真金白银前，不妨听听花费了半生时间来研究股票市场的金融学教授鲍勃·豪根（Bob Haugen）的高见。他认为大多数所谓“时尚”的股票都不值得投资，而那种要获得更多回报就得承受更大“风险”的说法则是彻头彻尾的谎言。豪根说，股票市场其实有一个巨大的秘密，几十年来，“那些有着最高风险的股票创造了最低的回报，而那些有着最低风险的股票却创造了最高的回报”。从他对股票市场 45 年间的表现的研究看，市场对风险的回报一向是负的。你不会因为自己承受风险而获得回报，却会因选择不承受风险而获得回报。

在时间检验中胜出的是那些综合考虑每股净资产值、收益、现金流和派息等因素后价格显得低廉的股票。虽然豪根说，很难找到堪称“完美”的个股，但你依然能够找到表现良好的股票来构建投资组合。投资价值型股票可以获得良好的回报。豪根和《案件终结》（Case Closed）一文的另一位作者纳尔丁·贝克（Nardin Baker）写道：有强大证据显示，与所有有关预期回报的复杂理论相比，简单的直觉更为靠谱。简单的直觉事实上会让你更轻松地赚更多的钱。即使在计算交易成本后，凭直觉进行投资的策略也能奏效。这一发现也并非只使用于美国。豪根还研究了英国、法国、德国和日本股市的历史数据，结果是一样的。波动性较低的股票带来了较高的回报，这简直是免费的午餐。

不只豪根一人作出了这样的分析，反向投资者多年来强调的数据显示，在任何一个较长时间段内，“价值型”股票总能跑赢“增长型”股票。投资公司 GMO 的知名策略师蒙泰尔（James Montier）曾经证明，日本过去 20 年的大熊市完全源于“魅力”股价格的下跌。他发现，在此期间如果你持有日本的价值股，同时做空这些“魅力”股，你实际上会赚到钱。

这种免费午餐证明，市场远远谈不上完全“有效”。豪根说，这个事实对有效市场假说堪称致命一击。就连一些狂热崇拜有效市场假说的人也都被迫部分承认了这类观点。他们几十年来坚持认为，要获得更高的回报，你就得承受更大的波动，或曰“风险”。回过头来看数据时，他们才意识到实际情况并不全是这样。他们承认，小公司的表现比大公司好，价值型股票的表现比增长型股票好——尽管它们含有的风险更低。

碰巧，过去两年股市反弹期间增长型股票出现了大幅上涨。于是投资者再次任由自己幻想未来的辉煌，而不是紧盯今天的利润。FactSet 的数据显示，从 2009 年初开始，增长型股票的表现比价值型股票好 20%。这令人难以置信，小盘增长型股票表现最好，所有股票中最安全的大盘价值型股票表现最差。

如果历史可为镜鉴，这种现象将会是一时的，它对聪明的长线投资者来说是一次机会。显而易见的结论是，现在就该抛售增长型股票，买入价值股基金。

资料来源：阿伦．华尔街最大的秘密．华尔街日报（中文版），2011-06-08.

【小 结】

1. 单因素模型将不确定性的来源分解成对所有公司都有影响的宏观经济因素和单个公司特有的因素，而单指数模型则进一步用市场指数来度量宏观经济因素。单指数模型大大降低了马科维茨资产组合选择模型在实际应用中的计算量。

2. 套利就是指投资者以零投资，在不承担任何风险的情况下，获取正收益的投资行为。套利机会可以分为两类：第一类套利是指投资组合在期初有严格负的价格，在未来却能提供非负的收益。第二类套利是指投资组合在期初的价格为零，在未来却能获得非负且不等于零的收益。

3. 一价定律是指对于任意两个投资组合，如果它们在未来每种状态下的收益都是相同的，那么这两个投资组合在当前的价格也应该相等。当价格函数同时满足一价定律和严格正定性的时候，市场是无套利的；反之亦然。

4. 当证券价格能够使市场中不存在套利机会时，我们就称市场满足无套利条件。给定无套利假设，如果市场中风险资产的个数 n 远远大于系统性风险的种类 k，所有参与者对资产收益率有相同的信念，且都能用因素模型来表示，那么市场中资产的期望收益率就可以写成：

$$E(\tilde{r}_i)=r_f+(\bar{\delta}_1-r_f)b_{i1}+(\bar{\delta}_2-r_f)b_{i2}+\cdots+(\bar{\delta}_k-r_f)b_{ik}$$

其中，$\bar{\delta}_k$ 为第 k 个纯因素组合的期望收益率；b_{ik} 为第 i 种资产对第 k 个因素的敏感度。

【练习题】

1. 以下关于因子模型的论述哪些是错误的？

A. 因子反映的是某种影响投资组合收益率的特定风险

B. 因子组合收益率的变化反映的是相应风险的变化

C. 随着市场的变化，因子模型中的具体因子也会发生变化
D. 因子反映的是微观企业横截面特征的差异
2. 以下关于套利的说法哪些是错误的？
A. 套利是不存在任何成本的
B. 套利活动有利于市场定价效率的提升
C. 套利是存在风险的
D. 套利往往伴随着对资产的卖空操作
3. 以下关于套利定价理论（APT）的说法哪些是错误的？
A. 根据 APT 我们并没有办法确定具体的风险因子
B. APT 与资本资产定价模型在本质上都是从系统性风险的角度对资产进行定价
C. APT 中的风险因子对应的都是系统性风险
D. APT 描述了资产价格如何随着系统性风险因子的变化而变化
4. 以下关于套利的说法哪些是错误的？
A. 只有当资产的相对定价出现错误的时候才可能出现套利机会
B. 套利能够获得的收益多少取决于套利过程中杠杆率的高低
C. 当市场中资产价格同时扩大相同倍数时，套利状态不发生变化
D. 即便市场定价出现了错误，也未必会有套利机会出现
5. 假设市场中有三种资产 X、Y、Z，它们的收益率受到两个风险因素（b_1，b_2）的影响，敏感度如下所示：

股票	b_1	b_2
X	1.75	0.25
Y	−1.00	2.00
Z	2.00	1.00

假定风险因素 b_1 的风险溢价为 4%，风险因素 b_2 的风险溢价为 8%。
（1）根据 APT，三只股票的风险溢价各为多少？
（2）假设你购买了 200 元的股票 X、50 元的股票 Y、150 元的股票 Z，那么你的投资组合对这两个因素的敏感度各为多少？该组合的风险溢价等于多少？
6. 假定某资产的收益率可以由一个两因素 APT 模型来描述：

因素	因素的风险溢价（%）
市场因素	6.5
利率因素	−1.0

市场中有两个投资组合 A 和 B，它们对两个风险因素的敏感度如下所示：

股票	市场因素	利率因素
A	1.2	0.0
B	0.8	−0.5

如果无风险利率为 2%，那么：
（1）用 APT 模型计算两个投资组合的期望收益率。

（2）说明我们能否构造出一个投资组合同时满足下面两个条件：①相对于市场因素的 β 值等于1；②获得超过市场的平均收益率。

7. 假设市场中有两只股票X和Y，它们对两个风险因素（b_1，b_2）的敏感度分别如下所示：

股票	b_1	b_2
X	0.4	0.6
Y	0.6	0.4

试利用这两只股票构造两个“纯因素”投资组合。

8. 假设未来经济有三种可能发生的状态，在每种状态下，股票A和B的收益率如下所示：

股票	衰退	正常	繁荣
A	−1	2	0
B	2	2	−1

证明：无论两只股票的价格等于多少，市场中都不会存在套利机会。

9. 假设未来经济有三种可能发生的状态，在每种状态下，股票A、B、C的收益率如下所示：

股票	衰退	正常	繁荣
A	1	1	0
B	0	1	1
C	1	0	1

而且三只股票的价格分别等于1、0.5、0.5。试构造一个套利组合。

10. 假设市场中存在三只股票A、B、C，它们的价格分别为10元、15元和50元。对应未来不同的经济状况，三只股票在未来一年的收益率（%）如下所示：

股票	衰退	正常	繁荣
A	−15	20	30
B	25	10	−10
C	12	15	12

（1）用这三只股票构建一个套利组合。

（2）如果保持股票C的收益率不变，那么股票C的价格如何变化才能使市场达到均衡？

11. 假设某投资者持有一个充分分散化的资产组合，也就是说，该组合的CAPM的 β 值等于1。已知市场中无风险利率为8%，市场组合的风险溢价（$r_{Mt}-r_f$）等于6.2%。假设市场风险能够用两个因素来度量，即行业产出和非预期通货膨胀率，而且这两个风险的风险溢价分别等于0.05和0.11。

（1）如果该资产组合对第一个风险因素的敏感度为−0.5，那么它对非预期通货膨胀的敏感度等于多少？

（2）如果该投资者希望通过资产组合的变化使新的组合在维持原有期望收益率的同时，又不受通货膨胀的影响，那么，新的资产组合对第一个风险因素的敏感度将变成多少？

12. 考虑如下单指数模型：

股票	$E(R)$	β
A	10.5%	1.2
B	13.0%	0.95
C	15.7%	1.37
市场	14.2%	1

(1) 写出每只股票的单指数模型公式。

(2) 投资20%于A股票，45%于B股票，35%于C股票的投资组合的期望收益率是多少?

13. 假设市场满足单指数模型 $R_i = a_i + b_i R_m + e_i$。

资产	b	$E(R)$	var(e)
A	0.7	7.95%	0.01
B	1.2	10.65%	0.014 4
C	1.5	12.25%	0.022 5

市场组合的方差为0.04。

(1) 计算每种资产收益的方差。

(2) 假设市场的期望收益率为10.25%，无风险利率为3.75%。按照该模型，哪只股票的当前股票价格偏低?

【参考书目】

[1] Barberis, N, and R. Thaler, 2003, "A Survey of Behavioral Finance", in: George M. Constantinides, Milton Harris, René M. Stulz, eds., *Handbook of the Economics of Finance*, Volume 1B, "Financial Markets and Asset Pricing", Elsevier North Holland, Chapter 18: 1053-1128

[2] Carhart, M., "On Persistence in Mutual Fund Performance," *Journal of Finance*, 52 (1): 57-82

[3] Fama, E., and R. French, 1992, "Cross Section of Expected Stock Returns", *Journal of Finance*, 47: 427-465

[4] Fama, E., and R. French, 1993, "Common Risk Factors in the Returns of Stocks and Bonds", *Journal of Financial Economics*, 33: 3-56

[5] Fama, E., and R. French, 1996, "Multifactor Explanations of Asset Pricing Anomalies", *Journal of Finance*, 51 (1): 55-84

[6] Fama, E., and K. French, 2015, "A Five-Factor Asset Pricing Model," *Journal of Financial Economics*, 116 (1): 1-22

[7] Jegadeesh, N., and S. Titman, 1993, "Returns to Buying Winners and Selling Losers: Implications for Stock Market Efficiency," *Journal of Finance*, 48 (1): 65-91

[8] Roll, R., and S. Ross, 1980, "An Empirical Investigation of the Arbitrage Pricing Theory", *Journal of Finance*, 35 (5): 1073-1103

[9] Ross, S., 1976, "The Arbitrage Theory of Capital Asset Pricing", *Journal of Economic Theory*, 13 (3): 341-360

[10] Reinganum, M., 1981, "The Arbitrage Pricing Theory: Some Empirical Results", *Journal of Finance*, 36 (2): 313-321

[11] Chen, N., 1983, "Some Empirical Tests of the Theory of Arbitrage Pricing", *Journal of Finance*, 38 (5): 1393-1414

第 7 章

有效市场假说

【本章导读】

对“有效市场”通常有多种多样的理解，其中包括“有效运行”的市场和“有效定价”的市场。在有效运行的市场中，给定交易服务费用，投资者可以获得尽可能便捷的服务。这里“有效市场”中的“有效”是指资本市场本身的交易营运具有效率。而定价效率意义上的有效市场则是指市场价格在任何时候都充分反映了与资产定价相关的信息，即资产价格根据有关信息作出及时、快速的反应。本章讨论的有效市场是指“有效定价”的市场。

有效市场假说是现代金融理论的基石。20 世纪 60 年代有效市场假说的提出即刻引发了金融学者和业界人员极大的兴趣，同时也引发了激烈的争论。在有效市场方面的研究成果层出不穷，检验有效市场的方法也不断推陈出新。本章将重点介绍有效市场的含义和形式、有效市场的实证检验方法、有效市场假说的学术争论以及相关的行为金融理论。

【课外推荐 7－1】

有效市场假说

第一节　有效市场的含义和形式

一、有效市场的含义

关于有效市场思想的讨论可以追溯到法国数学家巴舍利耶（Bachelier）在 1900 年进行的开创性研究（尽管当时还没有有效市场这一提法）。巴舍利耶从数学角度深入研究了股票价格的变化，发现了市场在信息方面的有效性：过去、现在或预期到的将来事件已经反映在证券的市场价格中。巴舍利耶得出了股票价格遵循一个“公平赌博”（Fair Game）模型的结论，即投机者的期望利润应为零。

在巴舍利耶之后的几十年中，除了 1930—1940 年间沃金（Working）、琼斯（Jones）和考尔斯（Cowles）的相关研究外，在有效市场研究方面没有重大突破。1953年，英国皇家统计学会聚会伦敦讨论了莫里斯·肯德尔（Maurice Kendall）的一篇论文《时间序列分析：价格》。这篇论文的初衷是想借助问世不久的电子计算机追寻股票价格波动的模式，结果却显示股票价格没有任何模式可寻，它就像“一个醉汉走路一样，几乎宛若机会之魔每周扔出一个随机数字，把它加在目前的价格上，以此决定下一周的价格”——股票价格几乎遵循了一种随机漫步（Random Walk）的规律。此后，Roberts（1959）展示了一个从随机数列中产生的序列和美国的股票价格无法区分；Osborne（1959）发现股票价格行为和流体中粒子的行为差不多，并用物理学家的方法来研究股票价格行为；Cootner（1964）的论文集收录了大量对随机漫步模型的检验，而在论文集中，一些论文在解释随机漫步时通常却是在暗示股票价格服从公平赌博过程。不难看出，因为早期学者缺乏一个研究股票价格行为的理论框架，所以当他们在观察中发现股票价格遵循随机漫步的规律时，他们便把市场有效性和股票价格的随机漫步性等同起来。[①] 这直接导致了早期市场有效性理论的随机漫步模型描述，而这些理论的本意是要描述一个更宽泛的“公平赌博”模型。

直到Samuelson（1965）对“公平赌博”期望收益模型以及这一模型与随机漫步理论的关系进行了严格研究之后，有效市场的概念才逐步得到明确。有效市场的概念被萨缪尔森（Samuelson）概括为：在信息有效的市场，如果可以合理地预期价格变动，即如果价格变动将所有市场参与者的信息完全结合在一起，那么价格变动就是无法预测的。萨缪尔森得出上述结论基于这样的逻辑：如果精明的人总是四处寻找那些物超所值的股票，卖掉他们认为价值高估的股票、买入目前价值低估的股票，这么做当然会让目前的股票价格把未来的前景贴现在内。这样一来，在那些消极被动的投资者面前，现成的股票价格形态使得任何一种股票都和其他股票一样值得（或不值得）购买。所以，被动投资者光靠运气也可以取得和任何一种选股方法一样好的结果。

法玛（Fama）在其20世纪60年代初期完成的博士论文中正式提出了有效市场（Efficient Markets）的定义。他指出，如果市场上存在大量理性的利润最大化投资者，他们每个人都积极地预测每只有价证券的未来价值，通过激烈的竞争，市场达到均衡时，关于每一只证券的过去信息以及到目前时点为止的可以预期到的事件都已经反映在现时的证券价格中。换句话说，对某证券内在价值的最优估计就是现在时点的证券价格。[②] 因此，有效市场的核心思想为：股票价格在任一时点上都准确反映公司的内在价值。

Malkiel（1992）提出了一个更确切、更为有用的有效市场定义。他指出，如果市场在决定证券价格时，完全正确地反映出所有有关信息，那么这个市场是有效的。更规范地说，市场对于某个信息集是有效的，如果市场上所有参与者都获知这些信息，那么信息事件不会对证券价格产生影响。另外，信息集的有效性同时意味着不可能利用这些信息进行买卖交易来获取经济利润。

二、有效市场理论的假设条件

法玛对有效市场的充分条件进行了归纳，他归纳的有效资本市场的充分条件包含以下四点：

① 正如我们将在后面看到的，随机漫步假设强于市场弱有效假设。

② Eugene F. Fama, 1965, “Random Walks in Stock Market Prices”, *Financial Analysts Journal*, September/October.

(1) 所有市场参与者都是理性的。

(2) 证券交易过程中无交易费用及其他市场摩擦。

(3) 市场参与者获得信息不需要支付成本。

(4) 所有参与者都认同影响每只证券的时价和未来价格分布的形态。

很明显，在这样的市场中，一只证券的价格“充分反映”了所有可获得的信息。这种无摩擦市场并非现实市场的描述，但有效市场理论的支持者认为这些条件不是市场有效的必要条件。就市场有效性来说，这些条件还可适当放宽。例如，只要交易者考虑所有可得到的信息，即使存在阻止交易流的大额交易成本，当交易发生时，价格还是会“充分反映”出可得信息；如果“充分多”的投资者容易得到信息，市场也许有效，而不必强求条件；投资者关于给定信息的使用分歧本身并不意味着市场无效，除非有些投资者一直对某些可得信息给出好的评价或者差的评价。

过去 20 多年里，金融学理论的进展集中于放宽上述假设，观察市场所发生的变化。比如关于无交易费用的第二个假设，市场微观结构理论主要研究，当把人们完成交易所需负担的交易费用考虑进来之后，对市场定价效率所产生的影响。此外，很多学者认为，在此前的实证研究中，由于没有考虑到买卖价差，也就是交易成本，结果都是有偏误的。同时，交易费用的存在本身就是信息在投资者之间分布不均匀的体现，而且市场交易成本的大小，也就是市场流动性的好坏可以成为资产价格决定的一部分因素，关于流动性定价的研究也在最近展开。

而关于市场参与者获取信息无须成本的假设也在很多研究中被打破，在 20 世纪 80 年代信息经济学开始蓬勃发展以后，有很多文献都致力于研究，当交易者之间信息不对称，或者获取信息需要付出成本时，市场的效率会发生何种变化。这使金融理论进一步贴近了现实。这些文献的结论是，信息在投资者中的分布情况是决定市场效率非常重要的因素。

第四个假设可以看作同质预期的假设。对于这条假设的争论可以说是最为激烈的，而很多金融学理论的重要进展也是对这条假设的突破。比如，噪音交易者模型就考虑当市场上存在噪音交易者时，有可能会使价格长期偏离真实价值。而行为金融学进一步挖掘出人们在心理上的一些“偏差”，这些偏差会使人们对价格产生不同的看法，可能使价格长期偏离均衡价格，并使市场产生很多有悖于有效市场假说的异常现象。

近年来，金融学者对有效市场关于投资者理性的假设提出了质疑。支持行为金融学的学者认为，并非所有投资者在任何时点都是理性的，并且这种非理性具有系统性。如果投资者的这种非理性得以证实，有效市场将面临严峻的挑战。本章将在最后一节对行为金融学的有关解释做进一步介绍。

三、反映于资产价格中的信息种类

在资本市场上，不同的信息对价格的影响程度不同，因而资本市场的效率因信息种类的不同而不同。“充分反映”于资产价格中的信息种类如图 7－1 所示。

四、有效市场的形式

对有效市场形式的划分最早由罗伯茨（Roberts）在 1967 年提出，Fama（1970，1976）做了大量的研究，使得资本市场有效的概念更具可操作性。根据价格是否充分地反映了所有

图 7－1　反映于资产价格中的信息种类

注：①第一层次，关于资产历史价格和成交量的信息，这是最容易取得的信息。

②第二层次，关于该资产所有公开的信息，如股份公司的财务报表、定期公告、临时公告以及有关政府（如监管）机构的公告等。

③第三层次，关于该资产的所有信息，包括内部的或私人的信息。

相关信息，他定义了三种形式的有效市场：

（1）弱式有效（Weak-Form Market Efficiency）。如果一个市场是弱式有效的，那么该市场的股票价格反映了一切可以从过去的市场交易数据中获得的信息，比如，过去的成交价格和成交量等。由于这些信息很容易获得，如果历史交易数据包含了对未来股票价格预测有用的信息，很快就会有人通过发掘历史信息来进行交易，而价格也会很快随着交易被修正。用一句话概括，如果市场弱式有效，那么依赖于历史交易价格和成交量的技术分析将是徒劳的。

在市场上广为流行的技术分析认为，过去的市场价格包含了未来股票价格走势的信息。通过研究过去市场的历史价格所形成的图形和形态，技术分析者宣称自己可以判断市场的下一步走势。然而，我们可以预见，即使真的存在通过历史价格来预测将来价格的方法，随着投资者之间的模仿，甚至就是技术分析者自己的交易行为，也会把价格修正到符合弱式有效假定的正确价格上来。此外，有许多论文检测了市场上流行的各种技术分析方法，观察使用这些技术分析方法是否能够获得超额收益。金融学家的实证研究结果也表明，技术分析并不能带来超额利润。Taylor and Allen（2002）以及 Bessembinder and Chan（1997）分别实证检验了外汇市场和股票市场中常用的技术分析方法所获得的投资结果，他们发现，除去交易成本后，技术分析方法并不能获得显著的超额收益。

（2）半强式有效（Semi-Strong Form Market Efficiency）。如果一个市场是半强式有效的，那么该市场的股票价格不仅反映了历史价格信息，还反映了其他一切公开信息。在这种情况下，没有投资者可以通过任何公开可获得的信息推测出股票价格变动，进而获得超额收益。所谓公开信息包括了公司的生产状况、财务状况或者公告的重大事件等。在半强式有效的假定下，任何一个和公司价值有关的事件并不需要真正发生，而是预期这个事件会发生的消息一旦公布，股票价格就会相应地发生变化。比如股利发放、并购等重大事件，消息宣布当天的股票价格就迅速反映了这些事件对公司价值的影响，而不用等到事件真正发生时才反映。

半强式有效的假定使得基本面分析方法显得无效。基本面分析是利用公司的盈利和红利前景、未来利率的预期以及公司风险的评估来决定适当的股票价格。然而，在市场上类似的信息越来越容易收集的情况下，投资者之间的竞争也会使消息快速融入股票价格之中，因此，通过对公司的基本面进行分析也很难在市场上获得超额利润。

为了证明和公司价值有关的重要信息一旦公开就会迅速地融入价格，对半强式有效的检验主要使用事件研究的方法，也就是研究在事件发生前后的收益率变化，检验是否能通过在事件发生后交易来获得超额利润。

（3）强式有效（Strong-Form Market Efficiency）。在市场强式有效的假定下，股票价格反映了所有信息，即历史价格信息、其他公共信息和私人信息。除了半强式有效假设中的价格所包含的信息外，甚至公司内部的信息也会被反映到股票的价格中。这是一个相当极端的假设，因为我们并不能肯定地证明价格是如何反映出公司的内部信息的。但是，有两点可以证明价格包含内部信息的可能性：首先，外部的分析人员可以通过分析、打探消息等形式了解到公司的内部信息，而且有时公司内部信息和公开信息的区分也是模糊的。其次，虽然在大多数国家，内部人利用内幕消息进行交易都是违法的，但仍然不能完全阻止内部人的交易，而公司内部信息会从这些内部人的交易中反映出来。在市场微观结构理论中，有很多模型都描述内幕信息是如何融入价格的。

在强式有效假设下，由于价格已经反映了所有信息，因此市场上没有任何投资者（包括公司的内部人）可以通过搜集信息并交易来获得超额收益。因此，对强式有效假设的检验主要是对内部人的交易过程进行分析，检验其是否能获得超额利润。

从以上定义可以看出，弱式有效所对应的信息集最小，半强式有效的信息集包括弱式有效的信息集，而强式有效的信息集不仅包含半强式有效的信息集，还包括内部人所知道的信息。三者之间的信息集是从小范围到大范围，后者包含前者的关系，如图 7－2 所示。同时，这三种形式的有效性暗示了三种投资策略的无效性（无法获得超额利润）：弱式有效市场上的技术分析是无效的；半强式有效市场上的基本面分析是无效的；在强式有效市场上，内幕交易也是无利可图的。

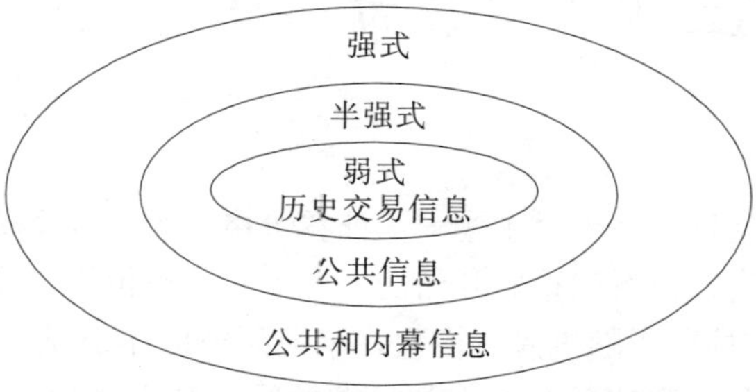

图 7－2　三种形式的有效市场

五、技术分析、基本面分析与有效市场

技术分析主要依据历史交易活动信息尤其是过去的股票价格信息来推测未来的股票价格表现。因此，技术分析人员一般被称作图表分析师，因为他们研究股票价格的历史记录或图表，期望以此能够发现可以获利的投资策略。系统的技术分析方法最早是由查尔斯·道（《华尔街日报》的创办者）提出的，以其姓氏命名的道氏理论是迄今大多数技术分析方法的

原型。道氏理论的变形有艾略特理论和康德拉耶夫理论。艾略特理论与道氏理论类似，认为股票价格波动的复杂形式可以由一系列的波动（如长期、短期波动）相互叠加得到。康德拉耶夫理论是以一位俄国经济学家命名的周期理论，其主要观点是，一个宏观经济周期可能很长，可以长达 48～60 年，比道氏理论的周期还要长。由于数据的制约，康德拉耶夫理论难以进行实证检验。

基本面分析是依据公司所在行业状况、公司的盈利状况、未来的宏观经济走势预期以及对公司的风险水平的评估等来确定股票价格的一种方法。基本面分析通常首先对公司以往的损益状况和资产负债表进行分析，其次需要考察公司管理层的素质、公司的行业地位，以及该行业的前景等整体情况。证券公司、基金公司以及其他投资公司的分析师们主要从事的是基本面分析。技术分析和基本面分析的程序和方法在第 8 章中有较详尽的讨论。

有效市场假说与技术分析以及基本面分析的有效性有着密切的关系。如果市场是弱式有效的，则意味着技术分析完全无用。价格和交易量的历史数据是搜集成本最低的历史信息。因此，从分析过去股票价格或交易量中获得的信息已经在股票价格中得到反映。当投资者争相使用股票价格的历史信息时，股票价格必然会被推向使期望收益率与风险恰好相抵的水平。在那个水平上，没有人能获得超额收益。尽管有广泛的证据表明，世界各地的股票市场至少是弱式有效的，但有趣的是，在现实市场中尚有众多投资者对技术分析方法深信不疑。

有效市场假说也预示着大部分基本面分析也注定要失败。基本面分析主要依赖公开的公司财务报告以及其他公开披露的信息。如果市场是半强式有效的，那么这些信息已经反映在了公司的股票价格上。因此，如果投资者依靠那些公开的利润和行业信息资料，那么其对于公司前景的评估不太可能比其他竞争者精确多少。许多消息灵通、财力雄厚的公司都进行市场研究，在这样的竞争下，发掘数据不像其他研究一样简单。只有那些独具慧眼的分析师才可能得到回报。

第二节　有效市场的实证检验

关于有效市场的检验都围绕一个主题——证券价格是否完全反映了信息。有效市场的检验工作首先是从对弱式有效市场的检验开始的，即关注历史价格（收益率）能否预测将来价格（收益率）。多数研究检验了随机漫步模型，早期研究的主流结论支持了弱式有效市场假说。近期的研究在短期收益率的预测方面与早期的结论基本一致①，但对长期收益率（2～10 年）的研究发现，时间序列之间存在着负相关性。由于样本的时间问题（包括了大萧条期间的数据）和统计上说服力的不足，这些研究尚且不能被完全接受。同时，大量研究发现了其他变量对股票收益率同样存在解释的可能性，如股利、每股收益和不同级别债券之间的收益差等对短期和长期股票收益率都有预测能力。与时间序列上的自相关不同的是，这些变量的可信度由于样本排除了大萧条时期的干扰而大大提高。

随后，有效市场的实证研究开始转向对半强式有效市场的检验，即检验证券价格对市场

① 比如被 Fama（1965）发现的收益率（变动）一阶自相关系数（0.03）在更长时间的样本中变得更加精确。

新信息的调整速度。半强式有效市场的检验最通用的方法是事件研究，特别是以日数据为研究对象。事件研究是用来证明有效市场存在性的最直接的方法，其精确度也最高。只要事件的内容和时间被准确定义，它便可以准确地给出市场价格对信息作出反应的速度。人们在公司财务领域大量采用了事件研究法，投资决策、股利变动、资本结构变动以及控制权转移的信息都会在股票价格中反映出来。可以肯定地说，股票的市场价格对公司的特殊信息作出的调整符合半强式有效市场假说。同时，事件研究还可以被运用在财务、宏观经济学和产业组织的研究中。

强式有效市场的检验主要关注市场投资者是否拥有垄断信息以获取超额利润。强式有效市场的检验通过比较内幕交易和非内幕交易所获收益，试图回答私人信息拥有者是否会获得超额收益。比较一致的结论是，内部交易可以得到超额收益，而外部交易不能从内幕交易信息中获得超额收益。关于强式有效市场的文献相对较少，检验对象主要是养老基金和开放式基金经理的业绩。下面，我们介绍检验弱式、半强式和强式有效市场的三种方法和经典案例。由于篇幅有限，我们只介绍早期的规范研究，如果读者对最近的研究进展感兴趣，可参考相关文献。

一、弱式有效市场检验：收益可预测性

20 世纪 70 年代以前对弱式有效市场的检验目的在于回答一个问题：过去的证券收益率能否在某种程度上预示将来的收益率？早期对弱式有效市场的检验是对随机漫步模型（Random Walk Model）的检验，其基本假设是：现在的证券价格对信息的完全反映依赖于价格变动的独立性。随机漫步模型的一般表达式为：

$$f(r_{j,t+1}|\Phi_t)=f(r_{j,t+1}) \tag{7-1}$$

（7-1）式表示独立随机变量的条件和边际概率分布是相同的。同时，任何 t 期的密度函数 f 都是相同的。其中，Φ_t 表示 t 期的信息集。当（7-1）式被特殊化为预期收益的均值在时期 t 不变时，有：

$$E(\tilde{r}_{j,t+1}|\Phi_t)=E(\tilde{r}_{j,t+1}) \tag{7-2}$$

（7-2）式是有效市场模型中假设的随机漫步模型，它比（7-1）式要弱，但（7-2）式是公平赌博模型的延伸。公平赌博模型说明预期收益率可以作为衡量市场均衡条件的变量，但它并没有说明收益率随机产生的过程。而随机漫步模型表明：投资者偏好的变化和新信息产生的过程使市场均衡得以实现，在这个均衡中，收益率的分布在实践中不断重复自身。

早期的弱式有效市场检验包括序列相关检验、滤子检验、分布检验等。下面分别对这些常用的弱式有效市场检验方法做简单的介绍。

1. 序列相关检验

弱式有效市场的重要假设是公平赌博模型，它排除了市场交易系统对超额利润的影响，大部分实证检验都集中在股票收益率的序列相关系数上。如果股票价格（收益率）符合公平赌博模型假说，那么其序列相关系数也是 0。检验弱式有效市场的模型一般是随机漫步模型，经济学家用它来发现市场交易系统产生获利机会的证据。如果弱式有效市场的假说成立，那么股票价格（收益率）是随机漫步的。如果随机序列 x_t（可以认为是股票收益率）服从公平赌博模型，那么它的非条件数学期望为 0，它在时间序列上的相关系数为：

$$E(\tilde{x}_{t+\tau}\ \tilde{x}_t) = \int_{x_t} x_t E(\tilde{x}_{t+\tau} \mid x_t) f(x_t) \mathrm{d}x_t \tag{7-3}$$

其中，f 为 x_t 的概率密度函数；$E(\tilde{x}_{t+\tau} \mid x_t) = 0$。

一般来说，如果序列 $\{x_t\}$ 在信息集序列 $\{\Phi_t\}$ 上服从公平赌博模型，比如$E(\tilde{x}_{t+1} \mid \Phi_t) = 0$，则 x_t 对于 Φ_t 的任何子集 Φ_t' 都有 $E(\tilde{x}_{t+1} \mid \Phi_t) = 0$，因而 x_t 便是一个公平赌博过程。

Fama（1965）对纽约证券交易所股票价格变化率的序列相关系数进行了检验，他选取了从 1957 年底到 1962 年 9 月 26 日道琼斯工业指数 30 只股票的日度数据为样本，每只股票有 1 200～1 700 个观测值。相关的价格变化率被定义为：

$$u_{t+1} = \ln(p_{t+1}) - \ln(p_t)$$

价格变化率为 $t+1$ 期股票价格的自然对数和 t 期股票价格的自然对数之差。[①] 相关系数序列之间的间隔被设定为 1 天、4 天、9 天和 16 天，结果如表 7－1 所示。结果表明，显著的序列相关系数居然是存在的！有 11 只股票的每日数据之间的相关系数是标准误差的两倍，并且每日数据 30 个系数中有 22 个是正的。同时，以 4 天为间隔的系数中有 21 个是负的，而以 9 天为间隔的系数中有 24 个是负的。但法玛认为，这个证据并不足以拒绝有效市场的随机漫步模型，因为表中相关系数的标准误差是用$\frac{1}{\sqrt{N-1}}$（$N=1\ 200\sim1\ 700$）来估计的。对于每日数据来说，其系数只要达到 0.06 以上就可以超过$\frac{1}{\sqrt{N-1}}$的两倍。但 0.06 的系数说明，过去的价格变动只能解释现在价格变动的 0.36%，这在统计上显然是不显著的。

表 7－1　　1 天、4 天、9 天和 16 天价格对数值变动率的一阶序列相关系数

股票	不同时间间隔			
	1 天	4 天	9 天	16 天
Allied Chemical	0.017	0.029	−0.091	−0.118
Alcoa	0.118	0.095	−0.112	−0.044
American Can	−0.087	−0.124	−0.060	−0.031
AT&T	−0.039	−0.010	−0.009	−0.003
American Tobacco	0.111	−0.175	0.033	0.007
Anaconda	0.067	−0.068	−0.125	0.202
Bethlehem Steel	0.013	−0.122	−0.148	0.112
Chrysler	0.012	0.060	−0.026	0.040
Du Pont	0.013	0.069	−0.043	−0.055
Eastman Kodak	0.025	−0.006	−0.053	−0.023
General Electric	0.011	0.020	−0.004	0.000
General Foods	0.061	−0.005	−0.140	−0.098
General Motors	−0.004	−0.128	0.009	−0.028
Goodyear	−0.123	0.001	−0.037	0.033
International Harvester	−0.017	−0.068	−0.244	0.116

① 法玛指出，使用价格的自然对数的原因有三个：第一，价格自然对数的变动表示持有该股票当天的收益率（由连续复利产生）；第二，给定单只股票的价格变动率是价格水平的函数，因此取自然对数可以使得不同股票的价格水平更加平滑，从而尽量消除价格水平对价格变动率的影响；第三，变动率在±15%以内的价格自然对数的变化率与真实价格变化率其实是非常接近的。

续前表

股票	不同时间间隔			
	1 天	4 天	9 天	16 天
International Nickel	0.096	0.038	0.124	0.041
International Paper	0.046	0.060	−0.004	−0.010
Johns Manville	0.006	−0.068	−0.002	0.002
Owens Illinois	−0.021	−0.006	0.003	−0.022
Procter & Gamble	0.099	−0.006	0.098	0.076
Sears	0.097	−0.070	−0.113	0.041
Standard Oil (Calif.)	0.025	−0.143	−0.046	0.040
Standard Oil (N. J.)	0.008	−0.109	−0.082	−0.121
Swift & Co.	−0.004	−0.072	0.118	−0.197
Texaco	0.094	−0.053	−0.047	−0.178
Union Carbide	0.107	0.049	−0.101	0.124
United Aircraft	0.014	−0.190	−0.192	−0.040
U. S. Steel	0.040	−0.006	−0.056	0.236
Westinghouse	−0.027	−0.097	−0.137	0.067
Woolworth	0.028	−0.033	−0.112	0.040

资料来源：Fama，E. F.，1969，"Efficient Capital Markets：A Review of Theory and Empirical Work"，*Journal of Finance*，25：393.

2. 滤子检验

检验随机漫步模型的目的是检验连续交易中的股票价格（收益率）变化是否独立。从统计上看，如果这些序列不相关，可以推断股票价格变化是服从随机漫步模型的。但是，如前所述，股票价格或者收益率的序列相关系数并不总为 0，这说明存在可套利的交易机会。事实上，用在信息集合 Φ_t 上生成的预期收益率来衡量市场均衡的假设是有问题的，因为它排除了市场交易系统本身所蕴含的套利机会。

滤子检验由 Alexander (1961) 提出，它被用来直接检验特定的交易策略。这类交易策略不必进行推断，因为这种方法的目的是直接检验特定交易系统的有效性，它的前提是：一旦证券价格波动超过了给定的百分比，它将沿着相同的方向继续变动。如果股票日收盘价上涨超过了 $Y\%$，那么买入证券，直到证券价格从上涨后的高价至少下跌 $Y\%$。此时，卖出证券并同时做空，空头应该维持直到价格从下跌后的低价位至少上涨了 $Y\%$，然后再回补空头并买入证券。如果现实市场上真的存在这种套利机会，那么它对投资者来说是一个鼓舞人心的消息，结果却令人失望。亚历山大（Alexander）利用 1897—1959 年的数据，经过 1%～50%的滤子宽度选择，最后在其论文中写道："我必须提醒简单地根据它（滤子检验）进行实际操作并且本身不是交易员的读者，如果想战胜市场，请选择其他方法。本论文旨在讨论所观测到的经验证据是否与随机漫步模型相符合。"他同时指出，确实存在一些微弱的证据，证明现实与随机漫步模型相反。但是，有效市场并不需要一定服从随机漫步模型，滤子检验中的交易策略并不能击败市场，这恰恰说明了市场的有效性。

3. 分布检验

除了序列相关数检验和滤子检验外，随机漫步文献的另一个关注重点是股票收益变动率的分布问题。第一个提出股票价格变动是正态分布的是 Bachelier (1900)，他假定每笔交易的股票价格变动都是独立同分布的。如果交易数量在时间上均匀分布，而且日、周和月的交易数量非常大，由中心极限定理可知：价格变动服从正态分布或者高斯分布（Gaussian Distribution）。

Fama（1965）在检验了股票价格变动序列相关的同时，也以相同的样本检验了股票价格变动的分布，该检验的原假设是，股票价格变动率服从正态分布。对于每只股票，他首先计算出股票价格变动的自然对数相对于其平均变动的标准差，然后比较这些标准差与标准正态分布的标准差之间的差别。根据样本计算出的标准差被分为 0.5、1、1.5、2.0、2.5、3.0、4.0、5.0 以及 5.0 以上的组别。表 7－2 给出了股票价格自然对数变动率在每个标准差区间内的样本百分比与满足标准正态分布时包含在每个标准差中的百分比之间的差异。比如，表 7－2 第 1 列中的 AT&T 的 0.199 4 等于其股票价格自然对数变动率在 0.5 个标准差内的样本百分比 0.582 4 减去标准正态分布的 0.383 0。这样，表 7－2 中的正数可以解释为在给定标准差区间内实际分布超过标准正态分布的比率。比如，在 0.5 个标准差的区间内，AT&T 的分布超出了标准正态分布 19.94%。再看表 7－2 第 9 列，AT&T 在大于 5.0 个标准差时，超过了标准正态分布近 0.5%。同样，表 7－2 中的负数说明，实际发生在给定区间内的概率小于正态分布的发生概率。比如，AT&T 在 2.5 个标准差以内的发生概率比预期值小了近 0.8%。由表 7－2 可知，从第 4 列到第 8 列，大部分的结果都为负，这表明发生在 2 个标准差以内到发生在 5 个标准差以内的概率要小于预期概率。数据表明，30 只股票发生在 5 个标准差以外的平均概率为 0.12%，但是预期值只有 0.000 06%，实际的概率是预期概率的 2 000 倍！

表 7－2　　股票价格自然对数变动的分布与标准正态分布的比较

股票	区间								
	0.5 S (1)	1.0 S (2)	1.5 S (3)	2.0 S (4)	2.5 S (5)	3.0 S (6)	4.0 S (7)	5.0 S (8)	>5.0 S (9)
Allied Chemical	0.076 5	0.062 3	0.011 8	0.000 5	−0.012 1	−0.010 4	−0.003 209	−0.001 634 7	0.001 634 7
Alcoa	0.054 8	0.043 4	0.004 2	−0.012 5	−0.011 1	−0.003 2	0.000 062	0.000 000 6	−0.000 000 6
American Can	0.110 8	0.066 9	0.031 9	−0.005 4	−0.020 4	−0.012 9	−0.004 860	−0.002 460 4	0.002 460 4
AT&T	0.199 4	0.133 6	0.057 3	0.003 7	−0.008 1	−0.011 2	−0.007 321	−0.004 921 5	0.004 921 5
American Tobacco	0.156 4	0.099 2	0.022 9	−0.008 3	−0.017 2	−0.012 9	−0.005 394	−0.003 117 1	0.003 117 1
Anaconda	0.047 0	0.024 9	0.012 1	−0.002 3	−0.011 9	0.004 0	−0.000 776	0.000 000 6	−0.000 000 6
Bethlehem Steel	0.096 2	0.052 4	0.018 5	−0.006 2	−0.012 6	−0.009 8	−0.003 271	−0.000 832 7	0.000 832 7
Chrysler	0.052 0	0.043 8	0.013 0	−0.005 9	−0.009 5	−0.006 8	−0.002 302	−0.000 590 4	0.000 590 4
Du Pont	0.050 6	0.043 1	0.016 1	−0.007 6	−0.010 1	−0.003 7	−0.002 351	−0.000 803 9	0.000 803 9
Eastman Kodak	0.058 0	0.064 6	0.011 6	−0.007 8	−0.014 2	−0.007 8	−0.001 553	−0.001 614 9	0.001 614 9
General Electric	0.080 1	0.063 4	0.010 7	−0.011 8	−0.010 0	−0.010 3	−0.002 891	−0.000 590 1	0.000 590 1
General Foods	0.065 9	0.066 7	0.020 7	−0.007 8	−0.012 5	−0.012 9	−0.002 069	−0.000 709 6	0.000 709 6
General Motors	0.088 6	0.062 9	0.019 5	0.002 6	−0.008 3	−0.006 3	−0.004 087	−0.002 074 9	0.002 074 1
Goodyear	0.080 8	0.066 1	0.023 4	−0.003 5	−0.002 2	−0.005 9	−0.003 380	−0.001 720 6	0.001 720 6
International Harvester	0.057 8	0.062 4	0.030 3	−0.007 0	−0.012 6	−0.009 8	−0.003 271	−0.000 832 7	0.000 832 7
International Nickel	0.089 2	0.080 9	0.016 9	−0.013 2	−0.019 0	−0.010 2	−0.004 765	0.000 000 6	−0.000 000 6
International Paper	0.061 4	0.067 2	0.007 8	−0.011 2	−0.011 8	−0.010 4	−0.003 393	0.000 000 6	−0.000 000 6
Johns Manville	0.053 5	0.055 1	0.006 6	−0.005 9	−0.006 7	−0.006 4	−0.002 428	−0.000 829 3	0.000 829 3
Owens Illinois	0.094 8	0.056 3	0.024 5	−0.007 8	−0.015 9	−0.013 5	−0.002 363	−0.000 807 8	0.000 807 8
Procter & Gamble	0.118 7	0.088 0	0.022 3	−0.016 7	−0.016 6	−0.011 1	−0.004 084	−0.001 382 2	0.001 382 2
Sears	0.155 8	0.103 0	0.053 7	−0.005 5	−0.017 5	−0.014 3	−0.006 411	−0.004 044 7	0.004 044 7

续前表

股票	区间								
	0.5 S (1)	1.0 S (2)	1.5 S (3)	2.0 S (4)	2.5 S (5)	3.0 S (6)	4.0 S (7)	5.0 S (8)	>5.0 S (9)
Standard Oil (Calif.)	0.075 4	0.052 2	0.006 0	−0.010 6	−0.011 2	−0.005 6	−0.002 891	−0.000 590 1	0.000 590 1
Standard Oil (N. J.)	0.120 4	0.092 5	0.028 9	0.001 4	−0.010 9	−0.007 7	−0.002 533	−0.001 729 5	0.001 729 5
Swift & Co.	0.081 7	0.065 0	0.015 3	−0.014 0	−0.017 3	−0.009 7	−0.002 704	0.000 000 6	−0.000 000 6
Texaco	0.076 9	0.045 6	0.003 3	−0.002 8	−0.012 6	−0.009 4	−0.001 664	0.000 000 6	−0.000 000 6
Union Carbide	0.033 8	0.036 5	0.011 9	−0.014 4	−0.009 1	−0.002 7	−0.000 832	0.000 000 6	−0.000 000 6
United Aircraft	0.075 3	0.065 7	0.019 4	−0.004 5	−0.006 8	−0.006 5	−0.002 438	−0.000 832 7	0.000 832 7
U. S. Steel	0.029 5	0.010 7	0.009 4	−0.003 7	−0.005 9	−0.004 0	−0.000 771	0.000 000 6	−0.000 000 6
Westinghouse	0.056 2	0.049 4	0.018 3	−0.004 2	−0.011 1	−0.007 0	−0.002 010	−0.001 380 6	0.001 380 6
Woolworth	0.113 9	0.084 2	0.018 0	−0.007 1	−0.013 9	−0.013 2	−0.003 398	−0.001 383 5	0.001 383 5
Averages	0.083 7	0.063 6	0.018 3	−0.006 6	−0.012 0	−0.008 6	−0.002 979	−0.001 163 2	−0.001 163 2

资料来源：Fama，E. F.，1965，"The Behavior of Stock Market Prices"，*Journal of Business*，38(1)：48.

Fama（1965）用图 7－3 形象描述了股票价格变动率的实际分布与正态分布之间的差距。虚线是正态分布的密度函数，实线是实际分布的密度函数。我们可以发现，实际分布的尾部比正态分布更胖。在±1.5 个标准差之外，实际价格分布便与正态分布显著偏离了。[①]

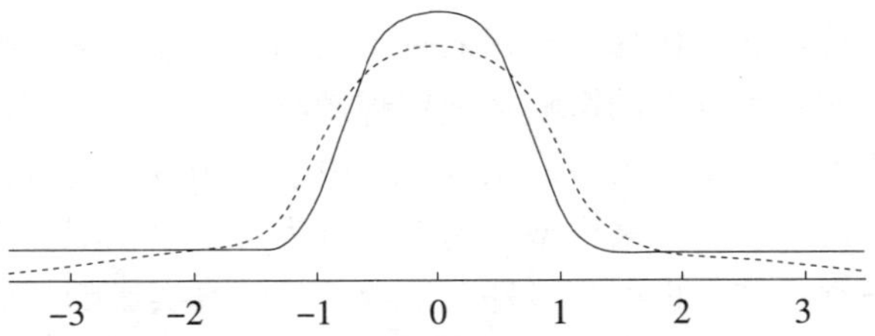

图 7－3　三种形式的有效市场

资料来源：Fama，E. F.，1965，"The Behavior of Stock Market Prices"，*Journal of Business*，38（1）：49.

二、半强式有效市场检验：事件研究法

半强式有效市场关心的是证券价格是否完全反映了市场可得（Market Available）信息。相应地，半强式有效市场的检验要回答的问题是：证券价格能以多快的速度反映公开信息。实证检验基本围绕价格对某种特殊信息进行调整。因此，虽然已有的实证检验支持半强式有效市场，但有效的范围仅仅集中于几种公开信息，比如，股票分拆、公司财务信息的公布或者增发新股。下面，首先介绍事件研究法。

1. 事件研究法

事件研究（Event Studies）法是检验半强式有效市场的最常用方法。事件研究的第一步是寻找确定的事件，比如，股票分拆、增发新股或者并购，并且设定所要考察的被该事件影

① Osborne（1959）、Moore（1962）和 Kendall（1953）都注意到了实际分布的尾部比正态分布胖。Blume（1968）和 Roll（1968）的检验也证实了这一点。曼德尔博特（Mandelbrot）推广了中心极限定理［参见 Fama（1965）］并在 Mandelbrot（1963）中采用 Pareto-Levy 稳定分布族来描述股票价格变化的分布。但是，这些分布可能有无限方差，并且这些分布暗示着股票价格不连续变化和市场的无效率（对这个问题的详细论述参见分形理论的相关文章和书籍）。

响的证券价格序列的时间长度，即事件窗口。例如，在以日度数据研究上市公司增发新股对股票价格的影响研究中，我们定义的事件就是增发新股方案的公布，事件窗口可以被定义为报告公布的当天和后一天。这样的窗口设置可以反映增发新股后的变化，因为现实中的交易是不连续的交易。事件发生的前一段时间也会被作为考察对象，因为事件包含的信息很可能在信息公布前一段时间已被包含进证券价格。

如图 7－4 所示，用 τ 表示时间，$\tau=0$ 表示事件当天，$\tau=T_0+1$ 到 $\tau=T_1$ 构成估计窗口。令 $W_1=T_1-T_0$ 和 $W_2=T_2-T_1$ 分别表示估计窗口和事件窗口的长度。如果所研究的事件是某天的信息发布，那么 $T_2=T_1+1$，$W_2=1$。如果有必要，还可以定义事后窗口 $\tau=T_2+1$ 到 $\tau=T_3$，窗口长度为 $W_3=T_3-T_2$。

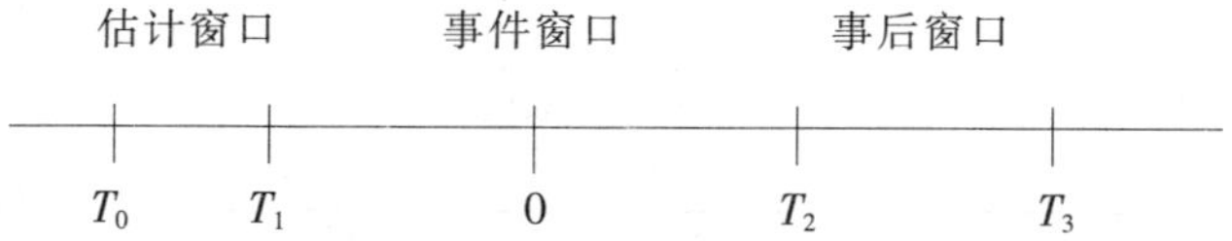

图 7－4　事件窗口

事件被定义后，要选择一定的分类标准对所要求研究的股票归类。研究不同市场（如 NYSE、NASDAQ 或者 AMEX）对某一事件的反应，可以把市场作为分类标准。如果要研究不同行业对事件的反应，可以行业代码为分类标准。分类标准确定之后，需要按照分类标准对上市公司的特征进行描述，比如，公司的资本结构、行业特征、事件发生的概率分布。

事件对证券价格（或者收益）的影响必须用超额收益来衡量，超额收益是事件窗口上证券收益减去正常收益所得到的实际收益。正常收益由于所用资产定价模型的不同而不同，比如说市场模型、三因素模型和四因素模型。超额收益为实际收益减去正常收益的预测值。因此，为了正确估计出超额收益，也就是事件对证券价格的真实影响，必须尽可能准确地估计出正常收益的模型。

选定正常收益的模型后，就要对模型中的参数进行估计。通常选择事件发生之前的一段时间作为估计窗口，然后选择估计窗口上的样本数据对模型参数进行估计。比如，以每日数据和市场模型进行事件研究时，可以选择事件之前 120 天的样本数据对市场模型的参数进行估计。一般来讲，事件窗口和估计窗口是不重合的，以免事件窗口的样本数据影响正常收益的参数估计。

使用正常收益模型中估计的参数，就事件对证券超额收益的影响进行实证检验，根据检验结果得出结论。若结论符合假设，比如市场超额收益对增发新股的反应是显著的，那么说明市场能够反映可得信息，市场是半强式有效的。如果市场超额收益对增发新股的反应不显著，那么实证证据不支持半强式有效市场的假设。

2. 事件研究法一例：股票分拆（Stock Splits）

本例基于法玛、费希尔（Fisher）、詹森和罗尔（Roll）这四位金融学者于 1969 年发表的一篇论文（简称 FFJR）。他们研究上市公司股票分拆公告的市场反应是否及时反映了公司的所有信息，研究样本是从 1927 年 1 月到 1959 年 12 月中 940 次股票分拆前后 60 个月的月数据，通过简单市场模型计算累计平均剩余收益。其市场模型为：

$$\tilde{r}_{j,t+1}=\alpha_j+\beta_j\tilde{r}_{M,t+1}+\tilde{u}_{j,t+1} \qquad (7-4)$$

其中，$\tilde{r}_{j,t+1}$ 为证券 j 在第 $t+1$ 月的收益率；$\tilde{r}_{M,t+1}$ 为第 $t+1$ 月的市场组合收益率；α_j 和 β_j 为针对特定证券 j 的参数；$\tilde{u}_{j,t+1}$ 为随机干扰项（$\tilde{u}_{j,t+1}$ 可以反映股票分拆隐含的公司异常

行为）。

对于给定的 j 证券的股票分拆事件，定义 0 为事件发生当月，第 1 个月为事件发生后的一个月，第 −1 个月为事件发生前的一个月。定义第 m 个月所有发生分拆的股票的平均残差为：

$$u_m = \sum_{j=1}^{N} \frac{\hat{u}_{jm}}{N} \tag{7-5}$$

其中，$\hat{u}_{jm}$ 为以第 m 个月的证券 j 样本回归的残差；N 为发生股票分拆的股票数量。

下面定义累计平均残差为 U_m，即：

$$U_m = \sum_{k=-29}^{m} u_k \tag{7-6}$$

式中的 u_k 可以解释为发生分拆的股票的收益率对市场收益率的平均偏离，相应地，U_m 为累计的偏离（在 FFJR 的样本中为第 −29 个月到第 m 个月）。

FFJR 推测股票分拆被投资者看作有关公司预期现金流量未来变化的信息。投资者假设股票分拆是股利增加的信息，该信息也表明公司管理者确信公司可以永久保持更高的现金流水平。FFJR 将样本分为分拆后支付超过市场平均股利的公司与分拆后支付较低股利的公司两组，U_m^-、U_m^+ 分别为拆股后股利增加（+）和股利减少（−）的累计平均残差。其结果如图 7 - 5 所示：股利支付增加的股票在分拆后有微小的正收益，而低股利公司分拆股票的累计平均剩余收益直到分拆后一年内才下降，因为此时可以确定预期的股利增加明显不可能发生。在拆股前 29 个月，平均累计残差呈上升趋势，这显然不能用拆股来解释，因为只有 10%的概率使得拆股宣布日到实行日的间隔大于 4 个月。这说明了当股票收益比市场收益好得多的时候，公司更偏好拆股。当分拆的月份过去之后，U_m 并没有显著增加，但在 FFJR 的样本中有 71.5%的股票分拆伴随着股利的增加。可以认为，市场把公司股票分拆且增加股利的信号理解为管理层对未来盈利能力充满信心，因此股票价格呈现出一个向上调整的趋势。从长期看，股票分拆并没有对股票价格造成实质性影响。

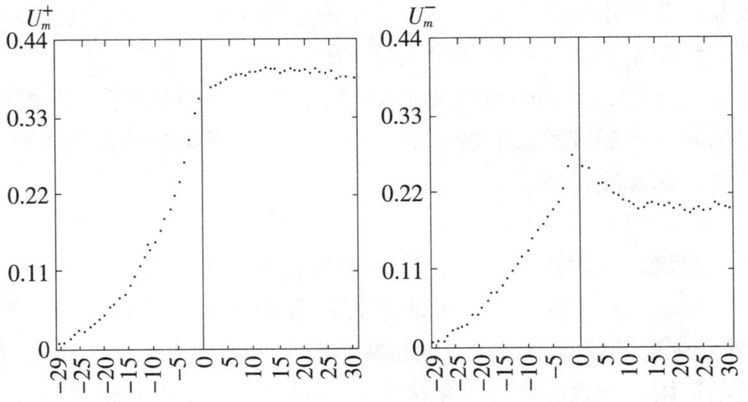

图 7 - 5　股利增加的累计平均残差（右）和股利减少的累计平均残差（左）

资料来源：Fama，E. F. et al.，1969，"The Adjustment of Stock Prices to New Information"，*International Economic Review*，2:1-21.

FFJR（1969）的研究结果证实了半强式市场的存在性——价格全部反映了有关预期现金流量的信息。虽然分拆本质上对股东的财富没有影响，但它可以被投资者看作公司未来盈利前景的信号。

三、强式有效市场检验：内幕信息与超额收益

强式有效市场的检验要回答的问题可以归纳为：是否有某些投资者拥有市场上没有公开的私人信息？掌控这些内幕信息是否有利可图？检验市场是否强式有效，我们可以系统地检验某些拥有内幕信息的投资者是否可以获得超额收益。一般认为有两类投资者拥有内幕信息：一类是机构投资者，如基金经理；另一类是证券监管法规列举的内幕人，如上市公司董事、CEO、CFO 等可以接触到市场上未公开信息且买卖相关股票的投资者。这两类投资者所拥有的内幕信息性质有异。机构投资者通过调研分析获得信息，或者说通过对信息进行投资而获取资讯；而后一类内幕人因为自身位置的特殊优势而获得内幕信息，因而属于内幕交易法严格限制的。下面，我们分别分析这两类内幕信息是否产生超额收益。

1. 共同基金绩效

早期的强式有效市场的检验通常把基金经理作为研究对象，他们的目标可归结为两个：第一，基金经理是否利用私人信息获取超额利润；第二，某些基金是否可以向市场揭示这些私人信息？在夏普-林特纳（Sharpe-Lintner）模型的基础上，Jensen（1968）发展了以检验以上目标为背景的理论模型，从第 t 期到第 $t+1$ 期，证券 j 的预期收益为：

$$E(\tilde{r}_{j,t+1}\,|\,\Phi_t,\tilde{r}_{m,t+1})=r_{f,t+1}[1-\beta_j(\Phi_t)]+\tilde{r}_{m,t+1}\beta_j(\Phi_t) \tag{7-7}$$

式中变量的含义如前所述。不同的是，（7-7）式是一个对 $\tilde{r}_{j,t+1}$ 事前（Ex ante）的预测，但对 $E(\tilde{r}_{m,t+1}\mid\Phi_t)$ 的确定却需要一个第 t 期的事后（Ex post）标准。解决这个问题的办法就是把第 t 期实现的市场证券组合的收益代入（7-7）式，即：

$$E(\tilde{r}_{j,t+1}\,|\,\Phi_t)=r_{f,t+1}[1-\beta_j(\Phi_t)]+E(\tilde{r}_{m,t+1}\,|\,\Phi_t)\beta_j(\Phi_t) \tag{7-8}$$

（7-8）式说明 $\tilde{r}_{j,t+1}$ 的预期值是其风险的线性函数，即市场线。给定 $\beta_j(\Phi_t)=\text{cov}(\tilde{r}_{j,t+1},\tilde{r}_{m,t+1}|\Phi_t)/\sigma^2(\tilde{r}_{m,t+1}|\Phi_t)$，则基金在第 $t+1$ 期的收益率可以用（7-8）式描述出来。如果事后收益率落在市场线上方，说明基金的业绩比相应风险下的预期收益率高；如果落在市场线下方，说明基金的业绩比相应风险下的预期收益率低。

Jensen（1968）用 1955—1964 年的数据，使用以上方法检验了 115 种共同基金的超常业绩。如果调整风险与市场波动之后的超额收益为正，投资组合的业绩为正，詹森用以下简化模型估计了基金的超额收益率 $\hat{\alpha}_j$：

$$\tilde{r}_{j,t}-r_{f,t}=\alpha_j+\beta_j(\tilde{r}_{M,t}-R_{f,t})+\tilde{u}_{j,t} \tag{7-9}$$

检验结果令人惊讶，扣除研究成本、管理费用和佣金等交易成本后，10 年中超额收益 $\hat{\alpha}_j$ 的平均值为−1.1%，这表明基金不可能很好地预测未来证券的价格。若用扣除总费用（除了经纪费用外）之前的收益来计算，则超额收益率平均每年为−0.4%。很明显，总收益甚至不能弥补经纪费用。詹森的研究结果表明，共同基金不能很好地预计证券价格，也不能击败市场，共同基金的超额收益机会都是随机产生的。即使用扣除管理费用和经纪费用之前的总费用来衡量收益，这一结果依然成立。因此，詹森的检验拒绝了共同基金管理者拥有私人信息的假说（见图 7-6）。

2. 内幕交易与超额收益

内幕交易法中界定的内幕人交易能否战胜市场？这是在内幕交易数据可得的情况下，用内幕交易者能否获得超额收益来判断强式有效市场是否成立的更直观方法。Jaffe（1974）从证券交易委员会发布的《证券交易与持有的摘要》中收集了有关内幕交易的数据。贾

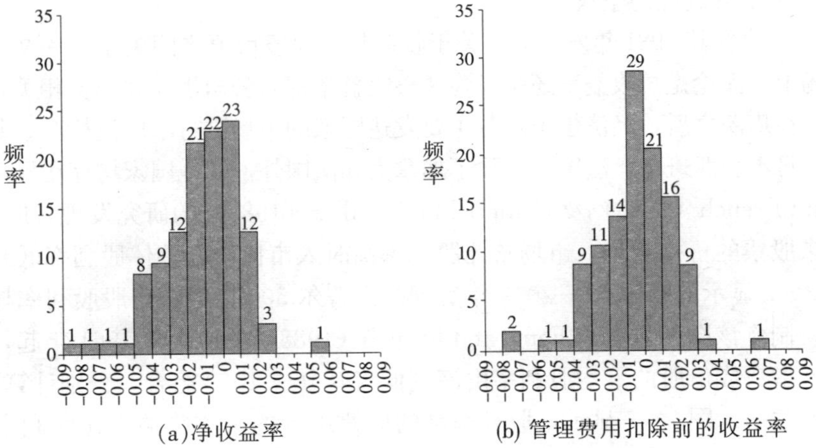

图 7-6　对 115 个共同基金所估计的 $\hat{\alpha}_j$ 的频率分布

资料来源：Jensen, M., 1968, "The Performance of Mutual Funds in the Period 1945—1964", *Journal of Finance*, 23 (5): 404-405.

菲（Jaffe)用市场线计算出累计平均超额收益。在 20 世纪 60 年代的 861 个观测值中，超额收益在集中交易后 8 个月的时间内大约为 5%，而其中 3%的收益发生在最后的 6 个月中，这表明内幕交易能够帮助内幕人获得超额收益。

贾菲同时分析了监管法规变化对内幕交易的影响，他找到了导致证券交易法规发生变化的两个重要时间点：第一，1961 年 11 月的凯迪-罗伯斯决策。因为在这次决策中，内幕交易首次被列为受惩罚的行为。第二，1966 年 8 月的得克萨斯海湾硫黄公司（Texas Gulf Sulphur）案件。法院在该案件中支持较早前美国证监会对高级职员掩盖矿工大罢工的不利信息进行股票交易的起诉。通过分析上述事件发生前后内幕交易人集中交易样本的超额收益，贾菲得出了有意思的结论：数据结果并不能拒绝原假设，即美国证监会对上述事件的管制没有影响到内幕交易行为。

Finnerty（1976）的研究支持了贾菲的上述结论，但他的数据样本并不限于某一个集中的证券交易群体，他的数据包括了从 1969 年 1 月到 1972 年 12 月发生的超过30 000 次内幕交易。市场模型调整后的超额收益表明：不管是出售还是购买股票，内幕交易都可以获得超额收益，从而战胜市场。

第三节　关于有效市场假说的争论

随着大型金融数据库的建立和计算技术的发展，从 20 世纪 80 年代初期开始，金融经济学家通过大样本的实证研究发现了很多系统性地偏离有效市场假说以及资本资产定价模型的预测，包括规模效应、股利率效应、市盈率效应、净市率（Book-to-Market Ratio）或市净率（Price-to-Book）效应、收益季节性、长期收益回归、中期收益动能等，这些现象统称金融市场异象（Market Anomalies）。不断被发掘出的市场异象引发了对有效市场理论以及单因素资产定价模型有效性的争议。

班茨（Banz）在其1981年发表的《关于收益与普通股市值之间关系》一文中发现，在美国的股票市场上，无论是总收益率还是风险调整收益率都与公司规模大小负相关，这一现象简称规模效应。在班茨之后，经济学家对各主要发达国家的市场进行了广泛检验，其中包括比利时、加拿大、日本、西班牙、法国等，除了加拿大和法国外，其他国家均存在规模效应。

Fama and French（1988）及Campbel and Shiller（1988）的研究发现，股利率（D/P）可以预测未来股票的价格走势，市场整体股利率高时入市比市场整体股利率低时入市的长期收益高。图7-7显示的是1961—2019年美国标准普尔500指数成份股股利率与预期收益率之间的关系。制作该图的方法与Fama and French（1988）类似，从1961年起，每一季度按标准普尔500指数成份股的平均股利率由高到低将其分成10个组合，分别计算其后10年的等权重年均收益率。图7-7显示，股利率高的股票组合的平均收益率比股利率低的组合的平均收益率高，尽管两者之间的关系并非线性。

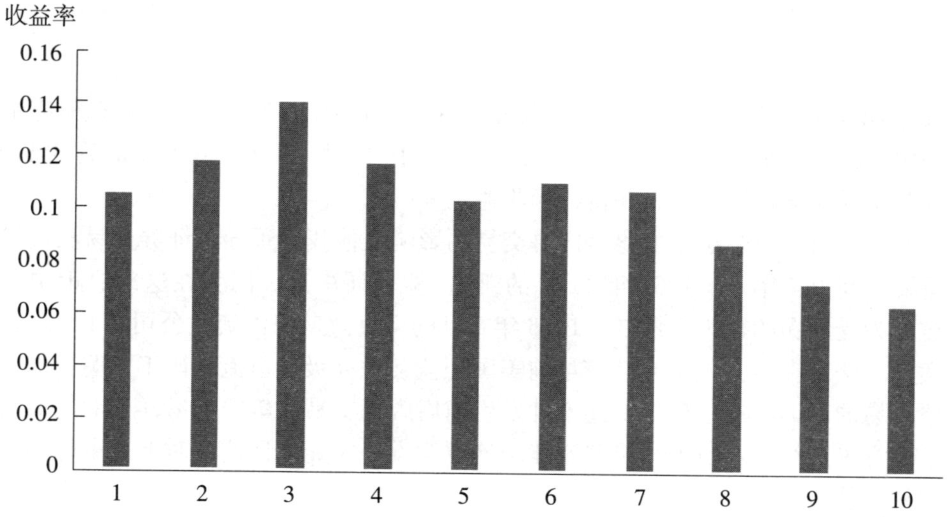

图7-7　1961—2019年标准普尔500指数成份股股利率现象

资料来源：作者根据CRSP和Compustat的相关数据计算。

Campbel and Shiller（1988）还证明了市盈率（P/E）对未来股票收益有预测能力，它能够解释40%左右的未来收益方差。其中，低市盈率的股票在未来的收益表现比高市盈率的股票明显要高。例如，1987年6月底标准普尔500指数股票的平均市盈率约为20倍，该组合在未来10年间的平均年收益率高达16.7%；而1992年6月底的标准普尔500指数成份股的平均市盈率为25倍左右，其未来10年的平均年收益率只有11.4%。与Campbel and Shiller（1988）的方法类似，作者重新计算了标准普尔500指数成份股在1961—2019年期间的市盈率与预期收益率之间的关系，如图7-8所示。具体方法是，每一季度按标准普尔500指数成份股的市盈率高低将其分成10个组合，组合1为市盈率最低的股票组合，组合10为市盈率最高的股票组合。然后分别计算其后10年的等权重年均收益率。图7-8显示，市盈率低的股票组合在未来10年间的等权重年均收益率高于高市盈率股票组合的年均收益率。

净市率现象早在Graham and Dodd（1934）中就有记载。高净市率或低市净率的股票一般被称为价值型股票；低净市率或高市净率的股票一般被称为成长型股票。净市率现象是指

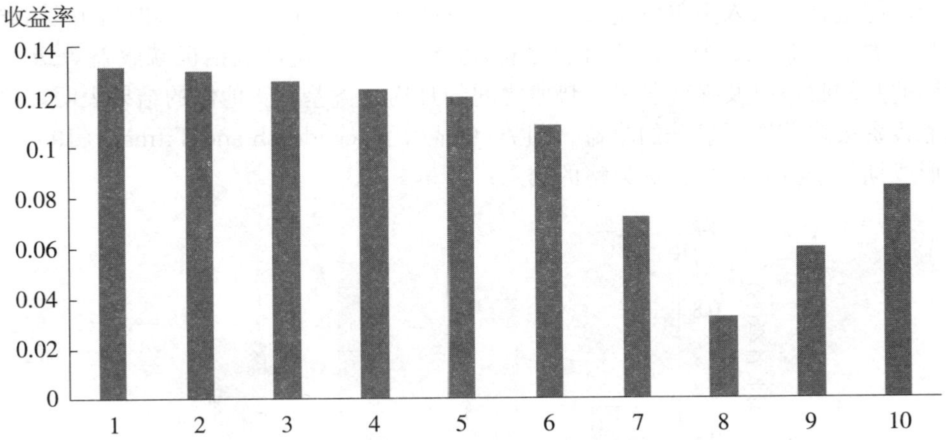

图 7-8 1961—2019 年标准普尔 500 指数成份股市盈率现象

资料来源：作者根据 CRSP 和 Compustat 的相关数据计算。

高净市率（低市净率）股票的未来收益表现要比低净市率（高市净率）股票的高。Fama and French（1997）证明净市率现象不仅在美国市场出现，而且在很多市场同样成立。投资者和基金经理在实践中以净市率作为投资准则的投资案例有很多，股神巴菲特就是其中之一。

与 CAPM 和有效市场假说明显不相符的金融市场异象还包括"收益季节性"（Return Seasonality），即证券价格像农产品价格一样随气候、季节等的变化而变化。"收益季节性"表现为"周一效应"（Monday Effect）或"周末效应"，即周五收盘到周一收盘的平均股票收益为负（French，1980）；"月末效应"（Turn-of-Month Effect）是指月末股票收益较其他日的平均收益高（Ariel，1987）；"一月效应"（January Effect or Turn of the Year Effect）是指每年一月份的平均收益较其他月份的平均收益高。"一月效应"最早由 Rozeff and Kinney（1976）发现，他们证明 1904—1974 年纽约证券交易所的股票价格指数一月份的收益率明显高于其他 11 个月的收益率。Gultekin et al.（1983）研究了 17 个国家 1959—1979 年的股票收益率，其中 13 个国家一月份的股票收益率高于其他月份。

股票收益表现出序列相关性（Auto-Ccrrelations）。短期（如日、周、月）和长期（3～5 年）的股票收益表现为负相关，这被称为收益逆转（Return Reversals）。洛（Lo）和麦金利（MacKinlay）在他们出版的《非随机漫步华尔街》（*A Non-Random Walk Down Wall Street*）一书中对短期收益的可预测性进行了较完整的回顾。邦特（De Bondt）和塞勒（Thaler）的《股票市场过度反应了吗?》（Does the Stock Market Overreaction?）在 1985 年发表于《金融学杂志》（*Journal of Finance*）。该文是实证检验美国股票市场是否存在过度反应和研究行为金融学的奠基性作品之一。该文发现，在美国股票市场上，投资者对历史弱势股（即过去 3～5 年收益率较低的公司）过分悲观，对历史强势股（即过去 3～5 年收益率高的公司）过分乐观，导致股票价格偏离其基础价值，因此，历史弱势股的未来收益会高于整个市场，历史强势股的未来收益表现则比整个市场差。如果根据股票过去 3～5 年的收益表现，构造一个买入历史弱势股同时卖出历史强势股的逆向投资组合并持有 3～5 年，则会获得超额收益。

中期（3～12 个月）收益表现出正的相关性，这就是著名的收益动能现象（Return Momentum）。Jegadeesh and Titman（1993）是第一篇系统研究动能投资策略的文献。作者分析了 1965 年 1 月至 1989 年 12 月美国股票市场的月收益数据，自 1965 年 1 月开始的每月初，构造动能组合（买入 1 单位过去 3～12 个月的强势股，同时卖出 1 单位的同期弱势股）。持有这些证券组合 3～12 个月后，计算动能组合的平均收益，包括极端收益等级子样本 K 月持有期的月均收益以及强势股和弱势股之间的月均收益差额。他们的结果表明，这些零投资的动能投资策略获取了显著的收益。图 7－9 显示了 Jegadeesh and Titman（1993）中的对称型（形成期等于持有期）投资策略的结果。

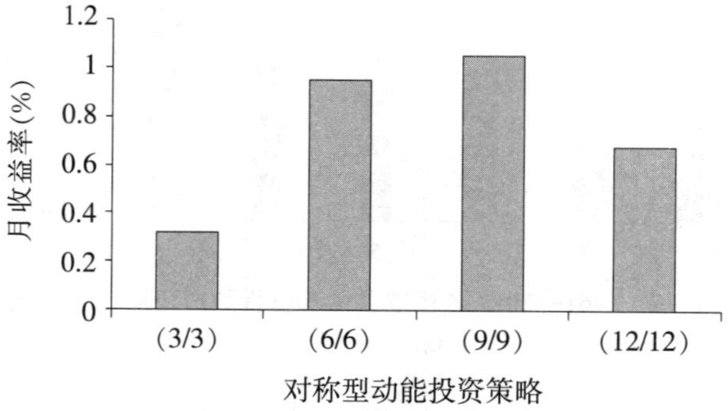

图 7－9　美国市场对称型动能投资策略的月收益率

资料来源：作者根据 Jagedees and Titman（1993）中的表 1 计算得到。

近年来，国内外学者对中国资本市场的有效性也进行了广泛的实证分析。例如，汪昌云（2004）参照 Jegadeesh and Titman（1993）的方法检验了中国 A 股市场过去 3～24 个月的月度股票收益率与未来 3～24 个月收益率之间的关系。与大多数发达市场的收益动能不同，汪昌云（2004）发现，过去中短期的强势股、弱势股在未来的 3～24 个月内发生收益逆转或表现出负动能。但是，用法玛和弗伦奇三因素模型进行风险调整后，这些收益逆转均不显著，因此，该研究的结论与中国股票市场弱式有效并不矛盾。① 姜富伟等（2011）较全面地分析了股利率、股利价格比、净市率、换手率、通货膨胀率、M0 增长率、M1 增长率、M2 增长率等 12 个经济变量对中国 A 股市场投资组合收益的可预测性，发现股利率、换手率、货币供给增长率等经济变量可以用来预测市场组合和绝大部分成份投资组合的未来收益，且这种可预测性在房地产、金融与保险和制造业等行业投资组合上很强。②

金融市场异象还有很多，而且还在不断地被挖掘。鉴于篇幅限制，这里不能穷尽。

对于金融市场异象，金融学界可能有两种解释：第一，金融市场异象意味着有效市场假说不成立，或者说市场表现为无效；第二，金融市场异象由风险因素所致，即这些收益可预测性地表示某些股票系统性风险的高或低。如果充分合理地考虑风险水平，风险调整后的收益没有规律性。从这个角度说，有效市场理论与资产定价这两个看似独立的研究领域，实际上却有着密不可分、相互促进的关系。对有效市场假说的检验必须有完善的资产定价模型，其含义就是：检验有效市场假说本身是一个联合假设检验。实证结果得出的收益可预测性并不能判定是市场无效还是资产定价模型不合理。这样一来，对于金融市场异象的不断研究推动了资产定价理论的进展，同时也丰富了有效市场理论。

由于单因素定价模型不能解释这些金融市场异象，一些具有开拓精神的经济学家开始了

① Wang Changyun，2014，“Relative Strength Strategies in China’s Stock Market：1994—2000”，*Pacific Basin Finance Journal* 12，159－177.

② 姜富伟，涂俊，David Rapach，Jack Srtauss，周国富．中国股票市场可预测性的实证研究．金融研究，2011（9），107－120.

对新的资产定价模型的研究。斯蒂芬·罗斯（Stephen Ross）于 1976 年提出了套利定价理论。套利定价理论是一种广义的多因素资产定价模型，它假设所有证券收益率都受到 K 个共同因素 F_1，F_2，…，F_k 的影响，但当时没有一个合理考虑这些因素的资产定价模型。APT 对风险资产 i 的收益率给出了下述定价公式：

$$R_{it}=a_i+b_{i1}F_{1t}+b_{i2}F_{2t}+\cdots+b_{iK}F_{Kt}+\varepsilon_{it}=a_i+\sum_{k=1}^{K}b_{ik}F_{kt}+\varepsilon_{it}$$

其中，R_{it} 为资产 i 在时间 t 的收益率；F_{1t}，F_{2t}，…，F_{Kt} 表示影响资产收益的 K 个因素；b_{i1}，b_{i2}，…，b_{iK} 表示资产 i 对这 K 个因素的敏感度；ε_{it} 为误差；a_i 为 F_{1t}，F_{2t}，…，F_{Kt} 都为零时，资产 i 的期望收益率或无风险收益率。

同属于多因素模型系列，1993 年，法玛和弗伦奇在《股票和债券收益的共同风险因素》（Common Risk Factors in the Returns on Stocks and Bonds）一文中提出了著名的三因素定价模型或三因素模型。三因素模型认为决定股票横截面收益变化的具体因素只有三个，分别是：

（1）整体市场因素，以 R_M-R_F 表示，其中，R_M 指市场组合的月收益率，R_F 指无风险收益率。

（2）公司规模因素，以 SMB 表示。SMB 表示小规模公司收益与大规模公司收益之差。

（3）价值因素，以 HML 表示。HML 是高净市率公司收益与低净市率公司收益之差。

用以上三个因素作为解释变量对美国股票市场上股票组合的收益进行以下时序系列回归：

$$R_t-R_{F,t}=a+b(R_{M,t}-R_{F,t})+SMB_t+HML_t+\varepsilon_t$$

其中，$R_{M,t}$ 为 t 月的市场组合月收益；SMB_t 为与规模相关的风险-收益因素；HML_t 为与净市率相关的风险-收益因素。

Fama and French（1993）发现，绝大多数回归方程的 R^2 都高于 0.90，说明这三个股票市场风险因素对股票收益的截面变化有显著的解释能力。经过广泛的实证研究，三因素模型在其他发达国家和新兴市场（包括中国）也取得了巨大成功。在过去的 10 多年里，三因素模型已逐渐取代了传统的单因素模型，为金融理论界和实业界广泛接受。

当然，法玛和弗伦奇的三因素模型也非十全十美。法玛和弗伦奇的风险因素，尤其是规模和净市率因素是在历史研究文献和大量数据检测的实证结果基础上总结得出的，这些风险因素缺乏坚实的经济理论支撑。究竟如何从理论上解释规模和净市率因素在金融理论界也存在很大的分歧。还有一些市场异象，如动能收益也无法用三因素模型来解释。经济学家开始对金融经济学的理论基石——“理性经济人”假设提出质疑。近年来美国次贷危机和欧债危机的相继爆发也对有效市场假说乃至传统的金融学、经济学基础理论提出了质疑，参见专栏 7－1。大量事实已证明，当事人的行为方式及其中深层次的相关心理特质对投资行为具有直接的、重要的影响。我们在研究复杂的金融市场行为时，必须考虑到人类行为本身所具有的复杂多变特性。因此，一个极富挑战性的新研究领域——行为金融学应运而生。

专栏 7－1

金融危机引发经济学大反思

全球金融危机给市场、就业和人们的生活带来了灾难。除此之外，它还颠覆了经济学（特别是金融研究）领域。在金融危机开始近三年后，经济学界长期信奉的许多理论已经覆灭，商学院的学者们正在废墟中筛查并发展新的理论。人们曾肯定地相信市场会始终以高效、理智的方式健康地发挥自己的作用，然而金融市场的此次巨变粉碎了人们的信心。商学院的教授们正和大学经济系的学者们一同反思那些数十年来被商界、投资者和政府视为圣经的经济学模型。

重写教科书并发展新的理论以代替那些似乎不再可信的旧理论将会是一个长期的过程。学术界在这一问题上出现了分歧：究竟应当摒弃多少旧想法以及哪种新思维最有希望帮助我们理解金融和经济危机的起因并防止它们再次发生。伦敦经济学院教授曼宁（Alan Manning）说，一直以来，经济学中一个非常有影响力的学派坚信市场不会出错，即有效市场假说，这一观点在全球经济长期繁荣阶段获得了巨大的影响力。现在，钟摆又摆了回来，因为“市场永远不会把事情弄得一团糟”的观点显然看起来不那么可信。他说，现在人们研究的重心转向市场将会以何种方式出错以及如何以最佳方式规范市场。位于法国枫丹白露的欧洲工商管理学院金融学教授格鲁姆（Denis Gromb）说，金融危机及其之前的泡沫对一价定律等经济学核心定义提出了质疑。一价定律相信市场会始终确保两项类似的资产拥有相近的价格。他说，繁荣时期，许多股票估值过高，之后在2008—2009年期间，随着股市低迷，股票又普遍估值过低。这两种情况均对坚信资产价值反映其核心价值的标准理论带来了巨大的挑战。他说，部分人说这是对标准理论的当头一棒，因此我们需要完全重新开始，另一些人则不太愿意承认这一点。我个人的观点是，这些理论出现了巨大的偏差，因此过去的模式真的需要进行重大的改变。

现在的重要任务是找出那些能从中发现的问题，并建立新的模型以更好地反映市场的真实情况。格鲁姆说，一方面，标准理论相信经济活动的参与者在追求自身利益时具有理性，部分金融经济学家正努力在这一框架内寻找答案并用这些参与者究竟想要什么等新观点来扩充标准理论。另一方面，自金融危机以来开始普及的行为金融学批驳了纯理性活动的观点，并把对市场参与者的行动具有推动作用的心理因素纳入其中。格鲁姆说他自己走的是第三条路，即相信理性成分与限制因素并存。这些限制因素（例如，无法充分获取资金等）致使占市场活动比重较大的机构投资者无法以最符合自身利益的方式行事。

英国剑桥大学Judge商学院宏观经济学讲师基特森（Michael Kitson）说，经济领域如今过于依赖于数学模型，它需要以开放的心态接受不同的方法学以及多种思想流派。他说，经济学需要变得多一些包容，少一些自大。经济学并不是解释人类行为的万灵丹。基特森说，尽管商学院倾向于更加脚踏实地，更加专注于现实世界，但经济系中盛行的空想主义也渗透进商学院的领地。

私募股权公司华平创业投资有限公司高级顾问、Judge商学院顾问委员会委员詹韦（Bill Janeway）说，经济学变得过于忽视对金融领域的研究，把全部的力量都放在了单一利率等狭小的领域。他说，过去这三年让我们懂得，金融市场的动向对就业、生产、利润、薪酬均有决定性影响，而这些都是实体经济的重要特点。宏观经济必须有让信贷条件、金融估值与实际因素互动的机制。他说，大西洋两岸的学者们均取得了新的进展，推出的新模型考虑了金融市场真实的复杂性，其中充满了不一致与多样性，而不是从所谓的理性定价角度简单地为所有的背离找借口。

新加坡国立大学商学院院长杨贤（Bernard Yeung）说，无须把旧的经济学理论批判得体无完肤，以至于在应用时更加谨小慎微。他说，迄今为止，我们没有写出新的模型，我们只是试着想办法让学生在看问题时更加全面。让他们学习历史是一个好办法。基特森说，经济学思想的最大转变通常发生在危机之后，例如，在大萧条后凯恩斯理论的崛起，以及20世纪70年代经济滞胀之后货币主义的盛行。但这一次数理经济学或许难以被推翻。他说，数学方式在大多数主要的大学经济系中占主导地位，学术期刊也是如此。在校人员若想进步就必须在这些期刊上发表文章。基特森说，经济学家的问题在于他们相信整个世界在按照他们的模型运转。多样性和多元性需要再多一点，而不仅仅是等到出现问题后再去解方程、找答案。

资料来源：加德纳．全球金融危机引发经济学理论大反思．华尔街日报（中文版），2010-06-24.

第四节 行为金融理论与有效市场假说

越来越多的证据表明，投资者的投资决策往往偏离经典金融学理论的假设，表现为行为偏差。现实生活中很多投资者的决策并不理性，这直接冲击了有效市场假说关于投资者理性的假设，动摇了有效市场假说的根基。尽管有些学者指出，投资者的非理性决策相互独立，非理性买入与非理性卖出相互冲销，对资产价格的影响可以忽略不计，但充分的实证证据表明，金融市场中投资者的决策并非相互独立的，而表现出普遍受到消极或乐观情绪的影响，即羊群效应。

行为金融理论将心理学的研究成果纳入金融学研究框架，探索人类的决策行为偏差及其对资产价格的影响。行为金融学是在现代金融学遭遇大量的无法解释的市场异象的情况下产生的。虽然其历史较短，影响力却逐渐增强。

行为金融学主要分析两类行为偏差及其对资产价格和公司行为的影响：代表性偏差与框定偏差。每一大类中都包含很多种行为偏差。这里对其主要的、与有效市场假说密切相关的行为偏差进行介绍。

(1) 直觉驱动偏差（Heuristic-Driven Bias）。它是指投资者在形成认知和做决策时往往依据经验法则进行直觉判断，而这种判断往往会产生系统性偏差。例如，在前些年房地产价格持续上涨时，多数人认为房价太高，倾向于将资金存入银行，结果是房价上涨了几倍；近些年次贷危机和欧债危机相继爆发，很多学者马上认为人民币很快就会成为国际储备货币；等等。直觉驱动偏差包含以下几种常见的类型：代表性、选择性、过度自信、保守性和小数法则偏差。代表性偏差是指人们喜欢把事物分为几个典型的类别，然后在对事件进行概率估计时，过分强调这种典型类别的重要性，而不顾有关其他潜在可能性的证据。选择性偏差的后果使人们倾向于在实际上是随机的数据序列中洞察到某种模式，从而造成系统性的预测偏差。例如，大多数投资者坚信好公司代表好股票，这就是一种选择性偏差。其实好公司的股票在价格过高时未必是最佳投资标的，坏公司的股票在价格过低时也可能变成好股票。过度自信偏差是指在经验环境下人们对自己的判断给予较窄的置信区间，对自己的决定具有独断性，坚持己见，以自己的意愿代替实际客观事物发展的规律，当客观环境发生变化时，也不肯更改自己的目的和计划，拒绝他人的意见或建议。过度自信源自人们某种深层心理偏差，例如，自我归因偏差（Self-Attribution Bias）等。保守性偏差是指人们倾向于在形成期望时低估最新信息的作用，或者说，人们对新信息很保守，在预期形成时没有给予新信息必要的权重。小数法则偏差指人们往往将从小样本中获得的概率分布等同于大样本的经验平均值。例如，一位投资者观察到一位基金经理在过去两年中的投资业绩好于市场平均水平，就得出这位经理要比一般经理优秀的结论。

（2）框架依赖偏差（Frame Dependence Bias）。人们对一个投资方案的二择一决策，往往会受到语言描述方式的影响。这种由于描述方式的改变而导致选择偏好发生改变的现象称为框架效应。由于人们在决策时往往受限于其采用的特定框架，由此产生的偏差即框架依赖偏差。框架依赖偏差主要包括损失厌恶、后悔厌恶、享乐式编辑等。损失厌恶（Loss Aversion）是指人们面对同量的收益和损失时，损失更加令他们难以忍受。同量的损失带来的负效用为同量的收益的正效用的 2.5 倍。损失厌恶反映了人们的风险偏好并不是一致的，当涉及收益时，人们表现为风险厌恶；当涉及损失时，人们则表现为风险寻求。后悔厌恶是指人们犯错误后感受后悔之痛，并会严重自责。其结果是人们在决策时避免后悔是一个重要的要素。马科维茨在 1988 年进一步解释其在个人资产配置上考虑的因素时指出：已经不再只有风险与收益的权衡，“未来的后悔最小化”也是投资者考虑的重要因素。享乐式编辑（Hedonic Editing）指人们的风险偏好不是确定不变的，相对于某一个框架，人们更倾向于接受或偏好另一个框架。例如，投资者的账户出现多只股票浮亏，由于损失厌恶，每发生一笔亏损都带来痛苦。为了减轻痛苦感受，他可能同时卖出所有亏损的股票，并置换投资于指数基金。框架依赖偏差的一个重要现象是投资者的处置效应（Disposition Effect）。处置效应是指投资人在处置股票时，倾向于卖出盈利的股票而持有长期亏损的股票。实证研究表明，投资者卖出的盈利股票往往在处置后继续上涨，而持有的亏损股票在未来继续下跌。

投资者在进行投资决策时常表现出过度自信、回避损失、避免后悔、保守性等行为偏差。他们往往过分相信自己对股票价值判断的准确性，过分偏爱自己掌握的信息；对于收益和损失，投资者更注重损失带来的不良感受；委托他人投资以减少因自身决策失误而后悔；仿效多数投资者的投资行为进行投资（从众）等。因此，他们的实际决策过程并不是现代金融理论所描述的最优化过程，进而导致证券市场上证券价格偏离建立在最优决策模型等现代金融理论假设基础上的价格。越来越多的实证证据表明，投资者行为偏差系统性地影响资产价格和公司行为，而传统金融学理论无法解释这些现象。行为金融学一方面完善了对众多金融异象的理论解释，另一方面，它不断挑战传统金融学并推动金融学科的发展。

【课外推荐 7-2】

有效市场假说与非理性繁荣

【小　结】

有效市场假说是现代金融理论的重要基石，也是理论界和商界长期以来争议的焦点之一。本章介绍了有效市场的含义和形式、实证检验有效市场的方法及相关结论，并简要介绍了由金融市场异象引发的对有效市场假说的争议。

有效市场的主旨是证券价格信息是资源有效配置的信号。在这样的市场里，公司作出生产投资决策，投资者在证券价格充分反映公司信息的假设下自由选择证券组合。按照信息集的不同，有效市场分为三类：弱式有效、半强式有效和强式有效。弱式有效市场将历史价格作为信息集，半强式有效市场将所有可得的市场信息作为信息集，而强式有效市场将一切信息作为信息集。关于有效市场的检验也是根据这三个类型展开的，由于检验方法和关注重点不同，往往得出不同的结论。关于有效市场的争议，目前尚无定论。行为金融学的兴起对有效市场假说构成了严峻挑战。

【练习题】

1. 已知下述情况，试判断以下每一种情况是否与资本市场的半强式有效市场的假说相矛盾。

(1) 通过引入复杂的计算机程序，对过去的股票价格进行分析，经纪公司可以较好地预测出价格的运动轨迹，从而持续获得3%的利润，调整风险后，超过市场的正常收益。

(2) 一般情况下，今年投资于股票市场的投资者预计能从投资中获得正的收益。某些投资者可以获得比其他投资者更多的收益。

(3) 你发现既定股票价格的平方根乘以每月的天数，可以暗示出该种特殊股票价格的运动方向，预测的概率为0.7。

(4) 证券交易委员会在1965年对得克萨斯海岸硫黄公司提起诉讼，因为该公司的职员从公司的股票中获得非正常的高额利润，他们在公司位于安大略的探井工程开始运作（1959年）之后，在公司宣布于安大略发现巨大的矿藏导致股票价格急剧上涨（1964年）之前，买入公司的股票。

2. 试判断下面何种信息可能提供获得超额收益的机会。

(1) 公司最近年度报告的复印本。

(2) 从纽约证券交易所传来 Lunkens 钢铁公司的100 000股股票刚以单一批量交易的消息。

(3) XYZ公司将按照3∶1的比例分拆普通股但不增加股利支付的消息。

(4) ABC公司将很快发行新股的消息。

3. A先生在最近3个月收到宣称能够提供预测道琼斯指数走势的服务请求。一般来说，他不相信这类事情，但该服务公司提供了令人吃惊的准确证据。在最近3个月中的每一个月，该服务公司总能准确预测道琼斯指数是否上升超过10个点或者在10点内或者下跌超过10个点。你是否建议A先生接受该服务？为什么？

4. 有效市场假说预示着预期超额收益应当等于零。然而，为了令市场有效，套利者应当能够迫使价格回归到均衡状态。如果他们为此获得了利润，那么这一事实是否与市场有效性相一致？

5. 巴菲特现象的存在与有效市场假说有何矛盾之处？如何解释？

6. 如果市场是弱式有效的，不重叠的两个时期的股票收益率之间的相关系数是多少？

7. “如果所有股票都被公平定价，那么它们将提供相同的收益率”。请评论这一说法。

8. 某上市公司刚刚公布了2019年年报，2018年期间净利润较上年增长了25%，然而公告后该股股票价格下跌了1%。试分析该现象。

9. 彼得·林奇（Peter Lynch）管理的富达麦哲伦基金，在13年中有11年跑赢标准普尔500指数，其年均收益高出市场平均水平约10%。林奇的绩效足以让你不相信有效市场假说吗？如果还不能，多高的业绩可以让你不再相信有效市场假说？

10. 下图展示了2010年所有上市公司内幕人员交易的累计超额收益率情况。从投资者的角度如何解释该图中的内幕交易者的买入或卖出决策？这对证券市场监管有何政策含义？

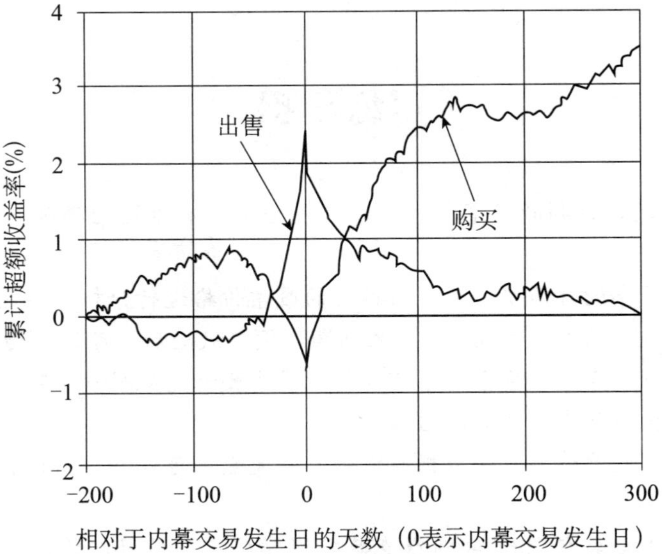

11. 假定某公司向它的股东们宣布发放与预期差别很大的现金红利。在没有信息泄露的有效市场上，投资者可以预测在公告日该股股票价格将大幅上涨。这种判断正确吗？为什么？

12. 为什么说理性投资者的假设对有效市场理论至关重要？

13. 常见的投资者行为偏差有哪些？它们对股票价格有何影响？

14. 什么是处置效应？它对市场有效性有何影响？

15. 基金的绩效表现如何测定？为什么金融学者将基金绩效的评价作为检验市场强式有效与否的一种方法？

16. 利用Wind资讯数据库有关基金收益的数据，实证分析我国开放性基金的绩效表现（考虑基金费用问题），并讨论我国股票市场是否强式有效。

【参考书目】

[1] Fama, E. F., 1965, "The Behavior of Stock Market Prices", *Journal of Business*, 38 (1): 34-105

[2] Fama, E. F., 1970, "Efficient Capital Markets: A Review of Theory and Empirical Work", *Journal of Finance*, 25: 383-417

[3] Fama, E. F., Fisher, Lawrence, Michael Jensen, Richard Roll, 1969, "The Adjustment of Stock Prices to New Information", *International Economic Review*, 2: 1-21

[4] Sharpe, W. F., 1964, "Capital Asset Prices: A Theory of Market Equilibrium under Conditions of Risk", *Journal of Finance*, 19 (9): 425-442

[5] 博迪，等．投资学（第10版）．北京：机械工业出版社，2017

第8章

证券分析

【本章导读】

证券投资是投资学中非常重要的一部分。在日常生活中，人们常常会考虑，面对那么多的上市公司，我应该买哪一只股票呢？其实，这就是证券分析的核心所在。

在进行证券分析时，我们常常先要了解此时的宏观经济运行状况，因为公司的盈利前景与该公司所处的经营环境是密切相关的。接下来，还要了解某些行业的运作状况，并选择那些在本行业中业绩突出的公司。同时，学会分析公司的财务报表也是十分必要的，通过财务报表，我们可以详细了解该公司的经营状况，以便对公司正确估值、预测投资收益。上述分析被分析师称为基本面分析。

证券分析的另一种方法是技术分析。技术分析主要是根据股票过去的价格变动情况来预测未来的走势，常用的技术分析方法包括趋势分析、形态分析、指标分析等。通过技术分析，人们可以更有效地选择买入点和卖出点。

在实际分析中，人们常常将基本面分析和技术分析结合使用。在本章最后，我们将通过实证研究讨论证券分析在实际投资中是否有显著的效果。

第一节　基本面分析

要确定公司股票的合理价格，证券分析师必须首先预测该公司预期的股利和盈利。我们把分析预期收益等价值决定因素的方法称为基本面分析（Fundamental Analysis）。基本面分析集中考察导致证券价格涨跌或持平的供求关系，确定公司的内在价值。在现实中，金融机构的工作人员往往采用“自上而下”的预测方法，这种方法是指对整个宏观经济进行预测，然后对各个行业进行分析，最后集中对某个公司进行具体分析。

一、宏观经济分析

证券市场与宏观经济的关系是十分密切的。无论是证券业本身，还是各个投资对象，都与各种宏观经济因素息息相关。所以，对宏观经济形势的正确认识和预测，是投资成功的关键。我们在分析宏观经济时，可以从以下几方面考虑。

（一）宏观经济形势

所有企业都在宏观经济这个大环境中运行，有关研究表明，一国经济发展情况与上市公司收益率的相关程度是非常高的。因此，宏观经济是决定投资业绩的重要因素。在评价一国的宏观经济形势时，需要关注下述变量：

（1）国内生产总值。是指该经济生产的产品与提供劳务的总和。当GDP处于持续、稳定、高速增长的状态时，表明国民经济良性发展，经济结构趋于合理，上市公司的利润也持续上升，从而使人们对经济形势产生了良好的预期，增强了人们投资的积极性，并促使证券市场价格上扬；相反，当GDP处于非均衡增长状态时，可能激发各种矛盾，从而导致经济衰退。

（2）失业率。是指正在寻找工作的劳动力占总劳动力（包括正在工作和正在积极寻找工作的劳动者）的百分比，它测度了经济运行中生产能力极限的运用程度。当失业率很高时，说明资源被浪费、人们收入减少，经济上的困难会进一步影响人们的情绪和生活，使大家的投资热情降低，证券市场价格下降。

（3）通货膨胀。是指用某种价格指数衡量的一般价格水平的持续上涨。通货膨胀不仅会导致收入和财富上的再分配，还会使不同商品的相对价格及产量扭曲。从程度上讲，通货膨胀可以分为温和的通货膨胀、严重的通货膨胀和恶性的通货膨胀三种。温和的通货膨胀对经济的影响十分有限，而后两种则往往伴随着该国经济总产量和就业的大幅度变化。各国政府都不会容忍长时间的高通货膨胀率，会采取一定的措施减轻通货膨胀，但可能伴随而来的结果就是高失业率和低GDP增长，并使证券市场价格下降。

（4）利率。是指在借贷期内所形成的利息额与所贷资金额的比率，反映了市场上资金的供求关系。当经济处于增长期时，资金供不应求，利率上升；当经济处于衰退期时，资金供过于求，利率下降。同时，利率还是一国政府进行宏观调控的重要工具，利率的波动会影响企业未来现金流的现值，因而会影响投资机会对人们的吸引力。

（5）汇率。汇率的波动会影响该国的国际收支状况、通货膨胀水平、利率水平及经济增长情况，对该国证券市场的影响也是多方面的。例如，当汇率上升时，本币贬值，出口企业将受益，而进口企业则会因成本增加而受损，进而使股票价格下跌。同时，汇率上升还可能导致资本外流，使本国证券市场的需求减少，市场价格下降。另外，汇率上升会使以本币表示的进口商品价格上升，进而引发国内的通货膨胀，对证券市场产生一定的影响。

（6）政治因素。包括国内外的政治形势、政治活动、国家机构和领导人的更迭、国家政治经济政策、国家和地区间的战争等。例如，在1997年亚洲金融危机期间，人们对国际货币基金组织是否会给予援助作出剧烈的反应，全球的股票价格也因此大幅度波动。另外，当一国的国家经济政策和管理措施调整时，会影响公司的外部经济环境、经营成本、利润及分配等各个方面，进而影响股票价格。

（7）社会心理因素。投资者的心理变化对股票市价有很大的影响。如果公众对经济的发展很有信心，消费者愿意进行大量的现期消费，那么公司也会提高产品的产量和库存水平，进而影响对产品或劳务的总需求，并促进股票价格上涨。当公众对市场前景比较悲观时，就会不顾公司的盈利状况大量抛售股票，致使股票价格下跌。在我国，盲目跟风的心理更为明显，这很容易引起股票价格的波动。

（二）经济周期

经济情况从来都不是静止不动的，而是从一个高峰走向另一个高峰，或者从一个低谷走向另一个低谷。股票市场素有“经济晴雨表”之称，股票价格总是伴随着经济的发展波动，并具有超前的指示作用。

图 8-1、图 8-2 为中国经济信息网发布的我国 1995—2017 年间的中经一致合成指数和中经预警指数，从图中可以看出我国这几年的总体经济动向。

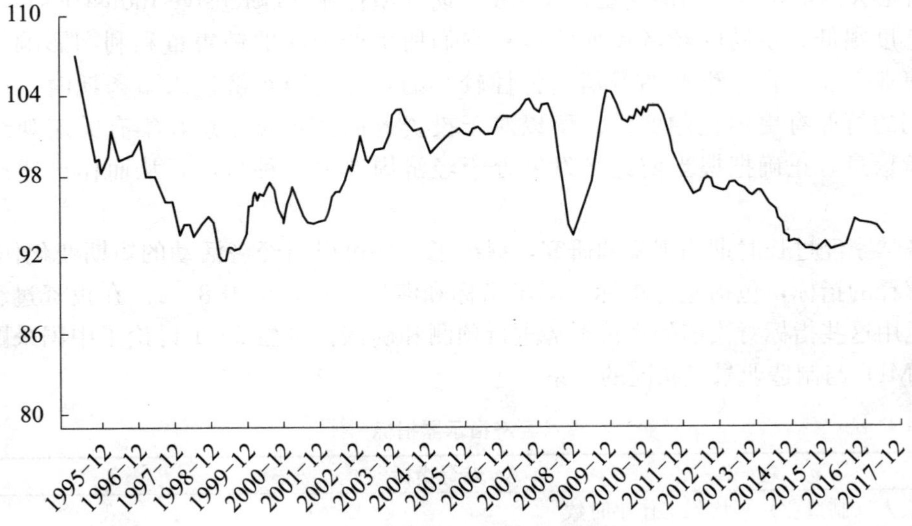

图 8-1 中经一致合成指数

资料来源：中国经济信息网。

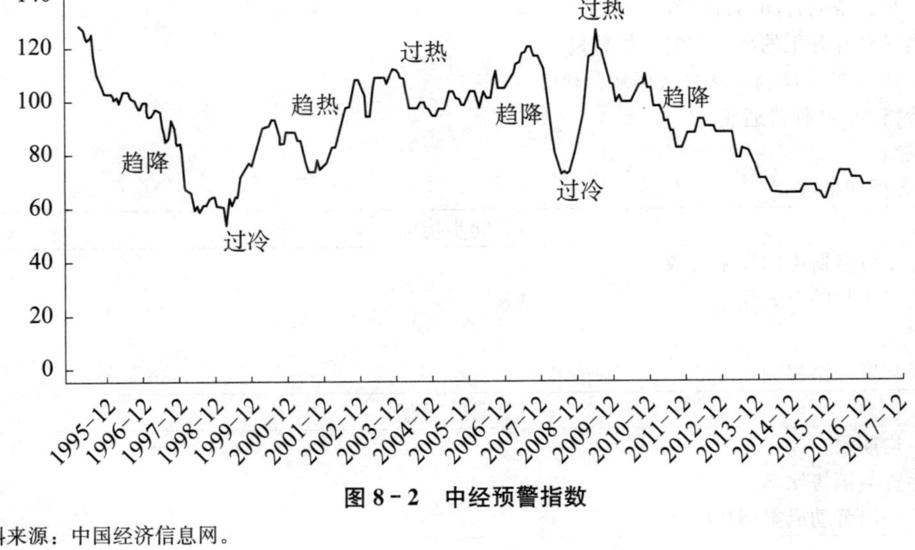

图 8-2 中经预警指数

资料来源：中国经济信息网。

从我国中经一致合成指数及中经预警指数的变动中可以看出，2002 年以来，我国进入新一轮的景气上升周期，受进出口和投资快速增长的拉动，我国经济增长速度加快，指数一路攀升。但随着 2004 年第二季度宏观调控效果的逐步显现，固定资产投资迅速回落，经济增长速度略有放缓；自 2004 年 7 月开始，指数呈现下降趋势。从 2008 年 10 月开始受美国次贷危机的影响，中经一致合成指数和中经预警指数调头快速向下，经济景气状况迅速恶化。在国家经济刺激计划下，指数从 2009 年第 3 季度回升直到 2011 年末。之后我国经济进入新常态，中经一致合成指数和中经预警指数逐渐下降，直到 2015 年 5 月后逐渐趋于平稳。

需要特别注意的问题是：当经济处于经济周期的不同阶段时，不同行业之间可能会表现出不同的业绩。例如，当经济即将从萧条走向复苏时，那些对经济发展异常敏感的周期型行业（Cyclical Industries）就会比其他行业有更好的发展前景，比如汽车、洗衣机等耐用型产品的制造行业。而在萧条期，这些物品的购买会不可避免地被推迟，所以它们的销售额对宏观经济有很大的依赖性。与周期型行业相反，防守型行业（Defensive Industries）对经济周期的敏感度很低，不同的经济周期阶段对它们所生产产品的销售量和利润影响较小，比如公用事业单位、食品生产商等消费弹性较小的行业，当经济进入萧条期时，这些行业就会比别的行业有更出色的业绩。所以对于投资者而言，应注意收集有关宏观经济的资料和政策信息，正确把握当前经济发展处于经济周期的何种阶段，从而作出适当的投资决策。

经济学家经过长时期的观察和研究，提出了一些可以对经济活动的短期变化作出预测、测度和解释的指标，包括先行指标、同步指标和滞后指标，见表 8－1。在投资过程中，人们可以运用这些指标对当前的经济形势进行预测和确认。专栏 8－1 讨论了中国采购经理人指数（PMI）与制造业景气状况的关系。

表 8－1　　经济指示器指标

A. 先行指标
1. 生产工人（制造业）平均周工作小时数
2. 初次申请失业保险的人数
3. 制造商的新订单（消费品与原材料行业）
4. 零售业绩——缓慢运送扩散指数
5. 对工厂与设备的合同与订单数
6. 地方当局允许开工的私人住宅单位数量
7. 利差，10 年期国债利率减去联邦基金利率
8. 股票价格，500 种普通股
9. 货币供给
10. 消费者预期指数
B. 同步指标
1. 非农业工资名册中的雇主人数
2. 减去转移支付的个人收入
3. 工业产量
4. 制造品与贸易销售额
C. 滞后指标
1. 失业平均期限
2. 贸易存货与销售比率
3. 每单位产出劳动成本指数的变化

4. 银行支付的平均优惠利率
5. 现有工商贷款数量
6. 现有消费分期付款信用与个人收入之比
7. 劳务的消费品价格指数

资料来源：The Conference Board，*Business Cycle Indicators*，November 1997.

专栏 8-1

【课外推荐 8-1】

采购经理人指数（PMI）

两项 PMI 显示中国制造业活动继续放缓

2019 年 10 月 31 日，国家统计局服务业调查中心、中国物流与采购联合会联合发布数据，2019 年 10 月，我国制造业采购经理人指数（PMI）为 49.3%，比上月下降 0.5 个百分点，未能延续上月回升势头，连续 6 个月处于荣枯线下方。

从分类指数看，生产保持扩张，市场需求有所回落。10 月份，制造业生产指数为 50.8%，比上月回落 1.5 个百分点，表明制造业生产继续保持扩张态势，但扩张步伐放缓。在调查的 21 个行业中，有 13 个行业的生产指数位于扩张区间，纺织服装服饰、造纸印刷、计算机通信设备等制造业生产指数位于 55.0%以上的较高景气区间。从需求看，新订单指数为 49.6%，比上月下降 0.9 个百分点，市场需求有所减弱。

与此同时，外贸市场低位运行，价格指数有所回落。国家统计局服务业调查中心高级统计师赵庆河分析，受全球经济持续放缓等因素影响，制造业新出口订单指数和进口指数为 47.0%和 46.9%，分别比上月下降 1.2 个和 0.2 个百分点。主要原材料购进价格指数和出厂价格指数为 50.4%和 48.0%，分别比上月下降 1.8 个和 1.9 个百分点，其中石油、钢铁、有色等行业相关价格指数相对较低。

中国物流信息中心专家文韬表示，10 月份，尽管制造业市场需求降至收缩区间，企业生产和采购增速放缓，但经济结构优化，新动能和消费品行业加速扩张，就业相对稳定。综合来看，经济增速放缓，发展质量提升。

值得关注的是，转型升级持续推进。赵庆河介绍，从重点行业看，高技术制造业、装备制造业和消费品行业 PMI 为 51.4%、50.3%和 50.8%，分别高于制造业总体 2.1 个、1.0 个和 1.5 个百分点，均运行在景气区间。制造业内部结构继续优化，消费对经济发展的基础性作用持续显现。

从非制造业看，10 月份，非制造业商务活动指数为 52.8%，比上月回落 0.9 个百分点，继续在扩张区间运行。在非制造业 PMI 各单项指数中，新出口订单、在手订单、存货和业务活动预期指数环比有所上升，升幅在 0.1～1.0 个百分点之间；从业人员指数与上月持平；新订单、中间投入价格、收费价格和供应商配送时间指数环比有所下降，降幅在 0.1～1.5 个百分点之间。

中国物流信息中心专家武威表示，受需求回落影响，市场经营活动和价格均有回调，非制造业增速有所趋缓，但 52.8%的指数水平表明非制造业仍保持较快增长趋势。

10 月份，综合 PMI 产出指数为 52.0%，较上月回落 1.1 个百分点。从未来预期看，10 月份，制造业生产经营活动预期指数为 54.2%，比上月下降 0.2 个百分点，但仍高于第三季度均值。其中，大型、中型和小型企业的生产经营活动预期指数分别为 54.5%、54.4%和 53%。

国务院发展研究中心研究员张立群分析，10 月份生产经营活动预期指数下降，表明企业对未来市场前景信心不足；采购量、进口量、购进价格等指数下降，表明企业生产经营活动趋向收缩。综合研判，当前经济下行压力进一步加大。必须着力加强宏观政策逆周期调节力度，积极扩大有效内需与投资，切实防止经济下行惯性不断加大的趋势持续发展。

资料来源：林火灿．十月份制造业 PMI 回落，非制造业商务活动指数扩张．经济日报，2019-11-01.

（三）宏观经济政策

除上述各影响因素外，一国政府所采取的经济政策往往会对证券市场产生很大的影响：

（1）财政政策对证券市场的影响。财政政策主要包括国家预算、税收、财政补贴、转移支付等。一般来说，宽松的财政政策扩大社会总需求，从而刺激投资和消费。比如减税可以增加微观经济主体的收入，从而增加人们的投资需求和消费支出；扩大财政支出可以直接增加对产品和劳务的总需求，刺激企业增加投资、扩大就业。这都会使企业的利润增加，从而促使股票价格上涨。

（2）货币政策对证券市场的影响。货币政策主要包括法定准备金率、再贴现政策和公开市场业务。一般来说，宽松的货币政策会使市场上货币供给增加、资金供给充足、银行利率下降，进而促使社会总需求增加，证券价格随之上扬；而收紧的货币政策往往使得证券市场价格下降。

二、行业经济分析

不同行业之间的发展业绩是很不一样的，因此，分析行业所属的市场类型和所处的生命周期阶段对长期投资是十分必要的。

（一）行业类型

行业的市场结构随着该行业中企业的数量、产品的性质、价格的制定及其他一些因素的变化而变化。根据不同的市场结构，行业可分为完全竞争行业、垄断竞争行业、寡头垄断行业、完全垄断行业四种类型。

（1）完全竞争行业。主要以初级产品为主，产品附加值低、技术含量低、进入壁垒也比较少，企业间竞争十分激烈。对这类企业投资时风险较大，但少数企业日后可能成为该行业的霸主，应选择这样的企业进行投资，才能获得较高的收益。

（2）垄断竞争行业。主要以制造品为主，产品的附加值和技术含量存在较大差异，少数企业在该市场中占有一定的垄断地位，应选择这样的企业进行投资。

（3）寡头垄断行业。主要以基础原材料工业、资金密集型产业和国家支柱制造业为主，投资壁垒较大，企业数量较少。该行业可分为朝阳产业和夕阳产业，应注意选择朝阳产业进行投资。

（4）完全垄断行业。主要以公用事业、大型基础建设、独有技术产业为主，进入壁垒很大，企业数量几乎唯一。这类行业又可以分为两类：一类是以公用事业、大型基础建设为代表的风险较小、收益稳定的行业，适合稳健的投资者进行投资；另一类是以高科技为主的风险较大、收益极不稳定的新兴行业，追求高风险、高收益的投资者可以选择这类企业进行投资。

(二) 行业生命周期

任何一个行业都要经历一个从初创到衰退的发展演变过程。行业的生命周期一般可分为初创阶段、成长阶段、成熟阶段和衰退阶段（见图 8-3），每一个阶段又有其不同的特点。

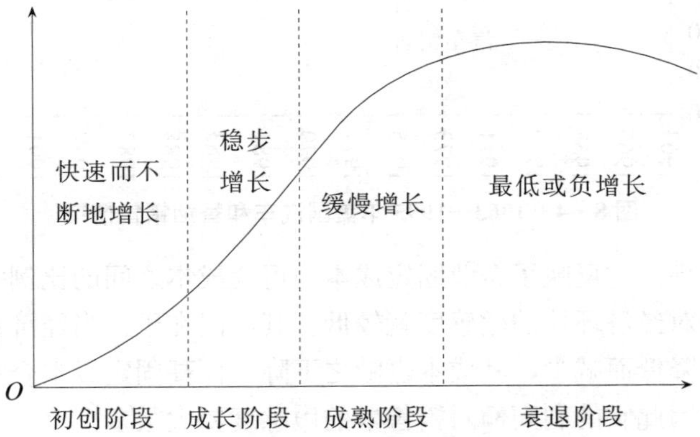

图 8-3 行业生命周期示意图

(1) 初创阶段。在这一阶段，由于企业刚刚诞生不久，其研发费用较大、企业的创办成本较高，而产品的现实需求较小，所以企业的销售收入很少。这一阶段的风险较大，投资者应十分谨慎。

(2) 成长阶段。在这一阶段，企业的生产技术日益完善，现实需求逐步增大，产品成本降低，行业进入高收入、高风险、高利润时期。同时，投资厂商大量增加，竞争趋于激烈，那些经营不善的企业往往会被合并，只有少数资本和技术力量比较雄厚、经营管理有方的企业可以脱颖而出，成为少数的垄断者。

(3) 成熟阶段。在这一阶段，市场需求趋于饱和，产品的销售增长率减缓，在竞争中生存下来的少数大厂商垄断了整个行业的市场，它们各自占据一定的市场份额，新企业很难进入。该阶段的行业利润较为稳定，风险也相对较低，投资者也希望开始回收资金。

(4) 衰退阶段。在这一阶段，新产品和替代品已经出现，原行业的市场需求开始减少，一些企业开始向其他行业转产。原行业销售利润下降，市场逐渐萎缩，投资者应避免投资处于衰退阶段的行业。

(三) 对经济周期的敏感度

如前所述，不同的行业对经济周期的敏感度不同。考虑 1963—1995 年美国汽车和烟草销售的情况（如图 8-4 所示）。为了便于比较，我们把二者在 1963 年的销售量都设为 100。很明显，烟草行业受经济周期的影响很小，而汽车生产则具有极大的波动性。这是因为烟草消费绝大部分是由习惯决定的，即便在经济困难时期，它也只会引起烟草消费的小部分调整，而在经济衰退时期，消费者会尽量延长旧汽车的使用期，直至他们的收入提高后购买新车为止。

一般来说，企业对经济周期的敏感度主要取决于三个因素：

(1) 销售额对经济周期的敏感度。对经济周期敏感度较高的行业包括生产机器设备、钢铁、交通工具等的制造业；而那些生活必需品行业，包括食品、药物和医疗服务等，则对经济周期的敏感度很低。

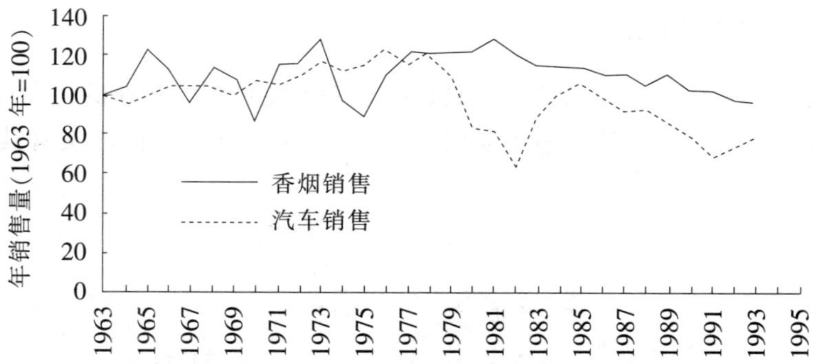

图 8-4　1963—1995 年美国汽车和香烟销售情况

（2）经营杠杆比率。它反映了企业固定成本与可变成本之间的比例关系。如果企业的可变成本较高，那么它对经济环境的敏感度就较低。其原因在于：当经济衰退时，这些企业的产量会随着销售量的降低而减少，其成本也随之下降。而高固定成本企业的大部分成本不能抵消其收入的变动，因此它的利润额对销售量的敏感度要大很多。

我们可以举例说明这个问题。假设在同一行业中有两家公司，它们在经济周期的各个阶段（衰退、正常或扩张）都有相同的销售收入。假设公司 A 的固定成本为 500 万元，每件产品的可变成本为 1 元，而公司 B 的固定成本为 800 万元，每件产品的可变成本只有 0.5 元，两家公司的销售利润如表 8-2 所示。

表 8-2　　A、B 两家公司在不同经济状况下的利润对比

	衰退（A）	衰退（B）	正常（A）	正常（B）	扩张（A）	扩张（B）
销售量（百万）	5	5	6	6	7	7
单价（元）	2	2	2	2	2	2
销售额（百万元）	10	10	12	12	14	14
固定成本（百万元）	5	8	5	8	5	8
可变成本（百万元）	5	2.5	6	3	7	3.5
总成本（百万元）	10	10.5	11	11	12	11.5
利润（百万元）	0	−0.5	1	1	2	2.5

表 8-2 说明了在经济衰退期，公司 A 的盈利会高于公司 B，但在经济扩张时期则恰恰相反。公司 A 的总成本会随营业收入的变动而大幅变动，这就使它在经济衰退时能保持一定的盈利，但在经济扩张时，这种成本特性却阻碍了它的进一步发展。

营业杠杆度（Degree of Operating Leverage，DOL）是指净利润对销售额的敏感度。其计算公式如下：

$$DOL=\frac{\text{净利润变动的百分比}}{\text{销售额变动的百分比}}$$

若 DOL 大于 1，说明公司具有营业杠杆性质。比如，$DOL=2$，说明销售额 1%的变动会引起净利润 2%的同向变动。同时，当公司的固定成本上升时，其营业杠杆度也会上升，我们可以用另一种方式表示 DOL：

$$DOL=1+\frac{\text{固定成本}}{\text{利润}}$$

我们继续关注表 8-2 中的两家公司。当 A、B 两家公司从正常经济状况过渡到扩张经济状况时，公司A的销售收入上升了16.7%（从600万元到700万元），同时其净利润上升了100%（从100万元上升到200万元）。所以，公司A的*DOL*为：

$$DOL(A)=\frac{100\%}{16.7\%}=6$$

我们也可以通过固定成本计算A公司的*DOL*值：

$$DOL(A)=1+\frac{500}{100}=6$$

公司B从正常经济状况过渡到扩张经济状况时，它的净利润从100万元上升到了250万元，上升了150%。因此，公司B的营业杠杆度为：

$$DOL(B)=\frac{150\%}{16.7\%}=9$$

我们也可以通过固定成本来计算：

$$DOL(B)=1+\frac{800}{100}=9$$

（3）融资杠杆度。它反映企业使用债务的程度。由于债务的利息支付与销售额无关，可以看作提高净利润敏感度的固定成本。

不同的投资者会有不同的风险偏好。稳健的投资者可以选择对经济周期不敏感的行业进行投资，以获得较为稳定的投资收益。而有些投资者会选择那些对经济周期敏感度较高的行业，虽然有更大的风险，但在经济复苏时却有更大的收益。

三、财务分析

在股票市场中，上市公司的经营状况是决定其股票价格的长期重要因素，而上市公司的经营状况主要通过其财务报表反映出来，因此投资者在进行投资决策时，分析和研究上市公司的财务报表是非常重要的。

（一）公司背景

证券分析师在分析某家公司的财务状况时总是从该公司的背景分析入手，包括分析该公司的历史、营销渠道、顾客、竞争对手、创新能力及公司管理人员的素质等。下面，我们将以某上市公司为例说明如何进行公司的财务分析。

X公司2001年上市，其主营业务为大城市的住宅开发，现在是沪深300指数、中证100指数、深证成份指数、道琼斯中国指数等指数的成份股。公司前十大股东的情况为：四个为公司，四个为基金，一个为QFII，一个为个人。基金持股占流通A股的37.49%，QFII持股占流通A股的1.54%，保险持股占流通A股的1.73%。其总股本、实际流通股、总资产排名均为同行业第一名，主营业务收入为同行业第一名，净利润增长率为同行业99家上市公司的第55名，并且其2019年累计涨幅超过同行业的平均涨幅。

（二）主要财务报表类型

财务报表是由上市公司定期提供并由证券交易所在公众媒介，如《中国证券报》《上海证券报》上等向公众发布的报表，主要包括资产负债表、利润及利润分配表、现金流量表。

下面介绍该公司的几个主要财务报表：

（1）资产负债表，它是公司最主要的综合财务报表之一。投资者可以通过分析资产负债表对公司资本结构是否合理、流动资金是否充足作出判断。资产负债表的第一部分列示了公司的资产：首先是流动资产，如现金及现金等价物、应收账款与存货等其他项目，其中，存货将在一年之内转化成现金。接着列示的是长期资产，它主要包括公司的不动产、厂房与设备等。然后是固定资产、无形资产及其他资。流动资产、长期资产、固定资产、无形资产及其他资产的和称为总资产，列为该表资产部分的最后一项。同样，负债及股东权益部分也如此安排。首先是短期或流动负债，如应付账款、应缴税金与一年内到期的负债。接着是长期负债与一年以上的其他负债。总资产与总负债的差额叫作股东权益，它是公司的净资产或者账面价值，股东权益可分为股本、资本公积、盈余公积及未分配利润。下面给出 X 公司 2019 年的资产负债表，见表 8－3。

表 8－3　　X 公司 2019 年的合并资产负债表

编制单位：X 公司　　2019 年 12 月

项目	金额（万元）
资产	
流动资产	
现金及现金等价物	1 074 470.42
应收账款	312 353.35
存货	3 080 955.61
流动资产合计	4 467 779.38
长期投资	325 254.84
固定资产	51 029.11
无形资产及其他资产	6 728.43
资产总计	4 850 791.76
负债及股东权益	
流动负债	
短期借款	1 590 348.78
应付账款	595 226.35
应缴税金	6 089.57
流动负债合计	2 191 664.70
长期负债	958 527.45
负债合计	3 150 192.15
股东权益	
股本	436 989.88
资本公积	543 177.75
盈余公积	440 208.79
未分配利润	280 223.19
股东权益合计	1 700 599.61
负债及股东权益总计	4 850 791.76

（2）利润及利润分配表，它可以帮助投资者了解、分析公司的盈利能力、经营状况。利

润及利润分配表由三个部分组成：第一部分是营业收入；第二部分是与营业收入有关的生产性费用和其他费用；第三部分是利润及利润在股利与留存收益之间的分配。X 公司 2019 年的利润及利润分配表见表 8－4。

表 8－4　　X 公司 2019 年的利润及利润分配表

编制单位：X 公司　　2019 年 12 月

项目	金额（万元）
一、主营业务收入	1 784 821.03
减：主营业务成本	1 120 186.64
主营业务税金及附加	157 359.68
二、主营业务利润	507 274.72
加：其他业务（亏损）利润	－143.23
减：营业费用	62 571.68
管理费用	85 196.29
财务费用	14 015.16
三、营业利润	345 348.36
减：投资损失	6 455.32
加：营业外收入	2 130.74
减：营业外支出	1 371.96
四、利润总额	339 651.82
减：所得税	108 807.78
少数股东损益	15 380.12
五、净利润	215 463.93
加：年初未分配利润	61 389.45
六、可分配利润	276 853.38
减：提取法定盈余公积金	21 546.39
七、可供股东分配的利润	255 306.99
减：提取任意盈余公积金	129 278.36
应付普通股股利	59 174.78
八、年末未分配利润	66 853.85

（3）现金流量表。现金流量表可以为会计报表的使用者提供企业一定会计期间内的现金及现金等价物流入和流出的信息，以便报表使用者了解企业获取现金及合理运用资金的能力，并预测企业未来的现金流量。现金流量表可以分为经营活动、投资活动和筹资活动的现金流量三个部分。X 公司 2019 年的现金流量表见表 8－5。

表 8－5　　X 公司 2019 年现金流量表

编制单位：X 公司　　2019 年 12 月

项目	金额（万元）
销售商品、提供劳务收到的现金	1 903 145.14
收到的其他与经营活动有关的现金	50 916.97
现金流入小计	1 954 062.11
购买商品、接受劳务支付的现金	1 979 491.94
支付给职工以及为职工支付的现金	74 926.32

续前表

项目	金额（万元）
支付的各项税费	199 211.26
现金流出小计	2 256 474.26
经营活动产生的现金流量净额	(302 412.15)
收回投资所收到的现金	43 691.18
分得股利或利润所收到的现金	67.76
现金流入小计	43 758.94
购建固定资产等长期资产所支付的现金	13 601.82
权益性投资所支付的现金	163 070.67
债权性投资所支付的现金	22 268.53
现金流出小计	198 941.03
投资活动产生的现金流量净额	(155 182.09)
吸收权益性投资所收到的现金	550 169.07
借款所收到的现金	1 142 204.02
现金流入小计	1 692 373.09
偿还债务所支付的现金	368 169.70
分配股利所支付的现金	60 605.46
偿还利息所支付的现金	57 181.91
现金流出小计	485 957.06
筹资活动产生的现金流量净额	1 206 416.03
汇率变动对现金的影响	644.25
现金及现金等价物净增加额	749 466.04

现金流量表为我们提供了一家公司经营是否健康的证据。例如，如果这家公司无法支付股利，或无法保持由经营产生的现金流之外的股本的生产率，并且它还要用借款的方式来满足这些需要，就给我们发出了一个严重的警告，这家公司在长期运营中不能保持当前水平的股利支付。

（三）比率分析

在实际分析中，我们常常将财务报表中的数据综合起来，通过构造各种财务比率指标，对公司的盈利能力、偿债能力、投资收益等方面进行分析。

1. 盈利能力分析

盈利是公司经营的主要目的，因此各项盈利指标是投资者最为关注的。检验盈利能力的指标主要有：

（1）资产报酬率（*ROA*）。

$$资产报酬率=\frac{公司税后利润}{总资产}$$

该指标可以用来衡量公司投资资源所获得的经营成效。经过计算可知，X公司的资产报酬率为4.4%。这一比值应与同行业的其他企业相比较，该比值越高，说明公司投资资源所获得的经营成效越好。

（2）股本报酬率（*ROE*）。

$$股本报酬率=\frac{公司税后利润}{平均股东权益}$$

其中，

$$平均股东权益=\frac{期初股东权益值+期末股东权益值}{2}$$

该指标体现了公司股本盈利能力的大小。X 公司 2018 年末的股东权益值为 858 122.33 万元。经计算可知，X 公司的股本报酬率为 16.84%。该指标也应与同行业的其他企业相比较，该比值越高，说明企业的盈利能力越高。

$$ROE=\frac{净利润}{税前利润}\times\frac{税前利润}{EBIT}\times\frac{EBIT}{销售收入}\times\frac{销售收入}{资产}\times\frac{资产}{股权}$$

$$① \times ② \times ③ \times ④ \times ⑤$$

因子①是税后利润与税前利润的比率，称为税收负担比率，它的值既反映了政府的税法，又反映了公司为了尽量减小其税收负担而实行的政策。就 X 公司而言，它的税收负担比率为 63.44%。

因子②是税前利润与息税前利润（EBIT）的比率，称为利息负担比率。当公司不用向其债权人支付利息时，利息负担比率将达到最大值 1。财务杠杆发挥作用的程度越高，利息负担比率越低。X 公司的利息负担比率为 85.59%。

因子③称为公司的营业利润率（Profit Margin）或销售收益率（Return on Sales，ROS）。销售收益率显示了每单位销售收入可获得的营业利润。可以算出，X 公司的营业利润率为 22.23%。

因子④是销售收入对资产的比率，称为资产周转率（Asset Turnover，ATO）。它表明公司使用资产的效率，在这个意义上，它测度出了每单位资产可产生多少销售收入。可以看出，X 公司的资产周转率为 36.79%。

因子⑤是资产与股权比率，它是公司财务杠杆作用程度的测度，称为杠杆率（Leverage Ratio），它等于 1+负债与股权比率。经计算可知，X 公司的杠杆率为 2.85。

以上这些值在做实际分析时，应与公司以往数据及同行业其他企业数据相比较。

由此可见，上式可归纳如下：

$$ROE=税收负担比率\times利息负担比率\times利润率\times资产周转率\times杠杆率$$

另外，我们再给出一个计算 *ROE* 的常用公式：

$$ROE=(1-税率)ROA+(ROA-利率)\times\frac{债务}{股权}$$

2. 偿债能力分析

对投资者来说，偿债能力分析也是十分重要的，公司偿债能力指标是判断投资安全性的重要依据。检验偿债能力的指标主要有：

（1）流动比率。

$$流动比率=\frac{流动资产}{流动负债}$$

流动比率反映了企业的短期偿债能力，该比率越大，说明企业的短期偿债能力越强。经计算可知，X 公司的流动比率为 2.04。对于计算出来的流动比率，应与同行业的平均流动比率、本企业历史的流动比率进行比较，才能得出这个比率是否合适。一般来说，营业周期、应收账款数额和存货的周转速度是影响流动比率的主要因素。

（2）速动比率。

$$速动比率=\frac{现金+应收账款}{流动负债}$$

由于企业的存货不一定都可以变现，因此用剔除存货的速动比率来衡量短期偿债能力更为可信。经计算可知，X 公司的速动比率为 0.63。这一比率同流动比率一样，应与行业的平均水平进行比较。影响速动比率的重要因素是应收账款的变现能力。

（3）利息支付倍数。

$$利息支付倍数=\frac{息税前利润}{利息费用}$$

该指标反映了企业的经营效益为所需支付的债务利息的倍数。高的利息支付倍数说明企业破产的可能性很低，因为企业有足够的钱来偿还利息费用；反之，则说明企业的信用风险较高。经计算可知，X 公司的利息支付倍数为 6.94，这一指标在使用时也应与同行业的其他企业进行比较。

（4）存货周转率。

$$存货周转率=\frac{销货成本}{平均存货}$$

其中，

$$平均存货=\frac{期初存货+期末存货}{2}$$

存货周转率是衡量企业购入存货、投入生产、销售收回等各环节管理状况的综合性指标。一般来说，存货周转率越高，说明存货占用水平越低、流动性也越强，从而说明企业的短期偿债能力越强。X 公司 2018 年末的存货为 1 484 948.11 万元，可以算出其存货周转率为 49.07%。

3. 投资收益分析

指标分析中另一个比较重要的方面是投资收益分析，其主要分析指标有：

（1）普通股每股净收益。

$$普通股每股净收益=\frac{净利润-优先股股利}{发行在外的加权平均股股数}$$

该指标反映的是普通股的获利水平，其值越大，说明每一股份可获得的收益就越高，股东的投资收益就越好。可以计算，X 公司每股净收益为 0.493 元。

（2）市盈率（P/E）。

$$市盈率=\frac{每股市价}{每股税后净收益}$$

该指标反映了投资者对每元净利润所愿意支付的价格，是估算投资回收期、显示企业投资价值的重要指标。一般来说，这个比率越低越好，因为低市盈率意味着投资者可以以更低的价格获得相同的回报。但在我国证券市场上，这个指标越高，说明该公司的增长潜力越大，公众对该股票的评价也越高。但应该注意的是，在市场过热、投机气氛过浓时，这一指标可能被扭曲，从而不能反映公司的真实情况。

（四）财务分析应注意的问题

在实际进行投资分析时，仅仅查看上市公司年报的数据是不够的，还应注意是否存在以下几种因素的影响使得财务报表不能反映该公司的客观实际：

（1）会计和税收政策的变化。当企业的会计政策发生变更时，会对企业的财务状况产生较大的影响。同时，不同国家所采取的不同会计准则也会影响企业的经营业绩。例如，不同的准备金惯例、不同的无形资产摊销方式等，都应结合其所采用的会计准则加以分析。而税收政策的变化对企业财务状况的影响更为明显。如果税率下降，等额的税前利润会使企业有更高的税后利润。如果从生产型增值税转变为消费型增值税，则意味着增值税税基的缩小，有利于企业业绩的提高。

（2）存货的估计。通常有两种方法可以对存货的价值进行估计：先进先出法（FIFO）和后进先出法（LIFO）。当经济处于通货膨胀或通货紧缩时，这两种方法所估计的销售成本就会有所不同，因此所反映的利润也会有差异。

（3）折旧。采用不同的计提折旧的方法同样会对企业的财务状况产生影响。比如分别采用直线折旧和加速折旧的两家公司 A 和 B，即使它们每年都拥有相同的销售利润，在采用加速折旧法的前几年，B 公司的账面收益会低于 A 公司，而在后几年，B 公司的账面收益又会高于 A 公司。

（4）通货膨胀。通货膨胀是影响财务数据可靠性的另一个重要因素，它不仅会使存货成本、折旧费用发生扭曲，还会对销售收入、实际利息费用产生影响，我们在具体分析时应注意调整。

第二节 技术分析

技术分析是证券投资分析的重要方法，它是应用一定的逻辑思维和数学方法，对市场过去和现在的行为进行归纳和总结，从而预测证券市场未来的变化趋势。

技术分析是建立在一定假设基础上的，通常认为技术分析有三大假设：

（1）证券的市场行为已经包括了宏观、微观经济的一切信息。

（2）价格总是按照某种运动趋势运动。技术分析认为趋势是存在的，价格依照趋势运动的方向而改变；正在进行中的趋势将持续下去，除非出现某些外力使这个趋势停止甚至反转。

（3）价格的运行方式往往会重复历史。技术分析对市场行为的研究与心理学等学科是分不开的。股市投资者趋利的动机是千古不变的本质因素，人性中的许多弱点会反复呈现。据此，一些典型的形态在过去 100 年中都已被辨认、分类，并被用来反映一些表现在价格上的市场心理状况。由于这些形态在过去都能较为准确地反映一些市场信息，而人们的心理特性不会随着时间迅速改变，所以它在将来也一定能重现。相信“历史往往重演”是借助过去预测未来走向的前提，也是数学外推法的应用基础。

在进行技术分析时，我们应主要关注证券市场的价格变化、相应的成交量及完成这些变化所需要的时间。目前，主要的技术分析方法有趋势分析、形态分析及指标分析。

一、趋势分析

（一）道氏理论

道氏理论是技术分析的鼻祖。查尔斯·道于 1884 年 7 月 3 日首创了股票市场平均价格指数，这就是道琼斯指数的前身。

道氏理论是利用纽约证券交易所 30 种工业股的平均股票价格指数、20 种铁路股指数及 15 种公用事业股的平均股票价格指数为工具来观察股票价格变动的一种方法，它的基本思想如下：

（1）平均价格可以反映出市场的大部分行为。这一原则表明，所有可能影响供求关系的因素都可由平均价格来表现。

（2）市场具有三种趋势，即主要趋势、次要趋势和短暂趋势。主要趋势通常的持续时间为一年以上，并导致股份增值或贬值 20%以上，其上升趋势被称为“牛市”，下降趋势被称为“熊市”。次要趋势代表主要趋势中的调整，通常持续三周到三个月，是牛市或熊市中的一次反转。短暂趋势的持续时间通常为三周以内，是次要趋势中的短暂波动。

（3）各种平均价格必须相互验证。依据道氏理论，必须有两个以上的平均价格都发出同样的看涨或看跌信号，否则不能认为趋势发生变化。具体而言，只有两个及以上平均价格都涨过各自前一轮次要趋势的峰值，才能认定是牛市的开始；反之，只有两个及以上的平均价格都跌过各自前一轮次要趋势的谷底，才能认定是熊市的开始。

（4）交易量在验证趋势中起到重要作用。道氏理论认为，当价格顺着大趋势发展时，交易量应日益增加，而逆着趋势发展时，交易量应日益减少。

（5）在趋势分析中仅依赖于收盘价。只有收盘价穿越了前一个高峰或低谷才是有效的，即使日内价格穿越都被视为无效。

图 8-5 是我国上证 A 股指数 1994 年 1 月—2020 年 1 月的走势图。

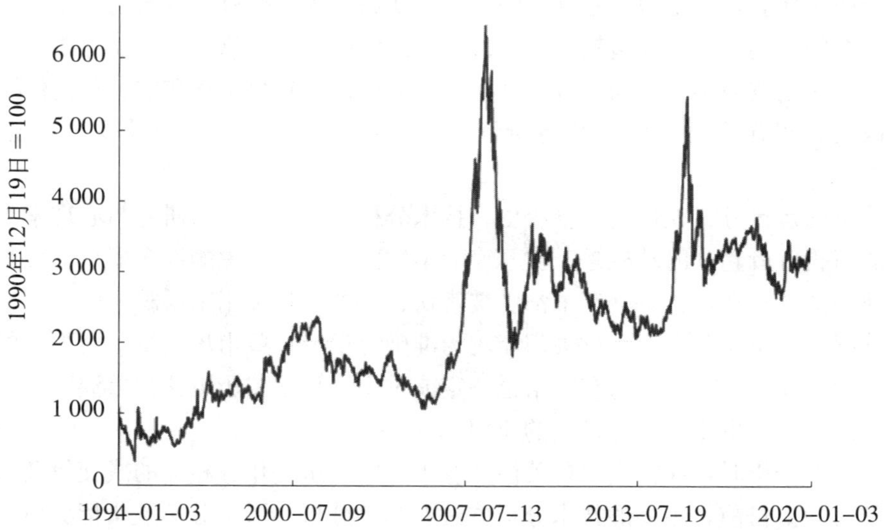

图 8-5　我国上证 A 股指数 1994 年 1 月—2020 年 1 月的走势

资料来源：Wind 资讯。

从图8－5中可以看出，我国股市从1990年以来经历了牛市和熊市的几番交替的过程。1992年8月—1994年8月股市变冷，上证A股指数两个半月内跌幅达到45%。直到1994年7月30日，《人民日报》发表证监会与国务院有关部门共商稳定和发展股票市场的措施的文章，推出“停发新股、允许券商融资、成立中外合资基金”三大利好救市政策，引发8月狂潮。上证A股指数从当日收盘的333.92点，涨至1994年9月13日的1 052.94点，累计涨幅为215.33%。1996年12月16日《人民日报》特约评论员文章《正确认识当前股票市场》终于扼住了涨势的咽喉。当天，沪深两市均跌了10%，大部分股票被巨大的卖单封死在跌停板上。1999年6月多重利好促股市大涨。6月10日，中国人民银行宣布第七次降息。6月15日，《人民日报》再次发表特约评论员文章《坚定信心，规范发展》重申股市是恢复性上涨，呼吁各方面要坚定信心、发展股市、珍惜股市的大好局面。随后，管理层还允许三类企业获准入市，当天大盘跳空高开，上证A股指数大涨103.52点，涨幅为6.59%。2001年7月国有股减持在新股发行中正式开始，股市暴跌。到2001年10月19日，上证A股指数已从6月14日的2 245点猛跌至1 514点，50多只股票跌停，当年80%的投资者被套牢，基金净值缩水了40%，而券商佣金收入下降了30%。2006年9月，股权分置改革基本结束，许多已在海外上市的企业回归A股，我国又迎来了新一轮大牛市。至2007年10月16日，上证A股指数推高至6 124点，与2005年6月的市场低点相比，涨幅超过500%。随着美国次贷危机的爆发和我国“大小非”解禁潮的到来，股票价格暴跌，至2008年10月28日，上证A股指数跌回最低点1 664点的水平。股市严重低迷，为了拯救中国的经济，国家采取救市措施并开始实施“四万亿元”计划。股市迅速回暖，至2009年8月4日恢复到3 478点。随着产能过剩的逐渐显现和出口市场的大幅萎缩，上证A股指数下调至2013年6月28日的2 071点。由于利率低位运行，加之政府的政策支持和融资规模的迅速膨胀，股市又经历了一个波澜壮阔的“杠杆牛市”，至2015年6月12日指数升至高点5 423点。好景不长，这轮“杠杆牛市”制造的股价泡沫迅速破灭，出现千股跌停的惨烈局面，至2016年1月29日上证A股指数跌至2 864点。之后开始缓慢回暖，直到2018年1月24日上证A股指数达到高点3 728点，之后在美股带领下全球股市纷纷下跌。2019年，股市受到央行降准、科创板开板、中美贸易摩擦等影响经历几番上升和下降，最终在3 100点上下波动。

但在实际应用时，我们会发现道氏理论存在以下几方面的不足：道氏理论在辨别主要趋势时是成功的，但对于那些小的波动则无能为力，甚至对判断次要趋势的帮助都不大。另外，道氏理论的可操作性比较差，它所给出的买卖信号太迟，并且理论本身也有不明确的地方。由于该理论已经存在上百年了，其中有些理论也已不再适用于当前的投资分析。

(二) 支撑线和压力线

支撑线是指当价格下降到某个价位附近时，由于多方大量购进促使价格停止下跌，还可能有所上升；压力线是指当价格上升到某个价位附近时，由于空方大量抛售造成价格停止上涨甚至回落。

支撑线和压力线通常被看作投资者的共同心理作用的结果。比如，就压力线而言，在下跌行情中，当价格达到压力线附近时，那些以该价格买进的人会迫切地想卖出，从而产生抛售的压力。

支撑线和压力线在判断趋势时有很重要的应用。在上升趋势中，价格必须突破前一段的压力线，才能保持上升的行情。反之，若未能突破压力线，反而突破了支撑线，则很有可能意味着趋势的反转，如图8－6所示。

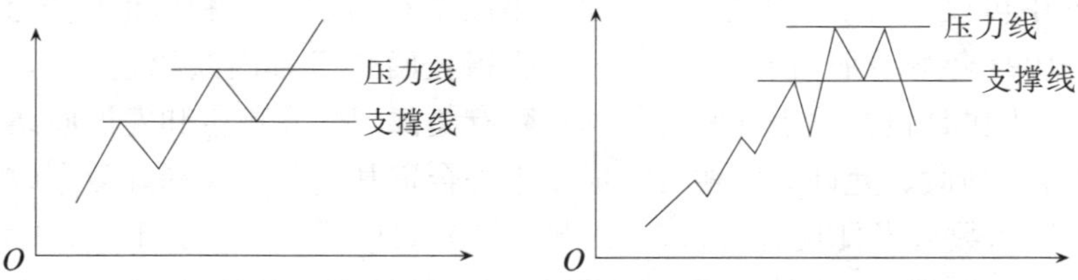

图 8－6　上升行情中的支撑线和压力线

反之，在下降趋势中，若价格突破支撑线，则说明价格很有可能继续下降；如果价格未突破支撑线，反而突破压力线，则说明可能已转为上升趋势，如图 8－7 所示。

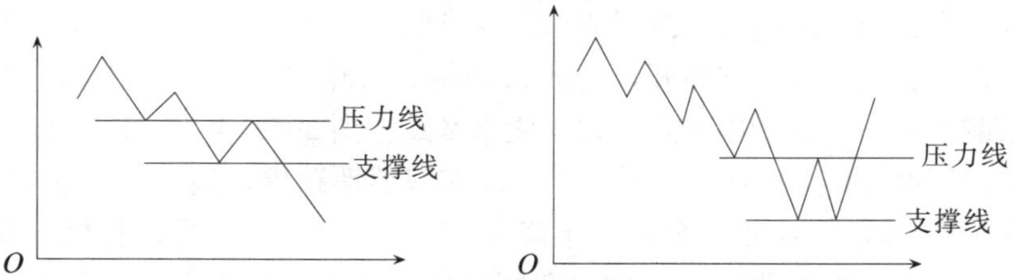

图 8－7　下跌行情中的支撑线和压力线

支撑线和压力线是可以相互转化的。当支撑线被突破时，它就成了下一轮价格变化的压力线；同样，当压力线被突破时，它就成了下一轮价格变化的支撑线，如图 8－8 所示。

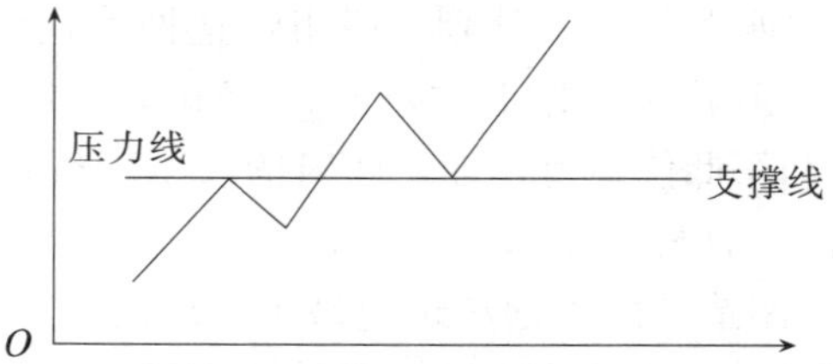

图 8－8　支撑线和压力线的转化

下面给出我国股市中的一个实例，多佳股份（600086）1997 年 6 月—1999 年 12 月的走势，见图 8－9。

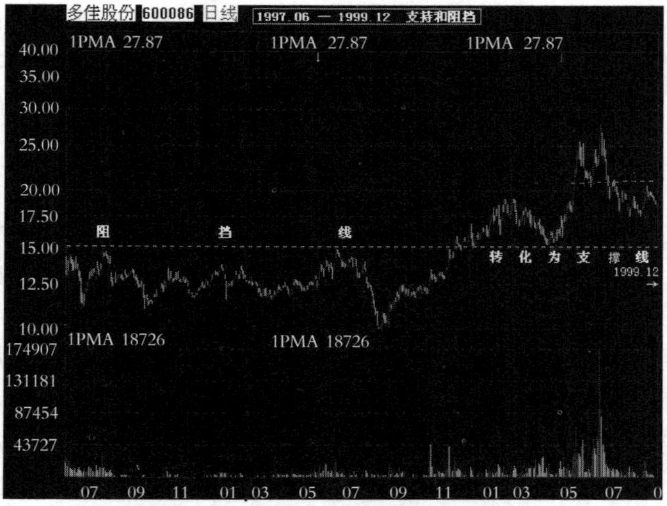

图 8－9　多佳股份（60086）1997 年 6 月—1999 年 12 月的走势图

从图 8－9 中可以看出，15 元的价格线在 1998 年 11 月以前是压力线，在 1998 年 11 月之后转为支撑线了。

二、形态分析

道氏理论说明的是一个长期的运动趋势，但股票价格在短期内可能偏离这一趋势。形态分析的意义是在趋势即将发生变化之前，在它酝酿变动的时期就将可能的变动方向识别出来，从而提高预测的准确性。

形态理论可以分为反转形态和整理形态两大类。反转形态意味着趋势可能要发生反转，整理形态则表明市场可能只是暂时做一段时间的调整，之后趋势仍会继续。

（一）反转形态

下面给出的几种图形是比较典型的反转形态，当有下面这几种图形出现时，很可能意味着趋势的反转。

（1）头肩形。头肩形是反转形态中最著名、最可靠的反转形态，其标准形态由一个主峰、两个次峰构成，主峰为头，两个次峰分别为左肩和右肩，连接左肩和右肩低点（或高点）的直线称为颈线。只有价格突破了颈线，才能确认头肩形反转形态的形成。头肩形可分为头肩顶（见图 8－10）和头肩底两种（见图 8－11）。

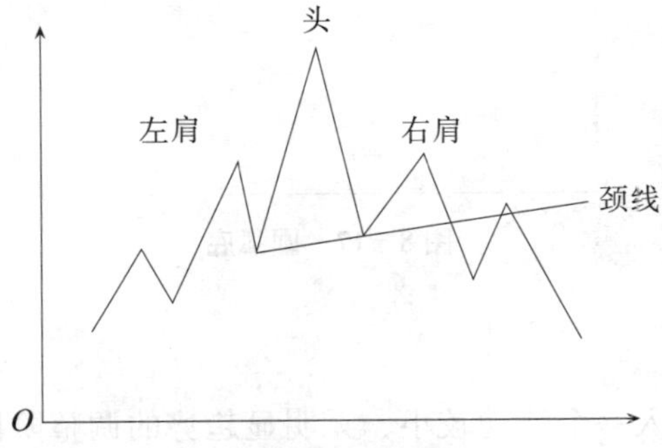

图 8－10 头肩顶

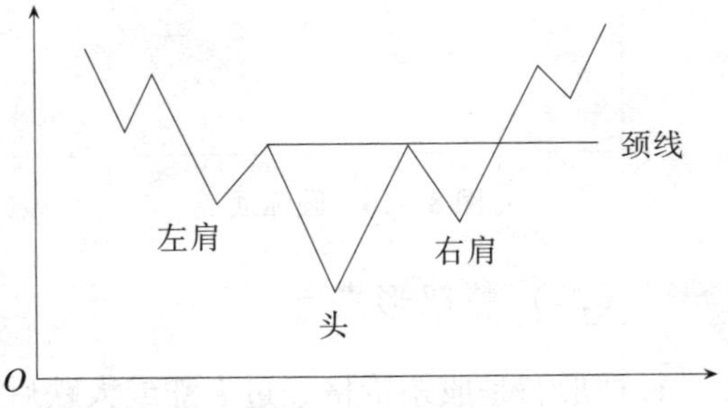

图 8－11 头肩底

（2）双重顶和双重底。双重顶（见图 8－12）和双重底（见图 8－13）在市场中是十分常见的，即通常所说的 M 顶和 W 底。从形态上说，这种图形由两个高点或两个低点构成，过中间的低（高）点作一条平行于两个高（低）点所成直线的平行线，此线被称为颈线，只有颈线被突破，才能确认为双重顶（底）的形成。

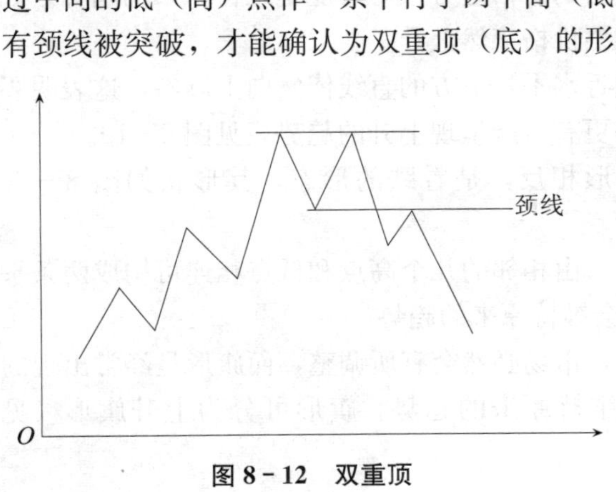

图 8－12 双重顶

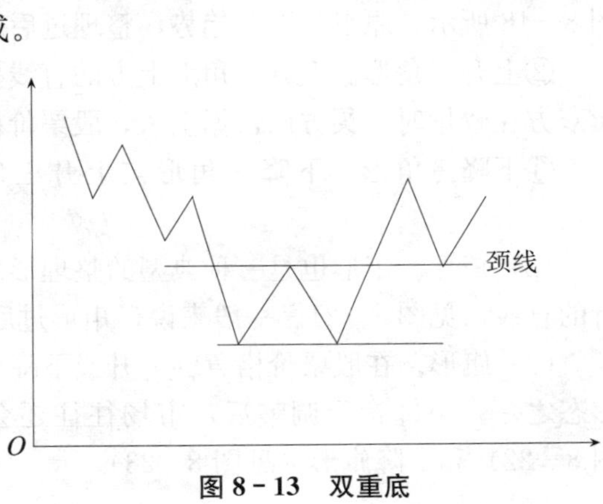

图 8－13 双重底

（3）V形顶和V形底。V形代表一种剧烈的市场反转，且顶和底只出现一次，没有试探顶和底的过程。在确认V形时，应有成交量的增加相配合。在我国，V形多是由某些消息引起的。V形可以分为V形顶（见图8－14）和V形底（见图8－15）。

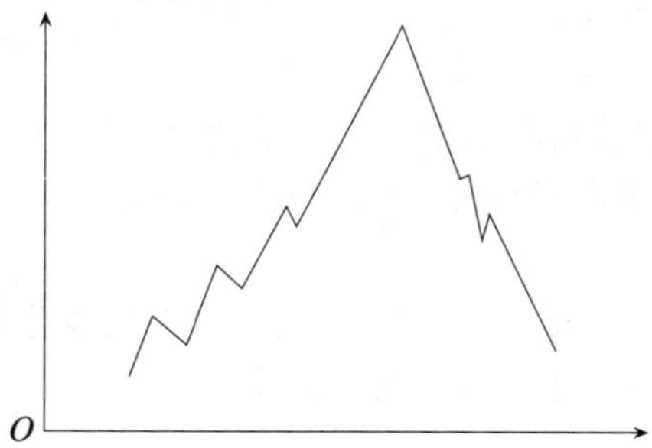

图8－14　V形顶

图8－15　V形底

（4）圆弧形。圆弧形是比较罕见的反转形态，它代表趋势很平缓、逐渐的变化。一般来说，在圆弧形的形成过程中，其成交量在两头比在中间时要大。圆弧形可以分为圆弧顶（见图8－16）和圆弧底（见图8－17）两种。

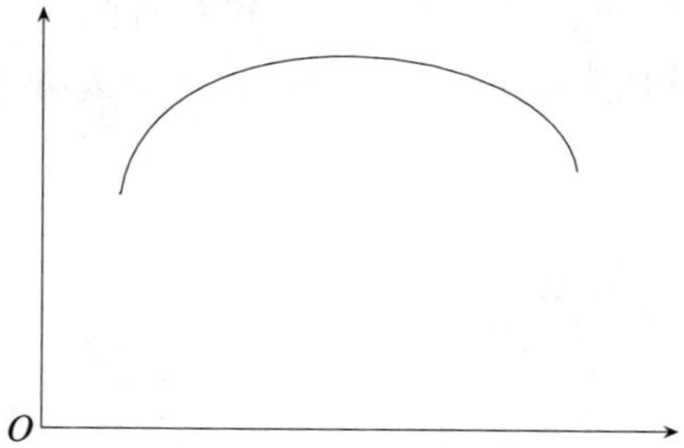

图8－16　圆弧顶

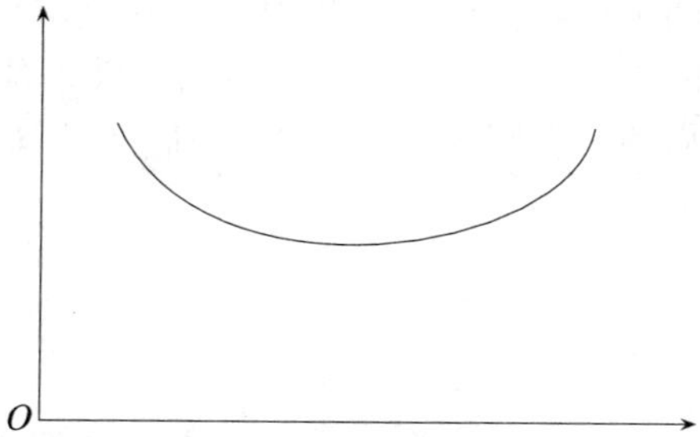

图8－17　圆弧底

（二）整理形态

整理形态是股票价格经过大涨或大跌后，进入一个波动较小、无明显趋势的调整阶段。一般来说，整理形态包括三角形、矩形、旗形、楔形几种形态。

（1）三角形。三角形是比较典型的整理形态，连接短期的高点和低点，其图像呈现出对称三角形、上升三角形或下降三角形几种形态。

①对称三角形。对于对称三角形而言，今后的价格走势很有可能是维持原来的趋势。如图8－18所示，原来是上升趋势，整理过后股票价格依然上升。

②上升三角形。上升三角形上方的直线接近水平，下方的直线依然向上倾斜，这表明买卖双方在较量时，买方已占据上风，股票价格更有可能呈现上升的趋势，见图8－19。

③下降三角形。下降三角形与上升三角形相反，是看跌的形态，其形状如图8－20所示。

（2）矩形。矩形也是一种典型的整理形态，由相邻的几个高点和低点相连可构成两条平行的直线，见图8－21。一般来说，矩形过后会维持原来的趋势。

（3）旗形。在股票价格急剧上升或下降后，市场必然会有所调整，而旗形是经常出现的形态之一。经过旗形调整后，市场往往还会维持原来的趋势。旗形可分为上升旗形（见图8－22）和下降旗形（见图8－23）。

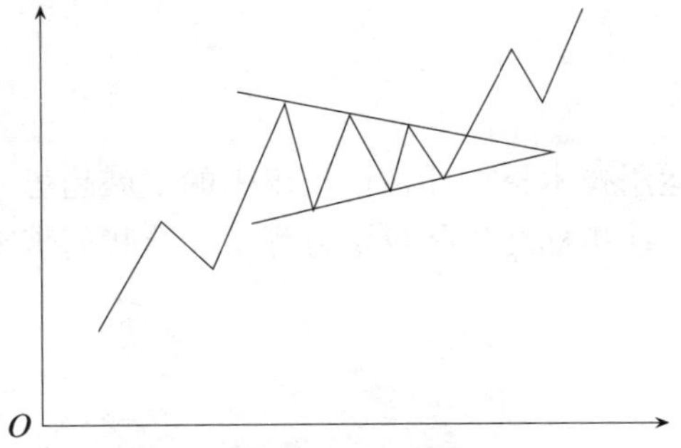

图 8－18　对称三角形

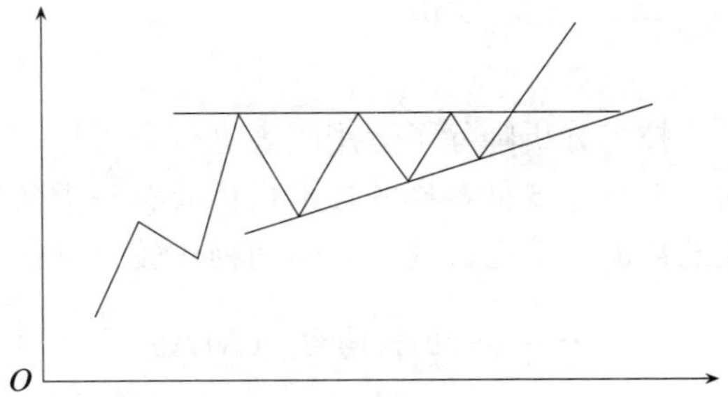

图 8－19　上升三角形

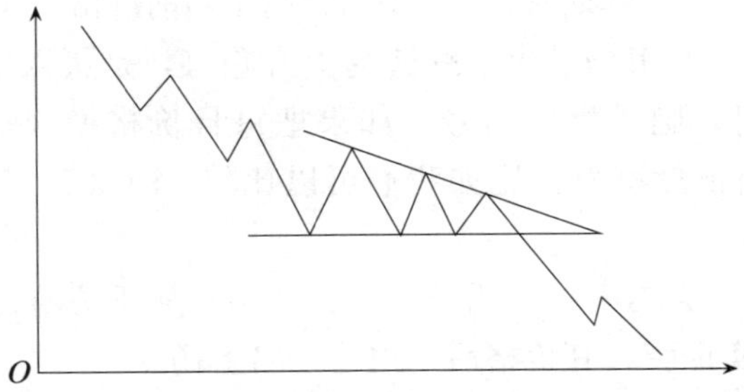

图 8－20　下降三角形

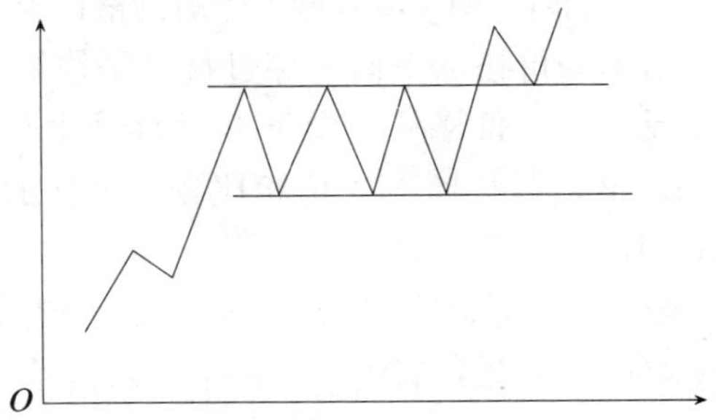

图 8－21　矩形

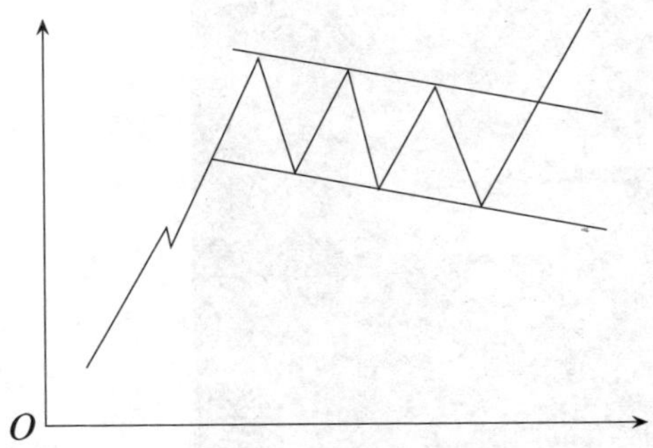

图 8－22　上升旗形

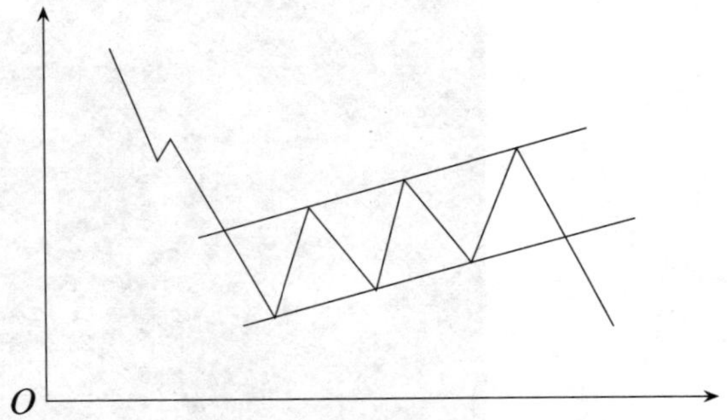

图 8－23　下降旗形

（4）楔形。楔形是股票价格在由逐渐降低的高点和低点所组成的波动区域内构成的整理形态。楔形整理过后一般会维持原来的趋势。与三角形不同，楔形的两条边都是斜线，且在观察期内不能形成一个角，其整理时间也较长。楔形可分为上升楔形（见图 8－24）和下降楔形（见图 8－25）。

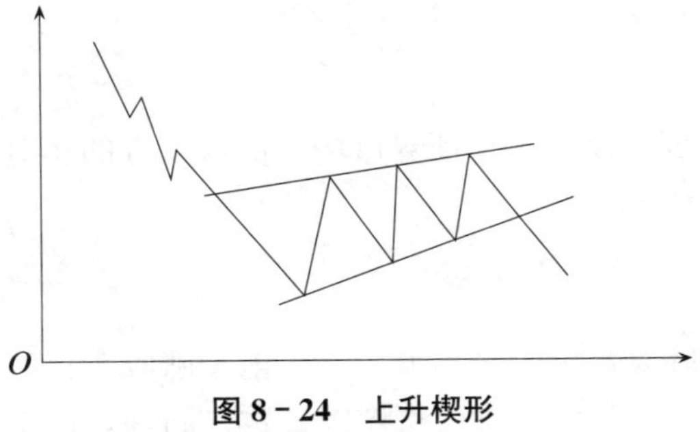

图 8－24　上升楔形

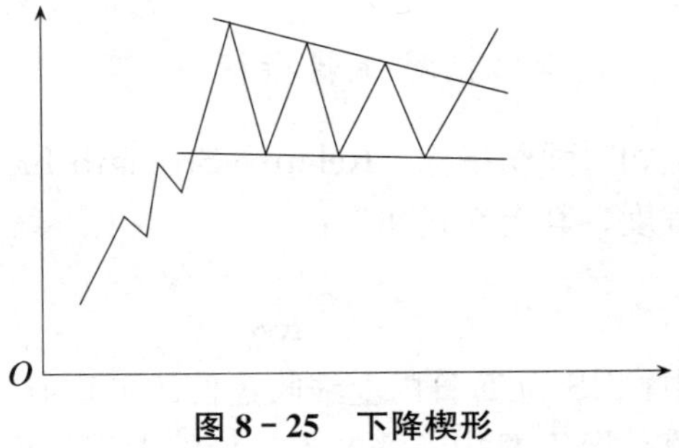

图 8－25　下降楔形

三、指标分析

技术分析师除了运用图表进行分析外，还要运用技术指标评估市场未来的发展趋势。目前，世界上各种各样的技术指标共有一千余种，这些指标在实际投资过程中会给我们带来极大的帮助。下面，我们介绍两种比较常见的指标。

（一）移动平均线（MA）

移动平均线是连续若干天收盘价的算数平均值，其中，天数为算数平均值的参数。当市场处于上升期时，MA 值将低于当前价格；当市场处于下降期时，MA 值常常高于当前价格。

当市场价格从下向上穿过移动平均线时，说明市场已由下跌转为上升趋势，是买入信号；反之，当价格从上向下穿过移动平均线时，则是卖出信号。如果把每日价格换成短期 MA 值，与长期 MA 值相比较，这样的判断依然有效，比如我们可以比较 MA（5）和 MA（10）的值。

图 8-26 是同方股份（600100）的走势图。从图中可以看到，MA（20）从下方穿过 MA（60），为投资者提供了一个买入信号。事实证明，其价格后来也是一路上扬。

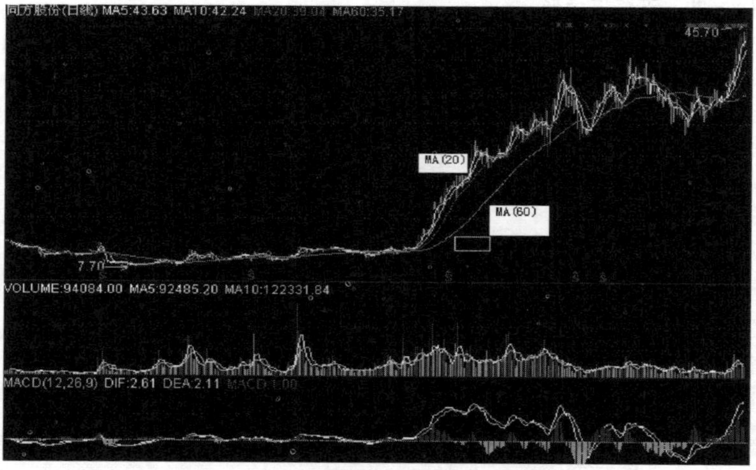

图 8-26　同方股份（600100）走势图

在实际运用中，移动平均线也有其自身的缺陷。比如当行情处于调整阶段时，买卖信号过于频繁，会使投资者无所适从。同时，移动平均线的最佳日数与组合确定起来也十分困难。

（二）相对强弱指标

相对强弱指标（Relative Strength Index，RSI）反映了在证券市场上供求双方的相对强弱程度，其定义式如下：

$$RSI=100-\frac{100}{1+RS}$$

其中，RS 为 T 日内上涨收盘价的平均值除以下降收盘价的平均值。T 日内上涨收盘价的平均值是指 T 日内上涨的收盘价的上涨幅度相加，再用所得的总和除以日数；同理，可定义下降收盘价的平均值。

一般地，在实际运用中，将 *RSI* 分成四个区域，然后根据所得的 *RSI* 值进行操作，见表8-6。

表8-6　　强弱区域划分

RSI>80	极强	卖出
80>*RSI*>50	强	买入
50>*RSI*>20	弱	卖出
20>*RSI*	极弱	买入

我们在实际操作过程中应该注意，当 *RSI* 值在80以上或20以下时，指标会出现失真现象，此时必须与其他指标配合使用。同时，背离走势往往难以事前确认。

第三节　证券技术分析的有效性

如前所述，证券技术分析是指运用证券的历史信息和现在已公开的信息来预测证券价格的未来走向，这显然是和我们熟知的有效市场假说（EMH）相矛盾的。有效市场理论强调当前价格已包含了所有公开信息，而未来价格是不可预测的。但自20世纪70年代开始，就有理论和实证研究对其提出了挑战，包括一月效应、周末效应、小公司效应和净市率效应等现象的发现，显示市场上有可能出现系统性赚取超额利润的机会，这自然激起了学界研究证券技术分析有效性的兴趣。

一、国外的实证研究

目前，国内外已有大量的学者对各种技术分析手段，如动量策略、成交量、过滤规则、移动平均线、相对强弱指数等技术指标在股票市场中的有效性进行了各种各样的实证研究。Treynor and Ferguson（1985）指出，投资者可以通过技术分析利用过去的价格加上一些其他的信息来获得超额收益。Brock et al.（1992）通过对美国道琼斯指数一段很长时期的数据进行实证研究，发现一些简单的交易规则有显著的预测力。Wong and Manzur（2003）对新加坡证券市场的检验发现，在不考虑交易成本的情况下，技术指标有良好的预测效果，其中，移动平均线的效果最好。

Brock et al.（1992）在研究中，验证了移动平均线法及支撑-压力线法在美国股市中是否适用。其中，移动平均线法又根据测试期的不同分为变动测试期和固定测试期两种检验方法。变动测试期法（Variable-Length Moving Rules，VMA）是指长期移动平均线从底下穿过短期移动平均线时为买入信号，持有该股票直到长期移动平均线从上面穿过短期移动平均线，即卖出信号出现时才将该股票卖出，并计算股票持有期间的日平均收益率与买入并持有策略的日平均收益率的差额。固定测试期法（Fixed-Length Moving Rules，FMA）是指买入信号出现后，计算持有该股票后十天内的日平均收益率与买入并持有策略的日平均收益率的差额，而不管十天内是否出现了一些其他信号。表8-7中的（1，50，0.01）表明短期移动平均线为 1 天，长期移动平均线为 50 天，0.01 表示短期移动平均线与长期移动平均线之差必须大于长期移动平均线 1 个百分点时才能确认为买入信号或卖出信号。*N* 为买入或卖出的股票数，所做的检验是假设日平均收益率差额为 0 的 *T* 检验。在文中，作者对道琼斯工业指数所包含的所有股票进行了实证研究，其研究期间为 1897—1986 年，检验结果如表 8-7 所示。

表 8-7　VMA 方法与买入并持有策略下股票的日平均收益率差额

检验	买入数量（*N*）	卖出数量（*N*）	买	卖
(1，50，0)	14 240	10 531	0.000 47 (2.684 73)	−0.000 27 (−3.546 45)
(1，50，0.01)	11 671	8 114	0.000 62 (3.731 61)	−0.000 32 (−3.562 30)
(1，150，0)	14 866	9 806	0.000 40 (2.049 27)	−0.000 22 (−3.018 36)
(1，150，0.01)	13 556	8 534	0.000 42 (2.209 29)	−0.000 27 (−3.281 54)
(5，150，0)	14 858	9 814	0.000 37 (1.747 06)	−0.000 17 (−2.617 93)
(5，150，0.01)	13 491	8 523	0.000 40 (1.978 76)	−0.000 21 (−2.788 35)
(1，200，0)	15 182	9 440	0.000 39 (1.938 65)	−0.000 24 (−3.125 26)
(1，200，0.01)	14 105	8 450	0.000 40 (2.019 07)	−0.000 30 (−3.482 78)
(2，200，0)	15 194	9 428	0.000 38 (1.870 57)	−0.000 23 (−3.035 87)
(2，200，0.01)	14 090	8 442	0.000 38 (1.817 71)	−0.000 24 (−3.038 43)
平均			0.000 42	−0.000 25

从表 8-7 中可以看出：就买入者而言，在所做的 10 组检验中，其日平均收益率差额都为正值，总的平均值为 0.042%，显著不为 0。就卖者而言，这种策略和效果更为明显，卖出股票总的日平均收益率差额为−0.025%，年平均收益率差额为−7%左右，并且所有的检验在 0.05 水平下都是显著的。

表 8-8 显示了采用 FMA 方法所得到的结果。

表 8-8　FMA 方法与买入并持有策略下股票的日平均收益率差额

检验	买入数量（*N*）	卖出数量（*N*）	买	卖
(1，50，0)	340	344	0.002 9 (0.579 6)	−0.004 4 (−3.002 1)
(1，50，0.01)	313	316	0.005 2 (1.680 9)	−0.004 6 (−3.009 6)
(1，150，0)	157	188	0.006 6 (1.709 0)	−0.001 3 (−1.112 7)
(1，150，0.01)	170	161	0.007 1 (1.932 1)	−0.003 9 (−1.975 9)

续前表

检验	买入数量（N）	卖出数量（N）	买	卖
(5，150，0)	133	140	0.007 4 (1.839 7)	−0.000 6 (−0.746 6)
(5，150，0.01)	127	125	0.006 2 (1.415 1)	−0.003 3 (−1.553 6)
(1，200，0)	114	156	0.005 0 (0.986 2)	−0.001 9 (−1.231 6)
(1，200，0.01)	130	127	0.005 8 (1.285 5)	−0.007 7 (−2.945 2)
(2，200，0)	109	140	0.005 0 (0.969 0)	−0.003 5 (−1.716 4)
(2，200，0.01)	117	116	0.001 8 (0.037 7)	−0.008 8 (−3.144 9)
平均			0.005 3	−0.004 0

从表8-8中可以看出：买者总的日平均收益率比买入并持有策略的投资者高出0.53%，而所卖股票总的日平均收益率比买入并持有策略的投资者要低0.40%，这说明移动平均线在实际投资中的效果明显。

接下来要比较的是采用支撑-压力线法（Trading Range Break Rules，TRB）与买入并持有策略相比，其投资收益有何不同。支撑-压力线法是指当股票价格触及支撑线时为买入信号，当股票价格触及压力线时为卖出信号，设定股票持有期为10天，计算股票持有期内与无策略投资相比的日平均收益率差额。表8-9中的50、150、200分别代表支撑线（压力线）为前50天、150天、200天内的价格最低（高）值。0.01表示价格必须超过支撑线或压力线1个百分点才能确认为买入信号或卖出信号，其检验结果如表8-9所示。

表8-9　TRB方法与买入并持有策略下股票的日平均收益率差额

检验	买入数量（N）	卖出数量（N）	买	卖
(1，50，0)	722	415	0.005 0 (2.193 1)	0.000 0 (−0.902 0)
(1，50，0.01)	248	252	0.008 2 (2.785 3)	−0.000 8 (−1.093 7)
(1，150，0)	512	214	0.004 6 (1.722 1)	−0.003 0 (−1.881 4)
(1，150，0.01)	159	142	0.008 6 (2.402 3)	−0.003 5 (−1.701 5)
(1，200，0)	466	182	0.004 3 (1.495 9)	−0.002 3 (−1.491 2)
(1，200，0.01)	146	124	0.007 2 (1.855 1)	−0.004 7 (−1.979 5)
平均			0.006 3	−0.002 4

从表8-9中可以看出：就买方而言，在10天内采用TRB策略会比买入并持有策略获得更高的收益率，其平均差额为0.63%；就卖方而言，不同策略的收益率差额为−0.24%，同样支持前面得出的结论。

二、国内的实证研究

我国学者针对中国证券市场进行了一些实证研究，下面介绍一些有代表性的研究。

（一）检验形态分析的有效性

在研究形态分析是否有效方面，我国有一些学者对此进行了实证研究。李向明（2003）采取整群抽样的方式，从沪市中抽取股票代码分别为 600601 至 600615 的 15 只股票，从深市中抽取股票代码分别为 000001 至 000005 以及 000011 至 000020 的 15 只股票，研究在 1992 年 9 月到 2000 年 12 月这段时期内，采用形态分析进行投资所获得的收益率与采用买入并持有策略相比，前者的收益率是否显著高于后者。该研究主要分析传统技术分析中最常用的三对技术图形：头肩顶和头肩底、上升三角形和下降三角形、双重顶和双重底。

李向明（2003）将收益率定义为：

$$R_t = \ln \frac{p_t}{p_{t-1}}$$

其中，p_t 为第 t 日的收盘价水平。

其检验结果如表 8 - 10 所示。

表 8 - 10　　各图形的描述统计

图形	出现频率	均值	标准差	偏度	峰度
头肩顶	208	0.021 0	0.013 5	0.264 5	3.707 3
头肩底	146	0.041 8	0.013 1	0.656 1	0.938 1
上升三角形	108	0.125 0	0.016 3	0.421 5	0.954 8
下降三角形	104	0.228 6	0.019 2	0.014 0	5.116 7
双重顶	97	0.905 9	0.011 0	2.044 9	5.295 3
双重底	86	1.329 6	0.015 7	2.760 4	10.679 8

由统计分析结果可知，双重顶和双重底的收益最高、风险最大、偏差最大且出现频率最低；头肩顶和头肩底的收益最低、风险最小、偏差最小且出现频率最高；上升三角形和下降三角形的收益、风险、偏差以及出现频率居中。

接下来，检验基于 30 只股票的各种图形条件收益率与买入并持有策略的收益率之间是否存在显著差异。利用统计软件进行 T 检验后，得到的 T 检验值与相伴概率如表 8 - 11 所示。

表 8 - 11　　检验结果描述

图形	T 检验值	相伴概率
头肩顶	−0.250 9	0.802 1
头肩底	−0.025 1	0.979 9
上升三角形	0.514 1	0.608 3
下降三角形	0.976 7	0.330 9
双重顶	7.780 6	0.000 0
双重底	7.535 7	0.000 0

可以看到，基于双重顶和双重底形态的收益率与买入并持有策略的收益率存在显著的区别，这说明形态确实包含一定的信息内容。但是，其他几种图形在采用不同投资策略时的收益率并没有显著差异。由此可见，基于形态的技术分析效果有限。

（二）检验指标分析的有效性

关于检验指标分析是否有效，国内学者多对移动平均线方法进行了检验。夏毅、蓝伯雄（2004）以移动平均线为指标，进行模拟投资指导，通过对 2000—2002 年中国股市的实证检验，证明技术分析对于中国股票市场有指导作用。

在研究中，作者首先选取 10 只股票作为样本，构成一个模拟的证券市场。由代码为 000002、000400、000501、000550、000600、000650、000700、000750、000800、000848 的这 10 只股票构成证券集，所选择的历史期为 2000 年 1 月 4 日至 2001 年 12 月 31 日，所选择的应用期为 2002 年 1 月 4 日至 2002 年 12 月 24 日，并在此期间进行模拟投资；同时，假设初始资本为 1 000 000 元，并根据应用期末的资本情况评价投资结果。

在模拟过程中，作者先以移动平均值为指标，选定各只股票移动平均指标的最优步长组合，即按照短期（2 日、3 日、5 日）、中期（8 日、10 日）、长期（20 日、25 日）分类，以短期均值＞中期均值＞长期均值为买入信号，条件不满足时为卖出信号。在历史期进行操作，以历史期期末收益率均值为标准，选择收益率均值最大的步长组合为该只股票的最优步长组合，然后再确定应用期的投资策略，对 10 只股票进行组合投资：当有股票满足买入条件时，即在该只股票的最优步长组合下，移动平均价格的短期均值＞中期均值＞长期均值——建仓。用于买入该只股票的资金为当前总资金/满足条件的股票数量。例如，2002 年 8 月 29 日有 5 只股票在其最优步长组合下满足移动平均价格短期均值＞中期均值＞长期均值的条件，则将前一日的资金总量 1 366 730.89 平均分成 5 份，再分别投资到满足条件的 5 只股票中。卖出信号产生时，即不满足最优步长组合时，移动平均价格的短期均值＞中期均值＞长期均值——平仓，并将卖出股票后的资金平均分配到满足买入条件的各只股票中。将技术分析指导下的组合投资效果与对 10 只股票采用买入并持有策略的投资效果进行比较，观察它们的收益率情况。其检验结果如图 8 - 27 所示。

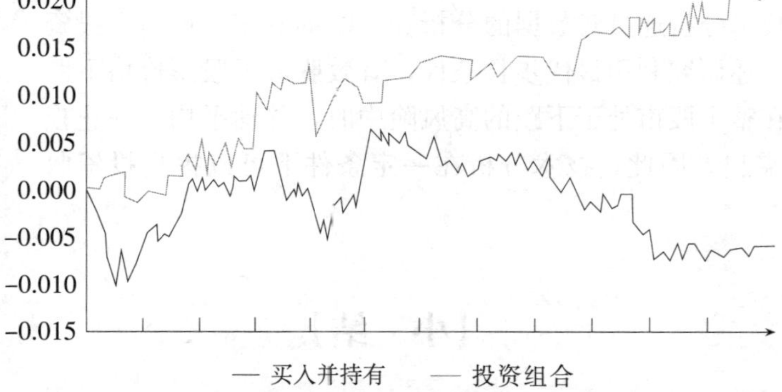

图 8 - 27　买入并持有策略与技术分析策略收益率的对比

从图 8 - 27 中可以清楚地看到，采用技术分析策略进行投资的证券组合的价值超过了采用买入并持有策略进行投资的证券。即使在 2002 年中国股市如此低迷不振的情况下，采用技术分析策略的投资效果也明显优于采用买入并持有策略的表现，具体指标如表 8-12 所示。

表 8-12　　不同投资策略收益率的比较

	收益率	收益率均值	收益率方差
技术分析策略	1.428 78	1.001 614	0.000 138
买入并持有策略	0.889 83	0.999 666	0.000 347

张永冀等（2013）分析 MACD（Moving Average Convergence/Divergence）即指数平滑异同移动平均线和 EMV（Ease of Movement Value）即简易波动指标对上证综合指数的预测能力，发现 2001—2011 年间基于 MACD 和 EMV 投资策略的年均超额收益率分别高达 6.54%和 13.76%，均优于买入并持有策略的收益。而且，基于价量关系的 EMV 不仅在收益率表现上显著优于纯粹基于历史价格信息的 MACD 指标，而且在下行风险和整体风险控制上后者也显著优于前者，详见表 8-13。

表 8-13　　不同投资策略收益率（%）

年份	MACD 绝对收益率	MACD 超额收益	EMV 绝对收益率	EMV 超额收益	买入并持有
2001	−7.25	14.50	4.31	26.06	−21.75
2002	−11. 70	4.05	10.65	26.40	−15.75
2003	0.29	−13.07	−1.41	−14.77	13. 36
2004	1.38	17.90	14.62	31.14	−16.52
2005	−2.91	3.66	−2.19	4.38	−6.57
2006	38.74	−87. 81	46.72	−79.83	126.55
2007	185.57	91.83	178.19	84.45	93.74
2008	−23.32	42.15	−2.18	63.29	−65.47
2009	49. 50	−24.75	52.13	−22.12	74.25
2010	−4.31	9.12	−2.26	11.17	−13.43
2011	−8.50	14.40	−1.65	21.25	−22.90
年均收益	19.77	6.54	26.99	13.76	13.23
累计收益	221.49	218.75	644.77	642.03	2.74

资料来源：张永冀、汪昌云，华晨．历史价量信息在价格发现中更有效吗？——基于中国证券市场的数据分析．中国管理科学，2013（21），346-354.

由此可见，技术分析通过对数据的分析和策略的制定，提高了投资的条件收益率。上述研究利用最优步长条件，有效躲避了股票价格下跌的区域，特别是在整个股市处于下跌的高风险中时，移动平均这一止损特性表现得尤为突出。因此，技术分析在一定条件下可以提高投资收益率。

【课外推荐 8-2】

鞋子上的窟窿和预言的朦胧

【小　结】

证券分析主要分为基本面分析和技术分析两种方法。我们进行基本面分析时，常常先从该公司所处的宏观经济状况入手，先分析当前的国际、国内经济形势，再分析所处的经济周期，并关注政府所采取的宏观经济政策。

分析宏观经济状况之后，要对该公司所处的行业进行分析，主要分析该行业的类型、所处的行业生命周期、对经济周期的敏感度等。

对上市公司财务报表的分析也是十分重要的。了解公司在该行业的地位、竞争背景等情况后，可以结合上市公司的各种财务报表，运用比率分析，定量了解该公司的盈利水平、偿债水平及投资收益情况。

另一种证券分析的方法是技术分析。在进行技术分析时，我们通常观察各种图表，通过趋势分析、形态分析来预测股票价格未来的走势。另外，运用技术指标也是常用的分析方法。

很多学者已对证券技术分析是否有效进行了实证研究。有关学者对美国股市进行研究后发现，移动平均线法及支撑-压力线法会给投资者带来超额收益。在我国的股市上，通过研究可以发现，证券分析并不能保证会给投资者带来超额收益，但不能由此说明证券分析是无效的。事实上，在大多数时候，通过分析进行投资会取得更高的收益率。

【练习题】

1. 如果经济即将走向萧条，那么下面的选项中，哪个行业具有吸引力？

A. 汽车业　　B. 医疗服务业　　C. 建筑业　　D. A 和 C　　E. B 和 C

2. 当政府采取强有力的宏观调控政策紧缩银根时，则______。

A. 公司通常受惠于政府调控，盈利上升

B. 投资者对上市公司的盈利预期上升，股票价格上扬

C. 居民收入由于升息而提高，将促使股票价格上涨

D. 公司的资金使用成本增加，业绩下降

3. 按照道氏理论的分类，趋势分为几种类型？

A. 主要趋势　　B. 次要趋势　　C. 短暂趋势

4. 下列哪些形态是整理形态？

A. 三角形　　B. 头肩形　　C. 矩形　　D. 圆弧形

5. 计算得出 *RSI* 值为 75，则一般情况下应采取什么操作？

A. 卖出　　B. 买入

6. 股票价格是有用的领先经济指标。下列哪项可以准确解释这一现象？股票价格______。

A. 预测未来利率，反映其他指标的趋势

B. 不预测未来利率，不符合其他领先经济指标；股票价格作为领先经济指标的有用性是一个谜

C. 仅仅反映其他领先指标的趋势，本身没有预测能力

7. 某上市公司在 2015—2016 年间的营业利润一直在下降，其税后净资产收益率却一直保持不变，解释该公司是如何保持税后净资产收益率不变的。

8. 某公司的净资产收益率为 3%，债务权益比率为 0.5，税率为 35%，债务利率为 6%，那么该公司的总资产收益率是多少？

9. 试论述经济周期方法怎样应用于投资时机的预测。请说明在一个典型经济周期的不

同时点，应对股票和债券采取什么措施。

10. 杜邦等式把净资产收益率分解为下列五个组成部分：

- 营业利润率
- 总资产周转率
- 利息负担比率
- 财务杠杆
- 所得税税率

使用下表中的数据：

(1) 计算 2015 年和 2019 年以上五个组成部分的值，并根据计算出的结果计算 2015 年和 2019 年的净资产收益率。

(2) 简要说明 2015—2019 年总资产周转率和财务杠杆的变化对净资产收益率的影响。

某公司的利润表和资产负债表　　单位：百万元

	2015	2019
利润表数据		
收入	542	979
营业利润	38	76
折旧和摊销	3	9
利息费用	3	0
税前利润	32	67
所得税	13	37
税后净利润	19	30
资产负债表数据		
固定资产	41	70
资产总额	245	291
营运资本	123	157
负债总额	16	0
所有者权益总额	159	220

11. 从 Wind 资讯中下载相关数据，分析影响我国汽车工业未来 3 年业绩的因素并预期未来 3 年上海汽车（SH600104）每股收益情况。

12. 若市场是有效的，那么上市公司进行盈余管理还有意义吗？另一方面，若公司进行盈余管理，那么管理层又是如何看待有效市场假说的？

13. 如果一个公司的 *ROA* 是 14%，债务与股本比率为 0.8，税收比率为 35%，债务利息率为 10%，那么这个公司的 *ROE* 值是多少？

A. 6.50%　　B. 9.10%　　C. 10.12%　　D. 11.18%

14. 一个公司自己研发的某种专利产品垄断了该产品的市场，但这种专利马上要到期了，试问该产品的价格、销售量、利润前景及竞争对手的利润前景将有什么变化？你认为该市场处于行业周期的哪一个阶段？

15. 穆迪和标准普尔等评级机构最感兴趣的财务比率是什么？证券分析师在决定是否购买某一股票以使投资组合更加多样化时，他最感兴趣的比率是什么？

16. 公司A和公司B的总资产收益率相同，但公司A的净资产收益率更高，如何解释这一现象？这对股票估值会产生什么影响？

17.《漫步华尔街》(*A Random Walk Down Wall Street*) 的作者Malkeil教授有以下一段关于技术分析师的评论：如果你仔细观察就会发现，技术分析师的鞋子都是开着口的，衣领也常磨损了。我个人就从没有见过一个投资成功的技术分析师，破产的倒见过几个。奇怪的是，这些破产的分析师并不责怪他们所使用的方法……他们的回答通常是——我犯了人类的通病：不相信自己的图形。结合实际谈谈你对中国股票市场技术分析有效性的看法。

18. 两家公司A、B生产毛刷，每只毛刷的价格是1.2元。公司A的固定成本是450 000元，每只毛刷的可变成本是0.48元；公司B的固定成本是260 000元，每只毛刷的可变成本是0.72元；公司税率是30%。如果经济发展强劲，则公司A和公司B都将卖出1 500 000只毛刷；如果经济衰退，每家公司都只能卖出980 000只毛刷。

请回答下列问题：

(1) 如果经济步入衰退，A公司的税后利润是多少？

(2) 如果经济步入衰退，B公司的税后利润是多少？

(3) 如果经济发展强劲，A公司的税后利润是多少？

(4) 如果经济发展强劲，B公司的税后利润是多少？

(5) 计算A公司的营业杠杆度。

(6) 计算B公司的营业杠杆度。

19. 根据X公司2019年的财务报表，回答下列问题：

X公司的利润及利润分配表　　单位：万元

销售收入	5 600	利息费用	60
销售成本	4 100	税前收益	925
毛利润	1 500	所得税	225
销售及管理费用	515	净收益	700
营业利润	985		

X公司的资产负债表　　单位：万元

	2019年	2018年
现金	83	40
应收账款	557	450
存货	931	700
流动资产总额	1 571	1 190
固定资产	1 519	1 200
总资产	3 090	2 390
应付账款	312	200
银行贷款	525	500
流动负债总额	837	700
应付债务	875	1 000
总负债	1 712	1 700
普通股股票（200 000份）	200	200
未分配利润	1 178	490
总负债与股本	3 090	2 390

（1）该公司的流动比率是多少?

（2）该公司的速动比率是多少?

（3）该公司的利息支付倍数是多少?

（4）该公司的股本报酬率是多少?

（5）该公司的存货周转率是多少?

20. 在观察一个公司的财务报表时，我们有时会发现：公司收入的净值增长了，但与此同时，其营运现金流却下降了。请回答：

（1）解释这种现象是怎么产生的，并举一些例子。

（2）解释为什么营运现金流是测度公司“收益质量”的一个很好的指标。

【参考书目】

[1] William F. Sharpe, Gordon J. Alexander, Jeffery V. Bailey, 1999, *Investments*, Sixth Edition, Upper Saddle River, NJ: Prentice Hall

[2] Jack L. Treynort, Robert Ferguson, 1985, "In Defense of Technical Analysis", *Journal of Finance*, Volume XL, No. 3: 757-774

[3] Wing-keung Wong, Meher Manzur, Boon-Kiat Chew, 2003, "How Rewarding is Technical Analysis? Evidence from Singapore Stock Market", *Applied Financial Economics*, 13: 543-551

[4] William Brock, Josef Lakonishok, Bloke Ebaron, 1992, "Simple Technical Trading Rules and the Stochastic Properties of Stock Returns", *Journal of Finance*, Vol. XLVII, No. 5

[5] 博迪，等．投资学（第10版）．北京：机械工业出版社，2017

[6] 吴晓求，等．证券投资技术分析．北京：中国人民大学出版社，2001

第 9 章

股票估值

【本章导读】

本章将介绍对股票进行估值的几种基本方法。对于初学投资理论的读者而言，最关心的问题包括：市场上交易的股票到底值多少钱？如何判定股票价格被市场低估或高估？进而，如何合理操作以获取收益？

本章主要介绍了股票估值的三种最基本的方法：第一，讨论了基于资产负债表的两种估值方法，即账面价值法和重置成本法。这两种方法尽管简单，但有效性很有限。第二，介绍了股利贴现模型，这几乎是运用最多的估值模型，主要讲解了稳定增长模型和多阶段增长模型，并利用中国资本市场进行了实际演示。第三，介绍了乘数估值法。除了介绍基本的方法之外，本章还在第三节讨论了市盈率（P/E）与企业增长机会以及风险的关系。

本章内容是整个投资学的核心之一，难度也比较大，所介绍的模型与相关技术在实际金融分析中被广泛使用。

第一节　金融资产估值的几种方法

一、基于资产负债表的估值方法

通过对公司的资产负债表进行分析，可以得出公司的账面价值或清算价值等有用信息，用以对该公司的股票进行估值。基于资产负债表的估值方法通常有两种，即账面价值法（Book Value）和重置成本法（Replacement Cost）。下面将分别介绍这两种方法，不过这两种方法的估价一般而言并不准确。

账面价值法是一种被普遍使用的估价方法，账面价值是指资产负债表上列示的公司净值。表 9－1 列出了中国石油化工股份有限公司（简称“中国石化”，证券交易代码为 600028）在 2006 年 12 月 31 日的资产负债表。①

表 9－1　**中国石化资产负债表（2006 年 12 月 31 日）**　单位：百万元

资产	负债及所有者权益	
594 550	负债	317 690
	普通股权益	276 860
在外发行的股份为 8 670 243.9 万股		

资料来源：中国石油化工股份有限公司 2006 年度年报。

根据上述资产负债表，可以容易地算出中国石化的股票在 2006 年 12 月 31 日的账面价值是每股 3.19 元（用 276 860 000 000 元除以 86 702 439 000 股）。而 2006 年最后一个交易日，中国石化的股票在上海证券交易所的收盘价是 9.12 元。

账面价值是应用会计准则将购置成本分摊到每年的结果，而股票的市值则是将公司作为一个实体来考虑，即预计公司未来现金流的贴现值。一般而言，市值将高于账面价值。但是，账面价值并不总是股票市值的底线，清算价值（Liquidation Value）较好地反映了股票市值的底线。

清算价值是指公司破产后出售资产、清偿债务以后的剩余资金，它将分配给股东。这种估值方法的根据在于，如果公司的市值降到了清算价值之下，那么市场上会出现潜在的收购者，认为在此市值之下收购该公司有利可图，因为清算价值超过了企业作为经营实体的价值。

重置成本法是计算资产负债表里面的资产减去负债的差值，并依此对股票进行估价。其道理在于，如果重置成本大幅低于市价，那么会有很多竞争者进入市场，随之而来的竞争压力会使股票的市值下降，直至与重置成本相等。市值对重置成本的比率称为托宾 Q（Tobin's Q），根据上述理论，托宾 Q 在长期应该趋近于 1，但是很多证据表明，该指标明显不等于 1。

相对于资产负债表所提供的信息，股票分析师更倾向于通过预期公司未来的现金流来对股票进行估值，这就是下面将要介绍的基于现金流的估值方法（Cash Flow Based Valuation）。

二、基于现金流的估值方法

基于现金流的估值方法的主要思想是把公司作为一个持续经营的实体来分析，通过定量模型，预计未来的收益和股利支付，并贴现到当期，以得到对股票价值的更好的估计。相对于前面介绍的基于资产负债表的估值方法而言，基于现金流的方法要复杂得多，同时准确性也有很大的提高，是在金融分析中应用最广泛的估值方法。

该估值方法涉及两个重要的基本概念，即净现值（Net Present Value，NPV）和内部收益率（Internal Rate of Return，IRR）。

首先考虑某资产 V 的内在价值，它等于该资产所有预期现金流的现值之和，即：

$$V=\frac{C_1}{1+k}+\frac{C_2}{(1+k)^2}+\frac{C_3}{(1+k)^3}+\cdots$$
$$=\sum_{t=1}^{\infty}\frac{C_t}{(1+k)^t}$$

其中，C_t 为资产 V 在时间 t 的预期现金流；k 为该现金流在某个风险水平下的贴现率。

① 本章中所有上市公司的财务数据，如未加特别说明，均来自国泰君安 CSMAR 数据库。

该公式假设各个时期的贴现率是相同的。现在，我们假设当前的时刻为零时刻，并以 $t=0$ 来表示。假设在 $t=0$ 时，购买资产 V 的成本为 P，那么我们就可以把净现值定义为成本与资产内在价值之差，即：

$$\begin{aligned} NPV &= V - P \\ &= \sum_{t=1}^{\infty} \frac{C_t}{(1+k)^t} - P \end{aligned}$$

净现值最直接的意义是告诉我们能否购买该资产 V。如果 $NPV>0$，说明该资产的价值被低估了，应该购买该资产；相反，如果 $NPV<0$，说明该资产的价值被高估，不应该购买该资产。需要提醒的是，这里的净现值计算公式和公司财务教材里面介绍的资本预算决策中所用的净现值计算公式是一样的。

内部收益率是使投资的净现值等于零的贴现率，用公式可表示为：

$$0 = \sum_{t=1}^{\infty} \frac{C_t}{(1+IRR)^t} - P$$

内部收益率的作用是与对应的风险调整的贴现率（即 k）进行比较。如果 $IRR>k$，说明该项目是有利的；相反，如果 $IRR<k$，说明该项目是不利的。

具体到股票估值，基于现金流的估值方法的目的在于估计公司股票在未来所能支付的股利。然后，通过一定的贴现率，将未来的股利分别折为现值（Present Value），就得到了股票的准确估值。这就是通常所说的股利贴现模型（Dividend Discount Model，DDM）的基本思路。

当然，有时候直接估计未来的股利有一定的难度，此时就要采用间接办法，主要包括证券的现金流模型（Flows to Equity Model）、自由现金流模型（Free Cash Flow Model）、调整的现值模型（Adjusted Present Value Model）、剩余收入模型（Residual Income Model）。有兴趣的读者可以参见 Leonard Soffer and Robin Soffer（2003）中的相关内容。

本章将在第二节具体讲解股利贴现模型。

三、乘数估值方法

乘数估值方法（Multiples Approach）首先假设相似公司的某些财务指标比值是相等的，称这些财务指标比值为乘数（Multiple），常用的财务乘数有 PE 比率（市盈率）、PS 比率（价格销售比率）和市净率（市值账面价值比率）。乘数估值方法很简单，通过下面的公式就可以实现：

$$V_{target} = \frac{V_{comp}}{X_{comp}} \times X_{target} \tag{9-1}$$

其中，V_{target} 为需要估值的股票价值；$\frac{V_{comp}}{X_{comp}}$ 为用于比较的某个公司的乘数；X_{target} 为目标股票的某些财务指标。

下面通过一个简单的例子来说明乘数估值方法的应用。假设现在是 2006 年底，需要估计将于上海证券交易所上市的中国石油（601857）的股票市值，我们选用和中国石油具有很大相似性的中国石化作为参照公司，中国石化（600028）在 2006 年最后一个交易日的股票价格是 9.12 元。根据中国石化的年报，该股票在 2006 年的每股收益为 0.584 3 元，那么其市盈率为 15.6 倍。而中国石油在 2006 年的每股收益是 0.76 元，这样通过乘数法得到的中国石油在 2006 年的股票估值是 11.86 元（用 0.76 乘以 15.6）。

可以看出，乘数估值法是一种相对估值方法，其立足的假设是相似的资产具有相似的市场

【课外推荐 9-1】

股利

价格。乘数估值法的优点是简单、易于操作，而且能够在短时间内得到估值结果。但是，世界上没有哪两个公司是一模一样的，特别是从风险和增长的角度来看，所以在使用乘数估值法的时候，我们应该谨慎。尽管在实际分析中，乘数估值法被广泛使用，但其估值结果通常只作为基于现金流的估值方法结果的一个参考。

本章第三节将对市盈率指标做一个较为深入的分析。

第二节　股利贴现模型

一、零增长模型

考虑一位购买了 X 公司股票的投资者，他计划持有股票一年。根据金融学的基础理论可知，股票的价值应该等于一年后预期股利与预期出售价格之和的贴现值。也就是说，X 公司股票在第 0 期的价值可以表示为：

$$V_0=\frac{D_1+P_1}{1+k} \tag{9-2}$$

其中，D_1 和 P_1 分别为 X 公司股票在第 1 期的预期股利和预期出售价格；k 为市场资本率（Market Capitalization Rate），即市场对资本的应得收益率的共识（请注意，未来的价格和股利是未知的，这里使用的是预期值，而非确定值）。

根据公司的历史资料以及相关的财务数据，预计公司的股利 D_1 并不难，问题在于如何确定年末的价格 P_1，根据（9-2）式，可以得到：

$$V_1=\frac{D_2+P_2}{1+k} \tag{9-3}$$

我们可以假设，X 公司的股票在下一年以其内在价值出售，即 $P_1=V_1$，然后将（9-3）式代入（9-2）式，可计算该股票在 0 期的净现值，即：

$$NPV=\frac{D_1}{1+k}+\frac{D_2+P_2}{(1+k)^2} \tag{9-4}$$

这样，我们就得到了持有期为两年的 X 公司股票的现值。根据上面的思路，依此类推，我们得到持有期为 n 年的股票的现值，即：

$$NPV=\frac{D_1}{1+k}+\frac{D_2}{(1+k)^2}+\cdots+\frac{D_n+P_n}{(1+k)^n} \tag{9-5}$$

细心的读者会发现，（9-5）式和普通债券的估值公式是相同的，股票的特殊性在于每期的股利和出售价格都难以在第 0 期确定下来；事实上，股票的持有期也是不确定的。如果将（9-5）式继续替换下去，那么在数学上可以得到：

$$NPV=\frac{D_1}{1+k}+\frac{D_2}{(1+k)^2}+\frac{D_3}{(1+k)^3}+\cdots \tag{9-6}$$

（9-6）式的经济含义是，股票当期的价值等于未来所有股利贴现到当期的价值之和，即该股票的净现值，这个公式称为股票价格的股利贴现模型。

请注意，刚才我们通过纯粹数学的推导得到了（9－6）式，很多读者一定会奇怪，为什么股票的价值与未来预期的资本利得没有关系。事实上，股票售出时的价格取决于售出时对未来股利的预期，这就是为什么我们可以在（9－5）式中，将股票价格写成股利加上任何售出日期时价格的贴现值的原因。P_n 可以理解为在时间点 n 上对未来所有股利预期的贴现值，然后再将这个值贴现到第0期。同时，这个模型也说明，股票的价格最终取决于未来提供给投资者的现金流，即股利。

在实际应用（9－6）式进行估值时，如何预计各期的股利是一个棘手而关键的问题。为了使股利贴现模型实用，我们需要一些简化的假设。如果假设股票在各期支付的股利相同，均等于 D，即零增长的股利贴现模型，那么，可以得到：

$$NPV=\sum_{t=1}^{\infty}\frac{D}{(1+k)^t}$$

利用数学中无穷数列的性质可知，如果 $k>0$，则有：

$$\sum_{t=1}^{\infty}\frac{D}{(1+k)^t}=\frac{D}{k}$$

设在第0期该股票的价格为 P_0，就可以计算出内部收益率：

$$IRR=\frac{D}{P_0}$$

二、稳定增长模型

如果为股利设定一个稳定的年增长率 g，就是最常使用的稳定增长股利贴现模型。

例如，如果X公司股票的股利增长率 $g=0.03$，第0期支付的股利 $D_0=2$ 元/股，那么未来股利的预期值为：

$$D_1=D_0(1+g)=2\times1.03=2.06$$

$$D_2=D_0(1+g)^2=2\times1.03^2=2.12$$

$$\vdots$$

$$D_n=D_0(1+g)^n=2\times1.03^n \tag{9-7}$$

将（9－7）式代入（9－6）式，可以得到：

$$NPV=\frac{D_0(1+g)}{1+k}+\frac{D_0(1+g)^2}{(1+k)^2}+\frac{D_0(1+g)^3}{(1+k)^3}+\cdots \tag{9-8}$$

进一步，当 $g<k$ 时，有①：

---

① 其推导过程如下：

$$NPV=\frac{D_1}{1+k}+\frac{D_1(1+g)}{(1+k)^2}+\frac{D_1(1+g)^2}{(1+k)^3}+\cdots \tag{a}$$

两边同乘以 $\frac{1+k}{1+g}$，可以得到：

$$\frac{1+k}{1+g}\times NPV=\frac{D_1}{1+g}+\frac{D_1}{1+k}+\frac{D_1(1+g)}{(1+k)^2}+\cdots \tag{b}$$

（b）式减去（a）式可以得到：

$$\frac{1+k}{1+g}\times NPV-NPV=\frac{D_1}{1+g}$$

经整理可得：

$$NPV=\frac{D_1}{k-g}$$

$$NPV=\frac{D_0(1+g)}{k-g}=\frac{D_1}{k-g} \tag{9-9}$$

如果此时X公司的市场资本率为12%，则利用（9-9）式可以计算出X公司股票的每股内在价值为：

$$\frac{2.06}{0.12-0.03}=22.89\text{（元）}$$

（9-9）式称为稳定增长的股利贴现模型（Constant-Growth DDM），最早由著名金融学家戈登（Myron J. Gordon）提出并普及。从这个模型容易看出，在其他变量给定时，若 g 增大，则股票的估值上升；当每股预期的股利更多时，股票的估值上升；当市场的资本率 k 更低时，股票的估值上升。

另外，我们还可以发现，当股票以内在价值出售时，股票价格的增长率和股利增长率 g 相同。经简单的数学推导即可证明：

$$P_1=\frac{D_2}{k-g}=\frac{D_1(1+g)}{k-g}=\frac{D_1}{k-g}(1+g)=P_0(1+g) \tag{9-10}$$

所以，在稳定增长的股利贴现模型的假设下，股票价格每年的增长率等于稳定增长率 g。在这种情况下，同样可以计算出对应的内部收益率，对（9-10）式移项即可得到：

$$IRR=\frac{D_1}{P_0}+g \tag{9-11}$$

在实际中，通常使用资本资产定价模型来计算 k 值：

$$k=r_f+\beta[E(r_M)-r_f] \tag{9-12}$$

其中，r_f 为无风险资产的收益率；β 值可通过股票特征线的斜率来确定；$E(r_M)$ 为市场收益的预期值，等于市场无风险利率和市场风险溢价之和。

如果 $g>k$，那么股票的估值将趋于无穷大，这样的增长通常是不能持续的，在这种情况下就要使用下面介绍的多阶段增长模型来估值。

三、多阶段增长模型

前面介绍的稳定增长的股利贴现模型基于一个简单但不现实的假定：股利的增长率不变。只要对全球资本市场，特别是对中国的资本市场做一点观察就可以发现，几乎没有上市公司股票的股利发放在长时间内遵循这个规律。另外，公司有生命周期，因而它在不同阶段派发股利的特点也不尽相同。一般而言，在早期，公司面临的高回报投资机会多，股利派发少，增长速度快；到了成熟阶段，公司面临的高回报投资机会因为市场竞争的原因而减少，公司通常会提高股利，增长速度放缓。此外，还可能由于整个宏观经济环境的影响，某些行业或企业在短时期内出现较高的增长率。

对于这些在短期内具有高增长率的公司而言，我们需要采用多阶段的股利贴现模型，其基本思路是先预计早先高增长时期的股利，并计算合并的现值。然后，一旦预计其转入稳定增长期，就使用稳定增长的股利贴现模型对剩余的现金流进行估值。

下面列出了中国石化近几年的股利发放情况，其平均股利增长率约为18.64%，这主要是因为短期内国内石油需求猛增以及国际原油价格持续上涨等。

2003年　　0.09元/股

2004年　　0.12元/股

2005 年　0.13 元/股

2006 年　0.15 元/股

显然，这种高增长率是不能持续的，我们可以认为这种增长率将在 2007 年停止（假定 2007 年的股利增长率仍为 18.64%，即 0.18 元/股），假定稳定增长率 g 为 2.5%。

接下来需要确定中国石化的资本率 k。2002 年的 β 值为 0.78，根据国内学者朱世武和郑淳（2003）的研究①，中国资本市场的风险溢价为 2.11%，无风险资产的收益率为 2.51%，因而市场收益的预期值为 4.62%，则：

$$k=r_f+\beta[E(r_M)-r_f]=2.51\%+0.78\times(4.62\%-2.51\%)=4.16\%$$

根据股利贴现模型可以得出 2002 年中国石化的股票估值为：

$$V_{2002}=\frac{D_{2003}}{1+k}+\frac{D_{2004}}{(1+k)^2}+\frac{D_{2005}}{(1+k)^3}+\frac{D_{2006}}{(1+k)^4}+\frac{D_{2007}+P_{2007}}{(1+k)^5}$$

$$=\frac{0.09}{1+0.0416}+\frac{0.12}{(1+0.0416)^2}+\frac{0.13}{(1+0.0416)^3}+\frac{0.15}{(1+0.0416)^4}+\frac{0.18+P_{2007}}{(1+0.0416)^5}$$

$$P_{2007}=\frac{D_{2007}}{k-g}=\frac{0.18}{4.16\%-2.5\%}=10.84(\text{元})$$

得到：

$$V_{2002}=9.43(\text{元})$$

根据上面的估值，我们得到中国石化的股票在 2002 年的内在价值为 9.43 元，而 2002 年 12 月 31 日，中国石化股票的收盘价是 3.01 元。显然，当时中国石化股票的价值被严重低估了。造成这种现象的原因是众多的，特别是当时中国证券市场整体的低迷。

接下来，我们介绍隐含收益率（Implied Return）的概念以及其与证券市场线的关系。隐含收益率是指使得预期股利现值等于股票当前市价的贴现率，事实上，这是内部收益率的一种特殊情况。在中国石化的例子中，其隐含收益率为 31.03%。

对一系列股票的隐含收益率作出预测之后，就可以计算出每只股票的 β 系数。这样一来，以隐含收益率为纵轴，以估计的 β 系数为横轴，根据资本资产定价模型 $R_i=r_f+\beta\,[E(r_M)-r_f]$，我们可以得到证券市场线（SML），如图 9-1 所示。

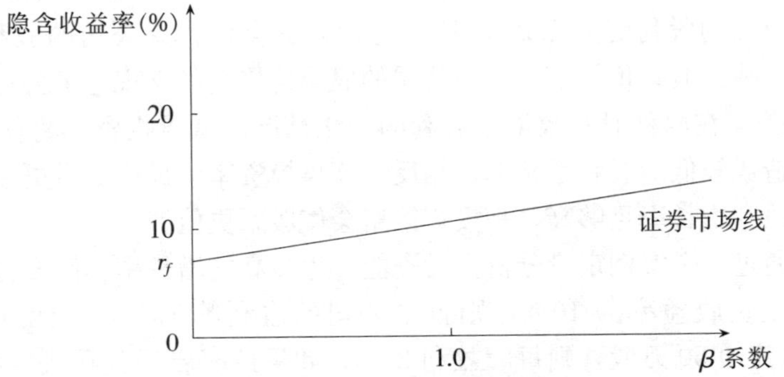

图 9-1　证券市场线

① 朱世武，郑淳．中国资本市场股权风险溢价研究．世界经济，2003（11）.

当然，我们也应该认识到估值模型的不足。在实际中，股利的变化更为复杂，而模型中的简化假设往往会带来结果的极大偏差。这说明，股利贴现模型尽管易于应用，但在确定参数时是很困难的。要得到精确的估值，还需要更为复杂的模型和更为细致的信息，有兴趣的读者可以阅读 Leonard Soffer and Robin Soffer（2003）。

第三节　市盈率研究

本章在第一节介绍了股票的乘数估值方法，特别是利用市盈率指标进行估值。从前面的讨论中容易发现，股票的内在价值取决于企业作为一个经济实体，未来可能给股东带来的现金流。它取决于两方面因素：一是企业未来的增长机会；二是企业面临的风险情况。而市盈率指标与企业的增长机会以及风险情况都有密切的关系，本节将分别讨论。

一、市盈率与增长机会

现在考虑两家公司，一家公司叫现金牛，另一家公司叫吉星。两家公司未来一年的预期每股盈利都是 2 元，且两家公司在原则上都可以将所有盈利当作股利派发，且保持 2 元的永续股利流。如果市场资本率 $k=5\%$，则两家公司的股票估值是相同的，即 $D/k=2$ 元/0.05=40 元/股。在这种情况下，没有一家公司会增值，它们将每年的盈利均作为股利发放给股东，公司没有盈利进行再投资，因而两家公司的股利也将保持不变。

现在假设吉星公司拥有更好的投资机会，其投资收益率高于市场资本率 k，为 10%。在这种情况下，公司将盈利全部以股利的形式派发出去是不理性的。这是因为将盈利派发到股东手上之后，股东通常只去投资那些收益与市场资本率 5%相同的项目。显然，把盈利留在吉星公司可以预期得到更多的收益，而股东也可以从未来的收益中获得更多的股利收入。所以，我们假设吉星公司将其股利派发率（Dividend Payout Ratio，股利占盈利的百分比）从 100%降至 60%，保留的 40%称为再投资率（Plowback Ratio），本书中用 b 表示。

此时，吉星公司的股利变为 1.2 元/股。这种调整会使吉星公司的股利在短期内下降，而在长期增加。反映到股票价格上，吉星公司的股票价格会高于现金牛公司的股票价格。图 9-2 表示了吉星公司在两种股利政策下股利的变化情况。低再投资率将使公司派发更高的初始股利，但会造成较低的股利增长率；相反，高再投资率将最终提供更多的股利。如果再投资盈利产生的股利增长率足够高，高投资策略会使股票更值钱。

下面，我们通过一个实例定量分析再投资能产生多高的增长率。假设吉星公司的总资产为 1 000 万元，投资收益率为 10%，则吉星公司的盈利等于 100 万元（=1 000 万元×10%）。市场上共流通 50 万股，则每股盈利 2 元。如果此时吉星公司决定将盈利的 40%用于再投资，即 40 万元，这时股本增加了 4%，股票资本增加的百分比等于股权收益率乘以再投资率。

由于吉星公司增加了 4%的股本，公司将多得到 4%的收入，并多分派 4%的股利，所以股利增长率为：

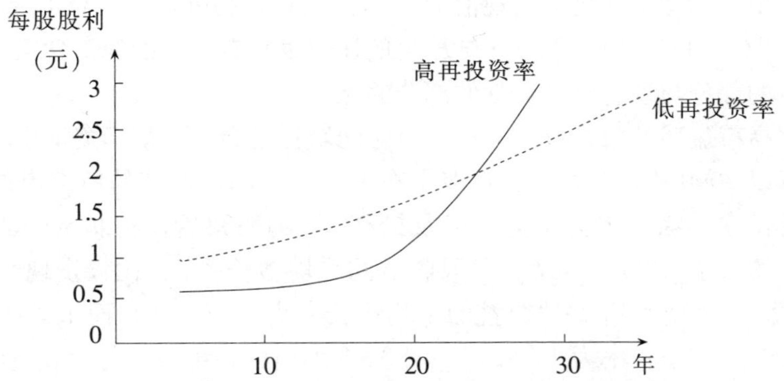

图 9-2 两种盈利再投资下的股利增长情况图

$$g = ROE \times b = 0.1 \times 40\% = 0.04$$

如果股票价格等于其内在价值，则股票价格为：

$$P_0 = \frac{D_1}{k-g} = \frac{1.2}{0.05-0.04} = 120(\text{元})$$

很明显，吉星公司的股利政策使股票价格提升了 80 元，因为在零增长的策略之下，所有盈利作为股利进行分配，股票价格为 40 元。两者的差异源自吉星公司有极好的投资机会，一种考虑公司价值的方法就是将股票价格描述为零增长政策下的价值（每股 E 的永续年金的价值）与增长机会的现值（$PVGO$）之和。在本例中，增长机会的现值为 80 元。

$$\text{股票价格} = \text{无增长每股股票价格}(E/k) + \text{增长机会的现值} \quad (9-13)$$

$$120 = 40 + 80$$

投资者在进行股票投资决策时，该公司是否有高于市场资本率 k 的投资项目是最重要的，只有在这种情况下，公司的价值才会提高；否则，无论采取怎样的股利政策，都不会有用。现在考虑现金牛公司，该公司只有回报与市场资本率 k 相同的投资项目。假设现金牛公司也将盈利的 40%用作再投资。此时，有：

$$g = ROE \times b = 0.05 \times 40\% = 0.02$$

其股票价格为：

$$P_0 = \frac{D_1}{k-g} = \frac{1.2}{0.05-0.02} = 40(\text{元})$$

可见，现金牛公司此时的股票价格和 $b=0$ 时的情况是相同的。其原因是，现金牛公司增长机会的现值等于零。也就是说，公司将盈利作为股利分配出去，由股东自行安排投资，与公司将盈利留存进行投资所得到的收益率是相同的，都等于市场资本率 k。所以，当 $ROE=k$ 时，向公司注入现金没有任何好处。这就是为什么该公司被叫作现金牛，因为它可以拥有大量的现金流，但是公司前景有限，所以这些现金最后被取出。

讨论完企业投资和增长机会之后，现在进入正题，讨论市盈率和增长机会的关系。首先，回到刚才的吉星公司和现金牛公司，分别计算两个公司股票的市盈率。吉星公司的股票价格为 120，市盈率为 $P/E=120/5=24$；而现金牛公司的市盈率为 40/5=8。这个计算结果启示我们，市盈率可能是一个企业增长机会的有效指示器。不过，这只是一个猜测，还需要理论的验证。现在，我们对（9-13）式进行一个变换，得到：

$$\frac{P_0}{E} = \frac{1}{k} \times \left(1 + \frac{PVGO}{E/k}\right) \quad (9-14)$$

可以发现，市盈率和增长机会的现值 $PVGO$ 成正比。另外，当 $PVGO=0$ 的时候，市盈率刚刚等于 $1/k$。(9－14) 式中 $PVGO$ 与 E/k 的比值也具有一定的经济含义，即公司价值中由增长机会贡献的部分与现有资产贡献的部分的比率。

综上所述，高市盈率的公司看上去拥有更好的增长机会，而基于资本市场的实证也证实了这一点。本章以 2000 年作为基准，选取了在上海、深圳证券交易所上市的股票，以当年末的市盈率进行排序，除去市盈率为负以及最高 5%的股票后，将剩余的股票分为 10 组，分别计算各组中的股票 2000—2007 年每股收益的平均增长率。① 比较发现，2000 年市盈率处于后 10%的股票，后来 7 年每股收益的平均增长率为－17.7%，而市盈率处于前 10%的股票，每股收益的平均增长率为 12.92%。图 9－3 列出了各组股票每股收益的平均增长率。

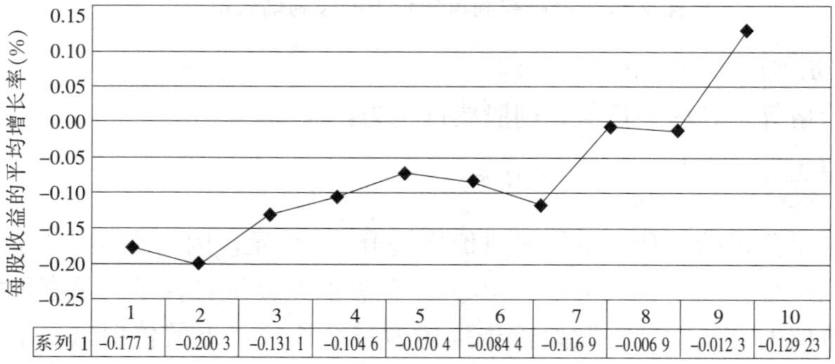

图 9－3　2000—2007 年按市盈率分组的股票每股收益的平均增长率

如果我们将 (9－14) 式和股利贴现模型结合起来分析，还能得到更有价值的结论。因为

$$P_0=\frac{D_1}{k-g}$$

将 $g=ROE\times b$ 以及 $D_1=E(1-b)$ 代入，可以得到：

$$\frac{P_0}{E}=\frac{1-b}{k-ROE\times b} \tag{9-15}$$

我们由 (9－15) 式又得到了一个重要的结论——市盈率与 ROE 成正比。其经济含义是，股权收益率高的项目会带来增长机会。另外，我们还发现，只要股权收益率超过 k，市盈率将随着 b 的增加而增加。这告诉我们，企业在面临好的投资机会时，应将更多的盈余用于再投资，利用这些机会越胆大，市场回报的市盈率就越高。

但这里需要注意一个问题，增长并不是人们最终追求的，投资者追求的是公司价值的增长，所以再投资率并不是越高越好。因为资本的边际收益率是下降的，即企业的 ROE 随着资本投入的增加而下降，如果将盈利投资于收益率低于 k 的项目，公司的价值会随着投资率的上升而下跌。相反，当 ROE 大于 k 时，企业应该增加投资，以提升企业的价值。所以，当股权收益率 ROE 正好等于 k 时，企业的再投资率达到均衡点。

综上所述，再投资率越高，企业的增长率就越高，而高增长率并不意味着高市盈率。当且仅当 ROE 大于市场资本率 k 时，高再投资率才会使市盈率增大；否则，将损害投资者的

① 剔除了 2000—2006 年退市的股票。

利益，因为它会将更多的资金投向收益率不佳的项目。

二、市盈率与风险情况

根据（9－15）式可以得到：

$$\frac{P_0}{E}=\frac{1-b}{k-g} \tag{9-16}$$

该公式的经济含义十分重要：它表示公司的风险越高，市盈率越小。因为公司的风险越高，其对应的收益就越高，即 k 值越大。显然，k 值与市盈率成反比。

这个结论也许会引起一些争议，因为在现实中，许多刚刚起步的小企业，特别是高新科技企业，通常具有很好的市盈率，但这些公司的风险很大。这个现象似乎和上面的结论相矛盾，但答案是否定的，因为高市盈率说明这些公司会有高增长率。上述结论的前提是，在其他条件不变的情况下，高风险公司的市盈率会更低。

【小　结】

本章着重介绍了三种股票估值方法：基于资产负债表的估值方法，股利贴现模型，乘数（市盈率）估值法。最后，还分析了市盈率与公司增长机会和风险情况的关系。

读者可能会发现，书中介绍的估值结果和真实的股票价格之间有一定的差距，但这绝不意味着这些估值方法是纸上谈兵，没有实际用处。造成这种情况的原因是多方面的：其一，中国资本市场并非有效市场，不能准确反映股票的真实价值；其二，由于信息的限制，书中的估值模型采取了较强的假设，这与实际有些出入；其三，书中介绍的估值模型还比较粗糙，更为复杂、精致的估值模型能提高估值的精准度。

坦白而言，哪怕是最为高深、精致的股票估值模型，也难以保证百分之百的正确。读者在实际分析中，一定要明白估值模型的局限性以及其依赖的假设，这样才能使其很好地为股票投资提供参考。专栏 9－1 讨论了我国上市公司攀钢钒钛估值中出现的相关问题。

专栏 9－1

从“攀钢钒钛事件”谈单一估值方法的缺陷

银河证券目前一份关于攀钢钒钛的研究报告引起了市场的广泛关注和质疑。在报告最初的版本中，银河证券将攀钢钒钛的目标价定为 188 元，而报告发布前一个交易日，攀钢钒钛的收盘价仅为 11.85 元。在银河证券承认报告的计算过程有误之后，更正版的报告中攀钢钒钛的目标价仍高达 56.12 元。

尽管更正后的计算过程已经确信没有错误，但银河证券对攀钢钒钛的估值可能仍无法说服市场，因为除了其采用的数据可能不准确（攀钢钒钛后来公告称银河证券的数据和公开信息不符）外，银河证券只采用了一种估值方法，即“股票价格/每股资源价值”。银河证券以淡水河谷的“股票价格/每股资源价值”作为攀钢钒钛的估值目标，认为攀钢钒钛目前的股票价格被大幅低估。

如果只采用“股票价格/每股资源价值”这种估值方法来对矿业股进行价值评估，得出的结论会存在很多缺陷。这种方法几乎简单地将矿业股等同于矿藏，在这个框架下，似乎所有矿业股的价值都只取决于其矿藏资源价值的多少。

从一个矿源被勘探发现，到矿产开采公司获得开采权，再到开采生产，整个过程中需要人力、资本和设备的投入，投入的多少决定了这家公司每年的开采量和产量。如果一个矿藏被评估为价值1亿美元，1年开采完和10年开采完，反映到这个矿产股的股票价格上，股票价格表现可能大相径庭。

第一个涉及的一个问题是时间价值。如果该价值1亿美元的矿藏在1年内开采完，不考虑其他费用和成本，将1亿美元以无风险收益率进行投资，10年后的本利所得和将该矿藏10年平均开采并将获利逐期以无风险收益率进行投资的本利所得相比较，得到的结果将是完全不同的。

第二个会涉及的问题是，该矿藏1年开采完所需的资本投入和10年开采完所需的资本投入完全不同，因此在矿藏价值转换成收益的过程中，费用和成本完全不同，股本扩张要求可能也完全不同，这会影响到最终的收益结果。

第三个会涉及的问题是，考虑在1年内将该矿藏开采完毕向市场供给和在10年内逐步向市场供给期间下游需求的变化和矿价的变化，供求状况的不同最终也会导致收益完全不同。

除了以上这三点外，其他还可能涉及的问题包括公司的经营效率变化、融资投资环境变化和政策变化等等，所以仅以“股票价格/每股资源价值”进行价值评估，基本就忽略了以上所有问题。这也是为什么市场现在还主要使用市盈率来进行价值评估，市盈率估值考虑了每年的收益变化，在一定程度上可以弥补和完善“股票价格/每股资源价值”估值方法的缺陷。

其实不止矿产股不能单一使用某种估值方法来评估，其他品种的股票也同样需要多种估值方法才能获得较为合理的估值，地产股和零售股就具有一定的典型性。

地产企业的运作模式可以简单地表述为“拿地—建设—销售—再拿地—再建设—再销售”这样一个循环。如果一家地产企业注重扩张和经营的可持续性，就会不停地拿地，如此一来，留存收益就可能相对偏低，每股净收益表现就不突出。在这种情况下，采用市盈率估值法或许就不太能准确评估该企业的价值，重估净资产（RNAV）方法可能更为适用，因为这更能体现出地产企业旗下可售资产的价值，这些资产可能并不会快速变现并从资产负债表转移到利润表中。

零售企业在不同的经营环境下适用的估值方法也会不同。如果一家零售企业已经处于稳定的经营状态，经营收益的增长主要依靠销售商品结构的改善和企业经营效率的提升，那么市盈率估值法能比较准确地反映企业估值。如果一家零售企业尚处于起步阶段，企业还计划通过不断扩张来争取市场份额，那么企业的收益就会更多地用在开设新店和市场推广等扩张举措上，净利润的增速可能相对不高，但销售规模可能快速增长，这时除了考虑市盈率估值法外，市销率（PS）估值法会更合适。

股票的估值方法还有很多，包括市净率（PB）、现金流贴现（DCF）、市盈率增长比率（PEG）和股利贴现（DDM）等。不同类型的股票适用的估值方法不同，同一只股票在不同阶段适用的估值方法也会有所差异，而同一只股票在同一个时点，也可能需要运用多种估值方法才能较为合理地作出价值评估。因此，只用“股票价格/每股资源价值”来判断攀钢钒钛价值被低估，应该是有所欠缺的。退一步说，假设攀钢钒钛要达到和淡水河谷同样水准的“股票价格/每股资源价值”，那它至少得拥有和淡水河谷相类似的全球行业地位、市场话语权和营运能力。

资料来源：傅峙峰．从“攀钢钒钛事件”谈单一估值方法的缺陷．华尔街日报（中文版），2011-07-22.

【练习题】

1. 请解释下述名词：清算价值，重置成本，市场资本化率，市盈率。

2. 推导稳定增长的股利贴现模型。

3. 试分析在什么情形下使用多阶段股利贴现模型比固定增长模型更重要。

4. J公司目前支付了1.22元/股的股利，且预期无限期内将以5%的增长率增长。若根据固定增长的股利贴现模型计算的股票当前价值为32.03元/股，那么必要收益率是多少？

5. 一家公司目前支付了1.00元/股的股利，且预期无限期内将以5%的增长率增长。若股票的当前价值为35元/股，那么根据固定增长的股利贴现模型计算的投资必要收益率是多少？

6. T公司的当前市值是41元/股，每股收益为3.64元，若必要收益率为9%，那么增长机会价值的现值是多少？

7. 证明市盈率越高的企业增长机会越多，并解释其原因。

8. 证明其他条件给定时，风险越大的企业市盈率越小，并解释其原因。

9. 今年底，如果A公司的股票预期股利为0.6元/股，且预期股利以每年10%的速度增长，而A公司股票每年应得到的收益率为12%，那么其内在价值为多少？

10. 乘数估值法所依赖的假设是什么？这个假设对其估计结果的影响是什么？

11. A公司的$ROE=9\%$，$\beta=1.25$，公司计划在无限期内保持2/3的再投资率，今年的每股收益为3元，刚刚派发了年度股利。预期未来一年的市场收益率是14%，无风险收益率为6%。

（1）计算A公司的内在价值。

（2）计算其市盈率。

（3）推算其增长机会的价值。

（4）假设根据你的调研，你相信A公司随时有可能把再投资率降低至1/3，计算股票的内在价值。

12. 某一创业板上市公司G目前不派发现金股利，且预期未来5年内都不会派发，其最近的每股收益为10元，全部用于再投资。预期未来5年里ROE等于20%，且在这5年内，全部盈利也都将用于再投资。从第6年开始，预期公司的ROE将下降至15%，公司将把盈利的40%作为股利发放，这种状态将一直持续下去。该市场资本化率为15%。

（1）估计G股票的每股内在价值。

（2）假设当期的股票价格等于内在价值，你预期明年的股票价格将如何变化？后年的股票价格又将如何变化？

（3）若从第6年开始，G公司的股利支付率仅为20%，你估计G公司股票的内在价值将如何变化？

13. 一位上市公司的董事认为股利贴现模型证明了股利越高股票价格就越高。

（1）以固定增长的股利贴现模型作为参考基础，评价这位董事的观点。

（2）说明股利支付率的增加将对下列项目产生何种影响（其他条件不变）：

i. 可持续增长率。

ii. 账面价值的增长。

14. 假设中信证券要求所有分析师采用两阶段股利贴现模型（DDM）和资本资产定价模型（CAMP）对股票进行估值。一分析师对Q公司进行了估值，估值结果是63元/股。他现在需要对S公司进行估值。

（1）根据下面的信息计算S公司的必要收益率：

	Q公司	S公司
风险系数β	1.35	1.15
市场价格	45.00	30.00
内在价值	63.00	—

注：无风险利率=4.50%；预期市场收益率=14.50%。

（2）该分析师估计S公司的每股收益率和股利的增长情况如下：

前三年	12%
此后	9%

根据两阶段DDM和上表中的数据估计S公司股票的内在价值。上一年的每股股利是1.72元。

（3）通过将Q和S两家公司股票的内在价值与市场价格进行比较，你建议应购买哪一家公司的股票？

（4）与固定增长的DDM相比，说出两阶段DDM的一个优点。说出所有DDM共有的一个缺点。

15. 从CSMAR数据库下载中国工商银行（SH601398）的相关数据，利用本章讨论的基于资产负债表的估值方法、股利贴现模型、乘数（市盈率）估值法分别对工商银行的股票进行估值。分析各种估值方法得到的内在价值与市场价值的差异，并讨论各种方法的优点和局限性。

16. 英怀思特公司股票的当前市场价为18元，根据财务报表，可以预计该公司的每股盈利为2元。公司的*ROE*为10%，且在短期内保持不变。公司的政策为固定派发盈利的40%作为股利给股东。当前市场上无风险利率是7%，市场的期望投资收益率为12%，英怀思特公司的β值为1.2。请对英怀思特公司的股票进行估值，并提出操作建议。

17. 任意选定一只上市公司的股票，根据其近几年的年度财务报表数据，利用本章介绍的三种方法对其进行估值，并与市值进行比较（相关数据可以到上海证券交易所的网站上查询）。

【参考书目】

[1] Leonard Soffer, Robin Soffer, 2003, *Financial Statement Analysis: A Valuation Approach*, Up-

per Saddle River，NJ：Prentice Hall，Part II & III

[2] Stephen A. Ross，Randolph W. Westerfield，Jeffrey F. Jaffe，2013，*Corporate Finance*，11th edition，New York：McGraw-Hill Companies，Inc.，Part I-IV

[3] Myron J. Gordon，1982，*The Investment*，*Financing and Valuation of the Corporation*，Homewood，Illinois：Irwin

[4] Sangkyun Park，2000，"What does the PE Ratio Mean?"，*Journal of Investing*，9 (3)：27-34

[5] Liu，Jing，Doron Nissim，Jacob Thomas，2002，"Equity Valuation Using Multiples"，*Journal of Accounting Research*，40 (1)，135-172

[6] 博迪，等. 投资学（第10版）. 北京：机械工业出版社，2017

第 10 章

债券的基础

【本章导读】

债券是一种非常重要的金融产品，政府和企业通过发行债券融资，债券也是一种最重要的投资工具：政府债券能为投资者提供安全性和流动性，公司债券的收益率也很可观。投资者通过投资债券和债券的衍生产品能有效地管理投资组合的风险。美国的债券市场是世界上最大的金融市场。债券市场在整个金融市场中居于非常重要的地位，债券市场能够为资产定价和资产组合管理提供重要的基准收益率。因此，了解债券和债券投资管理的基础知识非常重要。本章主要介绍债券的一些基础知识，这些知识对于构建合理的债券投资管理策略十分必要。本章重点介绍了债券的定义和要素、债券的种类，接着阐述了如何计算债券的价格和衡量债券的收益率，最后介绍了债券信用风险的评级。

【课外推荐 10－1】

债券交易

第一节　债券的定义和特征

一、债券的定义

债券是债的证明书。债是按照合同的约定或者依照法律的规定，在当事人之间产生的特定的权利和义务关系。债券是发行人依照法定程序发行，并约定在一定期限还本付息的有价证券，它反映的是债权债务关系。债券的定义包含四个方面的内容：其一，债券的发行人是债务人，是借入资金的经济主体；其二，债券的投资者是债权人，是借出资金的经济主体；其三，债务人利用债权人资金的条件是承诺在一定时期内还本付息；其四，债券反映了发行者和投资者之间的债权债务关系，而且是这一关系的法律凭证。在出现纠纷时，债券是法律依据。

二、债券的基本要素

债券是投资者和发行者之间债权债务关系的法律凭证和契约。债券的基本要素有四个：债券的票面价值、债券价格、偿还期限和票面利率。债券的这四个要素可能并不记载在票面上，比如在许多情况下，债券发行者以公布条例或公告的形式向社会公开宣布债券的期限和利率，只要发行人具备良好的信誉，投资者也会认可。另外，票面上记载的可能不止这四个要素，还可能记载一些其他事项，如还本付息的方式等。

（1）票面价值。债券面值，简称面值，是指债券发行时所设定的票面金额，它代表着发行人借入并承诺未来某一特定日期（如债券到期日）偿付给债券持有人的金额，是债券的本金。为了使债券能够标准化发行，在各国的金融市场上，债券面值一般都是一个固定值。目前，我国发行的债券面值一般是 100 元人民币；在美国，债券面值一般为 1 000 美元。在债券的面值中，还要规定票面价值的币种，即以何种货币作为债券价值的计价标准。

（2）债券价格。债券价格包括发行价格和买卖价格（又称转让价格）。一种债券第一次公开发售时的价格就是发行价格；已经公开发售的债券可以在投资者之间买卖、转让。债券的持有者可以在到期日前按照当时的债券买卖价格将债券销售出去。债券的价格并不一定等于债券面值。实际上，债券价格是由债券的面值、票面利率、偿还期限以及适当的贴现率等多种因素共同决定的，这方面的内容将在以后章节详细论述。根据债券价格和面值的关系，可以将债券划分为以下三种类型：

①平价债券即债券价格等于债券面值。

②溢价债券即债券价格大于债券面值。

③折价债券即债券价格小于债券面值。

（3）偿还期限。债券的偿还期限通常简称期限。债券的偿还期限是一个时间段，这个时间段的起点是债券的发行日期，终点是债券票面上标明的偿还日期，也称到期日。在到期日，债券代表的债权债务关系终止，债券的发行者偿还所有的本息。一些债券（如可赎回债券或可回售债券）的发行者或持有者在债券发行以后可以改变债券最初的偿还期限。但是，对于债券投资者而言，更重要的是从债券购买日期起至债券到期日为止的期限长度，即债券的剩余期限。

根据偿还期限的不同，债券可分为长期债券、短期债券和中期债券。一般来说，偿还期限在 10 年以上的为长期债券，偿还期限在 1 年以内的为短期债券，偿还期限在 1 年或 1 年以上 10 年以下（包括 10 年）的为中期债券。我国国债的期限划分与上述标准相同，但我国企业债券的期限划分与上述标准有所不同。短期企业债券是指偿还期限在 1 年以内的债券，中期企业债券的偿还期限在 1 年以上 5 年以下，长期企业债券的偿还期限在 5 年以上。①

债券的期限之所以非常重要，主要有三个原因：首先，债券的期限决定了债券投资者能获得利息的年数以及在获得最终的债券面值之前所经历的时间长度，这是决定债券价格的重要因素。其次，债券的期限决定了债券收益率的高低。最后，债券价格的波动性与债券的期

① 各国债券期限划分的标准并不一样。例如在美国，期限在 1 年以内的债务工具被称为货币市场工具；期限在 1 年以上 5 年以下的债券被称为短期债券；期限在 5 年以上 12 年以下的债券被称为中期债券；期限大于 12 年的债券被称为长期债券。

限密切相关。

（4）票面利率。票面利率是指债券每年支付的利息与债券面值的比例，通常用年利率的百分数表示，票面利率有可能在债券票面上标明。投资者所获的利息就等于债券面值乘以票面利率。例如，某种债券的面值为 100 元，票面利率为 8%，投资者每年能获得 8 元的利息。

按照利息支付方式的不同，债券可分为附息债券和零息债券。附息债券是指在债券券面上附有息票（Coupon）的债券，或是按照债券票面标明的利率及支付方式支付利息的债券。以前很多附息债券的券面上都附有息票，息票上标有利息额、支付利息的日期等内容。债券持有人可以从债券上剪下息票，凭息票领取利息。目前，对于大多数附息债券而言，投资者不必通过呈递息票领取利息了，而是定期收到发行者支付的利息。

零息债券（Zero-Coupon Bonds）不定期支付利息，既可以贴现发行，也可以按照面值平价发行。贴现发行的零息债券也被称为贴现债券，发行时按一定的折扣率，以低于债券面值的价格发行，到期时发行者按面值偿还。实际上，贴现债券的利息是在到期日一次性支付，其数额正好等于面值和债券购买价格的差额。例如，投资者以 70 元的发行价格认购了面值为 100 元的 5 年期国债，那么在 5 年到期后，投资者可兑付到 100 元的现金，其中 30 元的差价就是国债的利息。我国 1993 年开始发行贴现债券，期限分别为 3 个月、6 个月和 1 年。还有一种零息债券是按照面值销售的，债券偿还期限内不支付利息，利息累计计算，在到期日利息随本金一次性支付。

根据债券的票面利率是否固定，还可以将债券划分为固定利率债券和浮动利率债券。固定利率债券就是在偿还期内票面利率保持固定不变的债券。浮动利率债券是指在偿还期内票面利率可以变动的债券。浮动利率债券的票面利率等于某个参考利率加上一个固定的利差，并随着参考利率的变化而定期进行调整，票面利率随着参考利率的升降而同方向升降。浮动利率债券的参考利率绝大多数是一些重要的金融市场利率①，如美国浮动利率债券主要以 3 个月期的国库券利率作为参考利率，欧洲国家的浮动利率债券的参考利率多为伦敦银行同业拆借利率（LIBOR）。1999 年 3 月，国家开发银行在银行间债券市场首次推出长期浮动利率债券。根据我国的国情，该浮动利率债券以 1 年期定期存款利率作为参考利率，每年支付一次利息。

三、债券的其他要素

债券还包括以下要素：

（1）嵌入选择权（Embedded Options）。许多债券都附有一些选择权条款，赋予发行者或投资者某种选择权。最常见的一种债券嵌入选择权就是债券的赎回条款（Call Provision）或回售条款（Put Provision）。债券的赎回条款赋予发行者在到期日之前按照约定的价格赎回全部或部分债券的权利。赎回权对于发行者是有利的，如果将来利率降低，发行者可以通过发行利率更低的新债券替换原来发行的高利率债券，由此可以降低借债成本。另外，发行者也可以在将来产生预料外的高现金流时尽早偿还债务。债券发行人可以利用赎回权改变债

① 也有少数浮动利率债券是以某种商品价格（如原油价格）、股票价格指数、债券指数或外汇汇率作为确定票面利率的参照基准的。

券的期限。对于投资者而言，赎回权是不利的。如果将来利率下降时债券被赎回，投资者只能将获得的资金投资于利率更低的债券；另外，赎回条款的存在限制了利率下降导致的债券价格上涨的幅度，降低了投资者资本利得的收益率。因为赎回条款对发行者有利，对投资者不利，因此为补偿投资者，在其他条件均相同的情况下，附有赎回条款债券的收益率要高于没有赎回权债券的收益率。

附有回售权的债券赋予投资者在规定的日期将债券按照面值回售给发行者的权利。回售权可以使投资者在利率升高的情况下将债券按照面值回售给发行者，避免了利率升高导致的债券价格下降的损失，而且投资者也可以用资金购买收益率更高的债券。因此，附有回售权的债券的收益率要更低一些。

另一种附有选择权的企业债券是可转换债券，可转换债券的持有者有权在一定时间内将债券转换成确定数量的发行者的普通股股票，可转换债券可以使投资者分享公司股票价格升值的好处。可转换债券被视为一种混合证券，兼具股票和债券的特性，打破了股票和债券的传统界限。还有一些公司发行的债券附有认股权证（Warrants），认股权证是一种允许持有人（即投资者）有权利但无义务在指定的时期内以确定的价格向发行公司购买该公司股票的证券。每一份认股权证都要详细地说明权证持有人可以购买的股票数量、购买价格和到期日。在绝大多数情况下，认股权证都附在债券上发行，债券合约中都会注明认股权证能否与债券分开，也就是说，认股权证和债券发行后能否单独出售和流通。一般情况下，认股权证可以在发行后立即与债券分开而单独出售和流通。附认股权证的公司债券和可转换债券不同，前者在持有人行使认股权后，债券形态依然存在；而后者在行使转换权后，债券形态消失。

（2）抵押、担保条款。按债券发行时有无抵押担保条款可将债券分为信用债券、抵押债券和担保债券。信用债券指仅凭筹资人的信用发行的、没有抵押品和担保条款的债券。信用债券只适用于信用等级高的债券发行人，一般附有一些限制性条款以保护投资者的利益。抵押债券是指债券发行者以不动产（如土地、房产和机器设备等）或有价证券（如股票、政府债券）作为抵押品而发行的债券。如果债务人到期不能按规定条件还本付息，债权人可以行使抵押权，占有或拍卖抵押品作为补偿。担保债券是指由第三者担保偿还本息的债券，如果债务人到期不能还本付息，债券投资者有权向担保人追讨债务。

（3）偿债基金条款。该条款要求发行者每年回购一定数量的发行在外的债券，偿债基金就是由发行者准备的用于回购债券的基金。一般而言，发行者可以采取两种方式回购自己的债券：一是在债券价格低于面值时，发行者在债券市场上回购一定数量的债券。二是发行者将基金委托给受托人保管，由受托人根据抽签结果回购一定数量的债券。在后一种情况下，要事先确定回购价格，回购价格一般等于债券面值。从投资者的角度看，偿债基金条款至少有以下几方面好处：首先，由于债券发行者通过偿债基金分次偿还债券，降低了债券的违约风险；其次，提高了某些债券的流动性；最后，附有偿债基金条款的债券价格比较稳定，因为债券价格一旦下降，发行者就会积极购买。由于上述原因，附有偿债基金条款的债券收益率比不附有该条款的同类债券的收益率低。当然，偿债基金条款也可能给投资者造成不利影响。如果债券发行后利率下降了，根据偿债基金条款，一部分债券将按照回购价格赎回，这将给投资者带来损失，投资者既无法实现利率下降导致的债券价格上涨的资本利得，获得的资金也只能按照更低的利率水平投资。因此，在利率水平比较高的时期，附有偿债基金条款的债券比其他债券的收益率高。

（4）债券偿还方式。除了常见的到期还本付息外，实践中债券的偿还具有多种形式。许多债券可以提前偿还，但一些债券规定了宽限期，债券的宽限期是指债券发行后不允许提前偿还、转换的时间，它一般是根据债券偿还期的长短来确定的。

第二节 债券的种类

可以根据不同的标准对债券进行分类，国际上最常见的一种分类方法是将债券划分为政府债券、公司债券、资产证券化产品、货币市场工具和国际债券。需要特别指出的是，在债券市场上虽然货币市场工具和国际债券与前三类债券有重合之处，但由于其特殊性，故单列出来详细介绍。

一、政府债券

政府债券的发行主体是政府，它是指政府财政部门或其代理机构为筹集资金、弥补财政收支不平衡，以政府名义发行的债券。政府债券又可以进一步划分为中央政府债券、地方政府债券和政府机构债券。大多数国家规定，购买政府债券获得的收益可以享受免税待遇。由于中央政府拥有征税和发行货币的权力，因此，中央政府债券没有违约风险。同时，在各国债券市场上，中央政府债券是最主要的交易品种，具有很强的流动性。因此，中央政府债券的收益率是最低的，一般都是债券市场的基准利率。

（一）中央政府债券

以美国为例，美国财政部主要发行三种类型的可流通国债，即国库券（Bills）、中期债券（Notes）和长期债券（Bonds）。它们都是美国政府的直接债务，可在二级市场上自由买卖。大多数可流通国债不可被提前赎回。所有可流通国债都是以记账方式发行的，购买单位一手为 1 000 美元或其整数倍。

国库券是短期债券，期限有 13 周、26 周和 52 周三种。国库券多贴现发行，到期按面额偿还本息。

中期债券期限一般长于 1 年，短于 10 年。一般中期债券每半年付息一次，到期按面额偿还本金。目前，美国财政部发行的中期债券的期限有 2 年、5 年和 10 年三种。

长期债券期限一般长于 10 年，每半年付息一次，到期按面额偿还本金。目前，美国财政部在每年的 2 月、8 月和 11 月发行 30 年期的长期债券。

在我国，中央政府债券被称为国债，其历史可追溯至 20 世纪 50 年代。作为我国债券市场最重要的组成部分之一，近年来国债在我国发挥着日益重要的作用，不仅是政府实施财政政策的有力手段，也可作为财政和金融两者之间的紧密结合点，在促进利率市场化、进一步疏通利率传导机制等方面发挥着不可替代的作用。同时，因国债是无风险债券，国债收益率曲线是金融市场利率定价的重要基准。根据财政部数据，截至 2019 年 11 月，我国国债余额约为 16.22 万亿元，存量国债平均票面利率为 3.52%，平均剩余期限为 7.49 年。

（二）地方政府债券

地方政府债券又称市政债券，是指有财政收入的地方政府为筹集资金而发行的一种债券。这种债券是以地方政府的财政收入作为还本付息的来源的。美国地方政府债券的利息一般都免缴联邦所得税和债券发行地的地方政府征收的所得税。

美国市政债券主要分两种，即一般责任债券和收入债券。

1. 一般责任债券

一般责任债券是由州和市政府或其附属机构发行的债券。州政府发行市政债券主要是为修建高速公路、桥梁和住宅等设施募集资金。这些设施最终会产生收入，可以用来偿还债券本息。其他级别的地方政府发行市政债券也是为了给特定项目融资，依靠工程完工后的收益来偿还债务。

此外，一般责任债券还以州和各级地方政府所拥有的不受限制的征税权作为担保。当工程延期不能还款，或者工程本身不能产生足够的收益还款时，各级政府有权用一部分税收收入作为还本付息的来源。由于州政府税收的种类和来源都较多，因此州政府发行的市政债券信用比较高，常被看作完全信用担保的债券。

2. 收入债券

收入债券主要由医院、大学、机场以及其他一些公用事业机构发行，用于特定项目的建设，还本付息的来源是这些机构所创造的营业收入，而不是以地方政府的征税能力作为保证。因为这些项目收入稳定可靠，债券的还本付息比较有保证。但因为没有地方政府征税能力作为保证，其风险要高于一般责任债券，收益率也相应地高于一般责任债券。

在我国，早期的《中华人民共和国预算法》规定，地方各级预算按照量入为出、收支平衡的原则编制，不列赤字，严禁地方政府发债。但是，1994 年分税制改革后，由于事权的下放和财权的上移，地方政府资金缺口日益凸显，导致“土地财政”成为地方政府的重要资金来源，且地方政府融资平台形成的巨量隐性债务亦对地方政府债务管理构成了显著威胁。在此背景下，2014 年 8 月，历经四次修订的《中华人民共和国预算法》经全国人大常委会表决通过，放开了省级地方政府在全国人大批准限额内的举债权，试图以“开前门、堵后门”的新思路治理地方政府债务问题。

2014 年以来，我国地方政府债券的发展驶入快车道，2015 年地方政府债券发行量由 2014 年的 4 000 亿元跃升至 3.84 万亿元，在一定程度上缓解了地方政府的财政压力，并控制了隐性债务的增长。根据财政部的数据，截至 2019 年 11 月，我国地方政府债券余额约为 21.11 万亿元，控制在限额 24.08 万亿元内，存量地方政府债券平均票面利率为 3.54%，平均剩余期限为 5 年。

（三）政府机构债券

政府机构债券是由政府所属机构或公共团体发行，由政府提供担保的债券。以美国为例，政府机构债券即联邦机构债券，一般是指政府有关机构以自己的名义，而不是以政府或国家的名义发行的债券；或虽发行债券的机构不是政府机构，甚至是私营机构，但是从政府那里得到了发债的特许，政府出于宏观的考虑，为这些债券提供一定程度的信用担保，或进行某种方式的监管。根据上述定义，可将联邦机构债券分为两类：政府资助机构（Government-Sponsored Enterprises）债券和联邦有关机构（Federally Related Institutions）债券。

1. 政府资助机构债券

政府资助机构是经美国国会批准建立的特殊实体。这类机构虽然是私有的，但其经营管理方完全类似于公众机构。政府部门建立这类机构的目的是资助某些经济部门，减少其借款成本，如农业部门、家庭部门以及向学生提供信贷的部门。

在所有这些政府资助机构发行的债券中，美国政府只为“农场信贷融资协助公司”发行的债券提供完全的信用担保，因此投资者投资于除此以外的政府资助机构发行的债券是有信用风险的。它们与国债在收益方面的差别大致反映了其信用风险的大小。

2. 联邦有关机构债券

联邦有关机构是联邦政府的分支部门，但是它们并不直接在市场上发行债券。这是因为每一家机构的资金需求规模都比较小，单独融资的成本会比较高。一般情况下，它们通过联邦融资银行（Federal Finance Bank）统一发行债券。

联邦有关机构主要有美国进出口银行、商品信用公司、农场主住宅管理局、总服务局、小企业管理局、田纳西流域管理局等。

联邦有关机构债券的发行可以免于在证券交易委员会登记。除了私人出口融资公司和田纳西流域管理局的债券外，其他所有联邦有关机构的债券都得到联邦政府的全部信用支持。它们通过发行债券获得的资金主要用来向一些个人、企业或政府机构发放低息的长期贷款，以支持出口贸易、农业或中小企业的发展。特殊情况下也向大公司发放贷款，以帮助它们渡过难关。

二、公司债券

公司债券是指公司依照法定程序发行的，约定在一定期限还本付息的有价证券。公司债券是公司为筹措长期资金而发行的一种债务契约，代表发行债券的公司和投资者之间的一种债权债务关系。债券持有人是公司的债权人，不是所有者，无权参与或干涉企业的经营管理，但债券持有人有权按期收回本息。一方面，公司债权人享有优先收益分配权，而且在公司破产清算资产时其偿还顺序排在股东之前。由于企业主要以自身的经营利润作为还本付息的保证，如果公司发行债券后经营不善，可能无力还本付息，投资者就面临利息甚至本金损失的风险，所以，在公司发行债券时，一般要对公司进行严格的信用审查或要求发行企业有财产抵押或其他机构提供的担保，以保护投资者的利益。另一方面，公司债券由于具有较大的信用风险，其收益率通常也高于政府债券。一般而言，公司债券的利息收入和资本利得要缴纳个人所得税。对公司而言，发行公司债券可以享受税盾的好处，即公司的债务利息在税前扣除，充分发挥财务杠杆的作用。

按照是否有担保，公司债券可以分为担保债券和信用债券。担保债券是指由第三方或公司自身的财产来担保公司债券的还本付息。信用债券是以债券发行公司自身的信用为担保发行的债券。

公司债券持有者通常会要求公司债券的发行者每年赎回一定比例的债券，即偿债基金要求（Sinking Fund Requirement）。发行债券的公司通常采用到债券市场逐步买回自己所发行的债券或每年回购部分可回购债券的方式达到偿债基金要求。具体采用哪种方法以当时的市场情况而定。若市场利率高于债券利率，则债券市场价格会降低，这时公司直接从债券流通市场上购回自己所发行的债券比较有利；若市场利率低于债券利率，则债券市场价格会上升，这时公司采取回购的方法比较有利。

美国的公司债券交易既可以在交易所内进行，也可以在场外交易市场（Over-the-Counter Market，OTC 市场）进行。场外交易市场由成千上万个遍布全美国的经纪人和交易商组成，并通过电话委托系统进行交易。这些证券经纪商既可以作为客户的经纪人（代理人）执行客户买卖公司债券的指令，又可以作为自营商自己从事公司债券的买卖。在美国，从事公司债券挂牌交易的交易所主要有纽约证券交易所（New York Stock Exchange，NYSE）和美国证券交易所（American Stock Exchange，AMEX）。但是同场外交易市场相比，在交易所挂牌交易的公司债券的规模要小得多，绝大多数公司债券在场外交易市场交易，甚至一些在交易所挂牌交易的公司债券也有自己的场外交易场所。

公司债券通常由专业化的信用评级机构对债券信用风险进行评级（值得注意的是，信用评级机构仅针对债券的信用风险进行评级，而不评估其他种类的债券风险，该评级故称信用评级），市场参与者把评级结果作为参考因素之一。美国有三个主要的评级机构——穆迪、标准普尔和惠誉。每家机构都有自己独特的一套用字母表示的信用等级系统，但共同点是：等级越低的债券，违约风险越高，相应的收益率就越高。历史上，因我国监管机构要求外资评级机构不得控股境内评级机构，上述三大评级机构未直接进入中国市场开展评级业务，我国信用评级市场由四家内资评级机构占据主导地位。随着近年来监管政策的放松，允许外资评级机构控股，并扩大可评级债券种类范围，三大评级机构已陆续进入我国评级市场，有助于我国信用评级业务规范化发展。

有些公司债券在发行时会给予债券发行者或者债券购买者一定的选择权利，这种附有选择权的公司债券既具有一般公司债券的特点，又具有其自身的独特性质。这种债券主要有可赎回债券和可转换债券。前者是给予发行者一定的选择权，发行者可以在一定条件下以约定的价格赎回债券；后者是赋予购买者一定的选择权，购买者可以在一定的条件下将其所持有的债券转换成发行债券公司的股份。

金融机构，特别是商业银行发行的债券是一种特殊的公司债券，被称为金融债券。[①] 由于银行等金融机构在一国经济中占有较特殊的地位，政府对它们的运营又有严格的监管，因此，金融债券的信用等级通常高于其他公司债券，违约风险相对较小，具有较高的安全性。所以，金融债券的收益率通常低于一般的公司债券，但高于风险更小的国债和银行储蓄存款的利率。

三、资产证券化产品

20 世纪 70 年代开始的资产证券化是最重要的金融创新。资产证券化是将缺乏流动性但能够产生可预见的稳定现金流的资产，通过一定的结构安排，对资产的风险与收益要素进行分离与重组，进而转换成为在金融市场上可以流通的标准化证券的过程。资产证券化可以提高金融资产的流动性，能够让债券投资者和发行人更好地管理风险，因此，自资产证券化出现之后，其发展十分迅速。

进行资产证券化的资产应当有以下特征：

① 在英、美等西方国家，金融机构发行的债券归类于公司债券。在我国及日本等国家，金融机构发行的债券被称为金融债券。

（1）资产在未来可以产生确定的现金流；

（2）基础资产必须具有标准化、高质量的合同条款；

（3）基础资产必须具有相似的到期日结构期限；

（4）基础资产的抵押物有较高的变现价值；

（5）基础资产的持有者必须有良好的信用记录，具有相对稳定的坏账统计记录，可以预测未来类似损失的发生概率。

为确保发行人按时支付债券本息、保证债券交易的质量和安全性，要对证券化产品进行信用增级。信用增级技术主要分为两类：内部信用增级和外部信用增级。前者主要依赖应收账款等资产本身，主要方法包括优先/次级结构、出售者追索权、超额抵押、现金抵押、储备基金、利差账户。后者主要看独立的第三方信用，主要包括相关方的担保、信用证、单线保险、多线保险。

根据产生现金流的证券化资产的类型的不同，资产证券化可分为住房抵押贷款证券化（Mortgage-Backed Securitization，MBS）和资产支持证券化（Asset-Backed Securitization，ABS）两大类。其区别在于前者的基础资产是住房抵押贷款，而后者的基础资产是除住房抵押贷款以外的其他资产。

（一）住房抵押贷款证券化

住房抵押贷款证券化是指金融机构（主要是商业银行）把自己所持有的流动性较差但具有未来现金流收入的住房抵押贷款汇聚重组为抵押群组，由证券化机构以现金方式购入，经过担保或信用增级后以证券的形式出售给投资者的融资过程。MBS 是最早的资产证券化品种，最早产生于 20 世纪 60 年代的美国。它主要是由美国住房专业银行及储蓄机构利用其贷出的住房抵押贷款发行的一种资产证券化商品。

根据支付方式的不同，MBS 大致可以分为以下三类：

（1）过手 MBS（Pass-Through MBS），其资产池产生的任何现金流不经过分层组合、原原本本地支付给投资者。

（2）担保抵押债券（Collateralized Mortgage Obligations，CMOs），其现金流经过分层组合、重新安排后分配给具有不同需求的投资者，其推出是为了解决抵押支持债券由于抵押贷款预先偿付带来的风险问题。担保抵押债券通过发行不同期限、不同风险-收益特性的抵押债券，使得预先偿付风险在不同的债券投资者之间重新分配。例如，对于风险厌恶的投资者，发行还款期限固定、利率较低的债券，同时发行一种辅助债券吸收所有提前还款带来的风险，以满足风险爱好投资者的需要。这样，担保抵押债券实现了风险在不同投资者之间的重新分配。

（3）剥离式 MBS（Stripped MBS，SMBS），又分为利息型（Interest Only，IO）MBS 和本金型（Principal Only，PO）MBS，其将现金流的本金和利息分离开并分别支付给相应的投资者。

（二）资产支持证券化

资产支持债券和抵押支持债券有许多相似之处：两者都以某种有稳定现金流的资产为基础发行债券；都通过担保进行信用加强；其出发点都是加强资产的流动性等。但两者也有显著区别，资产支持债券涵盖的抵押资产范围远大于抵押支持债券，种类也比抵押支持债券多。

目前美国市场上主要的证券化基础资产一共有四大类：

（1）消费信贷，包括居民住宅抵押贷款、汽车销售贷款、信用卡应收款及各种个人消费贷款。

（2）商业抵押贷款，包括商业房地产抵押贷款、贸易应收款、各类工商企业贷款。

（3）租赁应收款，包括计算机租赁、办公设备租赁、汽车租赁、飞机租赁。

（4）其他未来有稳定现金流的资产，包括人寿保单、公用事业费收入、航空公司机票收入、公园门票收入、俱乐部会费收入及债券收入等。

其中，发行额最大的三种资产支持债券是汽车贷款担保资产债券、信用卡担保资产债券和住宅权益担保资产债券。

四、货币市场工具

货币市场被定义为到期期限为一年或短于一年的债务工具市场。货币市场工具是投资者管理流动性并获得一定收益的重要金融工具。本节介绍以下四种主要的货币市场工具。

（一）商业票据

对一个需要短期资金且信用等级较高的公司，除了银行借贷外，还可以以发行商业票据的方式进行融资。商业票据是作为发行机构的债务在公开市场上发行的、短期的、无担保的期票。大多数商业票据的期限都少于 270 天，最常见的期限是 30～50 天。

尽管商业票据的典型发行人具有较高的信用评级，但近几年，那些信用等级较低、不太出名的小公司也可以发行商业票据。它们通过从信用等级高的公司得到信用支持，或者以高品质的资产作为抵押品来发行票据。前者称为信用支持商业票据，后者称为资产支持商业票据。信用支持商业票据的一个例子是以信用证支持的商业票据。信用证的条款明确规定：当发行人到期无力支付时，开证行要保证代为偿还。银行出具信用证要收取一定的费用。信用增强还可以采取从保险公司取得履约保证的形式。资产支持商业票据是由大公司发行的，可以通过某种具有特殊目的的工具来聚集资产，发行债券。用于担保的资产包括信用卡应收款项、汽车和设备租赁款项、健康医疗应收款项，甚至还包括小型公司贷款。

商业票据的利率一般高于国库券的收益率，原因有三：首先，商业票据的投资者面临着信用风险；其次，由于投资于国库券得到的利息可以免征州和地方所得税，导致商业票据不得不提供较高的收益率来弥补这种税收上的劣势；最后，商业票据的流动性不如国库券。

（二）银行承兑汇票

银行承兑汇票是一种促进商业贸易业务的工具，其中，银行承担了向汇票持有人最后支付的责任。银行承兑汇票为商业贸易融资的作用称为承兑融资。

银行承兑汇票与国库券和商业票据一样，也是贴现出售的，其投资者主要是货币市场共同基金和市政机构。

投资于银行承兑汇票的投资者将面临信用风险，这种风险是指借款人和承兑银行在票据到期日都不能支付本金。因此，同样期限的银行承兑汇票会提供高于国库券的收益率。

（三）大额存单

存单是由银行或储蓄机构发行的一种证明书，用以证明特定数量的货币已经存储在开单的存储机构。银行发行的存单由联邦存款保险公司担保，但是担保数额最高只能到 25 万美元。对于到期日，则没有最长期限的限制，但最低不能少于 7 天。

美国货币市场上的大额可转让定期存单通常是 100 万美元或者更大的面额，客户可以在公开市场上出售转让，其流动性好。存单的投资者大部分是投资公司，其中大部分是货币市场基金。银行和银行信托部门、一些市政机构和公司也是存单的投资者。

与国库券、商业银行票据、银行承兑汇票不同的是，存单的收益率是以所付利息为基础来标价的。在美国发行的定期存单一般每半年付一次息，一年按 360 天计算。标注在存单上的收益率是不同的，有以下三种影响因素：（1）发行银行的信用等级；（2）存单的期限；（3）存单的供给和需求情况。存单的供给状况是由对银行贷款的需求和其他筹集资金的成本决定的。

（四）回购协议

回购协议是指在出售证券的同时，约定在未来的日期，以约定的价格由出售者从购买者手中买回债券。其本质是一种抵押贷款，即借款人用证券作抵押来获得贷款。回购价格和出售价格之间的差额就是贷款的美元利息成本。期限为一天的回购称为隔夜回购，长于一天的回购称为定期回购。

回购协议中的抵押品可以是国库券、货币市场工具、联邦机构债券和抵押贷款支持债券。回购协议中的交易双方都面临信用风险，一般以保证金和盯市的做法加以限制。贷款金额一般低于用作抵押品的债券的市场价值，用作抵押品的债券的市场价值超过贷款价值的部分为保证金。这样，当抵押品的市场价值下跌时，可以给借贷者提供一定的保护。盯市是指在规范的基础上由市场来评定抵押品。当市场价值以特定比例变动时，回购协议的资金头寸也相应调整。假设抵押品价值下跌，可以追加保证金或对回购协议重新定价，两种方法任选其一。

一些国家的中央银行常在回购市场上，通过买入或卖出抵押品来执行货币政策，通过公开市场操作来影响短期利率。回购市场已发展成为货币市场中最重要的部分之一。

五、国际债券

国际债券是一国政府、金融机构、工商企业或国际组织为筹措和融通资金，在国外金融市场上发行的，以外国货币计价的债券。一般来说，国际债券主要包括两类：一是外国债券，二是欧洲债券。

外国债券是指某国借款人在本国以外的某个国家发行的以发行市场所在国货币为计价货币的债券。如 1982 年 1 月，中国国际信托投资公司在日本东京发行的日元债券就是外国债券。

欧洲债券是指借款人在本国境外市场发行的，不以发行市场所在国的货币为计价货币的国际债券。例如，法国一家机构在英国债券市场上发行的以美元为计价货币的债券即为欧洲债券。欧洲债券的发行人、发行地以及计价货币分别属于三个不同的国家。专栏 10－1 介绍了欧洲债券的产生和发展。

专栏 10-1

欧洲债券的产生和发展

欧洲债券产生于20世纪60年代，是随着欧洲货币市场的形成而兴起的一种国际债券。20世纪60年代以后，美国资金不断外流，美国政府被迫采取一系列限制性措施，1963年7月，美国政府开始征收“利息平衡税”，规定美国居民购买外国在美国发行的债券，所得利息一律要纳税。1965年，美国政府又颁布条例，要求银行和其他金融机构限制对国外借款人的贷款数额。这两项措施增加了外国借款人在美国发行美元债券或获得美元贷款的成本。此外，在20世纪60年代，许多国家有大量盈余的美元，需要投资以获取利息，于是，一些欧洲国家的借款人开始在美国境外发行美元债券，这就是欧洲债券的由来。欧洲债券最初主要以美元为计价货币，发行地以欧洲为主。20世纪70年代后，随着美元汇率波动幅度增大，以德国马克、瑞士法郎和日元为计价货币的欧洲债券的比重逐渐增加，同时，发行地开始突破地域限制，在亚洲、北美以及拉丁美洲等地发行的欧洲债券也日渐增多。欧洲债券自产生以来，发展十分迅速，1992年，债券的发行量为2 761亿美元，1996年，债券的发行量增至5 916亿美元。在国际债券市场上，欧洲债券所占比重远远超过了外国债券。欧洲债券之所以对投资者和发行者有如此巨大的魅力，主要有以下几方面原因：第一，欧洲债券市场是一个完全自由的市场，债券发行较为自由灵活，既不需要向任何监督机关登记注册，又无利率管制和发行数额限制，还可以选择多种计价货币。第二，发行欧洲债券筹集的资金数额大、期限长，而且对财务信息披露的要求不高，方便筹资者筹集资金。第三，欧洲债券通常由几家大的跨国金融机构代理发行，发行面广，手续简便，发行费用较低。第四，欧洲债券的利息收入通常免交所得税。第五，欧洲债券以不记名方式发行，并可以保存在国外，符合一些希望保密的投资者的需要。第六，欧洲债券的安全性和收益率高。欧洲债券的发行者多为大公司、各国政府和国际组织，它们一般都有很高的信誉。同时，由于免税和不受管制，欧洲债券的收益率也较高。

国际债券的重要特征是，发行者和投资者属于不同的国家①，筹集的资金来源于国外金融市场。

专栏10-2介绍了一种由外资机构以人民币为计价货币发行的外国债券——熊猫债券。

专栏 10-2

熊猫债券

熊猫债券指外资机构以人民币为计价货币在华（在岸市场）发行并在华出售的人民币债券，也就是一种外国债券。目前归属于熊猫债券的债券主要分为两类：一类为依据《国际开发机构人民币债券发行管理暂行办法》（2010）发行的国际开发机构（IDO）人民币债券；

① 欧洲债券是个不太严格的概念，另一种说法是，只要债券发行人去境外发行债券，计价货币所属国家与发行地国家不一致的债券就是欧洲债券。例如，英国借款人在美国发行的英镑债券也是欧洲债券。

另一类为依据《全国银行间债券市场金融债券发行管理办法》发行的外资机构金融债券。

IDO人民币债券要求发行人必须已为中国境内项目或企业提供10亿美元以上的贷款或股本资金，且所募集资金必须用于为中国境内的建设项目提供中长期固定资产贷款或股本资金。2005年10月，国际金融公司（IFC）和亚洲开发银行（ADB）分别获准在我国银行间债券市场上发行人民币债券11.3亿元和10亿元，引起了广泛的市场反响。按照中央银行的说法，这是中国债券市场首次引入外资机构发行主体，也是中国债券市场对外开放的重要举措和有益尝试。2010年，日本东京三菱UFJ银行获准在银行间债券市场发行金融债券，使得熊猫债券的品种得以丰富。

2017年，俄罗斯铝业联合公司在上交所成功完成公司债券发行，这是首家在我国发行熊猫债券的“一带一路”沿线企业。2019年，法国农业信贷银行在银行间债券市场发行熊猫债券，系欧洲金融机构在我国发行的首笔公募熊猫债券。

熊猫债券的发行意义非同一般。首先，有利于推动我国债券市场的快速发展与国际化进程。允许境外机构发行人民币债券，标志着我国在放开资本项目管制进程中迈出了试探性的步伐。其次，熊猫债券的发行也将大大有利于人民币国际化。贸易结算货币、投资货币、储备货币这三个过程在很多时候将并行，而“熊猫债券”的发行开启了人民币作为投资货币的序幕，这是人民币国际化进程中非常重要的一步。熊猫债券促进了中国债券市场对外开放，也使人民币投资者得以规避汇率风险。此外，熊猫债券的发行能充分反映政策导向，更好地服务于“一带一路”倡议的宏伟蓝图。

对中国的国际债券发行者而言，扬基债券、武士债券与龙债券是三种最重要的外国债券。

1. 扬基债券

扬基债券[①]是在美国债券市场上发行的外国债券，即美国以外的政府、金融机构、工商企业和国际组织在美国国内市场发行的、以美元为计价货币的债券。扬基债券具有如下几个特点：(1) 期限长、数额大。扬基债券的期限通常为5～7年，一些信誉好的大机构发行的扬基债券期限甚至可达20～25年。近年来，扬基债券的发行额平均每次都在7 500万～1亿美元之间，有些发行额甚至高达几亿美元。(2) 美国政府对其控制较严，申请手续远比一般债券烦琐。(3) 发行者以外国政府和国际组织为主。(4) 投资者以人寿保险公司、储蓄银行等机构为主。

2. 武士债券

武士债券是外国发行人在日本债券市场上发行的，以日元计价的中长期债券。武士债券均为无担保发行，典型期限为3～10年，一般在东京证券交易所交易。第一笔武士债券是亚洲开发银行在1970年12月发行的。早期武士债券的发行者主要是国际机构，1973—1975年受世界石油价格暴涨的影响，日本国际收支恶化，武士债券的发行相应中断。20世纪80年代以后，日本经常项目出现巨大顺差，国内资金充裕，日本放宽了对外国债券的发行限制，武士债券发行量大幅度增加。

3. 龙债券

龙债券是以亚洲国家或地区的货币（除日元外）发行的外国债券。龙债券是东亚经济迅

① “扬基”一词的英文为“Yankee”，意为“美国佬”。

速增长的产物，从 1992 年起，龙债券得到了迅速发展。龙债券在亚洲地区（中国香港或新加坡）挂牌上市，其典型偿还期限为 3～8 年。龙债券对发行人的资信要求较高，发行人一般为政府及相关机构。龙债券的投资人包括官方机构、中央银行、基金管理人及个人投资者等。龙债券一般是到期一次还本，每年付息一次的长期固定利率债券；或者是以美元计价，以伦敦银行同业拆借利率为基准、每一季度或每半年重新制定一次利率的浮动利率债券。龙债券的发行以非亚洲货币标定面额，尽管有一些债券是以加拿大元、澳元和日元标价的，但多数是以美元标价的。

第三节　中国债券品种

在中国的债券市场上，通常根据债券价格或收益率受哪种因素的影响较多将债券分为利率品种和信用品种。前者指债券价格只受基准利率的影响，而后者的价格除了受基准利率影响外，还受到自身信用风险状况的影响。

一、利率品种

利率品种主要包括政府债券（国债和地方政府债券）、中央银行票据和金融债券。

（一）国债

国债是由财政部发行的具有免税特征的债券，是目前国内唯一在交易所、银行间、商业银行柜台均有发行并交易的债券品种，也是交易比较活跃的券种。由于相对于其他债券品种有无风险和免税的特点①，国债也是市场收益率基准品种。目前财政部按季公布国债发行计划，国债发行量的多少也取决于国家财政政策走向。

我国发行的国债主要分成两大类，即普通型国债和特殊型国债。普通型国债一般是有规律地发行，主要包括记账式国债、凭证式储蓄国债和电子式储蓄国债三种，是财政政策的工具之一，期限通常在一年以上，以中长期为主。其中储蓄国债只在银行柜台发行，投资者主要为个人，不能在市场上流通，其流动性通过提前兑付实现；记账式国债则主要面向银行间市场和交易所跨市场发行，投资者主要为机构。特殊性国债主要有定向债券、特种国债和专项国债等几种。

1. 储蓄国债

储蓄国债分为传统凭证式储蓄国债和电子式储蓄国债。② 通常，人们按照习惯将传统凭证式国债称为“凭证式国债”，而将 2006 年 6 月底首发的电子式储蓄国债称为“电子式储蓄

---

① 《中华人民共和国个人所得税法》规定，个人的利息、股利所得应该缴纳个人所得税，但国债和国家发行的金融债券利息，可免交个人所得税。

② 中国历史上出现过实物国债，是一种具有标准格式实物券面的债券。在其标准格式的债券券面上，一般印制了债券面额、债券利率、债券期限、债券发行人全称、还本付息方式等各种债券票面要素，不记名、不挂失，可上市流通。

国债”。凭证式国债是一种债权人认购债券的收款凭证，而不是债券发行人制定的标准格式的债券。它是一种国家储蓄债券，可记名、挂失，以“凭证式国债收款凭证”记录债权，可提前兑付，不能上市流通，从购买之日起计息，发行对象主要是个人投资者。电子式储蓄国债是指财政部在境内发行，以电子方式记录债权的不可流通人民币债券。它只面向境内中国公民，企事业单位、行政机关等机构投资者不能购买。电子式储蓄国债以 100 元为赎买单位，并按单期国债设个人国债账户最低、最高购买限制额，以区别于居民储蓄。电子式储蓄国债的利息免征所得税。到期后，承办银行自动将投资者应收本金和利息转入其资金账户。

2. 记账式国债

记账式国债是一种只在电脑账户中做记录，而没有实物形态的债券。它以电脑记账形式记录债权，通过无纸化方式发行并可以在国债二级市场上交易，可以记名、挂失。

3. 定向债券

定向债券主要是为国家建设筹集资金，加强社会保险基金的投资管理，经国务院批准，由财政部采取主要向养老保险基金、待业保险基金及其他社会保险基金定向募集的债券，称为特种定向债券，简称定向债券。

4. 特种国债

特种国债是指不定期发行的一些用于特殊用途的国债。例如，财政部于 1998 年 8 月向四大国有独资商业银行发行了2 700亿元长期特别国债，所筹集的资金全部用于补充国有独资商业银行资本金。

5. 专项国债

专项国债是指不定期发行的用于专门用途的国债。例如，财政部于 1998 年 9 月面向四家国有商业银行发行了1 000亿元年利率为 5.5%的 10 年期附息国债，专项用于国民经济和社会发展急需的基础设施投入。

（二）中央银行票据

中央银行票据简称央票，是央行为调节基础货币而向金融机构发行的票据，是一种重要的货币政策日常操作工具，期限一般在 3 年以下。央行票据正式作为中国常用的货币政策工具始于 2003 年，最初的目的是增加公开市场业务操作工具，扩大银行间债券市场交易品种。

历史上，央票固定于每周二和周四发行，每周发行量为 100 亿～2 000 多亿元不等。主要政策目的是调节金融机构资金流动性、对冲外汇占款等。因此，央票并不单纯是债券市场中的一个债券品种，更是央行货币政策的工具。随着央行货币政策调整的需要，央票对市场的供给量是在不断调整的，央票发行利率也反映了央行对市场利率的指导与调控。

基于国际收支形势及资本跨境流动的变化，我国外汇占款的增长自 2014 年起趋于停滞，不再需要对冲外汇占款，加之中国人民银行相继推出了常备借贷便利（SLF）、中期借贷便利（MLF）及抵押补充贷款（PSL）等新型货币政策工具，央票发行自 2013 年 6 月起停滞长达 5 年之久。但是，中国人民银行自 2018 年起在香港特别行政区重启央票发行，2019 年全年发行央票共计 7 次，这旨在将央票作为一种汇率逆周期调控的工具，管理离岸市场人民币流动性，进一步遏制部分境外机构做空人民币的企图。

（三）金融债券

金融债券是由金融机构发行的债券，目前主要在银行间市场发行并交易，主要包括政策性金融债券、普通金融债券、混合资本债券及次级债券。金融债券最初主要是政策性银行发行的以便在市场中融资，2004 年以后中国人民银行开始允许商业银行发行金融债券补充次级资本等。目前金融债券的发行主体主要是国家开发银行、中国进出口银行、农业发展银行，商业银行发行的金融债券量占比不大。

1. 政策性金融债券

政策性金融债券是我国政策性银行（国家开发银行、中国农业发展银行、中国进出口银行）为筹集信贷资金，经国务院批准，向邮政储汇局、国有商业银行、区域性商业银行、城市商业银行、农村信用社等金融机构发行的金融债券。政策性金融债券为无纸化登记债券，由中央国债登记结算有限责任公司（简称“中央国债公司”）负责托管登记，各认购人均在中央国债公司开设托管账户，中央国债公司接受政策性银行的委托办理还本付息业务。金融债券是仅次于央票与国债的第三大券种。特别是国家开发银行发行的政策性金融债券，由于发行量较大、信用等级高、定价的市场化程度高、创新品种丰富而成为银行间债券市场中最活跃的部分。国家开发银行金融债券的种类丰富，无论从期限上、付息方式上还是从结构上看，都几乎涵盖了市场中的所有品种。同时，国家开发银行金融债券流动性较佳，且几乎无风险，因此也被较广泛地作为信用债定价的基准之一。

1994 年 4 月，国家开发银行首次发行政策性金融债券。1997 年以前，政策性金融债券都是以行政摊派方式发行，市场流动性很差。1998 年，国家开发银行政策性金融债券采用市场化方式发行，取得重要突破。截至 2009 年，国家开发银行金融债券累计发行量突破 5 万亿元，实现了历史性突破。国家开发银行金融债券市场存量达到 3.2 万亿元，占中国债券市场的近 1/4，是全球发行债券余额最大的银行。国家开发银行已累计兑付债券本息 2.5 万亿元，为投资者提供了丰厚的回报。从政策性金融债券的余额来看，截至 2019 年底，我国政策性金融债券余额高达 157 059.03 亿元，较 2018 年底的 143 826.63 亿元增长 9.20%，占我国债券市场余额的 16.17%，是债券市场的重要组成部分。

2. 混合资本债券

我国的混合资本债券是指商业银行为补充附属资本发行的、清偿顺序位于股权资本之前但列在一般债务和次级债务之后、期限在 15 年以上、发行之日起 10 年内不可赎回的债券。

3. 次级债券

次级债券是指固定期限不低于 5 年（包括 5 年），除非银行倒闭或清算，不用于弥补银行日常经营损失，且该项债务的索偿权优于公司股本权益但排在存款和其他负债之后的商业银行长期债券。次级债券里的“次级”仅指其求偿权为“次级”，并不代表其信用等级一定为“次级”。

次级债券属于附属资本的范畴。作为附属资本，次级债券不得超过核心资本的 50%，银行可以发行不超过其核心资本总额 50%的次级债券和有偿还期的优先股，超出部分不能计入资本金。在利息和本金的偿付顺序上，次级债券位于高级债务之后、股权之前；次级债券的期限不得少于 5 年，且不能加速偿还；次级债券必须是未经担保的。

按照次级债券的定义，除非银行破产或清算，次级债券不能用于弥补银行日常的经营损失，即在正常的情况下，次级债券不能用于冲销银行的坏账。次级债券只是在一定期限内具有资本的属性，并非银行的自有资本，最终仍需要偿还。从而也就无法替代核心资本的功能，并不能从根本上解决银行资本充足率不足的问题，它只不过给银行提供了一个改善经营状况、调整资产结构的缓冲期。这正是巴塞尔委员会在规定资本充足率指标的同时，又单独规定核心资本充足率指标的初衷。

目前，次级债券正让位于二级资本债券。根据监管要求，不含减计或转股条款的次级债券从2013年1月1日起逐年递减10%，2022年1月1日起不得再计入监管资本。

4. 二级资本债券

根据《巴塞尔协议Ⅲ》，商业银行二级资本工具必须含有减计或转股条款。但是，2013年之前发行的次级债券和混合资本债券均带有利率跳升机制及其他赎回激励，导致银行陷入危机时无法完全吸收损失。在此背景下，监管部门对其采取过渡期管理，若不含减计或转股条款，自2013年1月1日起每年扣减10%，2022年1月1日起不再计入监管资本。

因此，二级资本债券于2014年正式推出，平安银行于2014年3月成功发行90亿元二级资本债券，标志着我国第一只二级资本债券顺利发行。二级资本债券根据《巴塞尔协议Ⅲ》的要求调整、设计而成，其不仅要求必须含有减计或转股条款，而且不得含有利率跳升机制以及其他赎回激励安排，对原有次级债券中不符合《巴塞尔协议Ⅲ》及监管要求的部分进行了重大改进，对于商业银行补充二级资本发挥着日益重要的作用。

（四）地方政府债券

我国地方政府债券是以省、自治区、直辖市和计划单列市政府为发行和偿还主体而发行的一种债券，其信用实际上接近于国债，信用评级一般可评为AAA级。地方政府债券统一由财政部代理，按照记账式国债发行方式，面向记账式国债承销团甲类成员招标发行，实行平价发行，发行价格为100元。

2009年我国首次在全国范围内发行地方政府债券，发行规模为2 000亿元，由省级政府在国务院核准的额度内提交申请并批准发行。地方政府债券的发行期限都是3年，一般以固定利率的形式发行，每年付息一次，平均发行利率为1.81%。

2011年10月20日，《2011年地方政府自行发债试点办法》出台，上海市、浙江省、广东省、深圳市开展地方政府“自行发债”试点。该办法规定，试点省市在国务院批准的发债规模限额内自行组织发债，2011年试点省市政府债券由财政部代办还本付息。此后，2012年，“自行发债”试点的债券期限由3年、5年进一步扩展至3年、5年、7年。2013年将江苏省和山东省纳入“自行发债”试点范畴。2014年5月，财政部批准上海市、浙江省、广东省、深圳市、江苏省、山东省、北京市、江西省、宁夏回族自治区及青岛市等10个地区开展地方政府债券“自发自还”试点。

2014年《中华人民共和国预算法》通过修正后，国家放开了省级政府（仅限于省及计划单列市）发债的限制，规定其可以在全国人大每年批准的规定限额内发行地方政府债券。在此背景下，地方政府债券的发行方式也完全过渡到“自发自还”上。2015年我国地方政府债券发行额由前一年的4 000亿元井喷至当年的3.84万亿元，其后2016—2018年分别为6.05万亿元、4.36万亿元和4.17万亿元。截至2019年11月，我国地方政府债券余额已快速增长至21.11万亿元，成为利率债中最为重要的券种。

城投债是地方政府债券的特殊品种，又称“准市政债”或“准地方政府债券”。地方政府投融资平台公司作为发行主体，公开发行企业债券和中期票据，发债资金多用于地方基础设施建设或公益性项目。根据Wind资讯统计，截至2019年底，Wind口径城投债余额为79 241.98亿元，城投债是分析我国地方政府债务风险时不可回避的考虑因素。

二、信用品种

信用品种是指具有信用风险的债券，在中国发行主体主要是指非金融企业，主要包括公司债券、企业债券、非金融企业债务融资工具、中小企业私募债券以及资产证券化产品。

（一）公司债券

公司债券，是指公司依照法定程序发行、约定在一定期限内还本付息的有价证券。公司债券是由股份有限公司或有限责任公司发行的债券，2005 年《中华人民共和国公司法》和《中华人民共和国证券法》对此作出了明确规定。在中国发行公司债券有五大优势：

一是发行程序规范简化。历史上公司债券发行审核制度采用核准制，长期实行保荐制度。根据早期规定：发行审核委员会按照《中国证券监督管理委员会发行审核委员会办法》规定的特别程序审核申请文件。这就引进了股票发行审核中已经比较成熟的发审委制度，使得发行程序较为规范。不再要求公司股东大会对是否分次发行以及发行期限的安排、债券利率或其确定方式、担保事项、回售条款或者赎回条款、还本付息的期限和方式作出决议，而是由公司视不同市场环境在发债时具体确定，这在一定程度上降低了股东大会召开的频率，简化了发行程序。2015 年，证监会发布《公司债券发行与交易管理办法》，进一步简化了发行审核流程，取消了公司债券公开发行的保荐制度及发行审核委员会制度，并辅以一系列配套改革方案，这加速了公司债券的发行，使得发行公司债券成为公司制法人重要的融资方式之一。

二是担保灵活。公司债券没有强制要求担保。

三是债券受托管理人制度。根据规定，公司应当为债券持有人聘请债券受托管理人，受托管理人有明确的义务来保护债券持有人的利益。

四是储架发行制度。相关规定允许一次核准、分次发行制度。自核准发行之日起，公司应在 6 个月内首期发行，剩余数量应当在 24 个月内发行完毕。超过核准文件限定的时效未发行的，须重新经证监会核准后方可发行。这种国外成熟市场常见的“储架发行制度”在国内首现，该方式简化了发行程序，提高了发行效率，为将来其他产品也采用这种发行方式打开了空间。

五是价格市场化。根据规定，公司债券的发行价格由市场询价确定，这就明确了发展公司债券的核心问题，即价格的市场化。这样，公司债券在票面利率的设计上就具有更为广阔的创新空间和自由度。

2007 年 9 月 24 日，我国第一单公司债券——长江电力公司债券成功发行。经中国证监会核准，长江电力公司获准发行不超过 80 亿元人民币的公司债券，采取分期发行的方式，首期发行 40 亿元。这是自 2007 年 8 月证监会发布《公司债券发行试点办法》以来第一家获准发行公司债券的公司。此后，2015 年初证监会发布的《公司债券发行与交易管理办法》放宽了公司债券的发行门槛，扩大了公司债券的交易场所，并通过更严格的信息披露要求切实保护公司债券投资者权益，使得公司债券的发展再次提速。从数据上来看，2007 年全年，我国仅有 5 只公司债券成功发行，时至 2019 年，全年共计 2 464 只公司债券发行上市，表明发债主体发行公司债券的需求不断被满足。在存量方面，截至 2019 年底，我国公司债券余额高达 69 076.81 亿元，已发展成为信用债中余额最高的券种。

（二）企业债券

企业债券是由中央政府部门所属机构、国有独资企业或国有控股企业发行的债券。我国的企业债券发行的主要根据是1993年出台的《企业债券管理条例》（于2011年修订）。《企业债券管理条例》中对企业债券的定义是："企业债券，是指企业依照法定程序发行、约定在一定期限内还本付息的有价证券。"

在我国，企业债券和公司债券的区别体现在四方面。一是发行主体不同。公司债券发行主体为所有公司制法人，企业债券则是由中央政府部门所属机构、国有独资企业或国有控股企业发行。二是募集资金用途不同。企业债券的募集资金一般用于基础设施建设、固定资产投资、重大技术改造、公益事业投资等方面；而公司债券可根据公司自身的具体经营需要提出发行需求。三是监管机构不同。公司债券的发行实行核准制，中国证监会审核发债公司的材料是否符合法律制度规定。而发行企业债券则由国家发改委审批。四是信息披露要求的差异。企业债券的发行人没有严格的信息披露义务；公司债券发行人的信息披露较为严格。公司债券和企业债券的详细比较见表10-1。

表10-1　　公司债券和企业债券的对比

	企业债券	公司债券
法律依据不同	企业债券的发行、交易主要适用国务院《企业债券管理条例》的规定	公司债券在《中华人民共和国公司法》中有专章（第七章"公司债券"）规定，同时也是《中华人民共和国证券法》明文规定的证券的一种，其发行、交易适用《中华人民共和国公司法》《中华人民共和国证券法》的相关规定
发行主体的差别	企业债券是由中央政府部门所属机构、国有独资企业或国有控股企业发行的债券，它对发债主体的限制比公司债券更多	公司债券是由依照《中华人民共和国公司法》设立的股份有限公司或有限责任公司发行的债券
审批制度的差别	企业债券的发行中，发债需要经国家发改委报国务院审批	公司债券主要是由证监会负责审批工作，类似于增发核准制，只要经过证监会核准的公司就可以发行公司债券
发债资金用途的差别	企业债券中，发债资金的用途主要限制在固定资产投资和技术革新改造方面，并与政府部门审批的项目直接相联	公司债券是公司根据经营运作具体需要所发行的债券，它的主要用途包括固定资产投资、技术更新改造、改善公司资金来源的结构、调整公司资产结构、降低公司财务成本、支持公司并购和资产重组，等等。因此，只要不违反有关制度规定，发债资金如何使用几乎完全是发债公司自己的事，无须政府部门审批
信用基础的差别	企业债券不仅通过"国有"机制贯彻了政府信用，而且通过行政强制落实担保机制，以至于企业债券的信用级别与其他政府债券大同小异	发债公司的资产质量、经营状况、盈利水平和可持续发展能力等是公司债券的信用基础。与此对应，各家公司的债券价格和发债成本有着明显差异。运用担保机制可以增强公司债券的信用级别，但这一机制不是强制规定的
发债额度差别	总面额不得大于该企业的自有资产净值	累计债券余额（含本期）不得超过公司净资产的40%

（三）非金融企业债务融资工具

非金融企业债务融资工具（以下简称"债务融资工具"）是指具有法人资格的非金融企业（以下简称"企业"）在银行间债券市场发行的，约定在一定期限内还本付息的有价证券。

非金融企业债务融资工具目前主要包括短期融资券（短融）、中期票据（中票）、中小企业集合票据和超级短期融资券（超短融）等类型。

1. 短期融资券和中期票据

短期融资券和中期票据都是指具有法人资格的非金融企业在银行间债券市场发行的，约定在一定期限内还本付息的债务融资工具。二者的区别在于发行期限不同，短期融资券的期限在1年以内，中期票据的期限一般在5年以内。

短期融资券和中期票据的发行方式、发行地点、审批方式都是相同的。二者均在银行间市场交易商协会注册，由金融机构承销、进行余额管理，一次审批、分期发行。发行额度上，企业待偿还余额不超过企业净资产的40%。发行地点是银行间债券市场，在中央国债公司集中登记托管。截至2019年底，我国短期融资券和中期票据余额分别为19 884.19亿元和65 840.46亿元。其中，在短期融资券中超级短期融资券占绝大多数，余额高达15 168.99亿元，而一般短期融资券余额仅有4 715.20亿元。

2. 中小企业集合票据

中小企业集合票据是指2个（含）以上、10个（含）以下具有法人资格的中小非金融企业，在银行间债券市场以统一产品设计、统一券种冠名、统一信用增进、统一发行注册方式共同发行的，约定在一定期限内还本付息的债务融资工具。

企业发行集合票据应依据《银行间债券市场非金融企业债务融资工具发行注册规则》在交易商协会注册，一次注册、一次发行。企业发行集合票据应遵守国家相关法律法规，任一企业集合票据待偿还余额不得超过该企业净资产的40%。任一企业集合票据募集资金额不超过2亿元人民币，单只集合票据注册金额不超过10亿元人民币。企业发行集合票据应制定偿债保障措施，并在发行文件中进行披露，包括信用增进措施、资金偿付安排以及其他偿债保障措施。企业发行集合票据应披露集合票据债项评级、各企业主体信用评级以及专业信用增进机构（若有）主体信用评级。企业应在集合票据发行文件中约定投资者保护机制，包括应对任一企业及信用增进机构主体信用评级下降或财务状况恶化、集合票据债项评级下降以及其他可能影响投资者利益情况的有效措施。

（四）中小企业私募债券

中小企业私募债券是未上市中小微型企业以非公开方式在证券交易所发行的公司债券。《上海证券交易所中小企业私募债券业务试点办法》和《深圳证券交易所中小企业私募债券业务试点办法》明确试点期间，符合工业和信息化部《关于印发中小企业划型标准规定的通知》的未上市非房地产、金融类的有限责任公司或股份有限公司，只要发行利率不超过同期银行贷款基准利率的3倍，并且期限在1年（含）以上，就可以发行中小企业私募债券。

上海证券交易所2012年6月8日公告，上交所中小企业私募债券第一单当日成功发行，由此我国首只中小企业私募债正式诞生。公告显示，由东吴证券承销的苏州华东镀膜玻璃有限公司5 000万元中小企业私募债券当日上午发行完毕。该私募债券期限2年，发行利率为9.5%，每年付息一次，由苏州国发中小企业担保投资有限公司提供保证担保。6月7日，发行人向上交所提出备案申请，6月8日该公司收到上交所出具的《接受备案通知书》，从而成为第一只成功发行的私募债券。

中小企业私募债券发行规模不受净资产的40%的限制，需要提交最近两年经审计财务报告，但对财务报告中的利润情况无要求，不受年均可分配利润不少于公司债券1年的利息的限制。中小企业私募债券的募集资金用途不受限制，募集资金用途偏于灵活。可用来直接偿还债务或补充营运资金，不需要限定为固定资产投资项目。

中小企业私募债券为非公开发行债券，在上交所固定收益平台和深交所综合协议平台挂牌交易或证券公司进行柜台交易转让，发行、转让及持有账户合计限定为不超过 200 个。

中小企业私募债券是完全市场化的公司债券，也被称作中国版的垃圾债券。垃圾债券最早起源于美国，是信用级别在标准普尔公司 BB 级或穆迪公司 Ba 级及以下的公司发行的债券。垃圾债券向投资者提供高于其他债务工具的利息收益，因此垃圾债券也被称为高收益债券，但投资垃圾债券的风险也高于投资其他债券。

（五）资产证券化产品

资产证券化是指将缺乏流动性但具有可预期的稳定的未来现金流的资产进行组合，并依托该现金流在金融市场上发行可以流通买卖的资产支持证券（ABS）的活动。我国资产证券化产品主要包括两大类：信贷资产证券化产品和企业资产证券化产品。

信贷资产证券化是指把缺少流动性但有未来现金流的信贷资产（如银行的贷款、企业的应收账款等）经过重组形成资产池，并以此为基础发行证券。2005 年 4 月中国人民银行、银监会颁布《信贷资产证券化试点管理办法》等系列规范文件，同年开始第一批试点，国家开发银行与中国建设银行先后推出接近 100 亿元信贷支持证券“开元证券”和 30 亿元个人住房抵押贷款支持证券“建元证券”。企业资产证券化作为一种融资创新，是证券公司以专项资产管理计划为特殊目的载体，以计划管理人身份面向投资者发行资产支持受益凭证，按照约定用受托资金购买原始权益人能够产生稳定现金流的基础资产，将该基础资产的收益分配给受益凭证持有人的专项资产管理业务。根据证监会《证券公司客户资产管理业务试行办法》等相关规定，中金公司于 2005 年 9 月推出首个案例“中国联通 CDMA 网络租赁费收益计划”。根据 2012 年 8 月 3 日交易商协会正式颁布的《银行间债券市场非金融企业资产支持票据指引》，资产支持票据指非金融企业在银行间债券市场发行的，由基础资产所产生的现金流作为还款支持的，约定在一定期限内还本付息的债务融资工具。该创新产品突出“资产支持”，即通过对基础资产产生的现金流实施归集和管理，实现对基础资产产生的现金流的有效控制，为资产支持票据的还本付息提供有力支持。2012 年 8 月 6 日，首批三个试点项目正式获得了注册批文。试点项目涉及上海浦东路桥建设股份有限公司、南京公用控股（集团）有限公司、宁波城建投资控股有限公司三家企业。首批试点项目的支持资产包括公用事业收费权、BT 项目应收账款等多种类型。截至 2019 年底，我国资产支持证券的余额已达 35 690.71 亿元。

第四节　债券价格

在债券投资管理过程中，正确计算债券的内在价值是非常关键的。总体说来，债券的价值等于债券未来所有现金流的现值总和。

一、简单情况下附息债券价值的计算

债券未来现金流入的现值称为债券的内在价值，简称债券价值，或者说是债券的理论价格。只有当债券的价值大于市场上的购买价格时，债券才值得购买。因此，债券价值是确定债券投资决策时使用的主要指标之一，如果要决定应该为某种债券支付多少资金，就必须计算出它的价值。典型的债券是附息债券，具有票面利率固定、按年支付利息、到期归还本金的特点。计算这种最典型、最简单的债券价值（理论价格），应该遵循以下四个步骤。

1. 选择适当的贴现率

计算债券的价值所采用的适当的贴现率是投资者对该债券要求的收益率。一般而言，某种债券的适当的贴现率接近于市场上存在的其他类似债券提供的到期收益率。[①] 可以选取市场上存在的其他类似债券的收益率为参考利率，考虑拟估值债券与参考债券的异同点，进行相应的调整，最终得出该债券适当的贴现率。

为了进一步理解影响债券适当的贴现率的因素，我们先认识一下适当的贴现率。从理论上讲，某种债券的适当的贴现率可以由（10－1）式表示：

$$Y_n = R_{f,n} + DP + LP + TA + CALLP + PUTP + CONV \tag{10-1}$$

其中，Y_n 为 n 年期债券的适当贴现率；$R_{f,n}$ 为 n 年期政府债券的适当贴现率（到期收益率）；DP 为信用风险报酬；LP 为流动性风险报酬；TA 为税收调整的利差；$CALLP$ 为可提前偿还而产生的溢价（正利差）；$PUTP$ 为可提前兑付而产生的折价（负利差）；$CONV$ 为可转换性导致的折价（负利差）。

由（10－1）式可知，某种债券适当的贴现率，即投资者对某种债券要求的收益率，取决于多种因素，如发行者的信用状况、期限、流动性风险、税收规定以及债券的一些特殊条款。债券的违约风险、流动性风险越大，投资者要求的收益率就应该越高。而政府债券没有违约风险，流动性最强，因此，具有相同期限的政府债券的到期收益率构成债券的基准利率。另外，如果债券赋予发行者可提前偿还的权利，这对发行者有利，对投资者不利，投资者就会要求更高的收益率以弥补自己的损失；相反，如果赋予投资者可提前兑付的权利，则投资者对债券要求的收益率可以降低。同理，在其他条件都一样的情况下，可转换债券的收益率也会更低一些。税收规定也是影响债券适当贴现率的重要因素，某些债券的利息免缴所得税，如我国的政府债券和金融债券，在其他条件都一样的前提下，免税债券的适当的贴现率更低，因为投资者关心的是税后收益率。

在下面计算债券价值的过程中，我们假定适当的贴现率是已知的。

2. 计算所有利息的现值之和

债券在到期日之前的利息支付构成一笔年金，我们在以后的例题中将只考虑普通年金的情况，假设支付均发生在每期期末。利息的现值之和可以使用普通年金现值公式来计算：

$$APV = C \times \frac{1-(1+r)^{-n}}{r}$$

其中，APV 为一系列利息的现值；C 为利息；r 为每年的适当贴现率；n 为利息支付的总次数。

【例 10－1】 有一种刚刚发行的附息债券，面值是 1 000 元，票面利率为 9%，每年付一

① 到期收益率的概念详见第 4 章的论述。

次利息，下一次利息支付正好在 1 年以后，期限为 10 年，适当的贴现率是 10%，计算该债券所有利息的现值总和。

$$利息的现值总和=\sum_{t=1}^{10}\frac{90}{(1+0.10)^t}=90\times\frac{1-(1/1.10)^{10}}{0.10}=553.01(元)$$

3. 计算本金的现值

本金现值的计算利用的是复利现值公式：

$$PV=\frac{FV}{(1+r)^n}$$

其中，PV 为本金的现值；FV 为本金；r 为每年的适当贴现率；n 为距离到期日的年数。

我们继续上例的计算，则：

$$该债券本金的现值=\frac{1\ 000}{(1.10)^{10}}=385.54(元)$$

4. 将两个现值相加，得到债券的价值

债券的价值是利息现值和本金现值的加总，上例中债券的价值为：

债券的价值=553.01+385.54=938.55（元）

由此，我们可以得出债券价值的计算公式为：

$$V=\sum_{t=1}^{M}\frac{C}{(1+r)^t}+\frac{F}{(1+r)^M} \tag{10-2}$$

其中，V 为债券的价值；C 为利息；F 为债券面值；M 为债券的期限数，即距离到期日的年数；r 为年度的适当贴现率；t 为现金流发生的年数。

更一般的债券价值公式可以表述如下：

$$V=\sum_{t=1}^{M}\frac{C_t}{(1+r)^t}+\frac{F}{(1+r)^M}=\frac{C_1}{(1+r)^1}+\frac{C_2}{(1+r)^2}+\cdots+\frac{C_M}{(1+r)^M}+\frac{F}{(1+r)^M}$$

其中，C_t 为第 t 年支付的利息（现金流）；其他各项的含义与（10－2）式相同。

二、对债券价格的几点说明

1. 债券价格和面值的关系

在例 10－1 中，债券的价值是 938.55 元，低于其面值 1 000 元，原因是适当的贴现率与票面利率不同。在例 10－1 中，债券的票面利率为 9%，如果债券按照面值销售，债券提供的收益率是 9%。[①] 然而，投资者对该债券要求的收益率（适当的贴现率）为 10%，因此该债券的价格偏高，投资者不会按照面值购买债券，因而该债券的价格就会降低。直到债券价格降低到这样的均衡水平：债券价格低于面值所形成的资本利得[②]正好弥补了票面利率低于适当贴现率的利差部分。同理，如果债券的票面利率超过了投资者要求的收益率，投资者就会竞相购买，导致债券价格升高，则债券的价格就会超过面值，价格超过面值所形成的资本损失正好抵消了票面利率高于适当的贴现率的利差部分。当票面利率正好等于投资者要求的收益率时，债券就按照面值出售。因此，债券价格和面值的关系主要取决于票面利率和适当

① 关于这方面准确、详细的分析请参阅第 4 章的有关内容。

② 债券价格在到期日就等于面值，因此，投资者将按低于面值的价格购买的债券持有到期将会获得价格上涨形成的资本利得；投资者将按高于面值的价格购买的债券持有到期将会获得价格降低形成的资本损失。

贴现率之间的关系，可总结如下：

当票面利率<贴现率时，价格<面值，为折价债券；

当票面利率=贴现率时，价格=面值，为平价债券；

当票面利率>贴现率时，价格>面值，为溢价债券。

2. 影响债券价格的因素

债券的价格在不断波动，哪些因素会导致债券价格的波动呢？从（10－2）式可以很容易地看出，唯一的变化因素就是适当的贴现率。从债券定价的公式中我们可以发现一条重要的规律：债券价格与适当贴现率反方向变动。

影响适当的贴现率变化的因素都会影响债券的价格。如果金融市场的利率水平升高，意味着所有债券的适当的贴现率都随之提高，即基准利率提高了，这将导致债券价格下跌；如果公司的信用风险增加，信用风险报酬就会增加，导致适当的贴现率提高，最终导致债券价格下跌。公司信用风险状况的变化是影响公司债券价格的重要因素。

时间也是导致债券价格不断变化的重要因素。债券在到期日的价格肯定等于面值，因此，随着到期日的临近，债券的价格逐渐趋近面值。因此，随着时间的流逝，债券价格也在不断变化。下面通过一个具体的例子来说明。假设期限为 10 年、面值为 100 元的某债券的适当的贴现率在整个期限内都保持不变，如果该债券的适当的贴现率等于票面利率，那么在整个期限内，该平价债券的价格保持不变，始终等于面值；如果适当的贴现率高于票面利率，那么随着到期日临近，该折价债券的价格逐渐增加，直至到期日等于面值；如果适当的贴现率低于票面利率，那么随着到期日临近，该溢价债券的价格逐渐降低，直至到期日等于面值。图 10－1 描述了平价债券、折价债券和溢价债券的价格随时间变化的情况。即使其他因素都不变，只是随着到期日的临近，折价债券和溢价债券的价格也会不断变化。

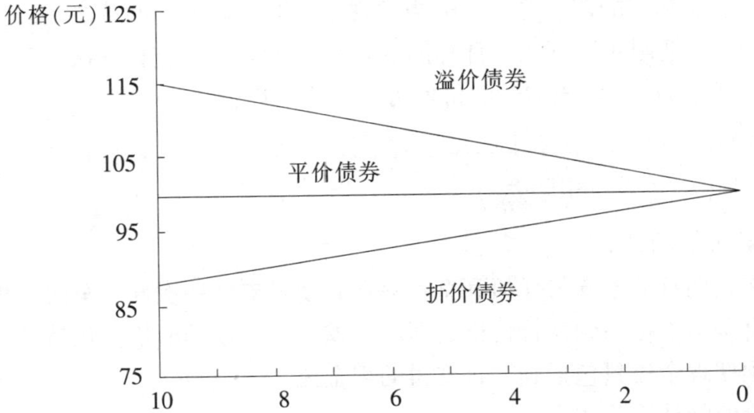

图 10－1 债券价格随到期日临近的变化情况

三、复杂情况下债券价值的计算

（一）各种利息支付频率下的债券价值

前面在计算债券价值时，均假设债券按年支付利息，并且下次利息支付正好在一年以后。但在实践中，有些债券半年支付一次利息，有些债券则按季度、按月支付利息，还有些债券是零息债券。因此，（10－2）式必须根据上述情况进行调整。

1. 一年支付多次利息的债券价值

如果债券每半年支付一次利息，那么（10－2）式必须在以下三个方面进行调整：

（1）利息的支付次数要乘以 2，即利息支付次数是原来债券期限年数的两倍。

（2）年票面利率除以 2，每次支付的利息只是按年支付时利息的一半。

（3）适当的贴现率也相应变为年适当的贴现率的一半。

【例 10－2】 仍沿用例 10－1，唯一的改变是半年支付一次利息。在半年支付一次利息的情况下，有：

$$每次支付的利息=面值\times\frac{票面利率}{2}$$

即：

$$每次支付的利息=1\ 000\times\frac{9\%}{2}=45（元）$$

$$支付利息的次数=2\times债券期限年数=2\times10=20$$

$$适当的贴现率=\frac{年适当的贴现率}{2}=\frac{10\%}{2}=5\%$$

该债券的理论价格可计算如下：

$$V=\sum_{t=1}^{20}\frac{45}{(1.05)^t}+\frac{1\ 000}{(1.05)^{20}}=45\times\frac{1-1/(1.05)^{20}}{0.05}+\frac{1\ 000}{(1.05)^{20}}=937.69(元)$$

遵循同样的方法和思路，可以很容易地计算按更高频率支付利息的债券价值。例如，计算按季度支付利息的债券价值时，利息支付次数等于债券期限年数乘以 4，每次支付的利息则等于面值乘以票面利率的四分之一，适当贴现率也变为原来的四分之一。更一般地，如果某债券的面值为 F，期限年数（按年计算的期限）为 M，每年支付 n 次利息，以年度百分数表示的适当的贴现率为 r，则该债券的价值可按下式计算：

$$V=\sum_{t=1}^{Mn}\frac{C/n}{\left(1+\frac{r}{n}\right)^t}+\frac{F}{\left(1+\frac{r}{n}\right)^{Mn}} \tag{10－3}$$

2. 零息债券价值的计算

零息债券在到期日前不支付任何利息，只在到期日支付一次性现金流。投资者购买零息债券的收益来自购买价格与到期日价格之间的价差。零息债券的价值仍然是预期现金流的现值，在这里，预期现金流只包括到期日支付的现金流。

零息债券价值的计算公式为：

$$V=\frac{F}{(1+r)^n} \tag{10－4}$$

其中，V 为零息债券的价值；F 为到期价值；r 为每期适当的贴现率；n 为距离到期日的期数。

零息债券价值的计算要与附息债券保持一致性。在我国和欧洲，附息债券多为按年付息，零息债券的 r 就采用年度利率，n 是距离到期日的年数。在美国，债券多为半年付息，尽管零息债券不付息，也要将它的以年度利率表示的适当的贴现率除以 2，转化为每期适当的贴现率；将距离到期日的年数乘以 2，转化为期数。

【例 10-3】 美国债券市场上交易的一种零息债券，距离到期日还有 10 年，到期价值是5 000 美元，年适当的贴现率是 8%，计算该债券的价值。

每期的贴现率 $r=\frac{8\%}{2}=4\%$

距离到期日的期数 $n=10\times2=20$

则：

$$V=\frac{5\ 000}{(1+4\%)^{20}}=2\ 281.93(\text{美元})$$

3. 期限不足一年的债券价值

当某种零息债券的期限不足一年时，通常采用以年利率表示的适当的贴现率，债券的期限用年来衡量，将债券的期限表示成一年的某个分数值，一年通常按 365 天计算。期限不足一年的零息债券价值可按照下式计算：

$$V=\frac{F}{(1+r)^{T/365}} \tag{10-5}$$

其中，V 为债券价值；r 为以年利率表示的适当的贴现率；F 为零息债券到期日支付的现金流；T 为距离到期日的天数。

【例 10-4】 某零息债券 70 天后支付 100 元，该债券的年度适当的贴现率为 8%，求该零息债券的价值。

该债券的期限为 70/365 年，因而有：

$$V=\frac{100}{(1.08)^{70/365}}=98.53(\text{元})$$

（二）在两个利息支付日之间购买债券

1. 下一次利息支付是在一个利息支付期以内

我们在先前的债券价格计算中做了这样的假设：下一次利息支付恰好是在一个利息支付期（两次利息支付之间的时间长度）以后，用一个统一的利率去贴现所有的现金流。事实上，投资者常常在两个利息支付日之间购买债券，也就是说，下一次利息支付是在一个利息支付期以内。在这种更普遍的情况下，如何确定债券的价值呢？我们先给出计算公式：

$$V=\sum_{t=1}^{M}\frac{C}{(1+r)^{n}(1+r)^{t-1}}+\frac{F}{(1+r)^{n}(1+r)^{M-1}}$$

其中，V 为债券的价值；C 为利息支付；F 为债券的面值；M 为距到期日的期数；r 为每期贴现率；n 为价格清算日距离下一次利息支付日的天数/利息支付期的天数。

在确定两个日期相距的天数时，头、尾两天只能计算一次，不能重复，即所谓的“算头不算尾”或“算尾不算头”。例如，7 月 11 日与 8 月 8 日之间相距的天数是 28 天。这种算法计算的是实际天数，还有一种常用的算法是把每个月都当作 30 天，一年当作 360 天，记作 30/360。按照这种算法，7 月 11 日与 8 月 8 日之间相距的天数是 27 天。

【例 10-5】 一种半年付息的债券，面值为 1 000 元，票面利率是 10%，2018 年 4 月 1 日到期，每年的 4 月 1 日和 10 月 1 日分别支付一次利息。如果投资者在 2013 年 7 月 10 日购买，该债券适当的贴现率是 6%，该债券的价值是多少？

下一次利息支付是在 2013 年 10 月 1 日，我们采用 30/360 的天数计算方法。价格清算日距离下一次利息支付日的天数，即 2013 年 7 月 10 日与 10 月 1 日之间的天数，为 81 天。

利息支付期为半年，即 180 天。那么，$n=81/180=0.45$。该债券价值的计算见表 10-2。

表 10-2

期数	现金流（元）	现金流的现值（元）（$r=3\%$）
0.45	50	$50/1.03^{0.45}=49.34$
1.45	50	$50/1.03^{1.45}=47.90$
2.45	50	$50/1.03^{2.45}=46.51$
3.45	50	$50/1.03^{3.45}=45.15$
4.45	50	$50/1.03^{4.45}=43.84$
5.45	50	$50/1.03^{5.45}=42.56$
6.45	50	$50/1.03^{6.45}=41.32$
7.45	50	$50/1.03^{7.45}=40.12$
8.45	50	$50/1.03^{8.45}=38.95$
9.45	1 050	$1\,050/1.03^{9.45}=794.10$
总计		1 189.79

因此，该债券的价值是 1 189.79 元。

2. 净价和应计利息

当投资者在两个支付日之间购买债券时，债券发行人通常在下一个支付日将本期利息付给债券购买者，债券出售者无法获得本期利息。但是，由于出售者是在两个支付日之间卖出债券的，他对这个支付期的利息也拥有分享的权利，因此，债券购买者必须将下次利息的一部分付给出售者作为补偿，这部分利息称为应计利息（Accrued Interest）。应计利息是利息从上一次利息支付日开始直至价格清算日的这段时间内增加的价值。它的大小可以这样计算：

$$AI=C\times\frac{\text{上一次利息支付日距离价格清算日的天数}}{\text{利息支付期的天数}}$$

其中，AI 为应计利息；C 为利息。

【例 10-6】 在例 10-5 中，计算应计利息。

上一次利息支付日距离价格清算日的天数，即 2013 年 4 月 1 日与 7 月 10 日之间的天数为 99 天，利息支付期的天数为 180 天。因此，有：

$$AI=50\times 99/180=27.5\text{（元）}$$

在实践中，根据债券的标价中是否包括应计利息，可以分为全价交易制度和净价交易制度。在全价交易制度下，债券报价（全价）就是买卖债券实际支付的价格，债券购买者实际支付的价格就是报价；在净价交易制度下，债券报价并不是买卖债券实际支付的价格，债券的购买者除了向债券出售者按照报价（净价）进行支付外，还要支付应计利息。我国债券市场上采用的是净价交易制度。全价和净价的关系如下：

全价＝净价＋应计利息

【例 10-7】 某债券的面值是 10 000 美元，票面利率是 6%，按半年支付利息。该债券净价报价是 9 332.17 美元，现在距上次利息支付已经过去了 72 天，该债券购买者实际支付的价格（全价）是多少？

$$\text{全价（支付价格）}=9\,332.17+\frac{72}{180}\times 300=9\,452.17\text{（美元）}$$

四、对债券价值计算的进一步说明

到目前为止，我们计算债券的价值时都按照一个统一的适当的贴现率对债券所有的现金流进行贴现。很遗憾，这种计算债券价值的方法是不准确的！准确的方法是将债券看作未来一系列现金流的组合，然后求出每个现金流的现值并加总；值得注意的是，在求每个现金流的现值时必须采用不同的贴现率。

第五节　债券收益率

一、到期收益率

1. 到期收益率的定义

在所有衡量债券收益率的指标中，到期收益率是应用最广泛的指标。到期收益率是能使债券未来现金流的现值正好等于债券当前市场价格（初始投资）的贴现率，用 YTM 表示。它是按复利计算的收益率，考虑了货币的时间价值，能较好地反映债券的实际收益。

计算到期收益率是计算债券价值的逆过程，到期收益率可以通过下式求得：

$$P=\sum_{i=1}^{N}\frac{C}{(1+YTM)^{i}}+\frac{F}{(1+YTM)^{N}} \tag{10-6}$$

其中，P 为债券当前的市场价格；C 为利息；F 为债券面值；N 为距离到期日的年数；YTM 为每年的到期收益率。

【例 10-8】 有一种 10 年后到期的债券，每年付息一次，下一次付息正好在 1 年后。面值为 100 元，票面利率为 8%，市场价格是 107.02 元，求它的到期收益率。

根据到期收益率的公式：

$$107.02=\sum_{i=1}^{10}\frac{8}{(1+YTM)^{i}}+\frac{100}{(1+YTM)^{10}}$$

我们可以利用财务计算器直接求出 YTM①：

$$YTM=7\%$$

到期收益率假设债券不存在违约风险和利率风险，投资者将债券持有至到期日，并且每次获得的利息按计算出来的到期收益率进行再投资，直至到期日。到期收益率不仅反映了利息收入，还考虑了债券购买价格和到期价格之间的资本利得（损失）。因此，到期收益率通常被看作投资者从购买债券直至债券到期为止获得的平均收益率。到期收益率是衡量债券预期收益率比较准确的指标。

---

① 在计算机技术比较落后的年代，求到期收益率只能用试错法，即试着代入到期收益率的具体值，然后根据计算结果调整到期收益率，这个过程将一直持续下去，直至找到使等式两边正好相等的到期收益率为止。目前，利用财务计算器和计算机可以很容易地计算到期收益率。例如，可以利用 EXCEL 财务函数计算到期收益率。

2. 零息债券的到期收益率

零息债券到期收益率的求法与附息债券是类似的，区别在于零息债券只有一次现金流。因此，计算零息债券的到期收益率更简单。零息债券到期收益率的计算公式为：

$$P=\frac{F}{(1+YTM)^N} \tag{10-7}$$

其中，P 为零息债券的市场价格；F 为到期价值；N 为距离到期日的年数；YTM 为每年的到期收益率。

【例 10-9】 假设欧洲国债市场中有 A、B、C 三种债券，面值都是 1 000 元。债券 A 是 1 年期零息债券，目前的市场价格为 934.58 元；债券 B 为 2 年期零息债券，目前的市场价格为 857.34 元；债券 C 为 2 年期附息债券，票面利率为 5%，一年付息一次，下一次付息在一年后，目前的市场价格为 946.93 元。请分别计算这三种债券的到期收益率。

我们分别列出三种债券到期收益率的计算公式：

$$934.58=\frac{1\ 000}{1+YTM_A}$$

$$857.34=\frac{1\ 000}{(1+YTM_B)^2}$$

$$946.93=\frac{50}{1+YTM_C}+\frac{1\ 000}{(1+YTM_C)^2}$$

可以求出，债券 A 的到期收益率为 7%，债券 B 的到期收益率为 8%，债券 C 的到期收益率为 7.97%。

3. 半年支付一次利息的债券的到期收益率

很多债券是半年支付一次利息，如何计算这类债券的年到期收益率呢？根据债券市场的习惯做法，首先计算债券每期（半年）到期收益率，然后将半年收益率乘以 2，就得出该债券年到期收益率①，即：

$$P=\sum_{i=1}^{N}\frac{C}{\left(1+\frac{YTM}{2}\right)^i}+\frac{F}{\left(1+\frac{YTM}{2}\right)^N} \tag{10-8}$$

其中，P 为债券当前的市场价格；C 为每次支付的利息；F 为债券面值；N 为距离到期日的期数（=年数×2）；YTM 为到期收益率。

年到期收益率为上面计算的每期到期收益率的 2 倍。

【例 10-10】 某债券面值为 100 元，还有 8 年到期，票面利率为 7%，半年支付一次利息，下一次利息支付正好在半年后，该债券当前价格为 94.17 元，求该债券的年到期收益率。

该债券每次支付的利息为：

$$利息=100\times(7\%/2)=3.5(元)$$

首先，根据（10-8）式：

$$94.17=\sum_{i=1}^{16}\frac{3.5}{\left(1+\frac{YTM}{2}\right)^i}+\frac{100}{\left(1+\frac{YTM}{2}\right)^{16}}$$

可求出该债券的年到期收益率为：

① 从本章后面对名义年利率和实际年利率的介绍可以得出结论，这种单利方法低估了年到期收益率。

年到期收益率＝4％×2＝8％

4. 在两个利息支付日之间购买的债券的到期收益率

在第 3 章中，我们讨论过投资者在两个利息支付日之间购买债券的情况。在这种情况下，到期收益率是使未来现金流的现值与债券的市场价格相等的贴现率。其计算公式为：

$$P=\sum_{i=1}^{N}\frac{C}{(1+YTM)^{n}+(1+YTM)^{t-1}}+\frac{F}{(1+YTM)^{n}+(1+YTM)^{t-1}} \qquad (10-9)$$

其中，P 为债券的市场价格；C 为支付的利息；F 为债券的面值；t 为距离到期日的年数；YTM 为每期到期收益率；n 为$\frac{\text{清算日距离下一次利息支付日的天数}}{\text{利息支付期的天数}}$。

【例 10-11】 一种附息债券，面值为 1 000 元，票面利率为 10%，每年的 3 月 1 日和 9 月 1 日分别付息一次，2015 年 3 月 1 日到期，2013 年 9 月 12 日的完整市场价格为 1 045 元，求它的到期收益率。

下一次付息是在 2014 年 3 月 1 日，清算日距离下一次利息支付日的天数为 2013 年 9 月 12 日到 2014 年 3 月 1 日之间的天数，是 169 天；利息支付期是半年，即 180 天。因此，有：

$n=169/180=0.938\ 9$

其计算过程见表 10-3。

表 10-3

期数	现金流入（元）	现金流现值（元）
0.938 9	50	$\frac{50}{(1+YTM)^{0.938\,9}}$
1.938 9	50	$\frac{50}{(1+YTM)^{1.938\,9}}$
2.938 9	1 050	$\frac{1\,050}{(1+YTM)^{2.938\,9}}$
总计		1 045

所以，

$$1\,045=\frac{50}{\left(1+\frac{YTM}{2}\right)^{0.938\,9}}+\frac{50}{\left(1+\frac{YTM}{2}\right)^{1.938\,9}}+\frac{1\,050}{\left(1+\frac{YTM}{2}\right)^{2.938\,9}}$$

该债券的年到期收益率为 13.9%。

5. 关于债券到期收益率的两种错误观点

对于债券的到期收益率，有两种错误观点非常流行：一是认为只要将债券持有至到期，投资者获得的（事后）收益率就等于（事前计算的）到期收益率；二是认为一个债券的到期收益率高于另一个债券的到期收益率就意味着前者好于后者。正确的观点是：即使持有债券到期，到期收益率也不是准确衡量收益率的指标；一个债券的到期收益率高于另一个债券的到期收益率并不意味着前者好于后者。

将（10-6）式两边同时乘以$(1+YTM)^{N}$，可以得到下式：

$$P(1+YTM)^{N}=C(1+YTM)^{N-1}+C(1+YTM)^{N-2}+\cdots+F$$

由上式左边可以看出，以价格 P 购买某种债券持有 N 年后，如果年收益率为 YTM，那么该投资者的总财富正好等于 $P(1+YTM)^{N}$。再看等式右边，要想实现 YTM 的年收益率，第 1 年底获得的利息必须按照年收益率 YTM 再投资（$N-1$）年，第 2 年底获得的利息必须按照年收益率 YTM 再投资 $N-2$ 年，依此类推，直至最后一年收到本金 F。但是，由于市场利率是不断变化的，无法保证以后各年年底收到的利息还能按照事先计算的到期收益率进行再投资，这正是债券的再投资风险。

假设A、B两种债券，A债券的现金流模式是第1年底支付100元，第2年底支付1 100元；B债券是零息债券，只在第2年底支付一次现金流1 080元。按照第3章介绍的计算债券价值的正确方法，将债券的每次现金流都按照适当的贴现率求现值并加总。第1年的适当贴现率为3.5%，第2年的适当贴现率为4.5%，可以求出A、B两种债券的价值分别为1 103.92元和988.99元，即：

$$A债券价格=100/(1+3.5\%)+1\,100/(1+4.5\%)^2=1\,103.92(元)$$

$$B债券价格=1\,080/(1+4.5\%)^2=988.99(元)$$

假设市场为A、B两种债券正确定价，即债券的价格正好等于上面计算出的价值。根据债券价格计算各自的到期收益率，可以求出A、B债券的到期收益率分别为4.45%和4.5%。两种债券的上述信息反映在表10－4中。

表10－4　　A、B两种债券的到期收益率

时期	第1年	第2年	价格	*YTM*
贴现率	3.5%	4.5%		
A债券现金流	100元	1 100元	1 103.92元	4.45%
B债券现金流	0元	1 080元	988.99元	4.5%

B债券的到期收益率高于A债券的到期收益率，是否意味着B债券要好于A债券，投资者应该购买B债券而卖出A债券吗？答案是否定的！实际上，A债券和B债券都被正确定价，收益率的不同可能反映了两种债券的风险不同。所以，两种债券的收益率不同并不能作为比较两种债券优劣的标准。

二、当期收益率

当期收益率是年利息与债券当时市场价格的比值，它仅仅衡量了利息收入的大小，用公式可表示为：

$$CY=C/P \tag{10-10}$$

其中，CY为当期收益率；C为年利息；P为债券当时的市场价格。

【例10－12】 继续沿用例10－8，10年期的债券，每年付息一次，下一次付息正好在一年后。面值为100元，票面利率为8%，市场价格是107.02元，求它的当期收益率。

债券每年的利息是8元，当期收益率就是：

$$\frac{8}{107.02}\times100\%=7.48\%$$

在这里，当期收益率比票面利率8%低。这是因为，当期收益率是年利息与市场价格的比值，而票面利率是年利息与面值的比值，由于该债券的市场价格高于面值，所以当期收益率低于票面利率。此外，该债券的当期收益率（7.48%）比到期收益率（$YTM=7\%$）高。这是因为当期收益率仅考虑了利息收入，到期收益率不仅考虑了利息收入，也考虑了债券的资本损失（该债券的市场价格高于面值），所以当期收益率高于到期收益率。我们可以由此总结出票面利率、当期收益率和到期收益率三者之间的关系：

债券平价出售→票面利率＝当期收益率＝到期收益率

债券折价出售→票面利率＜当期收益率＜到期收益率

债券溢价出售→票面利率＞当期收益率＞到期收益率

三、与收益率有关的重要概念

债券收益率有多种表示方法，如果两种债券收益率采用不同的表示方法，这两种债券的收益率就无法比较。另外，即使两种债券收益率的表示方法相同，如果这两种债券的付息频率不同，这两种债券的实际收益率也不一样。

1. 每期收益率和年实际收益率

债券的收益率可以表示为每期收益率（Rate for Period），如 1 年期收益率、半年期收益率、季度收益率、月收益率或天收益率等，为了对不同债券的收益率进行比较，有必要计算债券的实际年收益率（Effective Annual Rate，EAR）。实际年收益率与每期收益率之间的关系如（10－11）式所示：

$$EAR=(1+\text{每期收益率})^{\text{年中期数}}-1 \qquad (10-11)$$

【例 10－13】 A 债券的月收益率为 1%，B 债券的半年收益率为 6%，求这两种债券的年实际收益率。

由于 A 债券的收益率是月收益率，即每期收益率为 1%，1 年共有 12 个月。所以，A 债券的年实际收益率为：

$$EAR=(1+1\%)^{12}-1=12.68\%$$

由于 B 债券的收益率是半年收益率，即每期收益率为 6%，1 年共有 2 个半年。所以，B 债券的年实际收益率为：

$$EAR=(1+6\%)^{2}-1=12.36\%$$

由此可见，A 债券的年实际收益率高于 B 债券的年实际收益率。

2. 年度百分数利率和年实际利率

在实践中，人们经常采用年度百分数利率（Annual Percentage Rate，APR）来表示债券的收益率，年度百分数利率也简称年利率。在知道年利率之后，必须知道债券的付息频率，才能计算出债券的每期收益率，进而计算出债券的实际收益率。年利率与每期收益率的关系如（10－12）式所示：

$$\text{年利率}=\text{每年付息频率}\times\text{每期收益率} \qquad (10-12)$$

【例 10－14】 A 债券的年利率为 12%，半年支付一次利息。B 债券的年利率为 10%，每季度支付一次利息，求这两种债券的年实际收益率。

A 债券的年利率为 12%，半年支付一次利息，因此 A 债券的每期（半年）收益率为 6%（=12%/2）。B 债券的年利率为 10%，每季度支付一次利息，B 债券的每期（季度）收益率则为 2.5%（=10%/4）。因此，有：

$$A\text{ 债券的 }EAR=(1+6\%)^{2}-1=12.36\%$$

$$B\text{ 债券的 }EAR=(1+2.5\%)^{4}-1=10.38\%$$

通过上例可以看出，只有债券的年实际收益率才具有可比性。为了比较债券的收益率，必须将债券的每期收益率或年利率转换为年实际收益率。

3. 连续复利计息

如果初始投资金额已知，可以根据债券收益率计算债券的终值。当然，如果债券投资的终值已知，也可以根据债券的收益率计算其现值。在实践中，债券收益率经常以年利率表示。如前所述，要想计算债券的终值，只知道债券的年利率还不够，还必须知道付息频率。而年实际收益率则有很明确的意义，无须给出复利计息的频率，就能准确计算终值。

例如，某债券的年利率为10%，若该债券半年复利计息，则现在投资于该债券1元，1年后终值为1.102 5元[$=(1+10\%/2)^2$]；若按季度复利计息，则1年后终值为1.103 8元[$=(1+10\%/4)^4$]。如果该债券的年实际收益率为8%，则现在投资于该债券1元，1年后终值为1.08元[$=(1+8\%)$]，很明确。

下面，我们考察一般的情况。投资期限为1年，债券的初始投资额为C_0，复利计息m次，债券的年利率为APR，可按照下面的公式计算该投资的年末终值：

$$FV=C_0(1+APR/m)^m$$

如果将上述投资期限延长为T年，则初始投资额C_0在1年后的终值为：

$$FV=C_0(1+APR/m)^{mT}$$

最后，我们考察一种极端的情况，如果债券的年利率为APR，该债券连续复利计息，即当m趋向无穷大时，C_0初始投资额T年后的终值如下所示：

$$FV=C_0\mathrm{e}^{APR\times T}$$

其中，e为自然对数的底，约等于2.718 28。

如果知道某项连续复利计息的投资的终值，也知道该项投资的年利率为APR，则很容易计算该项投资的现值，即：

$$PV=FV\mathrm{e}^{-APR\times T}$$

【例10-15】 张明将1 000元以连续复利计息的方式投资两年，年利率为10%。该投资2年后的终值为多少？

$$FV(2\text{年后的终值})=1\,000\mathrm{e}^{0.1\times 2}=1\,221.4(\text{元})$$

【例10-16】 保险公司4年后要付给你1 000元资金，如果按8%的年利率连续复利计息，这笔资金的现值为多少？

$$PV=1\,000\ \mathrm{e}^{-0.08\times 4}=726.15(\text{元})$$

四、持有期收益率

即使将债券持有到期，投资者获得的实际收益率与事先计算出来的到期收益率也可能不相等。在投资期结束后，为了准确计算债券的事后收益率，人们经常计算债券的持有期收益率（Holding Period Return）。持有期收益率是债券在一定持有期内的收益（包括利息收入和资本利得或损失）相对于债券期初价格的比率，它是衡量债券事后实际收益率的准确指标。根据定义，我们有：

$$\begin{aligned}\text{持有期收益率}&=\frac{\text{期末财富}-\text{期初财富}}{\text{期初财富}}\times 100\%\\&=\frac{\text{利息收入}+(\text{期末价格}-\text{期初价格})}{\text{期初价格}}\times 100\%\\&=\frac{\text{利息收入}}{\text{期初价格}}\times 100\%+\frac{\text{期末价格}-\text{期初价格}}{\text{期初价格}}\times 100\%\\&=\text{当期收益率}+\text{资本利得(损失)收益率}\end{aligned}$$

1. 一期的持有期收益率

根据持有期收益率的定义，投资者持有债券一期时，其持有期收益率为：

$$HPR=\frac{C+(P_1-P_0)}{P_0}$$

其中，HPR 为一期持有期收益率；C 为利息；P_1 为第一期期末的价格；P_0 为期初价格。

【例 10-17】 投资者支付 1 000 元购买一种半年付息的债券，票面利率是 8%。6 个月后该债券的市场价格上升为 1 068.55 元。求这半年内投资者的持有期收益率。

持有该债券一期（半年）时，有：

$$\text{持有期收益率}=\frac{40+(1\ 068.55-1\ 000)}{1\ 000}=10.86\%$$

2. 多期的持有期收益率

在介绍到期收益率时，我们假设所有利息将以与到期收益率相等的利率进行再投资，因而到期收益率就是债券在整个生命期内实现的收益率。例如，有一种两年期的债券，一年付息一次，票面利率为 10%，面值为 1 000 元，平价出售。那么，其到期收益率与票面利率相等，也为 10%。投资者第 1 年获得 100 元利息，如果这 100 元利息能以 10% 的利率进行再投资，第 2 年将会升值为 110 元。第 2 年投资者总共能获得 1 210 元，包括 1 000 元的本金，第 1 年利息再投资获得的 110 元以及第 2 年的利息 100 元。在这里，我们考虑了利息的再投资，如果把利息的再投资收益计入债券收益，据此计算出来的收益率就被称为复利收益率。把复利收益率记作 y，那么：

$$1\ 000(1+y)^2=1\ 210 \qquad y=10\%$$

可以看到，如果再投资利率等于到期收益率（10%），复利收益率就等于到期收益率。如果再投资利率高于 10%，两年后投资者获得的资金将超过 1 210 元，复利收益率会高于 10%；当再投资利率低于 10% 时，两年后投资者获得的资金将不足 1 210 元，复利收益率就会低于 10%。例如，假设第 1 年的利息按 8% 的利率再投资，那么财富终值为：

$$FV=1\ 000+100+100\times1.08=1\ 208(\text{元})$$

由于

$$1\ 000(1+y)^2=1\ 208(\text{元})$$

所以

$$y=9.91\%$$

由此，我们可以总结出多期的持有期收益率 y，也就是复利收益率的计算方法。期末财富 FV 是债券的期末价格与利息的未来价值之和，即：

$$FV=\frac{P_n+C[(1+r)^n-1]}{r}$$

其中，P_n 为期末价格；C 为利息；r 为利息再投资利率；n 为持有期数。

设债券的期初价格是 P_0，因为 $P_0\times(1+y)^n=FV$，所以，$y=\sqrt[n]{\frac{FV}{P_0}}-1$。

实际上，债券经过 n 期后的终值（期末财富）包括三部分：债券在第 n 期的销售价格、发行者支付的利息和在此期间各次利息产生的利息。注意，每次利息都将按照不同的利率进行再投资。例如，第一次支付的利息将按照当时的利率再投资 $n-1$ 期，第二次支付的利息也将按照当时的利率再投资 $n-2$ 期，依此类推。

在实际的经济生活中，每次利息的再投资利率事先是未知的，到期前债券的销售价格也是未知的。只有持有到期，债券价格才是已知的，等于债券面值。因此，复利收益率只有在投资期结束以后才能计算出来，因而复利收益率是多期的持有期收益率，衡量的是债券的事后收益率。

第六节　债券评级

一、债券的风险

购买债券的投资者可能遭受以下一种或多种风险：①利率风险；②违约风险；③提前偿还风险；④通货膨胀风险；⑤汇率风险；⑥流动性风险。债券投资者面临的风险还不止这些，其他的风险还包括波动性风险、风险的风险、收益率曲线风险、事件风险和税收风险，但这些风险只在特定的场合才比较重要。

下面着重介绍债券的违约风险。违约风险又叫信用风险，是固定收益证券的发行者不能按照契约如期足额地偿还本金和支付利息的风险。一般而言，政府债券没有违约风险①，主要是由于政府具有征税和发行货币的权利。非政府债券或多或少都存在违约风险。在金融市场上，风险和收益呈正向关系，因此公司债券、金融债券的收益率要高于同类政府债券。在债券市场上，只有那些违约风险很高、濒临破产的公司的债券，投资者才会关注其可能发生的违约。而对于其他债券，投资者更关心该债券被觉察到的风险变化以及这种风险变化对债券收益率的影响。这是因为，即使公司实际违约的可能性很小，公司违约风险变化导致的收益率变化也会极大地影响债券的市场价格。在债券市场上，可根据评级公司所评定的信用等级来估计债券发行者的违约风险。

二、债券评级的含义

在债券市场上，债券评级具有重要作用。债券评级就是由独立的私人机构对债券的信用风险进行评级。债券评级的对象是信用风险而不包括其他类型的风险，如利率风险等，债券评级对投资于何种债券也不提出任何建议。② 需要特别注意的是，债券评级是针对公司发行的某种特定债券进行的，而不是对发行债券的公司进行评级。例如，某家公司的整体财务状况不佳，但如果它发行的债券有足额的资产作为抵押或者有实力雄厚的机构作为担保人，则该公司发行的债券仍是高等级的。

---

① 严格来说，只有政府发行的内债才没有违约风险，政府发行的外债仍然有违约风险。内债是指用本国货币作为计价单位的政府债券，而外债则是用外国货币作为计价单位的政府债券。

② 评级公司都是独立的私人企业，不受政府控制，也独立于证券交易所和证券公司。它们作出的评级结果只供投资者在决策时参考，因此它们对投资者负有道德上的义务，但并不承担任何法律上的责任。

三、债券评级机构的作用

从理论上讲，债券评级机构至少发挥两种重要作用：提供信息和认证。评级机构之所以提供信息主要是因为存在这方面的市场需求；而提供认证则与政府监管密不可分。

与其他金融市场一样，债券市场上也存在信息不对称问题，信息不对称将会产生逆向选择和道德风险问题①，如果信息不对称问题非常严重，将会妨碍债券市场的正常运行。债券评级机构能在一定程度上解决信息不对称问题，提高债券市场的效率。由于存在规模经济效应以及在收集、加工信息方面的专业化，评级机构在向投资者提供与债券违约风险有关的信息过程中能有效降低信息搜寻成本。另外，评级机构能向债券发行公司的利害相关者（如供应商、客户和雇员）提供有价值的信息，降低利害相关者的信息搜寻成本。

政府机构对于某些金融机构的监管产生了对评级机构认证的需求。例如，一些国家的法律要求，某些金融机构只能投资投资级的债券或只能投资 AAA 级的债券以确保金融机构的稳健。当然，作为一种高度概括性的统计量，评级结果也可以被其他市场参与者广泛使用，这可以有效地降低签订合约的成本。例如，公司管理层可以要求资金的管理人只能投资 AA 级以上的债券。

评级机构评定的债券等级非常重要，因为债券等级越低就意味着债券的利率越高。针对美国债券市场的大量理论研究表明，债券等级仅仅确认了债券已经存在的风险而不是影响了其风险，这意味着评级机构只具有认证作用而没有提供信息的作用。也就是说，当评级公司调整债券等级时，债券价格并未出现显著的异常变化，这是因为评级机构评定债券等级主要是以公开信息为基础的，而对债券等级进行调整所依据的公开信息已经反映在债券的价格中了。而最新研究表明，债券等级的改变确实引起了债券价格变化，只是幅度很小，在宣布等级变化的两天内，债券的平均价格变化幅度不到 2%!② 这表明评级机构向市场提供了公开信息以外的新信息，这可能是因为评级机构与发行债券的公司存在更密切的接触。

四、评级的程序

债券评级主要包括以下 6 个步骤：

（1）由债券发行人或其代理人向证券评级机构提出评级申请，并根据评级机构的要求提供详细的书面材料。

（2）证券评级机构与发行单位的主要负责人见面，就书面材料中值得进一步调查的问题和其他有关情况提出询问。

（3）证券评级机构对申请评级单位各方面的情况进行分析。分析的内容主要包括：①发行人所属行业的发展状况以及发行人在该行业中的地位；②发行人的经营管理情况、内部审计体制、资本构成的安全性和偿付本息的能力；③信托合同中规定的财务限制条款和债券的优先顺序；④对发行人所属国家或地区作出评价，分析其政治风险和经济风险；⑤分析发行人在国家政治经济中的重要性和国家与发行人的关系。

---

① 米什金．货币金融学．北京：中国人民大学出版社，1998.

② 研究表明，等级向下调整对价格的影响大于向上调整对价格的影响。

（4）在调查分析的基础上，证券评级机构会通过投票决定发行人的等级，并与发行人联系，征求其对评级的意见。如果发行人不同意评级机构的评定结果，可提交书面理由，申请变更信用等级，但这种变更申请只能发生一次。

（5）证券评级机构评定其债券信用级别后，一方面通知评级申请人，另一方面将评级结果汇编成册，通过媒体公开发行。

（6）证券评级机构根据各申请评级单位的财务、经营活动变化，定期调整债券等级。

五、债券评级的等级划分及其说明

目前国际上公认的最具权威性的债券评级机构，主要有美国标准普尔公司（S&P）和穆迪投资服务公司（Moody's）。上述两家公司对多种类型的固定收益证券进行评级，既包括各种类型的债券，也包括短期商业票据等。债券评级结果用具有一定编码规则的字母组合表示，两家机构的等级划分大同小异。表 10－5 提供了标准普尔公司的债券等级分类和相应说明。标准普尔公司的等级标准从高到低可划分为 AAA 级、AA 级、A 级、BBB 级、BB 级、B 级、CCC 级、CC 级、C 级和 D 级。穆迪公司的等级标准从高到低可划分为 Aaa 级、Aa 级、A 级、Baa 级、Ba 级、B 级、Caa 级、Ca 级和 C 级。AAA（Aaa）级债券具有最高质量和最低违约风险，D 级是最低级别的债券，它表明发行公司无法履行还本付息义务。前四个级别债券的信誉高、违约风险小，属于"投资级债券"，第五级开始的债券信誉低、违约风险大，属于"投机级债券"。①

表 10－5　债券评级的等级划分

投资级			
穆迪	标准普尔	符号含义	说明（标准普尔）
Aaa	AAA	最高级	还本付息的能力很强
Aa	AA	高级	还本付息的能力强，程度上略逊于最高级债券。
A	A	中高级	还本付息的能力强，但受不利的环境和经济条件变化的影响要大于上两个等级。
Baa	BBB	中级	具有足够的能力还本付息，一般在债务合约中规定了充分的保护债权人的条款。但与上述三个级别相比，不利的经济条件和经济环境变化更有可能削弱该级别债券的还本付息能力。
投机级			
Ba	BB	垃圾债券	一般认为，这些等级的债券具有显著的投机性。从 BB 级到 CC 级的投机性逐级递增。这些债券都能按期还本付息，但不利的经济状况、经济环境、财务状况变化出现时，这些债券的还本付息能力将会被极大地削弱甚至出现违约。
B	B		
Caa	CCC		
Ca	CC		
C	C	垃圾债券	已经提出了破产申请，但仍在进行本息支付。
D	D	违约	已经提出了破产申请或发生了违约。如果标准普尔认为即使经过宽限期也无法还本付息，只要该公司一旦发生本金、利息不能如期足额支付的情况，就将其债券评为 D 级。

① 如果按照标准普尔公司信用等级标准，BB 级到 C 级（按穆迪公司信用等级标准则是 Ba 级到 C 级）的债券在美国债券市场上被称为垃圾债券。当然也有人给它起了个略带尊贵色彩的名字——高收益债券。如果发行时属于投资级的债券，后来由于公司经营不善成为垃圾债券，则被称为"坠落天使"。

1987 年，债券评级业务首次在我国出现。早期，我国的信用评级机构由中国人民银行组建，隶属于中国人民银行各分行。1997 年中国人民银行认定了 9 家评级机构具有在全国范围内进行债券评级的资质。经过 30 多年的发展和市场洗礼，目前主要的全国性评级机构有四家——中诚信国际信用评级有限公司、联合资信评估有限公司、大公国际资信评估有限公司和上海新世纪资信评估投资服务有限公司。此外，深圳鹏元征信有限公司、东方金城国际信用评估有限公司等评级机构也得到了不断发展。值得说明的是，近年来，为服务于高水平对外开放的政策要求，监管部门陆续放开了外资评级机构的准入许可，国际三大评级机构——标准普尔、穆迪和惠誉均已以不同形式入场中国信用评级市场。同时，2019 年 7 月，国务院金融稳定发展委员会发布公告，允许外资评级机构对银行间债券市场和交易所债券市场的所有种类债券进行评级，这不仅能为我国信用评级市场提供更先进的信用风险评估技术，亦标志着未来我国信用评级市场的竞争将更为充分。

【小　结】

1. 债券的基本要素有四个，即债券的票面价值、债券价格、偿还期限和票面利率。债券的其他要素还包括是否嵌入选择权、是否规定了抵押担保条款、是否有偿债基金条款以及债券是否规定了特殊的偿还方式。

2. 根据发行者的性质可将债券分为政府债券、公司债券、金融债券和国际债券。国际债券是一国政府、金融机构、工商企业或国际组织为筹措和融通资金，在国外金融市场上发行的，以外国货币为计价货币的债券。一般来说，国际债券主要包括两类：一是外国债券；二是欧洲债券。

3. 中国的债券市场上，通常根据债券价格或收益率受哪种因素的影响较多将债券分为利率品种和信用品种。前者包括政府债券（国债和地方政府债券）、中央银行票据和金融债券；后者是指具有信用风险的债券，在中国发行主体主要是非金融企业，包括公司债券、企业债券、非金融企业债务融资工具、中小企业私募债券以及资产证券化产品。

4. 债券的内在价值等于债券未来现金流入的现值。只有当债券的价值大于市场上的购买价格时，债券才值得购买。因此，债券价值是确定债券投资决策时使用的主要指标之一，如果要决定应该为某种债券支付多少，就必须计算出它的价值。计算最典型、最简单的债券价值（理论价格）应该遵循以下四个步骤：选择适当的贴现率；计算所有利息的现值之和；计算本金的现值；将两个现值相加，得到债券的价值。

5. 衡量债券收益率的主要指标包括当期收益率、到期收益率、持有期收益率。在所有衡量债券收益率的指标中，到期收益率是应用最广泛的指标。到期收益率是能使债券未来现金流的现值正好等于债券当前市场价格（初始投资）的贴现率。

6. 债券的违约风险是指固定收益证券的发行者不能按照契约如期足额地偿还本金和支付利息的风险。债券评级就是由独立的私人机构对债券的信用风险进行评级。债券评级的对象是信用风险而不包括其他类型风险。

【练习题】

1. 简述债券的定义及基本要素。

2. 试比较金融债券与公司债券。

3. 债券赎回条款的作用是什么？对于投资者来说，有赎回条款的债券的收益率和无赎回条款的债券的收益率哪一个更高？

4. 信用债券、抵押债券和担保债券的区别是什么？

5. 列举几种你所了解的外国债券。

6. 债券价格和面值的关系有几种？影响其关系的因素是什么？

7. 哪种证券有较高的实际年利率？

（1）票面额为 100 000 美元，售价为 97 645 美元的三个月短期国库券。

（2）售价为票面额，每半年付息一次，息票率为 10%的债券。

8. 两种债券有相同的到期期限和息票率。一种以 105 美元卖出，可赎回；另一种以 110 美元卖出，不可赎回。问哪一种债券有较高的到期收益率，为什么？

9. 假定有一种债券的售价为 953.10 美元，三年到期，每年付息，此后三年内的利率依次为 8%、10%、12%，计算该债券的到期收益率与该债券的实际复利率。

10. 假定投资者有一年的投资期限，他想在三种债券间进行选择。三种债券有相同的违约风险，都是 10 年后到期。第一种是零息债券，到期支付 1 000 美元；第二种是息票率为 8%，每年支付 80 美元的债券；第三种债券的息票率为 10%，即每年支付 100 美元。

（1）如果这三种债券都有 8%的到期收益率，那么它们的价格各是多少？

（2）如果投资者预期在下年年初时，它们的到期收益率为 8%，则那时的价格各为多少？对每种债券，投资者的税前持有期收益率是多少？如果投资者的税收等级为：普通税税率为 30%，资本利得税税率为 20%，则每种债券的税后收益率为多少？

11. 一种债券，年息票率为 10%，半年付息。即期市场利率为每半年 4%，债券距离到期还有三年。

（1）计算当期的债券价格及 6 个月付息后的价格。

（2）此债券（6 个月中）的总收益率是多少？

12. 一种两年期债券，面值为 1 000 美元，每年付息一次，金额为 100 美元，售价为 1 000 美元。问此种债券的到期收益率是多少？假定下一年利率变为 8%、10%、12%，则此债券的实际复利收益率各为多少？

13. 对于零息债券来说，既定的到期收益率和实际的复利收益率总相等，为什么？

14. 试述债券评级的程序。

15. 为什么要对债券进行评级？

16. 欧洲债券市场上有一种零息债券，距离到期日还有 5 年，到期价值是 1 000 美元，年适当的贴现率是 10%，计算该债券的价值。

17. 某种债券面值为 1 000 美元，票面利率为 5%，半年付息一次。债券投资者支付了 950 美元购买了该债券，现在距离上次利息支付已经过去了 45 天，求该债券的净值是多少？

18. 考虑下面的零息债券：

到期期限（年）	零息债券的到期收益率（%）
1	4.00
2	4.50
3	4.75
4	4.90
5	5.00

计算一个票面利率为 5%、面值为 100 元的 5 年期债券的价格及其到期收益率。

【参考书目】

[1] Roman L. Weil，1973，"Macaulay's Duration：An Appreciation"，*The Journal of Business*，46（4）：589-592

[2] Frank J. Fabozzi，2016，*Bond Markets*，*Analysis and Strategies*，9th edition，New York：Pearson Education

[3] Bruce Tuckman，Angel Serrat，2011，*Fixed Income Securities*：*Tools for Today's Markets*，3rd edition，Hoboke，New Jersey：John Wiley & Sons，Inc.

[4] 路透．债券市场导论．北京：北京大学出版社，2001

[5] 类承曜．固定收益证券．5 版．北京：中国人民大学出版社，2019

第 11 章 债券的组合管理

【本章导读】

股票投资组合管理更关注收益，而债券组合管理更关注安全性和流动性。本章重点介绍债券投资组合管理的两种最主要策略：消极型投资组合管理策略和积极型投资组合管理策略。消极型投资组合管理策略不以击败市场为目的，认为市场是有效的；而积极型投资组合管理策略则认为市场是无效的，可以通过积极型管理战胜市场，获得超额收益率。

为了更好地理解如何实施消极型投资组合管理策略，先要了解如何衡量债券的利率风险。利率风险是债券投资组合面临的一个主要风险，对以政府债券为主体的债券投资组合，利率风险更是居于主导地位。

本章首先介绍如何度量债券价格相对于利率的敏感性，即衡量当利率变化时，债券价格的变化幅度，重点介绍了久期的概念。在此基础上，详细介绍了债券市场组合的消极型管理策略和积极型管理策略的主要方法。

通过对本章的学习，熟悉债券投资组合收益率的衡量方法；了解影响债券收益率的因素；了解收益率曲线的概念；掌握久期与凸性的计算公式；了解积极型债券投资组合管理和消极型债券投资组合管理的理论基础和各种策略。

第一节　利率风险衡量

债券投资人面临多种风险，如利率风险（包括价格风险和再投资风险）、违约风险、通货膨胀风险、流动性风险、可提前赎回风险等。在我国，可流通债券绝大部分是政府债券，其他可流通债券则是金融债券和大型国企发行的债券，违约风险比较小，因此违约风险相对不重要。对于债券投资人而言，最重要的是利率风险，特别是利率变化导致债券价格变动的风险。

一、债券价格与收益率的关系

在第 10 章，我们从债券价格的计算公式和到期收益率的求解公式中注意到，债券价格和收益率反向变动，这是因为债券价格等于预期现金流的贴现值。下面，我们通过例题进一步说明。

【例 11-1】 一种债券的面值为 1 000 元，票面利率为 6%，2019 年 10 月 15 日到期，每年的 4 月 15 日和 10 月 15 日分别支付一次利息。计算该债券在 2012 年 10 月 15 日的价格。

$$每半年的利息支付=\frac{6\%\times 1\ 000}{2}=30(元)$$

$$利息支付的现值=\frac{30\times[1-(1+r)^{-14}]}{r}$$

$$本金的现值=\frac{1\ 000}{(1+r)^{14}}$$

$$债券的价格=\frac{30\times[1-(1+r)^{-14}]}{r}+\frac{1\ 000}{(1+r)^{14}}$$

当投资者要求的收益率，即市场利率为 5% 时，有：

$$利息支付的现值=\frac{30\times[1-(1+2.5\%)^{-14}]}{2.5\%}=350.73(元)$$

$$本金的现值=\frac{1\ 000}{(1+2.5\%)^{14}}=707.73(元)$$

$$债券的价格=350.73+707.73=1\ 058.46(元)$$

表 11-1 列出了在不同收益率水平下该债券价格的不同值。

表 11-1　债券价格与收益率的关系

收益率（%）	利息现值（元）	本金现值（元）	债券价格（元）
5.0	350.73	707.73	1 058.46
5.5	344.73	684.00	1 028.73
6.0	338.88	661.12	1 000.00
6.5	333.18	639.06	972.24
7.0	327.62	617.78	945.40
7.5	322.19	597.26	919.45
8.0	316.89	577.48	894.37
8.5	311.73	558.39	870.12
9.0	306.68	539.97	846.65
9.5	301.76	522.21	823.97

从表 11-1 中可以看出，债券价格与收益率反方向变动，这是债券价格一个重要的普遍性规律。当收益率水平很高时，债券的价格会很低；当收益率水平接近于零时，债券的价格趋近于现金流的总和。这是因为，债券价格是用投资者要求的收益率对现金流进行贴现得到的。当贴现率提高时，现金流的现值必然会降低，债券价格也就会下降；当贴现率降低时，现金流的现值必然会升高，债券价格也就会上升。在竞争性市场中，当市场利率与票面利率

相等，即为 6%时，该债券的价格为 1 000 元，与面值相等。当市场利率上升为 7%时，人们不会再购买票面利率为 6%的债券，该债券的价格必然会下跌，直到它的预期收益率上升到市场利率 7%为止。反之，当市场利率下降为 5%时，人们会倾向于购买票面利率为 6%的债券，该债券的价格必然会上涨，直到它的预期收益率下降到市场利率 5%为止。我们可以把表 11－1 中收益率与相应的债券价格的数据绘成图 11－1。

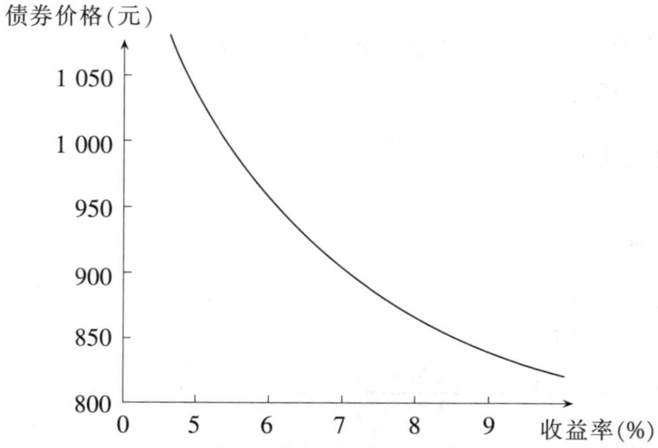

图 11－1　债券价格与收益率的反向关系

一般情况下，发行人在初级市场上发行债券时，会选择与当时的市场利率极为接近的票面利率，这样，债券的价格就与它的面值非常接近。债券发行以后，市场利率如果高于票面利率，债券的价格将会低于其面值。债券价格低于面值的这一部分价差对于投资者来说是一种资本利得，是对投资者获得的票面利率低于市场利率（投资者要求的收益率）的补偿。价格低于面值的债券被称为折价债券。债券发行以后，市场利率也有可能低于票面利率，债券的价格将会高于其面值。这时，投资者为了获得高于市场利率的票面利率，应当支付的价格不得不高于债券面值。价格高于面值的债券被称为溢价债券。我们总结出以下规律：

市场利率＝票面利率，价格＝面值

市场利率＞票面利率，价格＜面值

市场利率＜票面利率，价格＞面值

除了收益率外，到期时间是影响债券价格变化的另一个重要因素。通过考察债券价格和到期时间之间的关系，我们会发现一个重要规律：随着到期日的临近，债券的价格向面值趋近。也就是说，对于面值、票面利率、收益率均相同的两种债券来说，距离到期日的时间越短，债券溢价或折价的幅度越小。这是因为债券的价格由本金的现值与利息支付的现值两部分构成，随着到期日的临近，投资者所能获取的利息支付越来越少，利息支付的现值降低，本金的现值却增加。对于折价债券，本金现值的增加大于利息支付现值的减少，债券价格上升；对于溢价债券，本金现值的增加不足以抵消利息支付现值的减少，债券价格降低。

二、利率风险的衡量

我们有三种方法可以用来描述利率风险：全景法（Full Valuation Approach/Scenario Analysis Approach），基点价格值法（Price Value Basis Point Approach）和久期/凸性法

(Duration/Convexity Approach)。全景法是已知利率如何变化，用估值技术计算出每一种变化对价格的影响。对于不含选择权的债券来说，全景法的过程正如上面例题中展示出来的一样。当然，全景法可适用于比上例更复杂的利率变化场景，如利率曲线非平行变动，而是变得更加陡峭会引起价格怎样的变化。无论利率怎样变化，全景法的过程不过是将这些变化的参量输入估值模型。对于一些复杂的债券，如嵌入选择权的债券，估值模型中的变量不仅包括利率曲线，还包括衡量其波动性的一些指标。

从理论上讲，当我们的模型足够好时，利用全景法会得出非常精确的答案。不过，全景法的缺点也显而易见，它很复杂，尤其是应用于证券组合时非常耗时。

当我们稍微降低对精确性的要求，并将“利率变化”仅仅限制在利率曲线平行移动的场景下时，我们可以用基点价格值法和久期/凸性法得到关于价格变化的一个令人满意的答案，并且可以大大简化整个过程。

下面，我们开始介绍基点价格值、久期和凸性这三个重要概念。

第二节　基点价格值

一、基点价格值

基点价格值是指收益率变化一个基点，也就是 0.01 个百分点时，债券价格的变动值。基点价格值是价格变化的绝对值，价格变化的相对值称作价格变动百分比，它是价格变化的绝对值相对于初始价格的百分比，用公式表示就是：价格变动百分比＝基点价格值/初始价格。我们用下面的例子来说明什么是基点价格值。

【例 11－2】　有 A、B、C 三种债券，半年付息一次，下一次付息在半年后，相关资料见表 11－2。分别计算它们的基点价格值。

表 11－2

	A	B	C
票面利率	8%	8%	8%
面值（元）	100	100	100
信用评级	Aa	Aa	Aa
到期时间（年）	5	10	15
收益率	8%	8%	8%
价格（元）	100	100	100

令收益率上升一个基点，从 8%提高到 8.01%，可以计算出新的债券价格分别是 99.959 5 元、99.932 1 元、99.913 6 元，价格分别变动－0.040 5 元、－0.067 9 元和－0.086 4元，基点价格值分别是 0.040 5 元、0.067 9 元和 0.086 4 元。

令收益率下降一个基点，从 8%减少到 7.99%，新的债券价格分别是 100.040 6 元、100.068 0 元和 100.086 5 元，价格分别变动 0.040 6 元、0.068 0 元和 0.086 5 元，基点价格值分别是 0.040 6 元、0.068 0 元和 0.086 5 元。

可以看出，收益率上升或下降一个基点时的基点价格值是近似相等的。在上一节我们知道，收益率下降引起的价格变动幅度比同等的收益率上升引起的价格变动幅度应该大一些。在这里，由于收益率的变动很小（仅为一个基点），收益率上升或下降引起的价格波动是大致相等的。

在确定投资策略时，除了基点价格值以外，投资者还经常计算收益率变化大于一个基点时的价格波动。收益率变化任意多个基点时的价格波动值的计算与基点价格值的计算大同小异，我们继续用例子来说明。

【例 11-3】 利用例 11-2 中的条件，分别计算收益率变动 10 个基点和 100 个基点时三种债券的价格波动值。

令收益率上升 10 个基点，从 8%提高到 8.1%，可以计算出，新的债券价格分别是 99.595 5 元、99.323 5 元和 99.140 6 元，价格波动值分别是 0.404 5 元、0.676 5 元和 0.859 4 元。

令收益率下降 10 个基点，从 8%减少到 7.9%，新的债券价格分别是 100.406 6 元、100.682 5 元和 100.869 9 元，价格波动值分别是 0.406 6 元、0.682 5 元和 0.869 9 元。

结合上例中基点价格值对应的结果，我们可以总结出一条规律：当收益率变动的幅度较小时（例如 10 个基点），收益率变动 n 个基点，价格就近似变动基点价格值的 n 倍。由于收益率的变动较小，收益率下降或上升导致的价格波动仍然是大致相等的，价格波动的不对称性可以被忽略。

如果我们继续增大收益率波动的幅度，令收益率上升 100 个基点，从 8%提高到 9%，新的债券价格分别是 96.043 6 元、93.496 0 元和 91.855 6 元，价格波动值分别是 3.956 4 元、6.504 0 元和 8.144 4 元。

再令收益率下降 100 个基点，从 8%减少到 7%，新的债券价格分别是 104.158 3 元、107.106 2 元和 109.196 0 元，价格波动值分别是 4.158 3 元、7.106 2 元和 9.196 0 元。

可以看出，当收益率变动的幅度较大时（例如 100 个基点），就不能采用前面的近似方法，用基点价格值的 n 倍来估计价格的波动。另外，由于收益率的变动较大，价格波动的不对称性也就表现出来，收益率下降或上升带来的价格波动是不等的，我们通常会把两者的平均数作为价格波动值。在这个例子中，收益率变化 100 个基点时，三种债券的价格波动值分别为：

债券 A：(3.956 4+4.158 3) /2=4.057 4（元）

债券 B：(6.504 0+7.106 2) /2=6.805 1（元）

债券 C：(8.144 4+9.196 0) /2=8.670 2（元）

【例 11-4】 一个债券组合由例 11-2 中的三种债券组成。其中，投资者持有债券 A 100 张，债券 B 300 张，债券 C 1 000 张。计算该债券组合的基点价格值。

解：这里要求的是债券组合的基点价格值。我们可以根据每张债券的基点价格值，先求出每种债券的基点价格值，继而得到整个债券组合的基点价格值。计算过程见表 11-3。

表 11－3　　　　债券组合基点价格值的计算

	A	B	C
每张债券的基点价格值（元）	0.040 6	0.068 0	0.086 5
持有量	100	300	1 000
每种债券的基点价格值（元）	4.06	20.40	86.50
组合的基点价格值（元）			110.96

二、价格变化的收益值

价格变化的收益值是度量债券价格波动性的另一种工具，它是债券价格变动一定数量时，对应的收益率变动值。价格变化的收益值越小，意味着价格变动一定数量时，收益率的变动越小；反过来，收益率变动一个基点时，价格的变动越大，即基点价格值越大。

【例 11－5】　利用例 11－2 中的资料，如果价格变动 0.125%，分别求出三种债券价格变化的收益值。

债券价格上升 0.125%，即从 100 元上升到 100.125 元时，可以求出债券 A、B、C 的收益率分别为 7.969 2%、7.981 6%和 7.985 6%，收益率的变动分别为－0.030 8%、－0.018 4%和－0.014 4%。

债券价格下降 0.125%，即从 100 元下降到 99.875 元时，新的收益率分别为 8.030 8%、8.018 4%和 8.014 4%，收益率的变动分别为 0.030 8%、0.018 4%和 0.014 4%。

我们可以得出结论：价格变化的收益值分别是 0.030 8%、0.018 4%和 0.014 4%。债券 A 的基点价格值最小，价格变化的收益值却最大；债券 C 的基点价格值最大，价格变化的收益值反而最小。

第三节　久期

【课外推荐 11－1】

久期

一、久期的定义

收益率变化会导致债券价格变化，我们可以利用久期来衡量债券价格对收益率的敏感性。久期就是价格变化的百分比除以收益率变化的百分比[①]，即：

$$D=\frac{\frac{\Delta P}{P}}{\frac{\Delta(1+y)}{1+y}}=-\frac{\frac{\Delta P}{P}}{\frac{\Delta y}{1+y}} \tag{11-1}$$

其中，P 为债券的初始价格；ΔP 为债券价格变化值；y 为初始收益率；$\Delta(1+y)$ 或 Δy[②]

① 久期实际上是价格的利率弹性。

② $\Delta(1+y)$ 与 Δy 相等。

为收益率变化值。

之所以加了个负号，是因为债券价格与收益率变化的方向相反。将（11－1）式重新整理可得到如下关系式：

$$\frac{\Delta P}{P}=-\frac{D}{1+y}\times\Delta y \tag{11-2}$$

因此，如果知道某种债券的久期，就可以根据（11－2）式计算一定的收益率变化百分比导致的价格变化百分比。

二、久期规则

票面利率、到期时间、初始收益率是影响债券价格利率敏感性的三个重要因素，它们与久期之间的关系也表现出一些规则。

（1）保持其他因素不变，票面利率越低，息票债券的久期越长。呈现这种规律的原因在于：票面利率越高，早期的现金流现值越大，占债券价格的权重越高，使时间的加权平均值越低，即久期越短。所以，零息债券的久期比其他条件相同的息票债券长。我们知道，票面利率越低，债券价格的利率敏感性越强，而久期是对利率敏感性的度量，这与票面利率越低久期越长是一致的。

（2）保持其他因素不变，到期收益率越低，息票债券的久期越长。对于这种规律的解释是：到期收益率越低，后期的现金流现值越大，在债券价格中所占的比重也越高，时间的加权平均值越高，久期越长。我们已经分析过，初始收益率水平越低，债券价格的利率敏感性越强，这与债券的到期收益率越低久期越长也是一致的。当然，对于零息债券，它的久期始终等于到期时间，不受到期收益率大小的影响。

（3）一般来说，在其他因素不变的情况下，到期时间越长，久期越长。债券的到期时间越长，价格的利率敏感性越强，这与债券的到期时间越长久期越长是一致的。但是，久期并不一定总随着到期时间的增长而增长。对于收益率很高的某些债券，久期可能会随着到期时间的增长而减短。而且，息票债券久期的增长速度比到期时间的增长速度慢一些。也就是说，到期时间增长一年时，久期的增长小于一年。当然，对于零息债券来说，久期等于到期时间，到期时间增长一年，久期也就增长一年。

三、久期计算

我们一般有三种久期的计算方法：

（1）有效久期（Effective Duration）。

（2）麦考利久期（Macaulay Duration）。

（3）修正久期（Modified Duration）。

有效久期可以应用于附有选择权的债券的利率风险衡量中，其计算方法如下所述。

设 P_0 是债券的初始价格，Δy 是收益率变动的绝对值，P_+ 是收益率上升一个很小幅度时债券的新价格，P_- 是收益率下降一个很小幅度时债券的新价格，ΔP 是价格波动的绝对值。因此，当收益率下降时，有：

$$\frac{\Delta P}{P\Delta y}=\frac{P_- - P_0}{P_0\Delta y}$$

当收益率上升时，有：

$$\frac{\Delta P}{P\Delta y}=\frac{P_0-P_+}{P_0\Delta y}$$

由于价格波动具有不对称性，我们取两次结果的平均值作为有效久期的近似值：

$$有效久期=\frac{P_- - P_+}{2P_0\Delta y}$$

麦考利久期是最早出现的关于久期的计算方法，它基于现金流的到期时间给出了久期的近似值，并且经常在其后加上“年”作为单位。例如，某一 5 年期的零息债券，其到期日距离现在 5 年，且其间没有现金流发生，因此，其麦考利久期为 5 年，表示 *YTM* 变化 1%，债券价格变化 5%。又如另一 5 年期的附息债券，由于其 5 年期间会有现金流流入，因此其麦考利久期小于 5。这与我们之前讲到的久期规则相一致：其他条件不变的情况下，息票率越高，久期越小。下面，我们还会具体讲到麦考利久期。

修正久期从麦考利久期衍生而来，它不仅考虑了现金流结构及债券到期日，而且将目前的收益率作为考虑因素。修正久期与麦考利久期的关系可用以下公式表示：

$$修正久期=\frac{麦考利久期}{1+市场收益率}$$

对于普通债券来说，其麦考利久期和修正久期非常接近。从这里也可以看到，修正久期所传达的信息与久期规则中的第二条一致：保持其他因素不变，到期收益率越低，息票债券的久期越长。

然而，麦考利久期和修正久期都无法应用于嵌有选择权的债券，因为它们都是以未来现金流为基础进行计算的。

1. 麦考利久期

根据久期的定义，可以将债券价格对收益率求导。下面计算最普通的附息债券的久期，即该债券没有附加任何选择权，每期期末按照固定票面利率和面值乘积支付利息，到期还本。由前面的论述可知，该普通债券的价格和收益率关系可以由（11-3）式表示：

$$P=\sum_{t=1}^{T}\frac{CF_t}{(1+y)^t} \tag{11-3}$$

其中，P 为债券价格；T 为期数；CF_t 为每期现金流（包括利息和本金）；y 为债券的收益率。

在（11-3）式中求价格 P 对收益率 y 的导数，经过整理可得（11-4）式[①]：

$$\frac{dP}{dy}=-\frac{1}{1+y}\sum_{t=1}^{T}\frac{tCF_t}{(1+y)^t} \tag{11-4}$$

将（11-4）式两边同除以 P 可以得到（11-5）式：

$$\frac{dP}{dy}\times\frac{1}{P}=-\frac{1}{1+y}\times\left[\sum_{t=1}^{T}\frac{tCF_t}{(1+y)^t}\times\frac{1}{P}\right] \tag{11-5}$$

比较（11-2）式和（11-5）式可以发现，（11-5）式右边中括号内的项就是久期，衡量了债券价格对收益率的敏感性。

对于普通债券而言，久期可以通过（11-6）式计算：

---

① dP 与 ΔP_t，dy 与 Δy 是等价的。

$$D=\frac{1}{P}\times\sum_{t=1}^{T}\frac{tCF_t}{(1+y)^t} \tag{11-6}$$

麦考利久期还可以表达为：

$$D=\frac{\sum_{t=1}^{T}\frac{tCF_t}{(1+y)^t}}{\sum_{t=1}^{T}\frac{CF_t}{(1+y)^t}}$$

其中，t 为现金流发生的时间；CF_t 为第 t 期的现金流；y 为每期的到期收益率；T 为距离到期日的期数。

上式中的分母是按到期收益率贴现的债券现金流现值，也就是债券的市场价格 P。

令

$$W_t=\frac{\frac{CF_t}{(1+y)^t}}{P}$$

其中，

$$P=\sum_{t=1}^{T}\frac{CF_t}{(1+y)^t}$$

那么，有：

$$D=\sum_{t=1}^{T}t\times W_t$$

W_t 是现金流时间的权重，是第 t 期现金流的现值占债券价格的比重，权重之和等于 1，因为按到期收益率贴现的现金流之和就等于债券的价格。应当注意，从上式中求出的久期是以期数为单位的，我们还要把它除以每年付息的次数，转化成以年为单位的久期。

美国经济学家弗雷德里克·麦考利（Frederick Macaulay）首先将（11－6）式称为久期，因此它也被称为麦考利久期。可以看出，普通债券的久期是债券现金流时间的加权平均值，其权重是每次现金流现值占现金流现值总和（即债券价格）的比例。前面曾指出债券的到期时间与价格的利率敏感性具有相关性，但用到期时间长短作为价格利率敏感性大小的测量指标是不完善的，久期——债券现金流（即每期息票收入和到期本金支付）的平均到期时间才是衡量普通债券利率敏感性的准确指标。

可以说，普通债券的久期是债券的有效到期时间，它是收到每一笔支付的时间的加权平均值，权重与支付的现值成比例。一般来说，除了零息债券外，债券的久期比到期时间短一些。零息债券的久期与它的到期时间相等。但对于某些特殊债券，久期可能会比到期时间更长。请记住，久期是衡量债券价格利率敏感性的指标，某些附加选择权的债券的价格利率敏感性很大，即利率的微小变化会引起债券价格的大幅度变化，这些债券的久期有可能超过债券本身的期限。

最后需要强调的是，从本质上看，久期就是衡量债券价格的利率敏感性指标，而不是一种期限。因为普通债券的久期等于所有现金流到期时间的加权平均数，所以很多人误以为久期是一种期限。对于一些特殊债券而言，久期就不等于未来现金流时间的加权平均数了。

【例 11－6】 面值为 100 元、票面利率为 8%的 3 年期债券，半年付息一次，下一次付息在半年后。如果到期收益率为 10%，计算它的麦考利久期。

该债券的麦考利久期是 5.435 1/2＝2.717 6 年，其计算过程见表 11－4。

表 11-4 例 11-6 的计算过程

时间（期数）	现金流（元）	现金流的现值（元）	权重	时间×权重
1	4	3.809 5	0.040 1	0.040 1
2	4	3.628 1	0.038 2	0.076 4
3	4	3.455 4	0.036 4	0.109 2
4	4	3.290 8	0.034 7	0.138 8
5	4	3.134 1	0.033 0	0.165 0
6	104	77.606 4	0.817 6	4.905 6
总计		94.924 3	1	5.435 1

【例 11-7】 有一种面值为 100 元的 3 年期零息债券，如果到期收益率为 10%，计算它的麦考利久期。

该债券的久期是 6 个半年，即 3 年，其计算过程见表 11-5。

表 11-5 例 11-7 的计算过程

时间（期数）	现金流（元）	现金流的现值（元）	权重	时间×权重
1~5	0	0	0	0
6	100	74.621 5	1	6
总计		74.621 5	1	6

可见，零息债券的麦考利久期就等于它的到期时间。这是因为零息债券只有一次支付，并且发生在到期日，因此支付的加权平均时间就是到期时间。

根据年金的计算方法，再加以数学推导，我们可以简化麦考利久期的计算公式（用 c 表示每期票面利率，用 y 表示每期到期收益率，用 T 表示距离到期日的期数）：

$$\text{息票债券的麦考利久期}=\frac{1+y}{y}-\frac{(1+y)+T(c-y)}{c[(1+y)^T-1]+y}$$

推导过程如下：根据定义

$$D=\frac{\sum_{t=1}^{T}\frac{tCF_t}{(1+y)^t}}{\sum_{t=1}^{T}\frac{CF_t}{(1+y)^t}}=\frac{\sum_{t=1}^{T}\frac{tFc}{(1+y)^t}}{P}+\frac{\frac{TF}{(1+y)^T}}{P}$$

$$=\frac{Fc}{P}\sum_{t=1}^{T}\frac{t}{(1+y)^t}+\frac{TF}{P}\frac{1}{(1+y)^T} \qquad (11-7)$$

令

$$S=\sum_{t=1}^{T}\frac{t}{(1+y)^t}=\frac{1}{1+y}+\frac{2}{(1+y)^2}+\frac{3}{(1+y)^3}+\cdots+\frac{T}{(1+y)^T} \qquad (11-8)$$

两边同时乘以 $\frac{1}{1+y}$，得

$$\frac{1}{1+y}S=\frac{1}{(1+y)^2}+\frac{2}{(1+y)^3}+\frac{3}{(1+y)^4}+\cdots+\frac{T-1}{(1+y)^T}+\frac{T}{(1+y)^{T+1}} \qquad (11-9)$$

(11-8) 式减去 (11-9) 式，得

$$\left[1-\frac{1}{1+y}\right]S=\frac{y}{1+y}S=\frac{1}{1+y}+\frac{1}{(1+y)^2}+\frac{1}{(1+y)^3}+\cdots$$

$$+\frac{1}{(1+y)^T}-\frac{T}{(1+y)^{T+1}} \tag{11-10}$$

因为

$$\begin{aligned}P&=\frac{Fc}{1+y}+\frac{Fc}{(1+y)^2}+\frac{Fc}{(1+y)^3}+\cdots+\frac{Fc}{(1+y)^T}+\frac{F}{(1+y)^T}\\&=Fc\left[\frac{1}{(1+y)}+\frac{1}{(1+y)^2}+\frac{1}{(1+y)^3}+\cdots+\frac{1}{(1+y)^T}\right]+\frac{F}{(1+y)^T}\end{aligned} \tag{11-11}$$

所以

$$\begin{aligned}\frac{1}{1+y}+\frac{1}{(1+y)^2}+\frac{1}{(1+y)^3}+\cdots+\frac{1}{(1+y)^T}&=\frac{P-\dfrac{F}{(1+y)^T}}{Fc}\\&=\frac{P}{Fc}-\frac{1}{c\,(1+y)^T}\end{aligned}$$

代入（11－10）式，得

$$\frac{y}{1+y}S=\frac{P}{Fc}-\frac{1}{c\,(1+y)^T}-\frac{T}{(1+y)^{T+1}}$$

从而求得

$$S=\frac{1+y}{y}\cdot\frac{P}{Fc}-\frac{1+y}{yc\,(1+y)^T}-\frac{T}{y\,(1+y)^T}$$

代入（11－7）式，得

$$\begin{aligned}D&=\frac{1+y}{y}-\frac{F(1+y)}{Py\,(1+y)^T}-\frac{TFc}{Py\,(1+y)^T}+\frac{TF}{P\,(1+y)^T}\\&=\frac{1+y}{y}-\frac{F(1+y)+TFc-TFy}{Py\,(1+y)^T}\end{aligned} \tag{11-12}$$

又由（11－11）式，得

$$\begin{aligned}P&=Fc\left[\frac{1}{(1+y)}+\frac{1}{(1+y)^2}+\frac{1}{(1+y)^3}+\cdots+\frac{1}{(1+y)^T}\right]+\frac{F}{(1+y)^T}\\&=Fc\frac{\dfrac{1}{1+y}\left[1-\left(\dfrac{1}{1+y}\right)^T\right]}{1-\dfrac{1}{1+y}}+\frac{F}{(1+y)^T}=Fc\frac{\left[1-\left(\dfrac{1}{1+y}\right)^T\right]}{y}+\frac{F}{(1+y)^T}\end{aligned}$$

整理得

$$Py\,(1+y)^T=cF\left[(1+y)^T-1\right]+Fy$$

代入(11－12)式，即得到简化后的久期计算公式：

$$D=\frac{1+y}{y}-\frac{(1+y)+T(c-y)}{c[(1+y)^T]+y} \tag{11-13}$$

在例11－7中，利用简化后的麦考利久期计算公式，我们可以重新计算该债券的麦考利久期：

$$D=\frac{1+5\%}{5\%}-\frac{(1+5\%)+6\times(4\%-5\%)}{4\%\times[(1+5\%)^6-1]+5\%}=5.434\,9(\text{半年})$$

也就是2.717 5年，这与前面的结果是近似相等的，存在的微小差异来源于保留小数点位数时的四舍五入。

当息票债券平价出售时，到期收益率与票面利率相等，麦考利久期公式可以进一步简化为：

$$平价出售的息票债券的麦考利久期=\frac{1+y}{y}-\frac{1+y}{y(1+y)^T}$$

例如，假设例 11－2 中的债券平价出售，到期收益率为 8%，它的麦考利久期为：

$$麦考利久期=\frac{1+4\%}{4\%}\times\left[1-\frac{1}{(1+4\%)^6}\right]=5.451\,8\ (半年)$$

即 2.725 9 年。

再来考察一种特殊情况，年金的麦考利久期。固定期限年金的麦考利久期公式可简化为：

$$固定期限年金的麦考利久期=\frac{1+y}{y}-\frac{T}{(1+y)^T-1}$$

其中，y 为到期收益率；T 为年金的期限数。

例如，假设例 11－2 中的债券没有本金偿还，是一笔 3 年期的每半年支付一次的普通年金。它的麦考利久期为：

$$\frac{1+5\%}{5\%}-\frac{6}{(1+5\%)^6-1}=3.357\,9\ (半年)$$

即 1.679 0 年。

当年金到期时间 T 趋近于无穷时，可以得到永续年金的麦考利久期计算公式：

$$永续年金的麦考利久期=\frac{1+y}{y}$$

永续年金的麦考利久期与它的到期时间差别很大。例如，到期收益率为 10%，半年付息一次的永续年金的麦考利久期为：

$$\frac{1+5\%}{5\%}=21\ (半年)$$

即 10.5 年，而它的到期时间是无穷大的。一般来说，随着到期时间的增长，债券的麦考利久期也逐渐趋近于到期收益率相同的永续年金的麦考利久期。

2. 资产组合的久期

资产组合也有久期，资产组合的久期是资产组合的有效平均到期时间。它的计算方法是对组合中所有资产的久期求加权平均数，权重是各种资产的市场价格占资产组合总价值的比重。下面用例子来说明。

【例 11－8】 一个债券组合由三种半年付息的债券构成，相关资料如表 11－6 所示，求该债券组合的久期。

表 11－6　　债券组合的相关资料

债券名称	面值（元）	票面利率	到期时间（年）	市场价格（元）	到期收益率（年）
A	1 000	6%	6	951.68	7%
B	20 000	5.5%	5	20 000.00	5.5%
C	10 000	7.5%	4	9 831.68	8%

先运用久期的简化公式，分别计算出债券 A、B、C 的久期。

$$D_A=\frac{1+3.5\%}{3.5\%}-\frac{(1+3.5\%)+12\times(3\%-3.5\%)}{3\%\times[(1+3.5\%)^{12}-1]+3.5\%}$$

$$=10.200\,1(半年)$$

$$D_A^*=\frac{10.2001}{1+3.5\%}=9.8552(\text{半年})=4.9276(\text{年})$$

$$D_B=\frac{1+2.75\%}{2.75\%}\times[1-\frac{1}{(1+2.75\%)^{10}}]=8.8777(\text{半年})$$

$$D_B^*=\frac{8.8777}{1+2.75\%}=8.6401(\text{半年})=4.3201(\text{年})$$

$$D_C=\frac{1+4\%}{4\%}-\frac{1+4\%+8\times(3.75\%-4\%)}{3.75\%\times[(1+4\%)^8-1]+4\%}$$
$$=7.0484(\text{半年})$$

$$D_C^*=\frac{7.0484}{1+4\%}=6.7773(\text{半年})=3.3887(\text{年})$$

该债券组合的市场总价值等于 30 783.68 元，债券 A、B、C 市场价格的权重分别是 0.030 9，0.649 7，0.319 4。因此，该债券组合的久期为：

$$D^*=4.9276\times0.0309+4.3201\times0.6497+3.3887\times0.3194$$
$$=4.0414(\text{年})$$

这表明，当组合中三种债券的年收益率都变动 1 个百分点时，组合的市场价值将会变动 4.041 4%。需要强调的是，我们说的是组合中所有债券的收益率都变动相同的幅度。

四、用久期估计价格波动的不足

用修正的久期估计价格波动时，我们认为 $\Delta P/P\approx-D^*\Delta y$，这表明债券价格变动的百分比与收益率的变动值成正比，价格变动的百分比相对于收益率的变动值的函数绘成图形后，应当是一条直线，它的斜率就等于 $-D^*$。但事实上，价格与收益率之间的关系并不是线性的，在图中应当表现为一条凸形的曲线，这就造成了久期估计的误差。我们用图 11－2 来说明。

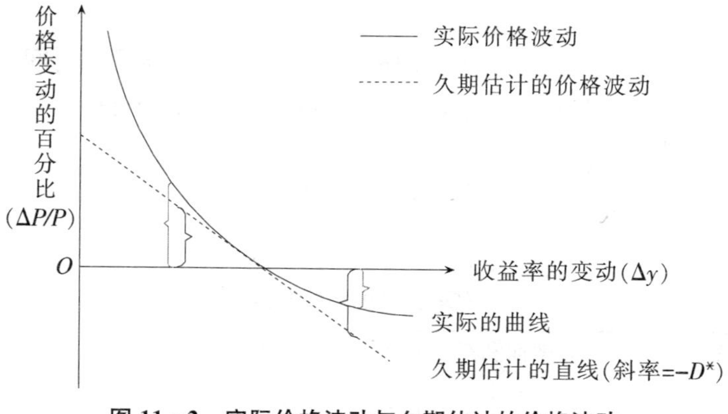

图 11－2　实际价格波动与久期估计的价格波动

在图 11－2 中，实际的曲线与久期估计的直线在初始点处（$\Delta y=0$）相切。对于收益率的小幅变动，两条线之间的距离非常小，用久期估计的价格波动也就十分接近实际价格波动。随着收益率的变动越来越大，两条线之间的距离也越来越远，久期估计的价格波动偏离实际波动的程度越来越大，估计值越来越不准确。从图中还可以看出，久期估计的直线始终位于实际曲线的下方。因此，当收益率上升时，实际价格波动较小，使用久期会高估价格的下降幅度；当收益率下降时，实际价格波动较大，使用久期又会低估价格的上升幅度。

第四节　凸性

一、凸性的定义

从图 11－2 中可直观看出，价格-收益率曲线是凸状的，价格-收益率的关系不是线性的，价格-收益率线不是直线而是曲线。在收益率更高时变得更加平缓，在收益率更低时变得更加陡峭。因此，当收益率上升时，债券价格将以更小的幅度下降；当收益率降低时，债券价格将以更大的幅度增长。由于 $\Delta P/P=-D^{*}\Delta y$，所以，$D^{*}=-(\Delta P/P)/\Delta y$。因此，久期在数学上对应于价格-收益率函数的一阶导数的绝对值。修正的久期与初始价格的乘积是价格-收益率曲线在某点上的线性估计。如果利用久期估计收益率变化导致的价格变化，从图 11－2 中可以明显看出，在收益率降低时会低估价格的上升，在收益率上升时则会高估价格的下降。误差等于曲线和直线之间的垂直距离。所以说，只有在收益率变化不大的情况下利用久期估计价格的变化才比较准确，如果收益率变化较大，用久期估计价格变化就会产生较大的误差。另外，收益率变化越大，误差就越大。在图 11－2 中表现为收益率变动越大，直线和曲线间的垂直距离也就越大。

因此，在收益率变动比较大的情况下，为了更精确地估计债券价格的变化，必须考虑价格收益率曲线的凸性性质。可以用泰勒级数的前两项更准确地计算收益率变化导致的价格变化①：

$$\mathrm{d}P=\frac{\mathrm{d}P}{\mathrm{d}y}\times\mathrm{d}y+\frac{1}{2}\times\frac{\mathrm{d}^2P}{\mathrm{d}y^2}\times(\mathrm{d}y)^2+\varepsilon \tag{11-14}$$

其中，ε 为误差项。

将（11－14）式两边同时除以债券价格 P，可以得到价格变化百分比的表达式：

$$\frac{\mathrm{d}P}{P}=\frac{\mathrm{d}P}{\mathrm{d}y}\times\frac{1}{P}\mathrm{d}y+\frac{1}{2}\times\frac{\mathrm{d}^2P}{\mathrm{d}y^2}\times\frac{1}{P}(\mathrm{d}y)^2+\frac{\varepsilon}{P} \tag{11-15}$$

如果用 C 来表示凸性，那么凸性的数学定义可以用下式表示：

$$C=\frac{\mathrm{d}^2P}{\mathrm{d}y^2}\times\frac{1}{P}$$

可见，凸性与价格-收益率函数的二阶导数相对应。凸性与初始价格的乘积是价格-收益率曲线的曲率，即：

$$C\times P=\frac{\mathrm{d}^2P}{\mathrm{d}y^2}$$

① 泰勒级数可以用来计算数学函数的近似变化，此处的数学函数就是债券价格函数，详细内容参阅高等数学的相关内容。

二、凸性的计算

为了更准确地计算债券价格的变化，需要计算债券的久期和凸性。对于普通债券而言，凸性 C 的计算公式是：

$$C=\frac{1}{P\times(1+y)^2}\sum_{t=1}^{T}\left[\frac{CF_t}{(1+y)^t}\times(t^2+t)\right] \tag{11-16}$$

其中，t 为现金流发生的时间；CF_t 为第 t 期的现金流；y 为每期的到期收益率；T 为距离到期日的期数；P 为债券的市场价格。

该式计算出的是以期数为单位的凸性，为了转化成以年为单位的凸性，还要把它除以每年付息次数的平方值。对于零息债券，凸性的计算公式还可以进一步简化：

$$C=\frac{t^2+t}{(1+y)^2}$$

令

$$W_t=\frac{CF_t}{(1+y)^tP}$$

那么

$$C=\frac{1}{(1+y)^2}\sum_{t=1}^{N}(t^2+t)\times W_t$$

我们发现，凸性的计算与久期非常相似，区别在于它是 t^2+t（而不是 t）的加权平均值，再除以 $(1+y)^2$，权重仍然是按到期收益率贴现的每期现金流现值占债券市场价格的比重。应当注意，从上式中求出的凸性是以期数为单位的，我们还要把它除以每年付息次数的平方，转化成以年为单位的凸性。

【例 11-9】 计算例 11-2 中 3 年期债券的凸性。

计算过程如表 11-7 所示。

表 11-7　例 11-9 的计算过程

时间 t（期数）	现金流（元）	现金流的现值（元）	权重	$t(t+1)\times$权重
1	4	3.809 5	0.040 1	0.080 2
2	4	3.628 1	0.038 2	0.229 2
3	4	3.455 4	0.036 4	0.436 8
4	4	3.290 8	0.034 7	0.694 0
5	4	3.134 1	0.033 0	0.990 0
6	104	77.606 4	0.817 6	34.339 2
	总计	94.924 3	1	36.769 4

于是，半年期的凸性为：

$$C=36.769\,4/1.05^2=33.350\,9$$

转化为以年为单位的凸性为：

$$凸性=33.350\,9/2^2=8.337\,7$$

三、凸性与价格波动的关系

由于

$$D^{*}=-\frac{\mathrm{d}P}{\mathrm{d}y}\times\frac{1}{P}$$

$$C=\frac{\mathrm{d}^{2}P}{\mathrm{d}y^{2}}\times\frac{1}{P}$$

因此，(11－15) 式可以修正为久期与价格波动的关系式：

$$\frac{\Delta P}{P}=-D^{*}\Delta y+\frac{1}{2}\times C\times(\Delta y)^{2}+\frac{\varepsilon}{P} \tag{11－17}$$

(11－17) 式右边第一项是基于修正久期对债券价格波动的近似估计。第二项是引入凸性以后对久期估计的价格波动作出的修正。当收益率变动较小时，$(\Delta y)^2$ 会相当小，(11－17)式右边第二项代表的修正项的值很小，可以忽略不计，因此不考虑凸性，用久期估计出的价格波动也比较准确。当收益率变动较大时，$(\Delta y)^2$ 就会比较大，如果不考虑基于凸性计算的修正项，仅仅根据久期估计的价格波动就会产生较大的误差。从计算普通债券的凸性 (11－17) 式可以看出，凸性不可能为负值。因此，在收益率降低时，根据久期估计的价格波动会低估价格上升的幅度；收益率升高时则会高估价格下降的幅度。凸性的修正会在一定程度上消除这种高估或低估。收益率上升时，正的修正项会使估计的价格下降幅度变小；收益率下降时，正的修正项会使估计的价格上升幅度变大。因此，考虑凸性后估计的价格波动与实际情形更为贴近。

正因为凸性是正值，所以债券的凸性越大，对投资者越有利。如果其他条件都一样，凸性越大的债券，在收益率降低时，债券价格上升的幅度就越大；在收益率升高时，债券价格下跌的幅度就越小。

四、可赎回债券的凸性

不可赎回债券的凸性是正的，但对于可赎回债券来说，情况有所不同。当市场利率高于已发行的可赎回债券的票面利率时，发行人不会赎回低利率的债券而按市场利率重新发行高利率的债券。随着市场利率的降低，发行人可以从赎回债券中受益。如果债券的赎回价格比它的内在价值（理论价格）低，发行人将选择赎回债券，牺牲债券投资者的利益。图 11－3 中的两条曲线分别表示可赎回债券与不可赎回债券的价格与收益率的关系。市场利率较高时，可赎回债券的价格-收益率关系与不可赎回债券是相同的，仍然表现出正凸性。当然，两者的价格并不是完全相同的，因为这时存在市场利率下跌、债券被赎回的可能性，两者价格的差异反映了发行人赎回债券的选择权。随着市场利率降低，可赎回债券与不可赎回债券的价格-收益率曲线之间的距离越来越远，可赎回债券的曲线逐渐变为凹形，凸性变为负值。当市场利率在一个很低的水平时，债券以赎回价格 P 被发行人赎回。以上分析说明，可赎回债券的价格-收益率曲线具有一个负凸性区间。与正凸性的情况恰恰相反，负凸性意味着收益率下降时价格上升的幅度小于收益率上升时价格下降的幅度；其他因素不变时，到期收益率越低，债券的久期越短，价格的利率敏感性越弱。

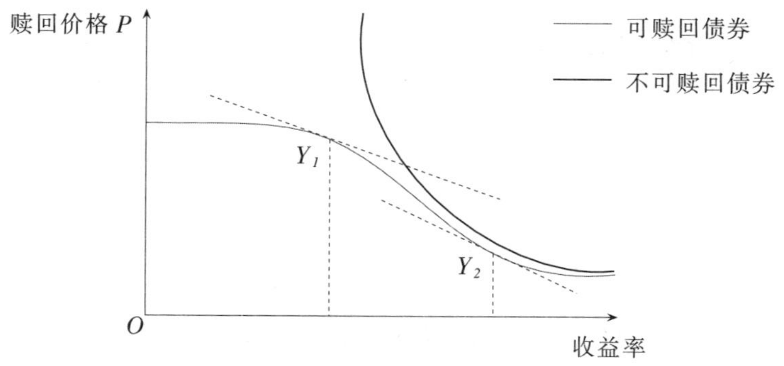

图 11-3　可赎回债券的凸性

五、有效凸性

上面我们提到过有效久期为$\frac{P_{-}-P_{+}}{2P_0\Delta y}$，我们也可以相似地得到有效凸性的表达式：

$$有效凸性=\frac{P_{-}+P_{+}-2P_0}{P_0(\Delta y)^2}$$

【例 11-10】 一种 25 年期的债券，面值为 100 元，票面利率为 6%，半年付息一次，下次付息在半年后。初始价格 P_0 为 70.357 0 元，对应的到期收益率为 9%，求久期和凸性的近似值。

收益率变动的幅度越小，用近似求法得到的久期、凸性越准确。在这里，我们令收益率变动 10 个基点。首先，把该债券的到期收益率从 9%增加到 9.1%，半年期的 Δy 是 0.05%，可以计算出新的债券价格（P_{+}）是 69.616 4 元。然后，把到期收益率从 9%降低到 8.9%，新的债券价格（P_{-}）是 71.110 5 元。因此，有：

$$有效久期=\frac{71.110\,5-69.616\,4}{2\times 70.357\,0\times 0.05\%}=21.236\,0(半年)=10.618\,0(年)$$

$$有效凸性=\frac{71.110\,5+69.616\,4-2\times 70.357\,0}{70.357\,0\times(0.05\%)^2}=733.402\,5(半年期)$$

$$=183.350\,6(一年期)$$

有效久期和有效凸性的计算公式非常有用，适用于计算所有金融工具的久期和凸性。对于附选择权的特殊债券，其久期和凸性无法根据普通债券的久期和凸性公式进行计算，可以根据上述公式计算其近似久期和近似凸性。当然，为了计算附选择权的特殊债券的近似久期和近似凸性，必须先计算 P_{-} 和 P_{+}，这需要好的债券定价模型。关于附选择权的债券定价模型将在以后的章节中详细介绍。

第五节　消极型债券组合管理策略

对于投资者而言，特别是对于机构投资者而言，债券投资组合管理是十分重要的。债券组合管理策略大体上可分为两类：消极型债券组合管理策略和积极型债券组合管理策略。

如果债券市场是有效的，即债券的价格反映了所有公开、可得的信息，那么通过寻找错误定价的债券和预测利率走势来获得风险调整后的超额收益率就是不可能的。在有效债券市场上最好的投资策略就是消极型债券组合管理策略。消极型债券组合管理策略的目的不是战胜市场，而是控制债券组合的风险，并且获得与所承担的风险相适应的收益率。一般而言，消极型债券组合管理策略追求的目标主要有三类：一是为将来发生的债务提供足额的资金；二是获得市场平均收益率，即获得与某种债券指数相同（相近）的业绩；三是在既定的流动性和风险约束条件下追求最高的预期收益率。与上述三种目标相适应，在债券组合管理的实践中产生了两种主要的消极型债券组合管理策略：负债管理策略和指数化策略。其中，负债管理策略主要包括现金流匹配和免疫两种策略。

一、负债管理策略

资产负债管理是银行、保险公司、基金等金融机构的核心业务。金融机构的负债管理至少要满足两方面要求：一是满足金融机构未来偿还债务时产生的现金流支出需要；二是规避利率风险。免疫策略和现金流匹配是应用范围最广的两种负债管理策略，可以满足金融机构负债管理的上述两方面要求。大体而言，免疫策略是指通过资产、负债的适当组合，规避资产、负债的利率风险，使资产、负债组合对利率风险实现免疫。

（一）免疫策略

金融机构在将来偿还债务的本金和支付利息时会产生一系列的现金流支出。因此，金融机构需要构造债券投资组合以满足将来债务还本付息的需要，这就是免疫策略。免疫策略进一步分为目标期免疫策略和多期免疫策略。

1. 目标期免疫策略

利率风险包括价格风险和再投资风险。债券的价格与利率变化呈反向变动。当利率上升（下降）时，债券的价格便会下跌（上涨）。对于持有债券直至到期的投资者来说，到期前债券价格的变化没有什么影响；但是，对于在债券到期日前出售债券的投资者而言，如果购买债券后市场利率水平上升，债券的价格将下降，投资者将遭受资本损失，这种风险就是利率变动产生的价格风险。利率变动产生的价格风险是债券投资者面临的最主要的风险。利息投资收入的多少主要取决于再投资发生时的市场利率水平。如果利率水平下降，获得的利息只能按照更低的收益率水平进行再投资，这种风险就是再投资风险。债券的持有期限越长，再投资的风险就越大；在其他条件都一样的情况下，债券的票面利率越高，债券的再投资风险也越大。

利率波动对债券价格和再投资收入的影响正好相反：当利率上升时，债券的价格将下跌，但债券的再投资收入将增加；当利率下降时，债券价格将上涨，但债券的再投资收入将下降。可以通过将资产、负债期限进行适当的搭配，使两种利率风险正好相互抵消，从而消除债券组合的利率风险。这正是免疫策略的基本思想。

为了理解免疫策略背后的基本思想，我们先来考察一种最简单的情况——目标期免疫策略，即某金融机构在未来某个时期需要支付一笔确定的现金流，现在该金融机构应该如何构造债券组合以规避利率风险呢？

【例 11－11】 某银行发行面值为 10 000 元的定期存单，该存单期限为 5 年，年利率为

8%，复利计息，该银行5年后需支付：

$$10\ 000\times(1.08)^5=14\ 693.28(\text{元})$$

为了保证5年后有足够的资金偿还该定期存单所形成的债务，该银行购买了按面值出售的10 000元债券，债券的年利率为8%，6年后到期。由计算可知，该债券的久期为5年。该银行5年后将债券销售以获得支付债务所需的资金。假设收益率曲线是水平的，并且只能平行移动。我们考察银行购买债券后利率变化的三种情况：一是利率始终保持在8%的水平；二是利率降为7%并维持不变；三是利率上升到9%并保持不变。我们以第二种情况为例说明如何计算5年后债券的终值。在第1年底债券支付利息：

$$10\ 000\times8\%=800\ (\text{元})$$

该笔现金流还可以按照7%的年利率再投资4年，终值为：

$$800\times(1.07)^4=1\ 048.64(\text{元})$$

在第2年底债券支付利息：

$$10\ 000\times8\%=800\ (\text{元})$$

该笔现金流还可以按照7%的年利率再投资3年，终值为：

$$800\times(1.07)^3=980.03(\text{元})$$

依此类推，到第5年获得利息800元，同时将债券按照当时的价格销售出去。债券5年后的销售价格等于第6年发生的现金流的贴现值，即：

$$10\ 800/(1+7\%)=10\ 093.46(\text{元})$$

将上述所有现金流在第5年的终值加总等于14 694.05元，如表11-8所示。

表11-8　　例11-11的计算过程　　单位：元

时间（年）	现金流	r=8%时	r=7%时	r=9%时
1	800	1 088.39	1 048.64	1 129.27
2	800	1 007.77	980.03	1 036.02
3	800	933.12	915.92	950.48
4	800	864.00	856.00	872.00
5	800	800	800	800
利息总收入		4 693.28	4 600.59	4 787.77
5年后债券价格	[=10 800/(1+r)]	10 000	10 093.46	9 908.26
5年后债券组合的终值		14 693.28	14 694.05	14 696.03

通过表11-8可以清楚地看到，利率从8%降到7%，债券的利息再投资收入减少了92.69元(=4 693.28-4 600.59)，但是销售价格却从10 000元上涨到10 093.46元，两者基本相互抵消。当利率从8%上涨到9%时，利息收入的增加基本上被价格的降低所抵消。因此，从本例可以看出，不论利率如何变化，再投资风险和价格风险相互抵消，债券组合的利率风险被消除了。

在上例中，银行规避利率风险的机制是什么？首先，银行的资产和负债的现值（市场价值）相等，都是10 000元；其次，资产和负债的久期相等，都是5年。上述两个条件就能保证投资者到期有足够的资金满足偿还单笔债务的需要。因此，目标期免疫策略规避利率风险的两个条件是：

（1）债券组合和负债的现值相等。

（2）债券组合和负债的久期相等。

2. 多期免疫策略

养老基金和寿险公司等金融机构未来需要偿付一系列的现金流，以满足养老基金受益人和投保人的需要。金融机构可以采用多期免疫策略实现对多期负债的免疫。

多期免疫是指不论利率如何变化，通过构建某种债券组合以满足未来一系列负债产生的现金流支出需要。我们可以通过两种方法实现多期免疫策略：一是将每次负债产生的现金流作为一笔单期的负债，然后利用上述目标期免疫策略针对每次负债分别构建债券组合，令债券组合的久期和现值与各期负债的久期和现值相等；二是构建债券组合，令债券组合的久期与负债现金流的久期加权平均值相等。例如，如果一家养老基金在 4 年、5 年和 6 年后需支付三笔资金，每笔资金的现值都是 100 万元。为了对这三笔负债进行免疫，该基金既可以投资于三种债券（组合），每种债券（组合）的现值都是 100 万元，久期分别是 4 年、5 年和 6 年；也可以投资于久期等于 5 年的债券组合，因为负债的久期加权平均数等于 5 年，其计算如下：

$$4\times1/3+5\times1/3+6\times1/3=5(\text{年})$$

后一种方法的债券组合构造和管理都相对简单，但理论研究表明，资产和负债的久期相等并不能保证完全免疫。因此，最好的多期免疫策略仍然是第一种方法。

理论研究表明，要想确保多期免疫策略成功，必须满足下列三个条件：

（1）债券组合和负债的现值相等。

（2）债券组合和负债的久期相等。

（3）债券组合中的资产现金流时间分布范围要比负债现金流时间分布范围更广。

3. 净资产免疫

在免疫策略中还有一种特殊的免疫策略——净资产免疫。净资产免疫的基本思想是：利率变化对资产和负债的市场价值都会产生影响，将资产负债进行适当搭配，使得利率变化对资产和负债的影响方向相反、数额相等，互相抵消，就会消除净资产面临的利率风险。

利率变化对资产和负债产生的影响可以用下式表示：

$$\Delta A=\frac{-DUR_A\times\Delta i}{1+i}$$

$$\Delta D=\frac{-DUR_D\times\Delta i}{1+i}$$

其中，

$$\Delta A=\frac{A_t-A_{t+1}}{A_t}=\text{资产市场价值变化的比率}$$

DUR_A=资产久期

ΔD=负债市场价值变化的比率

DUR_D=负债久期

i=利率

利率变化对净资产市场价值的影响可以用下式表示：

$$\Delta NW=-\frac{(DUR_A\times A-DUR_D\times D)\times\Delta i}{1+i}$$

如果上式中括号内的项为 0，那么不论利率如何变化，净资产的市场价值都不会发生变化。净资产市场价值对利率变化实现免疫的条件可以由（11－18）式描述：

$$DUR_A \times A = DUR_D \times D \tag{11-18}$$

另外，我们可以通过（11－19）式定义久期缺口：

$$DUR_{gap} = DUR_A - D/A \times DUR_D \tag{11-19}$$

其中，DUR_{gap} 为久期缺口；DUR_A 为资产久期；DUR_D 为负债久期；A 为资产的市场价值；D 为负债的市场价值。

当利率变化时，净资产的市场价值变化量相当于总资产的百分比，即：

$$\Delta NW \approx -\frac{DUR_{gap} \times \Delta i}{1+i} \tag{11-20}$$

其中，ΔNW 为净资产市场价值的变化占总资产的比重。

下面以甲银行为例说明如何计算银行资产和负债的久期，并说明如何根据久期调整资产和负债以规避净资产面临的利率风险。甲银行资产和负债的久期计算结果如表 11－9 所示。

表 11－9　　甲银行资产和负债的久期

	金额（百万元）	存续期（年）	加权存续期（年）
资产			
准备金和现金	5	0.0	0.00
证券			
小于 1 年	5	0.4	0.02
1～2 年	5	1.6	0.08
大于 2 年	10	7.0	0.70
住房抵押贷款			
变动利率	10	0.5	0.05
固定利率（30 年）	10	6.0	0.60
商业贷款			
小于 1 年	15	0.7	0.11
1～2 年	10	1.4	0.14
大于 2 年	25	4.0	1.00
实物资本	5	0.0	0.00
平均存续期			2.70
负债			
支票存款	15	2.0	0.32
活期存款	15	0.1	0.01
储蓄存款	15	1.0	0.16
CD			
变动利率	10	0.5	0.05
小于 1 年	15	0.2	0.03
1～2 年	5	1.2	0.06
大于 2 年	5	2.7	0.14
同业拆借	5	0.0	0.00
借款			
小于 1 年	10	0.3	0.03
1～2 年	5	1.3	0.07
大于 2 年	5	3.1	0.16
平均存续期			1.03

请注意，甲银行的风险管理经理在计算一项资产或负债的加权存续期时，是用该资产的存续期乘以该资产占总资产的比重。例如，期限小于 1 年的证券，就应该用存续期 0.4 年乘以权重 0.05（在本例中甲银行的总资产为 1 亿元，而期限小于 1 年的证券为 500 万元，所以权重为 0.05)，因此结果为 0.02，其他依此类推。因为实物资本没有现金流收入，所以它的期限为 0。最后，将各项资产的加权存续期加总，得到资产的平均存续期为 2.70 年。按照同样过程可以计算出负债的平均存续期为 1.03 年。

以甲银行为例，如果利率从 10%增加到 15%，那么其净资产的市场价值会怎样改变?

$$DUR_{gap}=DUR_A-\frac{D}{A}\times DUR_D=2.70-\frac{95}{100}\times 1.03=1.72(\text{年})$$

$$\Delta NW\approx-\frac{DUR_{gap}\times\Delta i}{1+i}=-\frac{1.72\times 0.05}{1+0.10}=-7.8\%$$

利率从 10%增加到 15%，净资产的市场价值下降了总资产的 7.8%，由于总资产为 1 亿元，所以净资产的市场价值下降了 780 万元。同理，利率下降可能导致净资产市场价值的上升。

那么，如何调整资产和负债以规避净资产的利率风险呢？答案就在于（11－18）式。通过调整资产和负债的期限或金额以满足（11－18）式，就可以实现净资产市场价值对利率风险的免疫。

在本例中，由于久期的缺口为 1.72 年，因此通过调整资产负债的久期使久期的缺口为 0，就可以实现净资产免疫。例如，可以将原来持有的长期债券转换成短期债券，就可以达到降低资产久期，进而减少久期缺口的目的。①

4. 免疫策略的局限性

上述免疫策略在实际应用中也存在一些局限性，认识到这些局限性对于成功的债券组合管理是十分必要的：

（1）免疫策略是以久期为基础的，而久期只能近似衡量债券价格的变化，无法精确衡量利率变化导致的债券价格变化。因此，通过资产负债久期匹配无法完全消除利率风险。

（2）在整个目标期限内，债券组合（资产）和负债的久期会随着市场利率的变化而不断变化，并且两者的久期变化并不一致。因此，即使最初资产和负债的久期是匹配的，但随着利率的变动，资产和负债的久期也会出现不匹配，因此，债券组合和负债也就无法实现免疫了。

（3）使用免疫策略存在的另一个问题是债券组合的久期并不随时间的流逝而线性减少。一般而言，债券久期的减少速度慢于期限的减少速度。在目标期免疫策略中，负债（一次性到期支付）的久期又等于到期日。这样，随着时间的流逝，资产负债久期会按不同的速度改变，债券组合就不再具有免疫能力。这意味着债券组合需要不断地再平衡以维持资产和负债久期的匹配，从而保持免疫能力。这种再平衡是通过出售手中所持有的某些债券，将它们替换成另一些债券，从而使新的债券组合的久期与剩余的负债现金流的久期相一致。下面通过一个具体的例子来说明随着时间的流逝，如何通过再平衡来保持资产和负债免疫。

【例 11－12】 某养老基金有一笔固定的负债 21 436 美元，将在 8 年后支付。市场利率恒为 10%，这笔负债的现行市场价格为 10 000 美元。现有两种债券可用来建立资产组合，

① 实践中，这种资产转换或负债转换的成本很高，更合理的方法是通过投资金融衍生工具来调整资产和负债的久期。

使之与负债久期相匹配。债券 A 为 4 年期的零息债券，D_A 为 4 年；债券 B 为每年定期支付的永续年金，D_B 为 11 年（=1.1/0.1）。现在我们把 10 000 美元投资于这两种资产。其中，A 的比例为 W_A，B 的比例为 W_B。这时，有：

$$W_A+W_B=1$$

同时，由于债券组合的久期应该为 8 年才能免疫，因此，

$$W_A\times D_A+W_B\times D_B=8$$

联立这两个方程可得：

$$W_A=3/7,\ W_B=4/7$$

这意味着开始时将初始资金按 3∶4 的比例进行投资就可以达到完全的免疫效果。但是，一年以后，假使利率不变，负债的久期变为 7 年，其现值变为 11 000 美元(=10 000×1.1)。同时，债券资产组合的价值也增长 11 000 美元，零息债券的久期变为 3 年，永续年金的久期仍为 11 年。这时，为使久期相匹配，就要使：

$$W_A\times D_A+W_B\times D_B=7$$

$$W_A+W_B=1$$

由此可以推出：

$$W_A=1/2$$

$$W_B=1/2$$

即投资于债券 A 的金额为 5 500 美元(=11 000×1/2)。显然，原有比例不再满足免疫需要，故需重新按照 1∶1 的比例配置资产。

从上例可以看到，免疫策略也不是完全消极型策略，它仍需要定期调整持有的债券比例。当然，在现实市场中，资产组合的再平衡会带来买卖资产的交易成本，所以不可能不断调整持有的债券。实际上，债券基金的管理者会在再平衡所获得的更好的免疫功能和不断调整而付出的交易成本之间进行平衡，从而选择一种折中的方案。

（4）我们在计算久期时，假定收益率曲线是水平的，所有支付都按照同一贴现率计算现值，当利率发生移动时，整个收益率曲线也只能平行移动。显然，在现实生活中这些假定太严格了，几乎不能实现。因此，我们前面所讲的方法只具有理论可行性。为了使久期的概念一般化，金融学家做了很多理论工作，建立了多因素的久期模型，它允许收益率曲线有倾斜和扭曲的形状（这已超出本书要求的范围，感兴趣的读者可参阅相关著作）。虽然从理论上讲，这种多因素模型好像解决了收益率问题，但有趣的是，各种研究表明：这种多因素模型并没有显示出很好的实用性，相反，前面介绍的简化处理方法的效果最好。为此，许多金融学家声称，债券投资基金的经理如果要使用免疫策略，只需考虑本节所介绍的方法就足够了。

除了以上主要问题外，免疫策略还存在以下两点问题：（1）众多的候选资产。由于在现实市场上存在很多债券供我们选择，债券管理者如何作出选择呢？一般而言，债券管理者应该选择这样一种组合——在这种组合中所有的债券平均期限（到期期限）都接近于约定的现金流出的平均期限。举例说明，若要求的现金流出为 4 年，则 3 年和 5 年组合的债券就优于 3 年和 7 年组合的债券。（2）延期和提前赎回风险。在构建免疫资产时，我们都基于这样一种认识——债券的现金流支付都是按时足额进行的，也就是说，投资管理者手中所持有的债券不会被延期或提前赎回。但是，现实生活中债券组合中的某些债券可能被延期或提前赎回。这样一来，原有计划的久期匹配必被打乱，原有的债券组合由此也就失去了免疫。

专栏 11－1 展示了债券组合管理免疫策略的一个综合性案例。

专栏 11－1

债券组合管理策略——免疫策略

假定某保险公司出售 5 年期的保底投资合同，该公司向客户保证实现每年 7.5%的收益率。如果合同持有者投资 9 642 899 元，则保险公司 5 年以后需要向客户支付 13 934 413 元。当投资经理将 9 642 899 元用于投资时，其投资目标是 5 年后该笔资产的累计金额至少应为 13 934 413 元，实现 7.5%的收益率。

假设投资经理按照面值买进价值为 9 642 899 元、到期收益率为 7.5%、期限为 5 年的债券。但是要想保证到期获得 7.5%的收益率，必须使得该债券的利息收入也能够按照每年 7.5%的利率进行再投资。也就是说，到期累计金额将取决于再投资利率。

假设在完成这笔价值 9 642 899 元、利率为 7.5%、期限为 5 年的债券投资之后，市场收益率突然发生变化，并在未来 5 年内维持新水平不变。表 11－10 显示了 5 年后的情形。第 1 列为变化后的收益率水平；第 2 列为利息收入；第 3 列为利息收入按照第 1 列所示的收益率进行再投资 5 年内获得的投资收益；第 4 列为第 5 年末的债券价格（等于面值）；第 5 列为三种收益的加总：利息收入、再投资收入和债券价格；第 6 列为总收益率。

表 11－10　票面利率为 7.5%、按出售价计算 5 年期债券在持有 5 年后的累计价值和总收益率

新收益率（%）	利息收入（元）	再投资收入（元）	债券价格（元）	累计价值（元）	总收益率（%）
11.00	3 616 087	1 039 753	9 642 899	14 298 739	8.04
10.50	3 616 087	985 615	9 642 899	14 244 601	7.96
10.00	3 616 087	932 188	9 642 899	14 191 174	7.88
9.50	3 616 087	879 465	9 642 899	14 138 451	7.80
9.00	3 616 087	827 436	9 642 899	14 086 422	7.73
8.50	3 616 087	776 093	9 642 899	14 035 079	7.65
8.00	3 616 087	725 426	9 642 899	13 984 412	7.57
7.50	3 616 087	675 427	9 642 899	13 934 413	7.50
7.00	3 616 087	626 087	9 642 899	13 885 073	7.43
6.50	3 616 087	577 398	9 642 899	13 836 384	7.35
6.00	3 616 087	529 352	9 642 899	13 788 338	7.28
5.50	3 616 087	481 939	9 642 899	13 740 925	7.21
5.00	3 616 087	435 153	9 642 899	13 694 139	7.14
4.50	3 616 087	388 985	9 642 899	13 647 971	7.07
4.00	3 616 087	343 427	9 642 899	13 602 413	7.00

如果收益率不变，利息收入可以按 7.5%的年利率进行再投资，那么目标收益率就可以实现。如果市场收益率上升，期末累计价值就会高于目标价值，总收益率高于目标收益率，这是因为利息收入按照超过初始收益率的收益率进行再投资。如果市场收益率下降，期末累计价值将低于目标金额，总收益率将低于目标收益率。由此可见，投资于到期收益率等于目

标收益率且到期期限等于目标期限的附息债券并不能保证预期目标实现。

假设投资于按照面值出售的、票面利率为7.5%的12年期债券，表11-11说明了市场收益率在投资行为完成后立即变化，以及在5年内均保持新水平时，第5年末的累计价值和总收益率。第4列为该债券5年后的价格。由表11-11可知，如果市场收益率上升，则资产组合就不能实现目标价值，如果市场收益率下降，则资产组合价值将超过目标价值。

表11-11　票面利率为7.5%、按出售价计算12年期债券在持有5年后的累计价值和总收益率

新收益率（%）	息票收入（元）	再投资收入（元）	债券价格（元）	累计价值（元）	总收益率（%）
11.00	3 616 087	1 039 753	8 024 639	12 680 479	5.55
10.50	3 616 087	985 615	8 233 739	12 835 441	5.80
10.00	3 616 087	932 188	8 449 754	12 998 029	6.06
9.50	3 616 087	879 465	8 672 941	13 168 493	6.33
9.00	3 616 087	827 436	8 903 566	13 347 089	6.61
8.50	3 616 087	776 093	9 141 906	13 534 086	7.19
8.00	3 616 087	725 426	9 388 251	13 729 764	6.90
7.50	3 616 087	675 427	9 642 899	13 934 413	7.50
7.00	3 616 087	626 087	9 906 163	14 148 337	7.82
6.50	3 616 087	577 398	10 178 367	14 371 852	8.14
6.00	3 616 087	529 352	10 459 851	14 605 290	8.48
5.50	3 616 087	481 939	10 750 965	14 848 991	8.82
5.00	3 616 087	435 153	11 052 078	15 103 318	9.18
4.50	3 616 087	388 985	11 353 569	15 368 641	9.54
4.00	3 616 087	343 427	11 685 837	15 645 351	9.92

由表11-11可知，当市场收益率上升时，再投资收入将上升，而债券组合的市场价值将会降低，且幅度大于再投资收入上升的幅度，从而累计价值低于目标价值。如果市场收益率下降，债券组合的市场价值会上升，且幅度大于再投资收入下降的幅度，累计价值会超过目标价值。

现在假设我们持有一种期限短于5年的债券。考虑一只还有6个月到期、票面利率为7.5%、按面值出售的债券，表11-12显示了5年投资期结束后的累计价值和总收益率。第2列显示了6个月以后的价值，第3列显示了将6个月期满时的价值按照第1列的收益率进行再投资所得的价值。

表11-12　票面利率为7.5%、按出售价计算6个月期债券在持有5年后的累计价值和总收益率

新收益率（%）	6个月之后的价值（元）	累计价值（元）	总收益率（%）
11.00	10 004 508	16 198 241	10.65
10.50	10 004 508	15 856 037	10.20
10.00	10 004 508	15 520 275	9.75

续前表

新收益率（%）	6 个月之后的价值（元）	累计价值（元）	总收益率（%）
9.50	10 004 508	15 190 848	9.30
9.00	10 004 508	14 867 650	8.85
8.50	10 004 508	14 550 580	8.40
8.00	10 004 508	14 239 534	7.95
7.50	10 004 508	13 934 415	7.50
7.00	10 004 508	13 635 117	7.05
6.50	10 004 508	13 341 549	6.60
6.00	10 004 508	13 053 613	6.15
5.50	10 004 508	12 771 214	5.70
5.00	10 004 508	12 494 259	5.25
4.50	10 004 508	12 222 656	4.80
4.00	10 004 508	11 956 313	4.35

虽然投资于 6 个月期的债券不承受价格风险，却面临着再投资风险。只有市场收益率维持在 7.5%或更高的水平上，才能实现目标价值。

我们应该寻找一种附息债券，无论市场利率如何变动，再投资收入的变化将与债券价值的变化相互抵消。

考虑一个 6 年期、票面利率为 6.75%的债券，以 96.428 元的价格购买，到期收益率为 7.5%，购买 1 000 万元面值的这种债券需投资 9 642 899 元。表 11－13 列示了相关信息。可以看到最后两列总是不低于目标累计价值和目标收益率。无论市场利率怎样变化，总能实现目标价值。当市场收益率上升时，再投资收入的增加大于债券价格的下降。当市场收益率下降时，债券价格的增加大于再投资收入的下降。

表 11－13　　票面利率为 6.75%、按出售价计算 6 年期债券在持有 5 年后的累计价值和总收益率

新收益率（%）	息票收入（元）	再投资收入（元）	债券价格（元）	累计价值（元）	总收益率（%）
11.00	3 375 000	970 432	9 607 657	13 953 089	7.53
10.50	3 375 000	919 903	9 652 592	13 947 495	7.52
10.00	3 375 000	870 039	9 697 846	13 942 885	7.51
9.50	3 375 000	820 831	9 743 423	13 939 254	7.51
9.00	3 375 000	772 271	9 789 325	13 936 596	7.50
8.50	3 375 000	724 350	9 835 556	13 934 906	7.50
8.00	3 375 000	677 061	9 882 119	13 934 180	7.50
7.50	3 375 000	630 395	9 929 017	13 934 412	7.50
7.00	3 375 000	584 345	9 976 254	13 935 599	7.50
6.50	3 375 000	538 902	10 023 832	13 937 734	7.50
6.00	3 375 000	494 059	10 071 755	13 940 814	7.51

续前表

新收益率（%）	息票收入（元）	再投资收入（元）	债券价格（元）	累计价值（元）	总收益率（%）
5.50	3 375 000	449 808	10 120 027	13 944 835	7.52
5.00	3 375 000	406 141	10 168 650	13 949 791	7.52
4.50	3 375 000	363 051	10 217 628	13 955 679	7.53
4.00	3 375 000	320 531	10 266 965	13 962 496	7.54

负债的久期是4.82，而票面利率为6.75%的6年期债券的久期恰好也为4.82，等于负债的久期，这是问题的关键。只有当资产组合的久期等于负债的久期，并且资产组合的现金流的初始现值与负债的初始现值相等时，无论利率怎样变动，目标累计价值都能够实现。

资料来源：Frank J. Fabozzi，2001，*Bond Protfolio Management*，2th edition，Hoboke，New Jersey：John Wiley & Sons Companies，Inc.，Chapter 16.

（二）现金流匹配

负债管理策略中还有一种策略——现金流匹配策略，可以有效解决免疫策略存在的上述问题。现金流匹配策略是指通过构造债券组合，使债券组合产生的现金流与负债产生的现金流在时间上和金额上正好相等，这样就可以完全满足未来负债产生的现金流支出需要，从而完全规避了利率风险。最简单的方法就是购买零息债券来为预期的现金支出提供恰当的资金。例如，债券管理者需要在3年后偿还10 000元的债务，他可以现在购买一个面值为10 000元的3年期零息债券，就可以完全锁定利率风险。这是因为不管将来3年期利率如何变动，债券管理者都能保证到期的现金支付。如果管理者面临的负债是多期的，在这种情况下，管理者可以同时选择零息债券和附息债券，以使每期的现金流出相匹配。

【例11-13】 假设你是保德信保险公司的资金管理部负责人。你预计保德信保险公司在未来3年内的现金流支出情况以及三种债券的现金流模式如表11-14所示（不用考虑单位）。

表11-14　　三种债券的现金流模式

	第1年底	第2年底	第3年底
现金流支出	1 000	1 000	1 000
3年期附息债券1	50	50	500
2年期附息债券2	100	300	
零息债券	200		

为了满足保德信公司未来3年的现金流支出需要，你决定利用附息债券1、附息债券2以及零息债券实施多期现金流匹配策略。试问目前你在上述三种债券上的投资数量各是多少？

假设投资于3年期附息债券、2年期附息债券和零息债券的数量分别为x、y、z，则：

$$500x=1\ 000$$

$$50x+300y=1\ 000$$

$$50x+100y+200z=1\,000$$

求解上述方程组，可得：

$$x=2$$

$$y=3$$

$$z=3$$

因此，在 3 年期附息债券、2 年期附息债券和零息债券上的投资数量分别为 2、3 和 3。

现金流匹配策略之所以能实现免疫是因为：首先，债券组合中的各债券都是持有到期才出售的，所以不存在债券价格波动的风险。其次，到期之前的利息收入都用于支付当期的现金流出，而不是用于再投资，这样就消除了再投资的利率风险。所以，现金流匹配策略彻底规避了利率风险，达到了资产免疫的目的。

从上述现金匹配策略的操作可以看到，其最大优点在于一劳永逸地消除了利率风险。一旦开始时实现了现金流的匹配，则在以后的时期内就不需要再改变手中所持有的债券组合。从某种意义上说，这才是彻底的消极型债券组合管理策略。不过，在现实世界中，现金流匹配的方法并没有得到广泛的运用，原因有二：首先，现金流匹配的方法有时并不容易实现。因为约定的现金流出可能是一系列金额不等的现金支付，而且有的金融机构未来的负债期限相当长，不容易构造与负债现金流完全匹配的债券组合。例如，养老基金是对未来退休人员进行现金支付，若要实现完全的现金流匹配，就可能需要购买期限超过百年的债券。这样的债券在现实世界是不存在的。由此可见，现金流匹配策略的可操作性很差，因而它很难得到广泛的运用。其次，现金流匹配策略可调整空间很小，一旦确定现金流匹配的债券组合，债券组合管理人就很难调整债券组合了。而在免疫策略中，债券组合管理人的可调整余地很大，只要能满足免疫策略的前提，有许多债券可供选择。债券组合管理人在不破坏免疫策略的前提下，可以选择那些预计价格上涨幅度最大的债券。

二、指数化策略

指数化策略是指债券管理者构造一个债券资产组合，用以模仿市场上存在的某种债券指数的业绩，由此使该债券资产组合的风险回报与相联系的债券指数的风险回报相当。

从原则上说，由于债券指数构成与股票价格指数构成极为相似，指数化策略在两个市场的操作几乎相同。在股票市场中，投资者事先选定一种指数，再以此指数的成份股名单来选择购买股票，而且购买的每种股票的数量与这些公司当前市值在指数中的比重成比例。债券市场的操作大体如此。但由于债券市场上指数自身的特点，又使其与股票市场有一定的区别：首先，股票价格指数构成中的股票种类一般而言不会发生变化，因而投资管理者手中的股票就不会发生变化。但在债券市场上，其指数构成中的债券期限必须大于一年，故随着时间的推移，有些选入的债券到期期限会小于一年，它就会从指数中剔除，同时会有新的债券补充进来。债券管理者就会相应改变手中所持有的债券种类，使之与指数相一致。由于随着时间的推移，不断有债券进出指数范围，因此债券管理者就要不断买卖债券，从而使资产组合的债券结构与指数的债券结构尽可能地匹配。但是，这会使指数基金管理工作很复杂，在现实生活中不可行。其次，由于构成股票价格指数的股票一般有几百种，故购买的难度不大，可以按照股票价格指数完全复制。但在债券市场上，由于指数中包括的债券种类一般都很多，要想按市值比重购买所有的债券难度太大。再者，股票价格指数所选的股票都是市场上活跃的股票，在市场上很容易进行买卖。而债券指数构成中有很多债券的流动性差（在市场上很少交易），这意味着债券管理者很难在市场上找到持有者进行交易。即使寻找到交易方，由于该债券很少交易，故不容易找到一个合理的价格进行交易。

由此可见，债券指数基金进行指数化操作采用像股票价格指数基金那样完全复制股票价格指数的做法是不现实的。作为现实的替代，可采用分格方式，其操作方法如表11－15所示。

表11－15　　债券指数基金的指数化操作

发行主体 / 到期期限	政府债券（%）	金融债券（%）	公司债券（%）	国际债券（%）
1～5年	7	3	0	0
5～10年	0	10	0	10
10～15年	13	2	15	10
15～20年	0	10	10	0
20年以上	5	0	0	5

首先，将债券市场上的债券按不同的标准进行分类，表11－15中按到期期限（5个阶段）和发行主体（4类）进行分类。在现实市场上，也可以用发行者的信用等级、债券息票率等其他标准进行分类。在选定分类标准之后，同一表格中的债券被认为是无差异的（具有相同的风险和收益率）。其次，在市场上选择一种指数，在该指数所包括的债券范围内计算每一单元格中债券市值占全部债券市值的比重（表示成百分比的形式并填入相应的单元格中，假设其各种比例如表11－15所示）。最后，指数化债券管理者不再以市场上的指数为标准进行复制处理，他会建立一个债券资产组合，该组合中各类债券所占比重与表格中各类债券所占比重保持一致即可。例如，7%的3年期政府债券或者5%的2年期政府债券加上2%的4年期政府债券均满足第一单元格的要求。通过这种简化的方法，虽然不能使资产组合与现实指数完全一致，但可以使构造的债券资产组合与现实指数在某些重要的特征上保持一致。这样一来，两者的收益率会大体上相匹配。这样做的最大好处在于，它彻底解决了前面提出的指数化管理的三大问题，也就是使指数化策略具有可操作性。

第六节　积极型债券组合管理策略

积极型债券管理者认为债券市场并不是那么有效的，所以明智的投资人总是能够把握机会战胜市场（获得超过市场平均收益的超额回报）。此类投资者认为市场无效主要体现在债券定价错误和市场利率波动的可预测性方面。基于此，债券管理者进行债券选择，力图识别定价错误的债券或对市场利率作出精确的预测，以把握市场时机进行买卖。积极型债券组合管理一般都是这两种方法的结合使用。

目前在债券市场上，债券组合管理人广泛使用的积极管理策略有互换策略、期限分析和或有免疫策略。

一、互换策略

1. 互换策略的定义

大体而言，债券互换策略就是指将预期收益率更低的债券转换为预期收益率更高的债券。在很多情况下，债券组合管理者都可以采用互换策略：①预计利率将会发生变化，债券组合管理者可以将利率敏感性不同的债券进行互换，以获得更高的回报或减少损失。②债券组合管理者认为债券间的利差不合理，预期不同债券的相对价格将会发生变化，用预期收益率高的债券交换预期收益率低的债券，从而获得更高的收益。当债券管理者采用互换策略时，他们认为各类债券比价关系的失衡是暂时的，随着时间的推移，这种失衡会消失，各类债券的相对比价会恢复到合理状态。当债券间相对价格从失衡恢复到均衡时，投资者就可以获得超额回报。③将收益率低的债券转换成收益率高的债券。④债券组合管理者纯粹出于税收的考虑来进行债券互换。

2. 互换策略的主要类型

债券互换策略主要有以下四种类型：

(1) 替代互换（Substitution Swap）。替代互换是指将债券组合中的债券转换为市场上同质但收益率更高的债券。这里的同质债券主要是指两种债券在票面收益率、期限结构、风险等级、赎回特征等方面基本上相同。采用替代互换策略的原因在于，债券管理者认为市场对这两种债券的定价存在错误，或者说这两种债券的收益率差异不合理。如果随着时间的推移，这两种债券的不合理比价关系会消失，那么这种价格的不一致必会带来获利的机会。假设有一个基金经理持有一种剩余期限为 3 年，面值为 10 000 元，息票率为 8%的债券。由于债券的现行市场价格为 950 元，那么这种债券的到期收益率为 10%；与之相对应的是市场上的另一种债券，它有着与基金经理手中债券相同的到期日、赎回条款、信用等级，但这种债券具有 10.10%的到期收益率。显然，基金经理应该把手中的债券卖出并购回市场中的这种债券，从而赚取 10 个基点的收益，这就是替代互换策略。若是在有效市场上，两种同质债券应该具有相同的收益率，也就是说，后一种债券没有提供更高收益率的理由。既然如此，过高的收益率意味着市场无效，投资者可以抓住这个机会获得超额利润。

当两种同质债券的收益率出现暂时的不一致时，投资者也可以通过买入价格被低估（收益率被高估）的债券，同时卖空[①]价格被高估（收益率被低估）的债券，将来当两种债券的价格一致时，投资者就可以获得超额利润。当然，替代互换策略也适用于债券组合的互换。

需要特别注意的是，两种同质债券的收益率存在差异，很可能是两种债券的风险、流动性或凸性不一致，债券市场正确地确定了债券的价格。在这种情况下，替代互换就无法获得超额利润。

(2) 跨市场利差互换（Inter-Market Spread Swap）。跨市场利差互换是指利用两类市场

① 卖空是指投资者向他人借入证券后卖出，将来买回同等数量的证券偿还给借出者。

（如国债市场与公司债券市场）不合理的收益率差额，从一个收益率低的市场转移到收益率高的市场以获得额外收益。这种策略是在对市场正常收益率差额的预测与现行市场实际收益率差额进行比较的基础上进行的。同时，债券投资者相信利差的实际值与预测值不一致只是暂时的情况，随着时间的推移，这种偏离现象会逐渐消失。我们先来考察一种比较简单的跨市场利差互换策略，具体操作通过举例进行说明。

【例 11-14】 设想一个债券管理者手中持有一种公司债券，期限为 25 年，其到期收益率为 8.3%。在同一债券市场上，一种政府债券的期限也为 25 年，其到期收益率为 7.2%。目前，两种债券收益率的实际差距为 1.1%。在债券投资者看来，这种差距过小，他认为政府债券与所持公司债券合理的收益率差价为 1.3%。一般是以两者的利差历史平均值作为衡量标准的，即认为一般情况下利差应该与历史平均值保持一致。假设债券管理者认为政府债券的收益率比较合理，那么公司债券的收益率就偏低。因此，债券投资管理者就可以出售手中的公司债券去购买相同金额的政府债券，这样就会提高经风险调整后的收益。债券管理者也可以卖空公司债券，当未来公司债券收益率升高后，公司债券的价格就会下降，此时投资者就可以按照更低的价格买回相同数量的公司债券偿还给债权人，结清自己在公司债券上的空头头寸，并获得相应的卖空利润。

（3）纯追求高收益率互换（Pure Yield Pickup Swap）。采用该互换策略并不是由于发现了定价错误的债券，而是持有收益率更高的债券以获得更高的收益率。债券投资管理者根据收益率曲线的形状，调整持有的债券期限的长短，从而追求更高的回报。若收益率曲线向上倾斜，投资者可以将短期债券转换为长期债券，因为长期债券的收益率更高。实质上，投资者采用纯追求高收益率互换策略是通过承担更大的利率风险来获得更高的期限报酬的。只要在债券持有期内收益率曲线不向上移动，投资者持有长期债券就能获得更高的收益率。如果收益率曲线向上移动，投资者就会遭受更大的损失。

同理，若收益率曲线向下倾斜，这意味着短期债券比长期债券具有更高的收益率，债券组合管理者应该把长期债券转换为短期债券以获得更高的收益率。如果在债券持有期内收益率曲线没有向下移动，那么短期债券就能获得更高的收益率。如果收益率曲线向下移动，短期债券的收益率就会小于长期债券的收益率。

（4）税收互换（Tax Swap）。税收互换是指通过债券的互换而获得纳税方面的好处，实际上就是一种利用税收优势的互换操作。例如，西方国家规定对证券交易的收益要征收累进所得税。比如，当收益超过 20 万元时按 11%的税率征收，20 万元以下只按 7%的税率征收。当债券管理者当前收益达到 21 万元，也就是他要按照 11%的税率纳税时，投资者为了减少纳税，可以采用税收互换的策略。投资者可以将手中持有的价格下跌的债券在市场上出售，从而减少其资本收益。这样一来，他纳税的税率将降为 7%，反而提高了其净收益。

3. 利率预测互换策略与免疫策略的结合

通过前面关于目标期免疫策略的介绍可知，当债券管理者持有的债券组合久期与负债久期相等时，就能彻底规避利率风险，因为这种情况下利率波动引起的债券价格风险与再投资风险正好互相抵消。那么，当债券组合久期与负债久期不等时会出现什么情况呢？债券组合久期大于负债久期时会产生净价格效应，即利率变化对债券价格的影响将超过对利率再投资的影响。具体而言，当利率降低时，债券价格上升导致的收入的增加将超过再投资收入的减少；当利率升高时，债券价格下跌导致的收入的减少要大于再投资收入的增加；而当债券组合久期小于负债的久期时会产生净再投资效应，即利率变化对再投资收入的影响将超过对债券价格的影响。例 11－15 说明了在债券组合久期大于负债久期时的净价格效应。

【例 11－15】 投资者拥有一种债券，到期时间为 10 年，面值为 1 000 元，票面利率为 8%，每年支付一次利息。适当贴现率是 10%，债券当前的市场价格为 877.11 元。根据久期的计算公式，可知此债券的久期为 7.04 年。假设投资者的负债期限为 4 年，负债的现值为 877.11 元。假定该投资者 4 年后将债券销售以偿还该债务。投资者 4 年后的债券投资收入（终值）包括债券销售价格、利息及利息的再投资收入。与例 11－11 类似，需要考虑两种情况：在支付第一次利息前利率降到 8%或升到 12%，新的利率在将来保持不变。由于此时债券的久期大于负债的久期，因此利率变化将令投资者面临净价格效应。在上述两种情况下，随着利率的波动，投资者面临的净价格效应如表 11－16 所示。

表 11－16　　单位：元

		4 年后各笔现金流终值		
时间（年）	现金流	r=10%时	r=8%时	r=12%时
1	80	106.48	100.78	112.39
2	80	96.80	93.31	100.35
3	80	88.00	86.40	89.60
4	80	80.00	80.00	80.00
	销售价格［=1 080/(1+r)］	981.82	1 000.00	835.54
利息的利息		51.28	40.49	62.35
变化	价格		18.18	−77.35
	利息		−10.79	11.07
净价格效应			7.39	−66.28

如果利率始终保持在 10%的水平，投资者 4 年内获得利息的利息共 51.28 元，4 年后的债券价格则为 981.82 元[=1 080/(1+10%)]。如果利率降为 8%，那么利息的利息则降为 40.49 元，与利率保持 10%的情况相比，利息的再投资收入减少了 10.79 元(=51.28−40.49)。但在利率降为 8%后，4 年后到期的债券价格则为 1 000 元，比利率保持 10%情况下的 981.82 元多了 18.18 元。因此，利率降低使投资者的净收入增加了 7.39 元(=18.18−10.79)，即净价格效应为 7.39 元。同理，利率增加到 12%将导致价格降低 77.35 元、利息再投资收入只增加 11.07 元，净价格效应是−66.28 元，使投资者的净收入减少了 66.28 元。

从上例可以得出以下结论：在债券组合久期大于负债久期时，利率变化将导致净价格效应；同理，在债券组合久期小于负债久期时，利率变化将导致净再投资效应。如果将目标期免疫策略和利率预测互换策略结合起来，可以得出如下结论：如果预测利率将要下跌，债券组合管理者可以投资于久期超过负债久期的债券，在利率下跌时，投资者除了能满足届时债务偿还需要的资金外，由于净价格效应还能获得更高的回报；如果预测利率将要上升，债券组合管理者可以投资于久期短于负债久期的债券，在利率上升时，投资者由于净再投资效应也能获得更高的回报。

因此，债券组合管理者在采用利率预测互换策略时，不能只考虑债券久期的长短，还要考虑自己的投资目标期限或负债期限。如果预测利率下跌，投资者不仅要投资于久期更长的债券，而且债券的久期要不小于负债的久期（或投资目标期限）；否则，净再投资效应将使投资者遭受损失，无法实现既定的投资目标或无法偿还债务。如果预测利率上升，投资者不仅要投资于久期更短的债券，而且债券的久期要不大于负债的久期（或投资目标期限）；否则，净价格效应将使投资者遭受损失，无法实现既定的投资目标或无法偿还债务。

二、期限分析

1. 期限分析策略及其应用

期限分析是积极型债券管理者经常使用的一种投资管理方法。期限分析是建立在对未来利率预测的基础上的。投资者进行期限分析时应遵循以下几个步骤：首先，确定债券投资期并且对投资期期末的收益率曲线进行预测，同时也要对投资期内收益率曲线的变化情况进行预测。其次，确定在该投资期内可供投资者选择的各种债券组合。最后，计算各种债券组合在投资期内的期望收益率，并选择预期收益率最大的一种债券组合。那么，如何计算债券组合在持有期内的期望收益率呢？我们可以根据下式计算债券组合在持有期内的期望收益率：

$$\begin{array}{c}\text{债券组合在持有期内}\\\text{的期望收益率}\end{array}=\frac{\text{预期的债券组合期末财富}-\text{债券组合期初价值}}{\text{债券组合期初价值}} \qquad (11-21)$$

其中，

$$\text{预期的债券组合期末财富}=\text{利息收入}+\text{利息的利息}+\text{债券组合期末预期价格}$$

根据对投资期期末收益率曲线的预测，债券组合管理者可以计算债券组合在投资期期末的预期价格，然后根据投资期内收益率曲线的变化情况计算利息的利息，再根据面值和票面利率计算投资期内的利息，将上述三部分加总就得到预期的债券组合期末财富。

下面将举例说明债券在持有期间的收益率是如何计算的。

【例 11-16】 假设投资者持有一张面值为 100 元的债券，期限为 10 年，票面利率为 6%，按年支付利息。当前售价是 75.42 元，该债券的到期收益率为 10%，投资者打算持有债券的期限为 5 年。投资者现在需要预测未来 5 年持有债券的收益率。5 年后，债券的剩余期限为 5 年。该投资者预计 5 年后该债券（5 年期）的到期收益率为 9%。在这 5 年的债券持有期内，投资者所得的利息可以投资于短期债券，短期债券的预期收益率为 4.5%。

为了计算持有该债券 5 年的收益率，该投资者进行了下面的计算：

$$5\text{年末价格预测值}=\sum_{t=1}^{5}\frac{6}{(1+9\%)^t}+\frac{100}{(1+9\%)^5}=88.33(\text{元})$$

$$\begin{aligned}5\text{年后利息总收入}&=\text{利息收入}+\text{利息的利息}\\&=\frac{6[(1+0.045)^5-1]}{0.045}\\&=32.82(\text{元})\end{aligned}$$

$$\begin{aligned}5\text{年内的预期收益率}&=\frac{88.33+32.82-75.42}{75.42}\\&=\frac{45.73}{75.42}=60.63\%\end{aligned}$$

该债券组合在未来 5 年内收益率的预期值为 60.63%。在此投资期内，投资者所获得的资本利得显然取决于时间因素和收益率因素的双重影响。若 5 年后该债券的到期收益率不变，仍为 10%，则 5 年后债券价格为 84.84 元。由此可见，债券价格从 75.42 元到 88.33 元的过程中，时间因素的影响为 9.42 元（=84.84−75.42），收益率变化因素的影响为 3.49 元（=88.33−84.84）。利息总收入为 32.82 元，其中，利息收入为 30 元（=5×6），利息的利息收入为 2.82 元（=32.82−30）。在此，我们已经计算出了该债券在持有期的所有收入为时间因素的影响、收益率变动的影响、利息收入、利息的利息四者之和。

2. 利用收益率曲线策略

利用收益率曲线（Riding the Yield Curve）策略是期限分析方法的一种特殊形式，该策略是货币市场基金经理广泛采用的一种方法。当收益率曲线向上倾斜时，如果投资者预测收益率曲线在投资期内会波动时，就可以利用收益率曲线策略获得更高的收益率。收益率曲线向上倾斜意味着长期债券的收益率高于短期债券的收益率。随着时间的流逝，债券的到期期限也会相应缩短，由于收益率曲线保持不变，所以期限已经变短的债券的到期收益率（适当贴现率）也就降低了。由于债券价格与利率成反比，收益的下跌会给债券投资者带来资本利得。

下面通过图形来说明利用收益率曲线策略。假设当前的收益率曲线如图 11-4 所示。

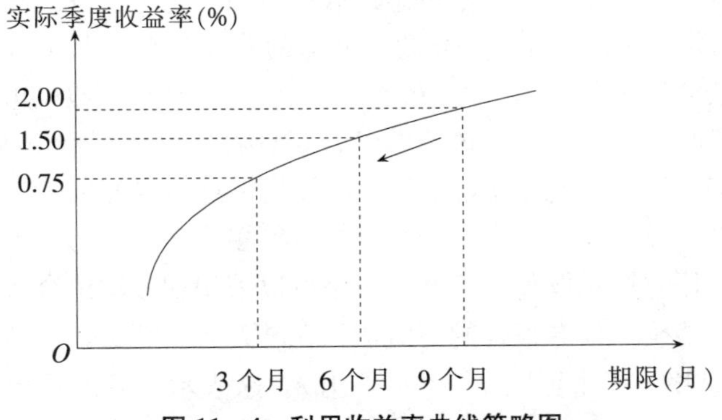

图 11-4 利用收益率曲线策略图

图 11-4 的横轴代表债券的期限，单位为月，纵轴代表实际季度收益率。从图 11-4 中可以看出，期限为 3 个月、6 个月和 9 个月的债券的实际季度收益率分别为 0.75%、1.50% 和 2.00%。假设货币市场存在期限为 9 个月和 3 个月的两种零息债券，债券的面值都是 100 元。期限为 9 个月的债券的当前价格为 94.23 元[$=100/(1.02)^3$]。3 个月后，如果该债券的期限缩短为 6 个月。由于收益率曲线不变，此时期限为 6 个月的该债券的适当贴现率（实际季度收益率）则降为 1.5%，3 个月后的债券价格为 97.07 元[$=100/(1.015)^2$]。因此，有：

$$3\text{个月持有期收益率}=\frac{97.07-94.23}{94.23}=3\%$$

如果投资者购买的不是期限为 9 个月的债券，而是期限为 3 个月的债券。由于 3 个月债券的当前价格为 99.26 元[=100/(1+0.75%)]，3 个月后投资者收到 100 元面值，因而 3 个月的收益率为 0.75%，远远低于 9 个月债券的 3 个月持有期收益率 3%。

因此，当收益率曲线向上倾斜并且在投资期内保持不变时，对于既定的投资期限而言，期限长的债券的预期收益率比期限短的债券的预期收益率更高，而且债券预期的持有期收益率比自身的到期收益率更高。我们也应该注意到，利用收益率曲线的策略虽然可能给投资者带来更高的收益，但如果债券管理者对持有期内收益率曲线预测错误，即收益率曲线在持有期内向上移动，那么该策略将会使投资者遭受损失。而根据利率期限结构的纯预期理论，收益率曲线向上倾斜本身就意味着市场预期未来的利率将会提高。另外，尽管期限长的债券能提供更高的预期收益率，但这种更高的预期收益率可能是风险报酬，因为期限长的债券流动性报酬也高。期限长的债券预期的持有期收益率高无非是因为它承担了更高的风险而已。

三、或有免疫策略

或有免疫策略介于消极型策略和积极型策略之间，可以说是积极型策略和消极型策略的混合体。或有免疫策略的基本思想是债券组合管理者可以实施积极型组合管理策略，直至市场表现不好、债券组合可接受的最低收益率的实现受到威胁时，债券组合的管理者就必须实施消极型组合管理策略。在这个时点上（通常称为触发点），债券组合的管理者对债券组合实施了免疫策略。在剩余的投资期限内，债券组合的收益率被锁定在既定的水平上。

下面举例说明或有免疫策略的基本思想。假设某债券组合管理人为某家保险公司管理着500万元的资金，期限为两年。保险公司要求两年的总收益率至少为10%，换句话说，保险公司要求两年后的资金终值至少为550万元[=500(1+10%)]。假设市场上存在一种期限为2年的零息债券，年收益率为10%。该债券组合管理者可以购买价值为454.5万元[$=550/(1+10\%)^2$]的该零息债券，这样就可以保证两年后零息债券的价值为550万元。然而，最初的投资资金为500万元，比零息债券的最初投资额多出45.5万元(=500−454.5)。因此，该债券组合管理者不用立即采取免疫策略，而是可以采用积极型组合管理策略，因为他可以承受一定的损失并且能确保债券组合的终值达到550万元。那么，该债券组合能承受的最大损失是多少？如果将来任一时点上的利率水平用 r①来表示，T 表示剩余的投资期限，为了确保债券组合的终值为550万元，在任何时点上，债券组合的价值都应该至少等于550万元在该时点的现值，即 $550/(1+10\%)^T$。只要在任何时点上债券组合的价值等于550万元的现值，通过对债券组合实施免疫策略，在投资期末债券组合的价值就可以增加到550万元，同时规避了利率风险。因此，在任何时点上，550万元的现值就成了触发点，一旦达到触发点，债券组合管理者就要对债券组合实施免疫策略。

图11-5表示了或有免疫策略的两种可能结果。在图11-5（a）中，债券组合的价值在 t 点达到触发点。在 t 点，债券组合管理者放弃以前的积极型组合管理策略，开始对债券组合实施免疫策略，从 t 点到投资期末 T 点，该债券组合由于实施了免疫策略，因此按照平滑曲线（触发点构成的线）达到终值550万元。在图11-5（b）中，债券组合的价值始终高于触发点，因而债券组合管理者在整个投资期限内可以始终采取积极型策略，而且债券组合的终值比550万元高得多。

① 注意，不同时点的利率水平并不相同，r 是不断变化的。

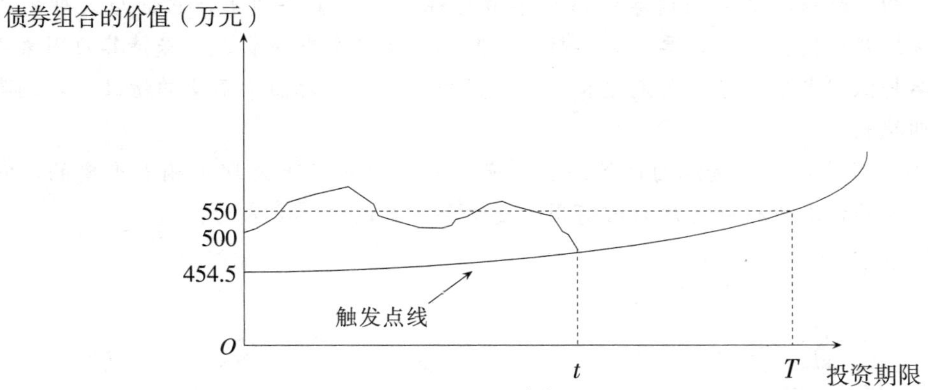

(a)

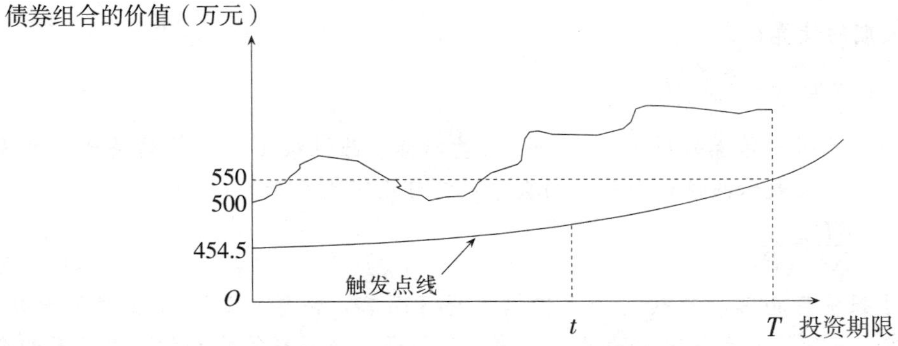

(b)

图 11－5　或有免疫策略的债券组合价值

【小　结】

1. 一般情况下，初级市场债券发行的价格与当时的市场利率相关，主要有以下几种规律：

市场利率＝票面利率，价格＝面值

市场利率＞票面利率，价格＜面值

市场利率＜票面利率，价格＞面值

2. 描述利率风险有两种主要方法：①全景法；②基点价格值法；③久期/凸性法。全景法是已知利率如何变化，用估值技术计算出每一种变化对价格的影响。若我们能稍微降低对精确性的要求，并将“利率变化”仅仅限制在利率曲线平行移动的场景下时，我们就可以用基点价格值法和久期/凸性法得到关于价格变化的一个令人满意的答案。

3. 基点价格值。基点价格值是指收益率变化一个基点时，债券价格的变动值。基点价格值是价格变化的绝对值，价格变化的相对值称作价格变动百分比，它是价格变化的绝对值相对于初始价格的百分比，用公式表示就是：价格变动百分比＝基点价格值/初始价格。

4. 债券的久期。收益率的变化会导致债券价格的变化，我们可以利用久期来衡量债券价格的收益率敏感性。久期就是价格变化的百分比除以收益率变化的百分比。票面利率、到期时间、初始收益率是影响债券价格利率敏感性的三个重要因素，它们与久期之间的关系为：①保持其他因素不变，票面利率越低，息票债券的久期越长。②保持其他因素不变，到期收益率越低，息票债券的久期越长。③一般来说，在其他因素不变的情况下，到期时间越长，久期越长。

5. 对于具有固定现金流的债券而言，麦考利久期和修正久期是相当重要的，它们对理解更加复杂的债券价格敏感度非常有用。麦考利久期的计算公式为：

$$D=\frac{1}{P}\sum_{t=1}^{T}\frac{tCF_t}{(1+y)^t}$$

$$D=\frac{\sum_{t=1}^{T}\frac{tCF_t}{(1+y)^t}}{\sum_{t=1}^{T}\frac{CF_t}{(1+y)^t}}$$

修正久期的计算公式为：

$$\text{修正久期}=\frac{\text{麦考利久期}}{1+\text{市场收益率}}$$

6. 凸性。凸性是债券敏感度的另一个衡量指标。凸性被定义为价格关于收益率的二阶导数。如果用 C 来表示凸性，则凸性的数学定义可用下式表示：

$$C=\frac{\mathrm{d}^2P}{\mathrm{d}y^2}\times\frac{1}{P}$$

7. 对于投资者而言，特别是对于机构投资者而言，债券投资组合管理是十分重要的。债券投资组合管理策略大体可分为两类：消极型债券组合管理策略和积极型债券组合管理策略。在有效的债券市场上，最好的投资策略就是消极型债券组合管理策略。消极型债券组合管理策略的目的不是战胜市场，而是控制债券组合的风险，并且获得与承担的风险相适应的收益率。积极型债券管理者认为，债券市场并非那么有效，所以明智的投资人总是能够把握机会战胜市场（获得超过市场平均收益的超额回报）。此类投资者认为，市场无效主要体现为债券定价错误和市场利率波动的可预测性。基于此，债券管理者进行债券选择，力图识别定价错误的债券或对市场利率作出精确的预测，以把握市场时机进行买卖。

8. 消极型债券组合管理策略追求的目标主要有三类：一是为将来发生的债务提供足额资金；二是获得市场平均收益率，即获得与某种债券指数相同（相近）的业绩；三是在既定的流动性和风险约束条件下追求最高的预期收益率。与上述三种目标相适应，在债券组合管理的实践中产生了两种主要的消极型债券组合管理策略：负债管理策略和指数化策略。其中，负债管理策略主要包括现金流匹配和免疫两种策略。

9. 在债券市场上，债券组合管理者广泛使用的积极型债券组合管理策略有互换策略、期限分析和或有免疫策略。

【练习题】

1. 简述影响债券价格的因素。

2. 一种收益率为10%的9年期债券，久期为7.194年。如果市场收益率改变50个基点，则债券价格改变的百分比是多少？

3. 列举你所了解的消极型债券组合管理策略。

4. 利用目标期免疫策略规避利率风险的条件是什么?

5. 指数化策略存在的问题是什么?

6. 简述负债管理策略中免疫策略的局限性。

7. 简述积极型债券组合管理中互换策略的主要类型。

8. 用久期估计价格波动的局限性是什么?

9. 凸性与久期的区别是什么? 哪一个能够更准确地衡量价格波动?

10. 有一种面值为 100 元，票面利率为 10%的 5 年期债券，半年付息一次，下一次付息在半年后，如果到期收益率为 14%，计算它的久期和凸性。

11. 影响债券价格利率敏感性的因素与久期之间存在怎样的关系?

12. 保险公司必须向其客户付款，第一笔是一年后支付 1 000 万美元，第二笔是 5 年后支付 400 万美元，收益率曲线在 10%时达到水平形状。

(1) 如果公司想通过单一的零息债券来充分融资，以豁免对该客户的债务责任，则它购买的债券的期限应为多久?

(2) 零息债券的面值与市场价值各是多少?

13. 对拟定发行的债券附加赎回条款，对发行收益率有何影响? 对其债券久期和凸性有何影响?

14. 某种半年付息的债券，其利率为 8%，收益率为 8%，期限为 15 年，麦考利久期为 10 年。

(1) 利用上述信息，计算修正久期。

(2) 解释为什么修正久期是计算债券利率敏感性的较好方法。

(3) 确定修正久期变动的方向，如果:

a. 息票率为 4%，而不是 8%。

b. 到期期限为 7 年而不是 15 年。

(4) 说明在给定利率变化的情况下，修正久期与凸性是怎样用来估计债券价格变动的。

15. 在今后的两年内，假设每年末你将支付 10 000 美元的学费，债券即期收益率为 8%，那么:

(1) 你的债务的现值与久期各是多少?

(2) 期限为多久的零息债券将使你的债务完全免疫?

(3) 假定你购入某零息债券，使其价值与久期完全等于你的债务。现在假定利率迅速上升至 9%，你的净头寸将会如何变化，即债券价值与你的债务价值之间的差额是多少?

16. 长期债券的价格波动性大于短期债券的价格波动性。但短期债券的到期收益率的变动要大于长期债券的到期收益率的变动。你怎样说明这两个经验观察是一致的?

17. 面值为 1 000 美元的 5 年期债券，票面利率为 6%，一年付息一次，如果到期收益率为 7%，计算它的麦考利久期。

18. 面值为 1 000 元的 5 年期债券，票面利率为 6%，一年付息一次，如果到期收益率为 7%，计算它的修正久期和凸性。

19. 谈谈现金流匹配策略的局限性。

【参考书目】

[1] Roman L. Weil，1973，“Macaulay's Duration：An Appreciation”，*Journal of Business*，47（4）：589-592

[2] Frank J. Fabozzi，2016，*Bond Markets*，*Analysis and Strategies*，9th edition，New York：Pearson Education

[3] Bruce Tuckman，Angel Serrat，2011，*Fixed Income Securities*：*Tools for Today's Markets*，3rd edition，Hoboke，New Jersey：John Wiley & Sons，Inc.

[4] 类承曜．固定收益证券．5 版．北京：中国人民大学出版社，2019

第 12 章
金融衍生工具

【本章导读】

基础的金融衍生工具包括期货与远期、期权、互换三大类。在这些基础衍生工具的基础上，创新型复合金融产品层出不穷，为金融市场增色添彩。本章拟回答的问题包括：金融衍生工具有哪些？它们的价格是如何确定的？如何利用这些衍生工具对冲标的资产的价格风险？本章将重点介绍这些基础金融衍生工具的概念、定价以及对冲策略。

第一节 金融衍生工具简介

金融衍生工具（Derivatives）是价值依赖于其他更基本的标的资产的各类合约的总称。美国财务会计准则委员会（FASB）颁布了一系列公告（SFASs），将其定义为：价值由名义规定的衍生于所依据的资产的业务或合约。根据巴塞尔银行监管委员会的定义，金融衍生工具是“一种合约，该合约的价值取决于一项或多项标的资产或指数的价值”。标的资产包括的范围很广泛，可以是股票、债券等基础证券，可以是黄金、白银等贵金属，也可以是小麦、玉米、咖啡等大宗商品，甚至可以是不存在实物形态的股票价格指数、温度、污染指数等。例如，以股票为标的资产的衍生工具有股票期货、股票期权、股指期货、股票价格指数期权等。股票一般是公司为筹集资金而向投资者发行的，所有的股票发行是公司转让部分公司所有权的融资手段，投资者购买股票后，可按投资比例享有公司所有者的各项权利。金融衍生工具与此不同，衍生工具作为一个合约，合约的双方不是确定的。根据自身需要或对未来经济状态的判断，交易者可以选择站在合约的任意一方。金融衍生工具是在现时对金融基础工具未来可能产生的结果进行交易，其交易在现时发生而结果要到未来某一约定的时刻才能产生。金融衍生工具交易的对象并不是基础工具或金融商品本身，而是对这些基础工具或商品在未来各种条件下处置的权利和义务。

基础的金融衍生工具包括期货与远期合约、期权和互换三大类。

一、期货与远期合约

期货合约（Futures Contract）是买卖双方签订的在未来一个确定时间按确定的价格购买或出售某项标的资产（Underlying Assets）的协议。期货合约中的“确定时间”一般为期货合约的到期日或期限，期货合约的期限一般为 1 个月至 1 年。期货合约的交易在期货交易所进行，是主要的金融衍生工具之一。现代意义上的期货交易产生于 19 世纪中期的美国中北部地区。1848 年，芝加哥期货交易所（CBOT）成立，并采用远期合约方式进行交易。到 1865 年，又推出了标准化合约，同时实行了保证金制度，向签约双方收取不超过合约价值 10%的保证金作为履约保证。这些具有历史意义的制度创新，促成了真正意义上期货交易的诞生。

近 100 年来，期货交易的对象不断扩大，种类日益繁多：有传统的农产品期货，如谷物、棉花、小麦等期货；有金属期货，如黄金、白银等期货；有方兴未艾的能源期货，如原油、汽油、电力等期货；有 20 世纪 70 年代后迅速崛起的金融期货，如外汇、利率、股票价格指数等期货。近 10 年来，期货交易从发达国家向发展中国家迅速扩展，已成为当今经济全球化发展趋势中的标志性特征之一。特别地，金融期货交易量的增长十分惊人。

与期货合约类似的衍生工具是远期合约（Forward Contract）。期货合约与远期合约都是在未来一定时间以一定价格购买或卖出标的资产的协议。两者的主要差别在于，首先，远期合约属于买卖双方的私人协议，即远期合约在柜台交易，而期货合约在期货交易所交易。其次，远期合约在合约期限、标的资产、交货地点等方面是由合约双方商定的非标准合约，而期货合约的合约条款由交易所统一设定，属于标准化合约。除上述两点外，期货合约与远期合约的差异还表现为是否有保证金以及是否逐日盯市（Marking to Market）。远期合约交易通常不缴纳保证金，合约到期后才结算盈亏。期货交易则不同，必须在交易前缴纳合约金额的 5%～10%作为保证金，并由清算公司进行逐日结算，如有盈余，可以支取，如有损失且账面保证金低于维持水平，必须及时补足，这个过程就是逐日盯市。

二、期权

期权（Options）又称选择权，同样是交易双方之间签订的协议，该协议给予期权持有人（Option Holder）在未来特定的时间（到期日）或该特定时间之前，以确定的价格（执行价），按事先规定的数量，买进或卖出标的资产的权利。有两种常见的期权合约：看涨期权（Call Options）和看跌期权（Put Options）。看涨期权又称买入期权，看跌期权也称卖出期权。看涨期权赋予期权持有者在未来某个时点，按照合约规定，购买一定数量标的资产的权利。期权持有人购买标的资产的价格在期权合约中是规定了的，称为期权的执行价格或敲定价格（Exercise Price，Strike Price）。当标的资产价格大于执行价格时，持有者执行看涨期权是有利可图的，因此它又被称为看涨期权。但这个购买的权利只在某段时期内有效，称为期权期限（Maturity，Time to Expiration）。看跌期权则是赋予期权持有者在未来某个时点，按照合约规定，卖出一定数量标的资产的权利。当标的资产价格小于执行价格时，持有者执行看跌期权是有利可图的，所以它被称为看跌期权。按执行期权的方式不同，通常有美式期权（American Option）和欧式期权（European Option）之分。欧式期权是指持有人只在期权到期日可行权的期权合约，而美式期权是指持有人在期权到期日之前任何时点均可行权的期权合约。

期权合约的标的资产很广泛，包括股票、债券、股票价格指数、欧洲美元存单、大宗商品、贵金属、石油等。2015 年 2 月 9 日，我国首个期权合约——上证 50ETF 期权正式在上海证券交易所上市交易，标志着我国规范的期权市场开始运行。该合约的标的资产既非股票也非股票价格指数，而是在上海证券交易所交易的跟踪上证 50 指数的证券投资基金。专栏 12 - 1 中讨论我国首个股指期权——沪深 300 股指期权合约。

专栏 12 - 1

首个股指期权要来了

近期，沪深 300 股指期权合约将在中国金融期货交易所正式上市交易，开启我国期权市场指数期权发展的序幕，这将是我国资本市场第一个上市的指数期权产品，标志着我国多层次资本市场建设取得新进展。

股指期权是管理资本市场风险的重要工具，上市股指期权有助于完善资本市场风险管理体系，吸引长期资金入市，对于推动资本市场深化改革，促进资本市场健康稳定发展具有重要意义。

厦门大学经济学院教授韩乾表示，从国际经验看，金融期权和期货在风险管理中扮演着不同角色，是风险管理市场的两大基石。在当前推出股指期权，有助于进一步完善资本市场风险管理体系，丰富避险工具，增强市场长期投资信心，改善市场生态结构，促进股票市场稳定健康发展。

韩乾告诉记者，首个股指期权产品为沪深 300 股指期权。从成熟市场经验看，股指期权的标的指数普遍由大盘蓝筹股为样本进行编制，具有较强的抗操纵性和防范内幕交易风险的能力。我国沪深 300 指数样本覆盖了沪深市场中规模最大、流动性最好的 300 只股票，其流通市值占全市场比重较高，成份股行业分布较为分散，拥有较强的抗操纵性，是股指期权的理想标的。

武汉科技大学金融证券研究所所长董登新表示，股指期权拥有简便易行的“保险”功能，使投资者在管理风险时不放弃获得收益的机会。股指期权可以帮助市场各方有效管理市场波动的风险，也为金融机构提升服务能力提供更为灵活的基础性构件。

资料来源：祝惠春．首个股指期权要来了．经济日报，2019 - 12 - 13.

三、互换

互换（Swaps）也称掉期，是指双方达成的在未来一定期限内交换一定数量现金流的一项协议。交换的具体对象可以是不同种类的货币、债券，也可以是不同种类的利率、汇率、价格指数等。一般情况下，它是指交易双方（有时也有两个以上的交易者参加同一笔互换合约的情况）根据市场行情，约定支付率（汇率、利率等），以确定的本金额为依据相互为对方进行支付。互换交易的核心工具有利率互换、外汇互换、远期利率协议、长期外汇交易和长期利率（上限和下限）期权，这些互换的核心工具可被广泛运用于资产与负债管理中。

互换合约可以看作一系列远期合约的组合，因此，它是远期、期货合约的延伸。最常见的互换合约是普通利率互换。在这种互换合约下，一方（如银行 A）同意按事先约定的固定本金向另一方（如银行 B）支付未来三年中每一期按固定利率产生的利息，而银行 B 同意在相同期限中向银行 A 支付同一名义本金按浮动利率产生的利息。

除了上述三大类基础衍生工具外，金融市场中尚存在大量的复杂衍生工具。实际上，衍生工具的创新只受金融工程师的想象力限制。专栏 12－2 中讨论的累计股票期权（Accumulator）是一种相对复杂的衍生工具，正是这种衍生工具使一家香港的中资上市公司中信泰富在 2008 年蒙受高达 160 多亿港元的巨额亏损。

专栏 12－2

“I kill you later”与专业投资者

中国香港近年流行一种新的衍生工具——累计股票期权，业界基于其特性及英文谐音，称之为“I kill you later”（我晚一点杀你）。

这种衍生品以往只是私人银行为大客户专门制定的投资工具，但在 2007 年前三季度港股大幅升值时，私人银行或投资银行大力将其推广至其他投资者。

累计股票期权的运作方法是先选定一只股票，如果该股票价格在合约股票价格的 105%以内，投资者可以在一年（250 个交易日）内每天按照折让价（通常是合约股票价格的 80%）连续购入一定数量的股票，但如果股票价格升破合约股票价格的 105%，则合约结束；但如果股票价格跌破协议接货价，投资者就必须以协议接货价每天买入双倍的股份。

这种衍生品在牛市时令投资者可以平价买到看涨的股份，但好景不长，2007 年第四季开始的“熊潮”，令多只热门股大跌，投资者便要不断接货，而部分投资者之前根本不明白这种产品“赢有限，输无限”的特性（最多可赢合约股票价格的 25%，即 20%的折让加 5%的增幅，但跌破接货价便要无底接货，除非被斩仓）。

这其中还包括一些根本不应被视为专业投资者的“苦主”，例如，中国香港名流陈树渠之妻陈丽玲，患重病在家时收到银行职员的促销电话，在临终前买下累计股票期权，其后股市大跌，银行职员在其去世后仍不断要求其家人代为补仓，甚至要求在遗产中扣除这部分，其子愤而投诉，质疑其母签订合约时神智是否清醒，并批评银行职员不应向老弱病人促销。

事件惊动了香港立法会，香港证监会及金融管理局要在 7 月 7 日到财经事务委员会向议员解释，香港证监会行政总裁韦奕礼透露，香港证监会收到 15 宗有关累计股票期权的投诉，当中 12 宗已转移到金融管理局，估计是涉及私人银行，并非证监会的管辖范围。

现时中国香港对于“专业投资者”的定义为投资者拥有 800 万港元及以上的资产，随着中国香港社会越来越富裕，拥有这个数额的人士越来越多，但他们未必适合参与高风险的专业投资者活动，也未必有能力看懂用英文写成的复杂合约，这个数额相对于外国其他市场也偏低，韦奕礼表示，香港证监会或于 2008 年夏季后检讨准则，2008 年年底落实公布。

水能载舟，亦能覆舟，衍生工具能对冲风险及赚取更高的利润，但不是人人都适合投资，投资者宜量力而为。

资料来源：何戟．“I kill you later”与专业投资者．21世纪经济导报，2008-07-09.

第二节　金融衍生工具定价

金融衍生工具是一纸合约，并且衍生工具交易量巨大，那么金融衍生工具的交易价格如何确定呢？这涉及金融衍生工具的定价问题，本节将介绍金融衍生工具定价的基本方法。衍生工具定价的基本方法是套利法，即市场上不存在无风险利润。鉴于不同类型衍生工具合约的定价方法略有差异，我们这里仅对期货定价和期权定价进行介绍。

一、期货定价

如前所述，期货定价的常用方法是无风险套利定价法，这种方法有时简称持有成本理论(Cost of Carry Theorem)。在介绍持有成本理论下期货定价的具体方法之前，我们首先给出期货定价的几个假设条件：①无佣金、买卖差价和交易税等交易成本；②所有市场参与者都能以同一无风险利率进行借贷；③忽略期货价格和远期价格的差别。放松以上假设条件不影响期货套利定价的性质，但期货价格的公式表述将发生相应变化。为了讨论方便，我们约定使用以下符号：S_0 表示现货价格；F_0 表示从现在开始计算，到期日为 T 年的期货价格；T 表示期货合约的期限；r 表示以连续复利衡量的期限为 T 年的无风险利率。

讨论无风险套利期货定价法有必要将标的资产区分成投资型资产与消费型资产。金融学中的投资型资产是以赚取价差收益为投资目的的资产。例如，股票是一种投资型资产，购买股票的目的是期望该股票在未来提供股利或者价差收益。而铜作为一种有色金属，投资者购买的目的多是用作生产材料，因此一般将此归为消费型资产。我们首先讨论以投资型资产为标的物的期货的定价，这类资产又可细分为无现金收益的资产、支付固定现金收益的资产和支付固定现金收益率的资产。

（一）无现金收益投资型资产的期货定价

为确定无现金收益的投资型资产的期货价格，我们可以考虑以下简单套利策略：

(1) 投资策略A。购买期限为 T 年的一单位资产期货合约，价格为 F_0；同时，以无风险利率借入数额为 $e^{-rT}F_0$ 的资金，并全部投资于无风险资产。

(2) 投资策略B。按价格 S_0 购入一单位现货资产股票。

投资策略A下的资金将在 T 年末增长到 F_0，用该笔资金交割资产可以确保在时间 T 获得一单位资产。这样，上述两个投资策略在时间 T 都提供给投资者一单位的资产。因此，无论未来的经济状况如何，这两个投资策略均为投资者提供了相同的回报。为排除套利机会，投资策略A和投资策略B在时间T获取一单位资产的成本必须相等。这样，我们就得出无现金收益的投资型资产的期货价格为：

$$e^{-rT}F_0=S_0 \text{ 或 } F_0=e^{rT}S_0 \tag{12-1}$$

如果$F_0>e^{rT}S_0$，投资者将有以下套利机会和无风险利润：

（1）时间0。立即借入数额为S_0的一笔资金，购买一单位的资产；同时，在期货市场卖出一份期货合约，持有以上投资组合到时间T。

（2）时间T。将手中持有的现货资产在期货市场交割，其结果相当于以F_0卖出投资者手中的一单位资产；同时，清偿期初借入的本金加利息共计$e^{rT}S_0$，投资获得的无风险利润为$F_0-e^{rT}S_0$。

如果$F_0<e^{rT}S_0$，投资者有如下套利机会和无风险利润：

（1）时间0。该投资者立即卖空一单位的现货资产，卖空收益为S_0，并将其投资于无风险资产；同时买入一单位资产的期货合约。

（2）时间T。套现手中的无风险资产，付出其中的S_0在期货市场上交割期货合约；对其卖空空头部分平仓。该投资获得的无风险利润为$e^{rT}S_0-F_0$。上述套利策略表明，如果（12-1）式不成立，投资者可获得无风险利润。

（二）支付固定现金收益投资型资产的期货定价

假设某投资型资产在时间$t(t<T)$支付给持有者金额为D的现金收益。在无风险条件下，该现金收益的现值为$I=e^{-rT}D$。为确定支付固定现金收益投资型资产的期货价格，可考虑构造以下两种投资策略：

（1）投资策略C。购买一单位资产的期货合约，其价格为F_0；借入数额为$e^{-rT}F_0$的资金，并将此投资于无风险资产以便在时间T交割期货合约。

（2）投资策略D。以无风险利率借入数额为S_0的现金，购买一单位资产并持有该资产T年；借入数额为I的现金，利用时间t收到的现金收益偿还该笔借款。

在时间T，投资策略C和投资策略D都拥有一单位资产。我们可以利用前述的套利原则：如果两个投资策略提供相同的未来收益，那么这两个投资策略的现时成本必须相等。投资策略C的成本为$e^{-rT}F_0$；投资策略D的成本为S_0-I。所以支付固定现金收益投资型资产的期货价格为：

$$S_0-I=e^{-rT}F_0 \text{ 或 } F_0=(S_0-I)e^{rT} \tag{12-2}$$

（三）支付固定现金收益率投资型资产的期货定价

与利率一样，这里的现金收益率以连续复利衡量。考虑构造以下两个投资策略，就可以确定支付已知现金收益率投资型资产的期货价格：

（1）投资策略E。购买一单位资产的期货，其价格为F_0；借入数额为$e^{-rT}F_0$的资金，并将此投资于无风险资产，以便在时间T交割该期货合约。

（2）投资策略F。借入数额为$e^{-qT}S_0$的现金，购买e^{-qT}单位资产；将未来收到的现金收益立即全部投资于该资产。

在时间T，策略E和策略F都使投资者拥有一单位的资产，因此支付已知现金收益率投资型资产的期货价格为：

$$e^{-qT}S_0=e^{-rT}F_0 \text{ 或 } F_0=S_0e^{(r-q)T} \tag{12-3}$$

现金收益率投资型资产的期货定价有广泛的应用，如股指期货、外汇期货以及其他收益或费用可以用收益率表示的资产期货。在股指期货中，q 是连续复利下的股票价格指数投资组合的收益率，而外汇期货中的 q 等于连续复利下的外国无风险收益率，通常以 r_f 表示。

下面，我们讨论消费型资产的期货定价。在一些假设前提下，无风险套利可以给出投资型资产期货价格的恒等式。然而，无风险套利只能确定消费型资产期货价格的上限，即：

$$F_0 \leqslant S_0 e^{rT} \tag{12-4}$$

下面，我们简要证明不等式（12－4）式。首先假设 $F_0 > S_0 e^{rT}$。在时间 0，套利者借入数额为 S_0 的资金，购买一单位该消费型资产；同时，卖出一单位该资产的期货合约。在时间 T，该套利者以手中的现货交割期货合约，偿还借入的本金和利息，所得无风险利润为 $F_0 - S_0 e^{rT} > 0$。由于无风险利润的存在，我们可以推断 $F_0 > S_0 e^{rT}$ 不成立。

现在，我们假设 $F_0 \leqslant S_0 e^{rT}$。套利者为获取无风险利润，在卖空一单位现货的同时买入一单位期货合约。对于消费型资产，这种套利机会的存在有时无法使套利者获取利润。其原因是，消费型资产主要为满足厂商或个人的消费性需求，在资产供给趋紧时，卖空现货资产受到限制。因此，即使 $F_0 \leqslant S_0 e^{rT}$，套利者有时也不能获取套利利润，所以对于消费型资产的期货价格一般只能以不等式（12－4）表示。

上面讨论的期货价格与现货价格的关系可以用持有成本（Cost of Carry）来归纳，持有成本包括购买资产的融资利息、资产提供的收益以及存储成本（可以理解为该资产提供的负的现金收益）。对于不支付现金收益的投资型资产，其持有成本是 r；对于支付固定收益率的投资型资产，其持有成本为 $r-q$；对于不支付现金收益，但支付存储成本（设连续复利下的存储成本为 u）的投资型资产，其持有成本为 $r+u$ 等。记所有持有成本为 c，消费型资产的便利收益率为 y，投资型资产和消费型资产的期货价格可以由下式表示：

$$F_0 = S_0 e^{(c-y)T} \tag{12-5}$$

如果 $y=0$，$F_0 = S_0 e^{cT}$，这就是投资型资产的期货价格。由（12－5）式表示的以无风险套利方法确定的期货定价方法通称为持有成本理论（Cost of Carry Theorem）。①

二、期权定价

虽然期货定价与期权定价的基本方法相同，即都是无风险套利法，但期权定价相对较为复杂，本节只做简要介绍，更详尽的讨论将放入专门的课程“金融衍生工具”中。本节首先介绍影响期权价格的一般因素，然后讨论两种常见的期权定价方法：离散时间下的二叉树期权定价模型和连续时间下的布莱克-斯科尔斯期权定价模型。在讨论期权定价方法之前，我们首先分析影响期权价格的因素。

（一）影响期权价格的因素

我们以股票期权为例介绍影响期权价格的因素。在完全和完善的市场下，影响股票期权价格的因素有六个：

（1）标的股票的现价 S。

（2）执行价格 X。

① 持有消费型现货资产获得的收益，包括从现货商品短缺中获得的利润和从维持生产运行中获得的利益等。

（3）期权的到期期限 T。

（4）标的股票价格的波动率 σ。

（5）期权有效期内的无风险利率 r。

（6）期权有效期内预计发放的股利 D。

本书介绍的是假设其他因素不变时，某一个因素变化对期权价格的影响。

1. 标的股票价格

对于看涨期权，其执行期权的收益为股票价格和执行价格之差，因此当保持其他因素不变时，随着标的股票价格的增加，期权的内在价值将会增加，进而期权价格也将增加。而看跌期权恰好相反，随着标的股票价格的增加，看跌期权的内在价值会降低，进而期权价格也会降低。

虽然标的股票的现价与期权内在价值之间的关系是线性的，但是标的股票的价格与期权的价格之间却呈现出非线性关系。可见，标的股票的现价同时还对期权的时间价值产生影响。

2. 执行价格

在期权处于实值状态时，执行价格越高，看涨期权的内在价值就越低，期权价格就越低。对于看跌期权，可以得到正好相反的结论，即执行价格越高，期权的内在价值就越高，期权价格就越高。但是，执行价格与期权价格的关系不是线性的。

3. 期权的到期期限

当期权的到期期限增加时，美式看涨期权和美式看跌期权的价格都会增加。其他条件都相同，只是到期日不同的两个期权，期限长的美式期权的执行机会较期限短的美式期权更多，因此期限长的美式期权的价格总是大于或等于期限短的美式期权的价格。

但是，对于只能在到期日选择执行与否的欧式期权来说，上述关系可能并不成立，因为还需要考虑到标的股票发放股利的影响。如果在两个欧式看涨期权的到期日之间公司将支付一大笔股利，这也有可能会使得较短期限的欧式看涨期权的价格高于较长期限的欧式看涨期权的价格。

还有一点需要注意，我们是在其他条件相同的情况下讨论期权到期期限与期权价格的关系的。在现实中，我们有时会看到期限长的期权价格反而低于期限短的期权价格，这是因为期权价格还受到标的股票价格波动性的影响，在两个不同的有效期内，标的股票价格的预期波动性可能是不同的，当短期的预期波动性高于长期的预期波动性时，就可能出现期限短的期权价格超过期限长的期权价格的情形。

4. 标的股票价格的波动率

通常我们用股票价格的波动率（Volatility）来衡量股票价格变动的不确定性。股票的波动率越高，股票价格上升到很高或下降到很低的可能性也越大。对于看涨期权的持有人来说，由于期权损益结构的不对称性（即股票价格上升带来的获利可以是无限的，而在股票价格下跌时只承受有限的损失），波动性较大对看涨期权的持有人更加有利，因为当股票价格上升的概率提高时，其未来获得的期望收益就高。因此，购买期权的投资者愿意为这类期权支付更高的价格，即波动性越大，看涨期权价值越大；同样的道理对于看跌期权也是成立的。

5. 期权期限内的无风险利率

当整个经济中的利率增加时，股票价格的预期增长率也倾向于增加，即预期未来的股票价格会更高，从而将增加看涨期权的价值、减少看跌期权的价值。但与此同时，对于看涨期权或看跌期权的持有人而言，他只会在未来对其有利的情况下才会执行期权，也就是在执行期权时，看涨期权或看跌期权的持有人都会有正的现金流入，而利率的提高会使其未来收益的现值更低，从而降低看涨期权或看跌期权的价值。期权有效期内的无风险利率对看跌期权价值两方面的影响都是负向的，因此总的影响也是负向的，即无风险利率越高，看跌期权价格越低；无风险利率对看涨期权价值两方面的影响有正有负，不过可以证明前者的影响是主要的，因此无风险利率越高，看涨期权价格越高。

6. 期权到期日前的预期股利

股利的发放会降低股票的价格，因此看涨期权的价值与预期股利的大小反向变动，而看跌期权的价值与预期股利的大小正向变动。

（二）二叉树期权定价模型

二叉树期权定价模型，即通过构造二叉树（Binominal Tree）图标明股票价格在期权有效期内可能遵循的路径，并基于该图建立包含标的资产及期权头寸的无风险资产组合，进而确定期权价格。我们先通过一个简单的例子来说明如何应用二叉树模型对期权进行定价。

【例 12-1】 假设一种股票的当前价格为 100 元，3 个月为一期，且已知 3 个月后的价格可能为 120 元或者 80 元。假设股票不支付股利，无风险年利率为 12%（连续复利），我们要对一个 3 个月后可以 110 元的执行价格买入股票的欧式看涨期权进行定价。若到期股票价格为 120 元，则期权的价值将是 10 元；若股票价格为 80 元，则期权的价值将是 0，如图 12-1 所示。

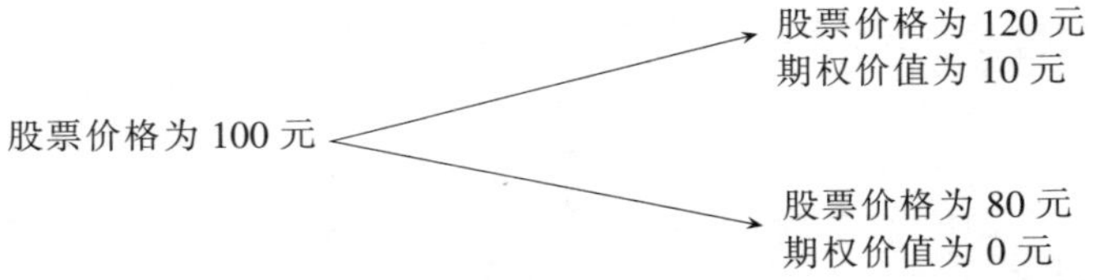

图 12-1　单时段二叉树模型中的股票价格和期权价值变动

根据上述模型，假设市场中不存在无风险套利机会，因此投资者无法利用期权和股票组合来套利。也就是说，我们可以利用期权和股票来构造一个无风险证券组合，使其在 3 个月后的价值是确定的。这样，由于该组合无风险，它的收益率一定等于无风险收益率，而其在期末的价值是已知的，所以我们可以反推得出构造该组合所需的成本，从而得出该期权的价格。

那么，这个无风险证券组合应如何构建？我们考虑这样一种有价证券组合——包含一个 Δ 股股票的多头和一个看涨期权的空头，则该证券组合到期的总收益见表 12-1。

表 12-1

股票价格状态	无风险证券组合损益状态
股票价格上升到 120 元	$120\Delta-10$
股票价格下跌到 80 元	80Δ

由于是无风险组合，因此无论股票价格出现哪种情况，组合的到期收益应是一样的，即：

$$120\Delta-10=80\Delta$$

解得：

$$\Delta=0.25$$

因此，一个无风险证券组合应由 0.25 股股票多头以及一个看涨期权空头构成。

如果股票价格上升到 120 元，该组合的价值为：

$$120\times0.25-10=20\text{（元）}$$

如果股票价格下跌到 80 元，该组合的价值为：

$$80\times0.25=20\text{（元）}$$

无论股票价格是上升还是下降，期权到期时该组合的价值总是 20 元。而我们假设对投资者而言不存在无风险套利机会，故这个无风险证券组合的收益率必定为无风险利率。

因此，由

$$(100\times0.25-f)\times e^{0.12\times0.25}=20\text{（元）}$$

可得：

$$f=5.6$$

即期权的当期价格为 5.6 元。

我们将上述例子拓展到一般情况，假设一只无股利支付的股票的当前价格为 S，无风险年利率为 r（连续复利），该股票的一个执行价格为 X 的期权的当前价格为 f，期权的有效期为 T。根据假设，在期末时股票价格要么上涨到 S_u，上升的比率为 $1+u$，此时的期权价值（即期权收益）为 f_u，要么下跌到 S_d，下跌的比率为 $1-d$，此时的期权价值（即期权收益）为 f_d，如图 12-2 所示。

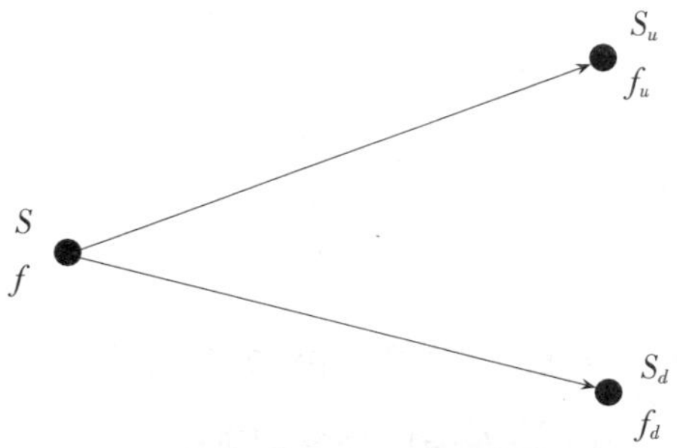

图 12-2　一般情况的单时段二叉树模型中的股票价格和期权价值变动

在例 12-1 中，$S_u=120$，$u=1.2$，$S_d=80$，$d=0.8$，$f_u=10$，$f_d=0$。

值得注意的是，无风险利率 r 必须满足条件：$u>e^{rT}>d$，即投资于无风险债券的收益率必须介于股票价格上升的收益率和股票价格下跌的收益率之间，这样才能保证不存在无风险套利机会。假如无论股票价格上升或下跌，债券的收益率均高于股票收益率，即 $e^{rT}>u>d$，那么投资者可以卖空 1 元的股票，再将所获资金投资于债券，此举将获得收益 e^{rT}，其无风险净收益为 $eS^{rT}-u$ 或者 $e^{rT}-d$，两者均为正。同理，若 $u>d>e^{rT}$，我们也可通过相似的方法获得无风险收益。

如前所述，我们构造一个由 Δ 股股票多头和一个该股票的期权空头组成的无风险证券组合，其损益状态如下：

（1）股票价格上升，股票价格为 S_u，期权的价值为 f_u，组合的价值为 ΔS_u-f_u。

（2）股票价格下降，股票价格为 S_d，期权的价值为 f_d，组合的价值为 ΔS_d-f_d。

因为两种情况下组合的价值相等，故有：

$$\Delta S_u-f_u=\Delta S_d-f_d$$

解得：

$$\Delta=\frac{f_u-f_d}{S_u-S_d} \tag{12-6}$$

（12-6）式说明，当股票价格在未来的两个结点之间变动时，Δ 是期权价格变化与股票价格变化之比。Δ 也被称为对冲比率，因此，我们构造无风险证券组合的策略也被称为 delta 对冲，这一组合被称为 delta 中性头寸。在以后的章节中，我们将进一步详细分析其含义。

由于该组合的收益率必为无风险收益率 e^{rT}，故该组合期末收益的现值为 $(\Delta S_u-f_u)e^{rT}$，而构造该组合的成本为 $\Delta S-f$，故：

$$(\Delta S_u-f_u)e^{-rT}=\Delta S-f$$

从而求得该期权的价格为：

$$f=e^{-rT}[pf_u+(1-p)f_d] \tag{12-7}$$

其中，

$$p=\frac{e^{rT}-d}{u-d}$$

二叉树定价方法的优势是它既适用于欧式期权定价，也适用于美式期权定价。上述单时段二叉树期权定价的原理同样适用于多时段二叉树期权定价。仔细分析单时段的二叉树定价公式，我们可得出如下结论：

（1）期权的价格不依赖于股票价格上升或下跌的概率，即股票价格在未来涨跌的概率不影响期权价格。尽管这与我们的直觉相违背，但通过公式可以发现，期权价格只与股票当前的价格、上升或下降的幅度、执行价格以及无风险利率有关。这是因为股票价格是决定期权价值的唯一随机变量，而股票价格未来上升和下跌的概率已反映在现在的股票价格中。

（2）投资者的风险偏好与期权定价公式无关。

（三）布莱克-斯科尔斯期权定价模型

布莱克-斯科尔斯期权定价模型又称布莱克-斯科尔斯-默顿（Black-Scholes-Merton）期权定价模型，是由上述三位金融学者在 20 世纪 70 年代初提出的期权定价公式。由于他们在期权领域的突出贡献，斯科尔斯和默顿获得了 1997 年度诺贝尔经济学奖。

布莱克-斯科尔斯期权定价模型是在一系列假设下成立的，这些假设往往和现实的情况不一致。布莱克-斯科尔斯期权定价公式出现以后，很多学者致力于研究如何放松这些假设，使拓展后的模型适用于对更普遍的经济环境中更广泛的金融衍生工具进行定价。

布莱克-斯科尔斯期权定价公式的基本假设有：

（1）股票价格满足随机微分方程：

$$dS=\mu S dt+\sigma S dz$$

其中，μ，σ 都为常数。股票价格（S_T）服从对数正态分布，这意味着对数股票价格，即股票连续复利的收益率（η）服从正态分布。

$$S_T=S_0 e^{\eta T}$$

$$\eta=\frac{1}{T}\ln\frac{S_T}{S_0}\sim N\left(\mu-\frac{\sigma^2}{2}，\frac{\sigma}{\sqrt{T}}\right)$$

（2）无卖空限制。卖空交易是指投资者出售自己并不拥有的证券的行为，或者投资者用自己的账户以借来的证券完成交割的出售行为。由于布莱克-斯科尔斯期权定价公式是基于套利定价原则推导出来的，所以套利能够实现是布莱克-斯科尔斯期权定价公式有效的必要条件，这就要求股票市场及其衍生品市场对卖空都是没有限制的。只有这样，人们的不同预期才能通过双向操作充分反映出来。举例说明，若认为看涨期权价格相对于当前的股票价格被高估了，交易者可以通过买入股票、卖出期权进行无风险套利，使得期权的供给增加、价格下降，进而使股票需求增加、价格上涨；而认为看涨期权价格相对于当前股票价格被低估的交易者，可以通过卖空股票、买入期权的操作进行无风险套利，结果使期权的需求增加、价格上涨，进而使股票供给增加、价格下降。交易者努力寻找套利机会并进行套利的行为会修正价格的偏差，使得套利机会消失，从而使原生产品和衍生产品之间的价格联系得以维持。

（3）没有交易费用和税收，即市场是无摩擦的。这和现实中的情况也是不符的。但随着计算机撮合交易方式的普及以及经纪商之间的激烈竞争，交易费用和佣金逐渐降低；而且相比利息收入，各国对资本利得课税均相对较轻，所以无摩擦的假设虽然在现实中不能完全满足，但也在逐渐接近。

（4）所有证券都可无限细分。这意味着可以买卖少于 1 股的股票或少于一个合约的衍生产品，这个假设是为了数学推导上的方便，但相对于越来越庞大的交易量，不满足这个假设的影响并不大。在期权存续期间，标的股票没有股利发放。现实中分红、除权现象时有发生，假设并不满足。后来，默顿通过一种连续分红方案解决了标的股票支付股利的期权定价问题。

（5）不存在无风险套利的机会。无风险套利是指交易者付出零成本、承担零风险，却能获得正的收益。前面在讲无套利限制假设时，说明了交易者会研究、发现并利用这种无风险套利机会进行套利活动，套利的结果是价格回归到正常水平，套利机会消失。而现代金融市场的交易速度极快，这种套利机会一旦出现会被立即利用，因此价格立即恢复，价格总是反映了当前时刻各种可获得的信息和投资者的全部预期，从而这种无风险套利机会是不存在的。

（6）无风险利率是已知的，并且不会发生变化，即为常数 r。实际情况是，收益率在期权有效期内呈随机波动。默顿为放松这个假设对模型进行了修正，提出了更贴近现实的可变利率模型。

（7）布莱克-斯科尔斯期权定价公式针对的是欧式期权，只可能在到期日执行，不会被提前执行。欧式期权只能在到期日执行，分析起来较为简单；而美式期权则不同，有时候到期执行是有利的，此时的美式期权就和欧式期权一样，可以用布莱克-斯科尔斯期权定价公式进行定价，但有时提前执行期权更有利，这时的分析更复杂一些，我们可以选择其他方法对期权进行定价，比如二叉树方法。

由于期权等衍生产品的衍生性质，它们和原生产品受到同样的不确定因素的影响，因此在价格上有紧密的联系。我们可以通过对原生产品和衍生产品进行适当组合来消除不确定性，构造无风险组合，该组合在未来各种可能状况下的现金流是恒定的，不存在不确定性。因此，该组合的收益率应该和无风险资产的收益率相同，即为无风险收益率 r。

假设 f 是以股票为标的资产的衍生产品的价格，则 f 是 S 和 t 的一个函数，由 Ito 引理可以推出：

$$\mathrm{d}f=\left(\frac{\partial f}{\partial S}\times\mu S+\frac{\partial f}{\partial t}+\frac{1}{2}\times\frac{\partial^2 f}{\partial S^2}\times\sigma^2 S^2\right)\mathrm{d}t+\frac{\partial f}{\partial S}\times\sigma S\mathrm{d}z$$

其离散形式为：

$$\Delta S=\mu S\Delta t+\sigma S\Delta z \tag{12-8}$$

$$\Delta f=\left(\frac{\partial f}{\partial S}\times\mu S+\frac{\partial f}{\partial t}+\frac{1}{2}\times\frac{\partial^2 f}{\partial S^2}\times\sigma^2 S^2\right)\Delta t+\frac{\partial f}{\partial S}\times\sigma S\Delta z \tag{12-9}$$

其中，ΔS，Δf 分别是在 Δt 时间内，股票和衍生产品价格的变化。

从 Ito 引理可知，股票和衍生产品的价格受到同样的不确定性因素的影响（Δz），所以我们可以选择一个适当的股票和衍生产品的资产组合，抵消这种不确定性的影响。

为了抵消不确定性的影响，这个合适的比例为卖出 1 份衍生产品，买入$\frac{\partial f}{\partial S}$份股票，令 π 表示该组合的价值，则有：

$$\pi=-f+\frac{\partial f}{\partial S}\times S \tag{12-10}$$

由（12-8）式和（12-9）式可知，组合在 Δt 内的价值变化为：

$$\Delta\pi=-\Delta f+\frac{\partial f}{\partial S}\times\Delta S=\left(-\frac{\partial f}{\partial t}-\frac{1}{2}\times\frac{\partial^2 f}{\partial S^2}\times\sigma^2 S^2\right)\Delta t \tag{12-11}$$

由于（12-11）式中已经不含 Δz 项，所以这个组合在时间 Δt 内是无风险的。由无套利原则可知，该组合的收益率必定等于同时期的无风险收益率，否则就会存在无风险套利的机会。若组合的收益率高于无风险收益率，套利者就会买入该组合，卖出无风险资产，在时期 0 获得无风险收益，而到期以该资产的收益偿还无风险资产的付出。若组合的收益率低于无风险收益率，套利者就会卖出该组合，买入无风险资产，在时期 0 获得无风险收益，而到期以无风险资产的收益偿还该组合的付出，即：

$$\Delta\pi=r\pi\Delta t \tag{12-12}$$

其中，r 是无风险收益率。

由（12-10）式、（12-11）式和（12-12）式可知：

$$\frac{\partial f}{\partial t}+\frac{\partial f}{\partial S}\times rS+\frac{1}{2}\times\frac{\partial^2 f}{\partial S^2}\times\sigma^2 S^2=rf \tag{12-13}$$

（12-13）式就是著名的布莱克-斯科尔斯-默顿微分方程。

对于不同的衍生产品来说，其价格和原生资产价格的约束关系不同，对应的微分方程的解也是多样的。对于一个欧式看涨期权来说，有：

$$f=\max(S_T-X,0)$$

可以解出布莱克-斯科尔斯的欧式看涨期权公式：

$$C=S_0N(d_1)-Xe^{-rT}N(d_2) \tag{12-14}$$

其中，

$$d_1=\frac{\ln(S_0/X)+(r+\sigma^2/2)T}{\sigma\sqrt{T}}$$

$$d_2=\frac{\ln(S_0/X)+(r-\sigma^2/2)T}{\sigma\sqrt{T}}$$

同理，对于一个欧式看跌期权来说，期权价格和股票价格的关系为：

$$f=\max(X-S_T,0)$$

解得：

$$P=Xe^{-rT}N(-d_2)-S_0N(-d_1) \tag{12-15}$$

其中，d_1、d_2 的定义同上；$N(x)$ 为标准正态分布的累积分布函数。

第三节　金融衍生工具的对冲策略

一、期货对冲策略

对冲（Hedging）又称“套期保值”，是一种以规避现货价格风险为目的的期货交易行为，通过在期货市场和现货市场进行反向操作来实现。由于期货市场和现货市场的价格走势基本一致，一个市场盈利，则另一个市场亏损，盈亏相抵后使得交易者的收益稳定在预期水平。下面举例说明对冲操作。

公司 A 与外商签订了为期一年的供应合同，在合同到期时，公司 A 将按照合同签订时规定的金额收到对方企业支付的 1 000 万美元。假设目前人民币对美元的汇率为 7.4 元人民币/美元，一年后美元对人民币有可能升值也有可能贬值。该公司为了避免美元的过度贬值造成的未来现金流损失，选择买入一年期、执行价格为 7.3 元人民币/美元的期货合约。如果到期时汇率变为 7.1 元人民币/美元，则该企业在美元现货市场损失了 0.3×1 000 万元，同时在期货市场盈利 0.2×1 000 万元，企业的总损失为恒定的 100 万元。如果不采用套期保值策略，企业的损失将为 300 万元。如果合约到期时汇率变为 7.5 元人民币/美元，则企业仍有 100 万元的总损失。

在上例中，我们讨论的对冲策略将资产到期日的损益锁定，从而完全对冲了风险，而在实际操作中，这种完美的对冲是很难的，下述原因使得现实世界中的对冲策略并不一定完美：首先，我们想要进行对冲的资产与交易所交易的期货合约中的资产并不一定完全相同，也就是当我们无法在交易所找到与手中资产完全相同的合约时，往往会用价格波动相近的资产合约进行对冲，然而这样做会降低套期保值的有效性。其次，资产的到期日与合约的到期日难以精确匹配。资产的持有者可能不确定对冲策略的具体时限，从而难以选择合适的期货合约，或者资产在现有的期货合约到期之前到期。对冲只能大体抵消现货市场中价格波动的风险，但不能使风险完全消失，主要原因是存在“基差”这个因素。

基差是指某一特定商品在某一特定时点的现货价格与该商品在期货市场的期货价格之差，即：

基差＝现货价格－期货价格

基差可以是正数，也可以是负数，主要取决于现货价格是高于还是低于期货价格。现货价格高于期货价格，则基差为正；现货价格低于期货价格，则基差为负。基差随时间变化而变化，这种基差的不确定性称为基差风险。

存在基差风险的情况下，一个公司或个人如何最大限度地对冲现货市场的价格风险呢？这与对冲的目标密切相关。下面介绍风险最小化对冲策略，也就是对冲者在最小化风险或最大限度地稳定收入的目标下如何利用期货合约对冲风险。

假定 S_1 为 t_1 时刻现货的价格；S_2 为 t_2 时刻现货的价格；F_1 为 t_1 时刻期货的价格；F_2 为 t_2 时刻期货的价格；h 为套期保值比率（即一单位的现货资产需要的期货合约数量）。令

$\Delta S = S_2 - S_1$

$\Delta F = F_2 - F_1$

对于一个空头对冲者来说，在 t_1 时刻持有现货多头和期货空头，在 t_2 时刻出售现货资产，同时进行期货平仓。在此期间，对冲者头寸的价值变化为 $\Delta S - h\Delta F$。相反，对一个多头套期保值者来说，在此期间对冲者头寸的价值变化为 $h\Delta F - \Delta S$。令 σ_S 是 ΔS 的标准差，σ_F 是 ΔF 的标准差，则：

$\sigma_S^2 = \text{var}\Delta S$

$\sigma_F^2 = \text{var}\Delta F$

若用 ρ 表示 ΔS 和 ΔF 的相关系数，则：

$\rho = \text{cov}(\Delta S, \Delta F) / (\sigma_S^2 \sigma_F^2)$

其中，$\text{cov}(\Delta S，\Delta F)$ 表示 ΔS 和 ΔF 的协方差。

若用 σ^2 表示对冲头寸价值变化的方差，则：

$$\begin{aligned}
\sigma^2 &= \text{var}(\Delta S - h\Delta F) \\
&= E((\Delta S - h\Delta F) - E(\Delta S - h\Delta F))^2 \\
&= E\{[\Delta S - E(\Delta S)] - h[\Delta F + E(\Delta F)]\}^2 \\
&= E[\Delta S - E(\Delta S)]^2 + h^2 E[\Delta F + E(\Delta F)]^2 - 2hE[\Delta S - E(\Delta S)][\Delta F + E(\Delta F)] \\
&= \text{var}\Delta S + h^2 \text{var}\Delta F - 2h\text{cov}(\Delta S, \Delta F) \\
&= \sigma_S^2 + h^2\sigma_F^2 - 2h\rho\sigma_S\sigma_F
\end{aligned}$$

从上式可知，由于 σ_S、σ_F、ρ 是常数，因此，σ^2 是 h 的函数。

现在考虑当 h 为何值时，价格变化的方差最小（价格风险最小）。对上式求 σ^2 关于 h 的一阶导数，可得：

$$\frac{\mathrm{d}\sigma^2}{\mathrm{d}h} = 2h\sigma_F^2 - 2\rho\sigma_S\sigma_F$$

令 $\frac{\mathrm{d}\sigma^2}{\mathrm{d}h} = 0$，可得：

$$h^* = \frac{\rho\sigma_S}{\sigma_F} \tag{12-16}$$

由上可见，最优对冲比率等于 ΔS 和 ΔF 之间的相关系数乘以 ΔS 的标准差与 ΔF 的标准差的比率。若 $\rho=1$，$\sigma_S=\sigma_F$，则最佳的套期保值比率为 1。当相关系数 $\rho=1$，h^* 确定为 σ_S/σ_F 时，则有方差 $\sigma^2=0$。也就是说，这时完全消除了价格风险，做到了完美对冲。

二、期权对冲策略

由于期权的收益与标的资产价格之间存在非线性关系，期权的对冲策略较期货的对冲策略复杂，但其原理相似。直观地看，如果投资者持有多头标的资产，他买入相应数量的看跌期权，可以确保其资产卖出价格的下限，即期权的执行价格；相反，如果投资者持有空头标的资产（即卖空标的资产），他应该卖出一定数量的看跌期权来对冲标的资产价格变动的风险。我们在这里仅介绍一种常见的期权对冲策略——delta 对冲。

通过前面期权价格公式的推导，我们已经知道，看涨期权的价格与股票价格具有正相关关系，因此，对冲的头寸应该是一个看涨期权的空头对应一只股票的多头，这样才能使得两种资产风险相互抵消。

我们考虑以下的投资组合，其中有 N_s 股股票和 N_c 个看涨期权合约，整个组合的价值为 V，即：

$$V=N_sS+N_cC=N_c(N_s/N_cS+C)$$

其中，我们用 h 表示$\dfrac{N_s}{N_c}$，h 称为对冲比率。

我们知道，为了使投资组合完全对冲，投资组合的价值 V 应当独立于标的资产 S 的价格变化，因此有：

$$\frac{\partial V}{\partial S}=h+\frac{\partial C}{\partial S}=0$$

或

$$h=-\frac{\partial C}{\partial S}$$

我们把$\dfrac{\partial C}{\partial S}$称为期权的 delta 值，$h^*$ 即为期权的最优对冲比。delta 值描述了期权价格相对于标的资产价格的变动率。从图 12－3 中可以看出，delta 值是期权价格关于资产价格曲线的斜率。

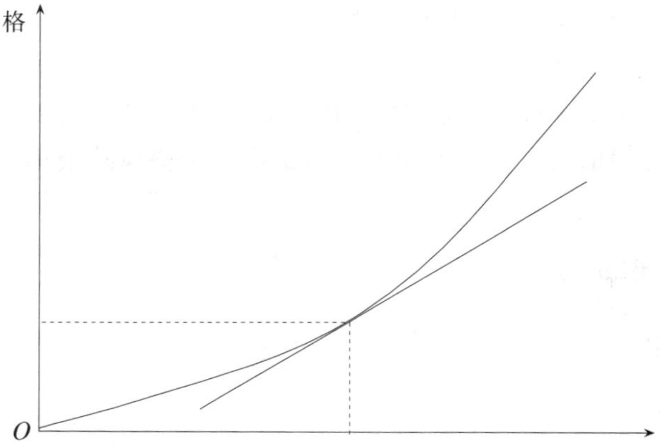

图 12－3　看涨期权价格随资产价格变化的趋势

对于看涨期权来说，资产价格上涨（下跌），期权价格随之上涨（下跌），两者始终保持同向变化，因此看涨期权的 delta 值为正；而看跌期权价格的变化与资产价格相反，因此，看跌期权的 delta 值为负。

举例说明，某投资者考虑卖出 10 个执行价格为 120 美元，合约价格为 50 美元（每个合约 100 股）的某股票看涨期权合约。现在市场上的股票价格为 120 美元，该股票期权的delta 值为＋0.5。也就是说，如果市场股票价格涨至 121 美元——上涨 1 美元，那么该期权的价格将上涨 50 美元（＝0.5×1×100）。此时，投资者应当购买 500 股股票（＝0.5×10×100）。这样，假设股票价格上涨 1 美元，投资者将从所购的 500 股股票中获利 500 美元，从而抵补期权市场上产生的 500 美元损失。

在上例中，投资者在期权上的 delta 值是－500[＝0.5×(－1 000)]，也就是说，当股票价格上涨 1 美元的时候，投资者将损失 500 美元；而对于股票而言，其 delta 值为 1，那么

500 股股票的 delta 值为 500。因此，从总体上看，该投资者投资组合的 delta 值为 0，我们称其为“delta 中性”。

需要注意的是，期权的 delta 值并不是一个静态概念，delta 值本身会随到期期限、标的资产价格的变化而随时发生变化。

【小　结】

基础的金融衍生工具包括三类：远期与期货合约、期权以及互换。期货和远期合约都是指买卖双方签订的在未来一个确定时间、按确定的价格购买或出售某项标的资产的协议。期货合约和远期合约的差异主要表现在期货为交易所交易的标准化合约，而远期合约是在柜台市场交易的非标准化合约。互换也称掉期，是指双方达成的在未来一定期限内交换一定数量现金流的一项协议。期权又称选择权，同样是交易双方之间签订的协议，该协议给予期权持有人在未来特定的时间（到期日）或该特定时间之前，以确定的价格（执行价）、按事先规定的数量买进或卖出标的资产的权利。目前有两种常见的期权合约：看涨期权和看跌期权。

金融衍生工具定价的常用方法是套利定价法。期货价格可以表述为同时点标的资产价格加持有成本，期货价格偏离这种关系，便产生无风险套利机会，这种期货定价理论称为持有成本理论。期权定价相对复杂，但定价原理同样是无风险套利。布莱克和斯科尔斯利用上述原理在一定的假设条件下推导出了精确的欧式期权定价公式，即布莱克−斯科尔斯−默顿期权定价公式。在离散时间下，期权价格可由二叉树定价模型给出。二叉树定价模型适用于欧式期权定价、美式期权定价以及其他非标准期权的定价，因此，在业界的应用很普遍。

金融衍生工具市场的主要功能是对冲风险。本章讨论了期货市场的最优对冲策略，并推导出风险最小化前提下的最优对冲比。我们也简要讨论了期权市场的对冲策略，并重点介绍了 delta 对冲策略。

【练习题】

1. 简述无风险套利的前提并构造一个简单的无风险套利的例子。

2. 简述持有成本理论的基本内涵以及它的缺陷。

3. 简述你对持有成本理论的理解以及扩展。

4. 现有一期限为 4 个月的股指期货合约，价格为 405 美元。现在，其标的资产（即股票价格指数）的水平为 400，该股票价格指数的现金股利率为 4%。假设市场上无风险收益率为 10%。试问该现货-期货市场之间有无套利机会？如有，如何执行该套利交易？

5. 假设某股票现在价格为 40 元，1 个月后股价变为 42 元或 38 元，无风险年利率为 8%（连续复利）。试为执行价格为 39 元、期限为 1 个月的欧式看涨期权定价。

6. 布莱克−斯科尔斯期权定价公式的基本假设有哪些？

7. 影响期权价格的因素有哪些？它们对期权价格会产生什么影响？

8. 试解释为什么持有一家公司的债券相当于卖出一个该公司的看跌期权。

9. 上市公司高管薪酬计划中规定，当公司利润超过一定水平时，管理层将从每 1 000 元的利润中提取 1 元的奖金。该种薪酬计划与哪类期权类似？试画出其利润图。

10. 试分析签订购买价格为每吨 50 000 元的铜锭的远期合约和建立成交价格为每吨 50 000 元的铜多头期货合约之间的异同。

11. 芝加哥商业交易所的交易标的资产为长期国债的期货合约。试分析什么样的投资者使用这种期货合约。

12. 请解释下面这句话："一远期合约的多头等于一欧式期权的多头和一欧式期权的空头。"

13. 最优对冲比可由期货价格回归于现货价格的斜率估计值得出。上述表述准确吗？为什么？

14. 中航油（新加坡）2004 年底公告由于衍生品投机而损失了 5.5 亿美元。了解中航油衍生品的投机情况，分析衍生品交易的风险控制机制到底出现了什么问题。这对国有企业风险管理有何启示？（在网上可找到相关资料。）

15. 对于某资产，其期货价格通常低于现货价格，这时多头对冲头寸会很吸引人。解释这一观点。

16. "如果没有基差风险，最优对冲比总等于 1。"这种说法是否正确？为什么？

17. 假设你是一位向法国出口电子设备的公司财务经理，请讨论你将采用什么样的策略对冲外汇风险，你将如何用这一策略获得公司董事会以及公司高管的认可。

18. 使用期货来对冲风险，请解释为什么按市场价格定价会产生现金流问题。

【参考书目】

[1] Black, F, M. Scholes, 1973, "The Pricing of Options and Corporate Liabilities", *Journal of Political Economy*, 81: 637-659

[2] 赫尔．期权与期货市场基本原理（第 8 版）．北京：机械工业出版社，2016

[3] 陈信华．金融衍生工具——定价原理、运作机制及实际运用．上海：上海财经大学出版社，2004

[4] 汪昌云．金融衍生工具．3 版．北京：中国人民大学出版社，2017

第 13 章

证券投资基金

【本章导读】

投资基金在西方国家早已成为一种重要的投融资手段，并在当代得到了进一步发展。在我国，随着改革中金融市场的发展，在 20 世纪 80 年代末出现了投资基金的形式，并在 90 年代以后得到了较快的发展。这不仅支持了我国的经济建设和改革开放事业，而且也为广大投资者提供了一种新型的金融投资选择，活跃了金融市场，丰富了金融市场的内容，促进了金融市场的发展和完善。本章的目的就是系统性地介绍投资基金的含义、分类，以及一些重要类型的投资基金在实务中的定价、费率等的计算方法。

本章的安排如下：第一节介绍了投资基金的定义，它在不同国家和地区的不同称谓，以及在不同标准下的分类，并通过初步模型的实证结果印证了投资基金的绩效优势。第二节详细介绍了开放式基金在实务中发行和交易的办法、定价和费率的计算以及收益分配和清盘方式。第三节除了详细介绍封闭式基金在实务中的发行、交易、定价、费率、收益分配和清盘等问题外，还详细介绍了理论界与实务界共同关心的封闭式基金折价的问题。第四节结合易方达 50 指数基金介绍了指数基金的具体特点。第五节介绍了股指期货对证券投资基金中风险控制的重要作用。

第一节　投资基金的基础

一、投资基金

纵观 20 世纪下半叶世界主要发达国家金融业的发展，证券投资基金业的发展十分迅速，已与传统的银行业、保险业并肩，形成三足鼎立的金融格局。另外，这种趋势不仅出现于欧美、日本等发达国家，亚洲一些国家，如韩国、新加坡、马来西亚、泰国、菲律宾等国及中国香港、中国台湾地区最近几年都相继花大力气发展了投资基金，并且投资基金在这些国家和地区的经济腾飞中也发挥了十分重要的作用。本节内容旨在介绍投资基金的基本概念、基本分类以及它在不同国家和地区的称谓。

（一）投资基金的定义

投资基金是一种利益共享、风险共担的集合投资方式，即通过发行基金单位，集中投资者的资金，由基金托管人托管，由基金管理人管理和运用资金，从事股票、债券、外汇、货币等金融工具的投资，以获得投资收益和资本增值。在我国，1997 年国务院批准的《证券投资基金管理暂行办法》明确了投资基金作为金融创新的产物，既是一种组合资产和投资工具，也是一种金融中介机构和金融制度。

（二）投资基金的分类

投资基金的分类方法很多，按照不同依据划分的基金种类之间有的毫不相关，也有的相互交融。下面是一些常见的分类，希望通过这些分类可以使同学们对常见的基金有更清楚的认识：

（1）按基金单位能否增加或赎回划分。按此标准，投资基金可分为开放式基金和封闭式基金。开放式基金是指基金设立后，投资者可以随时申购或赎回基金单位、基金规模不固定的投资基金，如国内博时基金公司发行的博时第三产业基金等。封闭式基金是指基金规模在发行前确定，在发行完毕后的规定期限内，基金的规模固定不变，投资者不能在中途追加申购或提前赎回，如基金开元、基金久嘉等都是典型的封闭式基金。关于这两种基金会在后面专门介绍。

（2）按组织形态划分。按组织形态不同，投资基金可以分为公司型投资基金和契约型投资基金。所谓公司型投资基金，又叫作共同基金，是具有共同投资目标的投资者，依据公司法组成的以营利为目的、投资于特定对象（如有价证券、货币）的股份制投资公司。这种基金通过发行股份的方式筹集资金，是具有法人资格的经济实体，基金持有人既是基金投资者又是公司股东。公司型投资基金成立后，通常委托特定的基金管理人或者投资顾问运用基金资产进行投资。公司型投资基金在美国非常盛行。所谓契约型投资基金，是基于一定的信托契约而成立的基金，一般由基金管理公司（委托人）、基金保管机构（受托人）和投资者（受益人）三方通过信托投资契约而建立。契约型投资基金的三方当事人之间存在这样一种关系：委托人依照契约运用信托财产进行投资，受托人依照契约负责保管信托财产，投资者依照契约享受投资收益。契约型投资基金筹集资金的方式一般是发行基金受益券或者基金单位，这是一种有价证券，表明投资人对基金资产的所有权，凭其所有权参与投资权益分配。契约型投资基金在英国较为普遍，目前我国绝大多数投资基金都属于契约型投资基金。

（3）按投资风险与收益不同划分。按此标准，投资基金可分为成长型投资基金、收入型投资基金和平衡性投资基金。成长型投资基金是指把追求资本的长期成长作为其投资目的的投资基金，如“博时新兴成长基金（裕华）”。收入型投资基金的目标是能为投资者带来较高水平的当期收入，投资对象主要是能带来稳定收入的各种有价证券（债券、绩优股等）。均衡型投资基金的目标是确保投资者的投资本金、支付当期收入、资本与收入的长期成长，既具有成长型投资基金的特点，又具有收入型投资基金的特点。该基金一般投资于债券、优先股、普通股等有价证券上，如“博时平衡配置混合型证券投资基金”。

（4）按募集方式划分。按照募集方式的不同，投资基金可以划分为公募投资基金和私募投资基金。公募投资基金是指公开募集的投资基金。那些已经通过证监会审核，可以在银行网点、证券公司网点以及各种基金营销机构进行销售，并且在各种交易行情中可以看到信息的那些基金都属于公募投资基金。私募投资基金是指通过非公开方式，面向少数个人或机构投资者募集资金而设立的投资基金。在国外，私募基金早已成为市场的中流砥柱，在美国更是如日中天，如巴菲特、索罗斯等金融大鳄所设立的私募基金。在我国，私募基金自 2004 年起步后迅速崛起，至 2019 年末其管理的资产规模超过 13 万亿元人民币。我国私募基金的类型大致包括以下四类：私募证券基金、创业投资基金、私募股权基金和其他类别私募基金。

（5）按投资对象划分。根据投资对象的不同，投资基金还可以划分为股票投资基金、产业投资基金、债券投资基金、期权投资基金、指数投资基金和认股权证投资基金。这些信息都会在基金公司提供的基金概况中详细说明。后面会专门介绍指数投资基金。

另外，根据资本来源和运用地域的不同，投资基金可划分为国际基金、海外基金、国内基金、国家基金和区域基金等。根据投资货币种类的不同，投资基金可划分为美元基金、日元基金和欧元基金等。

（三）投资基金的称谓

在不同的国家和地区，证券投资基金的称谓不尽相同，这容易使我们感到混乱，在此就一些常见的称谓按地区简要介绍一下。

（1）英国。“单位信托”是英国基金的重要形态，它是指契约型开放式基金。此外，英国还存在“投资信托”（公司型封闭式基金）和“开放式投资公司”（公司型开发式基金）。

（2）美国。现在，美国的基金业统称为投资公司或共同基金。投资公司是从公司型、契约型角度对基金形态加以规范的。根据美国主要的基金法律——1940 年《投资公司法》，投资公司既可指公司型投资基金，又可指契约型投资基金。共同基金分为开放式基金和封闭式基金，而开放式基金在美国基金业中处于支配性地位，因此人们通常以共同基金统称美国的证券投资基金业。

除此之外，我们通常以“单位信托”代表中国香港的基金，以“投资信托”代表日本和韩国等国家的基金，而此处需要注意的是，不同于英国，“投资信托”在日韩专指契约型投资基金。目前，我国只有契约型投资基金，没有类似投资信托和共同基金之类的基金称谓。

二、投资基金的优势

（一）作为一种流动性很强的投资工具，投资基金具有独特的优势

1. 投资基金具有专业化的管理

基金由专业的基金经理进行投资运作，通过行家之手，精心选择投资品种，随时调整投资组合，自然可以获得更佳的投资回报。基金对信息的加工、分析能力非个人投资者所能企及。基金经理、行业分析师对行业、公司的充分了解，既有利于获得一手信息，也有助于其对公司未来盈利的预测，从而在操作中把握先机。

2. 多元化的资产分布，风险相对分散

基于现代资产组合选择理论，基金能结合不同金融工具的特点，适应市场的变化，选择

多元化的投资渠道，控制投资风险。对于个人投资者而言，如果资金不足，只能选择一两种股票，万一运气不好，两种股票都亏了，可能会血本无归，因此个体投资者一般难以做到分散投资，所承担的风险相对较大。而基金公司由于汇集大量投资者的资金，资金总额非常庞大，可以进行分散投资，通过投资组合将风险最小化、收益最大化。

3. 证券投资基金具有规模经济的优势

基金的巨额资金运作可以使支付的平均佣金较低，可以显著降低交易成本。设想一下，如果某人的投资组合有 10～20 只股票的规模，你不仅要为每一只股票支付正常的交易成本，当你需要调整组合时，每笔交易还需要支出成本。最后，在减去所有累计的交易成本费用后，你的投资回报或许就不像表面看上去的那么好。而投资基金的交易成本和交易频率要小许多。

4. 流动性好

开放式基金的流动性与股票一样，投资者可以随时购买和赎回基金。从流动性角度来讲，投资基金比投资房地产或其他不动产有显著的优势，而且投资者还可以分批分期买入基金，不会因为暂时资金量有限就无法从事投资活动。

（二）基于资产定价模型的基金优势分析

事实上，关于投资基金是否比普通投资者更具优势的问题本质上是基金绩效评估问题，而这一问题历来是学者关注的主流金融学问题之一，评价的指标体系包括收益率指标、风险指标、夏普比率、差异收益率、特雷诺比率、詹森指标等，这里只是结合前面章节介绍过的基础定价模型，介绍一些经典文献中涉及的基金绩效评估模型，用以比较投资基金与普通投资者的投资绩效。

（1）Fama（1972）提出了基于 CAPM 分析影响总体业绩的诸多因素的细分方法。图 13－1 显示了细分方法，其中所绘直线 R_FM 代表无风险资产与市场组合 M 构成的所有组合的集合，即证券市场线（SML）。基金经理通过单纯投资策略，即持有无风险资产和市场组合来达到所希望获取的风险水平，而 R_FM 绘出了所有此类组合的收益率。

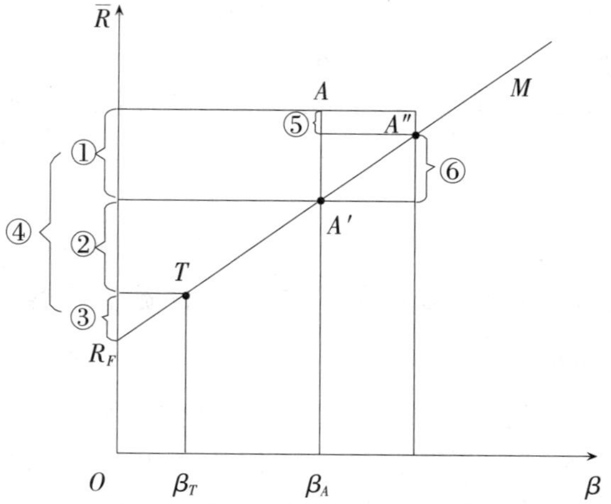

图 13－1　总体业绩影响因素图示

图中①段表示基金经理的选择能力带来的收益，被法玛称为“选择的收益率”。如图 13－1 所示，A 点和 A' 点具有相同的系统性风险，A 点是基金经理选择的组合，A' 点是平均选择的结果，即无风险资产与市场组合构成的单纯投资策略，所以两者收益率的差可视为基金经理积极选择的结果。虽然 A 点和 A′点的系统性风险相同，但由于 A 点并非证券市场线上的组合，而是位于 SML 上方，所以 A 点具有非系统性风险，进而 A 点与 A′点的总风险并不相同。于是，为了验证基金经理的资产组合是否比一般资产组合更好，需要寻找与资产组合具有相同总风险的资产组合 A″点。⑤段表示的 A 点与 A″点收益率的差被法玛称为净选择收益。⑥段表示的 A″点与 A′点收益率的差是补偿系统性风险的增加而带来的收益（事实上，略加思考即可知道投资指数基金的投资经理不会获得净选择收益）。这就是法玛细分法的第一步：

$$\bar{R}_A-\bar{R}_{A'}=(\bar{R}_A-\bar{R}_{A''})+(\bar{R}_{A''}-\bar{R}_{A'}) \tag{13-1}$$

法玛细分法的第二步是对收益率 $\bar{R}_{A'}-R_F$ 进行细分，即分解单纯策略因承受一定风险水平所获得的超额收益率。假定基金经理有一个既定的风险水平目标 β_T，如果投资者愿意承担这个风险，那么一般资产组合的风险 β_T 与无风险利率之间的收益率差距可被看作投资者希望获得的超额收益率。法玛将这种收益率，即 $\bar{R}_T-R_F$，作为投资者承担非系统性风险的收益补偿。而剩下的收益率 $\bar{R}_{A'}-\bar{R}_T$ 是因为基金经理选择了与目标风险不同的风险水平而获得的收益率。至此，经两步分解后，基金经理因积极选择资产 A 而获得的超额收益由四个部分组成，即：

$$\bar{R}_A-R_F=(\bar{R}_A-\bar{R}_{A''})+(\bar{R}_{A''}-\bar{R}_{A'})+(\bar{R}_{A'}-\bar{R}_T)+(\bar{R}_T-R_F) \tag{13-2}$$

（13－2）式各部分的含义也非常清楚：资产委托人愿意承担某风险 β_T 而获得的投资人风险收益为（$\bar{R}_T-R_F$）；基金经理愿意承担更大的系统性风险 β_A 而获得的基金经理风险收益为（$\bar{R}_{A'}-\bar{R}_T$）；基金经理愿意承担更大的非系统性风险而获得的风险收益为（$\bar{R}_{A''}-\bar{R}_{A'}$）；基金经理因积极选择发现了低定价而获得的选择净增收益为（$\bar{R}_A-\bar{R}_{A''}$）。

（2）证券投资基金绩效的持续性。证券投资基金绩效持续性的研究结果能够很好地体现证券投资基金的优势，而且其在基金评估中也具有举足轻重的地位。对于证券投资基金的潜在投资者而言，关注基金绩效的持续性可以更好地选择基金；对于证券投资基金的持有人或者基金管理公司的董事而言，基金绩效的持续性是衡量基金经理表现的重要标准。那么在实际的资本市场上，基金经理的绩效是否具有持续性？多年来，西方学者在这个领域进行了大量的研究。20 世纪 90 年代以前的研究认为基金的绩效不具有持续性，而 20 世纪 90 年代以后的研究大都认为基金的绩效具有持续性。表 13－1 列举了国外学者对共同基金业绩持续性的研究结果。

表 13－1　　共同基金业绩持续性的研究结果汇总

作者	研究时间	样本区间	是否具有持续性
Friend，Brown，Herman and Vickers	1962 年	1953—1958 年	无
Sharpe	1966 年	1954—1963 年	无
Jesen	1968 年	1945—1964 年	无
Friend et al.	1970 年	1945—1964 年	无
Carlson	1970 年	1948—1967 年	有
Mcdonald	1974 年	1960—1969 年	无
Mains	1977 年	1955—1964 年	部分
Kon and Jen	1979 年	1960—1971 年	有
Shawky	1982 年	1973—1977 年	无

续前表

作者	研究时间	样本区间	是否具有持续性
Chang and Lewellen	1984 年	1971—1979 年	无
Henriksson	1984 年	1968—1980 年	无
Lehman and Modest	1987 年	1968—1982 年	有
Robson	1986 年	1969—1978 年	无
Grinblatt and Titman	1989 年	1974—1984 年	无
Ippolito	1989 年	1965—1984 年	无
Gumby and Glen	1990 年	1982—1988 年	无
Elton et al.	1990 年	1980—1988 年	无
Hendricks，Patel and Zeckhauser	1993 年	1974—1988 年	有
Goetzmann and Ibbotson	1994 年	1976—1988 年	有
Kahn and Rudd	1995 年	1983—1990 年	有
Volkman and Wohar	1995 年	1980—1989 年	有
Grinblatt，Titman and Wermers	1995 年	1974—1984 年	有
Malkiel	1995 年	1971—1990 年	部分
Elton，Gruber and Blake	1996 年	1977—1993 年	有
Gruber	1996 年	1984—1994 年	有

这里只给出结论，对于具体的实证方法，有兴趣的读者可以查阅相关文献进行进一步的阅读。

三、基金的投资目标与策略

根据投资目标的不同，基金可分为债券基金、股票基金、货币市场基金、混合基金、期货基金、期权基金、外汇基金、指数基金和 QDII 基金等，不同基金的投资策略有所区别。

（1）债券基金。这是一种以债券为主要投资对象的证券投资基金，根据所持债券的不同类型可分为政府债券基金、企业债券基金、金融债券基金、短期债券基金、长期债券基金、低等级债券基金、高等级债券基金。由于债券的利率固定，因而这类基金的风险较低，适合稳健型投资者。通常说来，债券基金的收益会受市场存款利率的影响，其收益与存款利率成反比关系：当市场存款利率下调时，基金收益就会上升；反之，基金收益就会下降。此外，汇率也会影响基金的收益，基金管理人在购买非本国债券时，往往还在外汇市场上做套期保值操作。

债券基金对债券投资的策略分为积极型债券组合管理策略和消极型债券组合管理策略。积极型债券组合管理策略有水平分析和债券互换分析两种。水平分析是一种基于对未来利率预期的债券组合管理策略。在这种策略下，债券投资者基于其对未来利率水平的预期来调整债券资产组合，以使其保持对利率变动的敏感性。如前所述，久期是衡量利率变动敏感性的重要指标，因此，如果预期利率上升，就应当缩短债券组合的久期；如果预期利率下降，则应当增加债券组合的久期。债券互换就是同时买入和卖出具有相近特性的两个以上债券品种，从而获取收益级差的行为。不同债券品种在利息、违约风险、期限（久期）、流动性、税收特性、赎回条款等方面的差别，决定了债券互换的可行性和潜在获利可能。其估价方法相当复杂，一种较简单的估价方法是投资分析法，其收益率计算公式如下：

总收益率＝时间成分＋息票收入＋Δ 收益成分＋息票再投资收益　　(13－3)

下面举例说明总收益率的计算方法。

【例 13－1】 假设投资者购买的债券 10 年之后到期，息票率为 14.50%，每半年支付一次。目前的到期收益率是 13.00%，1 年后出售时的到期收益率是 11.00%。债券初始买入价格是 1 081.22 元。1 年之后，到期收益率降为 11.00%，债券价格提高到 1 195.90 元，资本增值额为 114.68 元。这项资本增值额可以分解为两个部分：确定性的时间成分（假设到期收益率没有变化而仅仅由时间变化带来的收益）和由到期收益率变化引起的不确定性成分。如果到期收益率不变，9 年后到期的债券价格应该是 1 077.17 元，较初始买入价下降 4.05 元，这一数值就是时间成分，而由到期收益率变化引起的不确定性资本增值为 118.73 元（＝1 195.90－1 077.17）。同时，为了全面评价债券投资收益率，还需要考察息票收入和息票再投资收益。已知 1 年的息票总额是 145 元，当再投资收益率为 13%时，前半年的息票再投资收益为 4.71 元（＝145/2×13%×0.5）。所有四部分的投资回报相加，可得总收益率为 24.50%，如表 13－2 所示。

表 13－2　　总收益率的计算

息票率为 14.5%的债券，在各种不同到期收益率和到期时间情况下的价格			
到期收益率	到期时间		
	10 年	9.5 年	9 年
10%	1 280.35	1 272.52	1 262.52
11%	1 209.37	1 203.72	1 195.90
			↑
12%	1 141.85	1 139.10	1 135.17
			↑
13%	1 081.22	→1 079.82	→1 077.17
14%	1 026.06	1 025.78	1 025.07

下面详细介绍计算过程。

①确定性成分。

由时间变动引起的债券价格变动为：

$$\frac{1\,077.17-1\,081.22}{1\,081.22}\times 100\%=-0.37\%$$

息票率为：

$$\frac{145}{1\,081.22}\times 100\%=13.41\%$$

②不确定性成分。

由到期收益率变化引起的价格变化为：

$$\frac{1\,195.90-1\,077.17}{1\,081.22}\times 100\%=10.98\%$$

息票再投资收益率为：

$$\frac{72.50\times 13\%\times 1/2}{1\,081.22}\times 100\%=0.44\%$$

总收益率为：

$$-0.37\%+13.41\%+10.98\%+0.44\%=24.46\%$$

消极型债券组合管理者通常把市场价格看作均衡交易价格，他们并不试图寻找被低估的品种，而只关注债券组合的风险控制。在债券投资组合管理过程中，通常使用两种消极管理策略：一种是指数策略，目的是使所管理的资产组合尽量接近于某个债券市场指数的表现；另一种是免疫策略，这是被许多债券投资者广泛采用的策略，目的是使所管理的资产组合免于市场利率波动的风险。

（2）股票基金。股票基金是指以股票为主要投资对象的证券投资基金。股票基金的投资目标侧重于追求资本利得和长期资本增值。按投资市场分类，可分为国内股票基金、国外股票基金与全球股票基金；按股票规模分类，可分为大盘股基金、中盘股基金与小盘股基金；按股票性质分类，可分为价值型股票基金、成长型股票基金与平衡型股票基金。对于股票基金，基金管理人在拟定投资组合策略时，一般是将资金投放到一个国家或几个国家，甚至是全球的股票市场，以达到分散投资、降低非系统性风险的目的。

（3）货币市场基金。货币市场基金是投资于货币市场（1 年以内）的投资基金，主要投资于短期货币工具，如国债、银行大额可转让定期存单、商业票据、公司债券等短期品种。通常说来，货币基金的收益会随着市场存款利率的上升而上升，随着市场存款利率的下降而下降。与其他类型基金相比，货币市场基金具有风险低、流动性好的特点。货币市场基金是厌恶风险、对资产流动性和安全性要求较高的投资者进行短期投资的理想工具，或暂时存放现金的理想场所。但是，货币市场基金的长期收益率较低，并不适合进行长期投资。

根据对市场有效性的不同判断，可以将股票投资组合策略分为两大类：一类是以战胜市场为目的的积极型股票投资组合策略；另一类是以获得市场组合收益为目的的消极型股票投资组合策略。

积极型股票投资组合策略在各种不同的否定市场有效理论的基础上形成不同的操作方法，主要包括：在否定弱式有效市场前提下的以技术分析为基础的投资策略，如道氏理论、移动平均法、价格与交易量的关系理论；在否定半强式有效市场前提下的以基本分析为基础的投资策略，如低市盈率法和股利贴现模型等；结合对弱式有效市场和半强式有效市场的挑战提出的市场异常策略，如小公司效应、日历效应。

消极型股票投资组合策略以有效市场假说为理论基础，可以分为简单型消极投资策略和指数型消极投资策略两类：简单型消极投资策略，一般是在确定了恰当的股票投资组合之后，在 3～5 年的持有期内不再发生积极的股票买入或卖出行为，而进出场时机也不是投资者关注的重点。简单型消极投资策略具有交易成本和管理费用最小化的优势，但同时也放弃了从市场环境变化中获利的可能。该策略适用于资本市场环境和投资者偏好变化不大，或者改变投资组合的成本大于收益的状态。指数型消极投资策略的核心思想是相信市场是有效的，任何积极的股票投资策略都不能取得超过市场的投资收益，因此复制一个与市场结构相同的指数组合，就可以排除非系统性风险的干扰，从而获得与市场相同或相近的投资回报。

（4）混合基金。混合基金是指混合投资于股票、债券和货币市场工具的一种基金，其投资通常为股票、债券和货币市场工具的特定投资组合。根据基金投资组合的目标不同，混合基金可进一步分为资产配置基金、平衡型基金、灵活组合基金、混合收入型基金四种类型。资产配置基金要求在股票、债券和货币市场工具中保持固定的比率；平衡型基金通过投资一个特定的股票、债券组合来兼顾资产保值、一定的现金收入、资本增值三个目标；灵活组合基金对这三类资产都可以最高持有到 100%；混合收入型基金主要获取高的现时收入，资本增值不是此类基金的目标。

（5）期货基金。期货基金是一种以期货为主要投资对象的投资基金，是一种高风险的基金。作为投资工具，根据投资方法不同，商品期货基金可以分为保值、套利、战略投资和投机四大类。根据基金功能不同，期货基金可以分为保值型基金和投机型基金两大类。目前，活跃在国际商品期货市场上的基金主要是投机型基金和保值型基金两种。投机型基金主要依托基金能力及技术运用能力，以投机交易为主；保值型基金依托自身的现货需求，以保值交易为主。

（6）期权基金。期权基金是以期权为主要投资对象的投资基金。期权基金的风险较小，适合于收入稳定的投资者，其投资目的是获取最大的当期收入。

（7）外汇基金。外汇基金是以外汇为主要投资对象的投资基金。外汇基金涉足外汇市场，外汇市场波动性很大，走势也难以预测，因此外汇基金的风险较大。

（8）指数基金。指数基金是通过跟踪某一市场指数来实现其投资运作和管理的，被人们称为"被动管理型"基金，其投资目标是达到与该指数同样的收益水平。例如，上证综合指数基金的目标在于获取与上海证券交易综合指数一样的收益，上证综合指数基金就按照上证综合指数的构成和权重购买指数中的股票；相应地，上证综合指数基金的表现就会像上证综合指数一样波动。

（9）QDII 基金。QDII 是经中国证监会批准可以在境内募集资金进行境外证券投资的机构，这种机构被称为"合格境内机构投资者"（Qualified Domestic Institutional Investor，QDII）。QDII 是在我国人民币没有实现可自由兑换、资本项目尚未开放的情况下，有限度地允许境内投资者投资境外证券市场的一项过渡性制度安排。根据证监会的具体规定，QDII 的投资对象是有一定限制的金融产品或工具。

第二节　开放式基金

一、基金的发行与交易

开放式基金是指发行的基金单位数额不固定，可以连续发行新的基金单位，投资者可以随时认购或赎回基金单位，认购或赎回的价格按基金资产净值计算的投资基金，又叫追加型基金或不固定基金。

开放式基金发行与交易的主要特点是：①柜台发行，即开放式基金一般在基金管理公司的柜台上发售，投资者也在柜台上认购。②发行人通常不是具有独立法人资格的基金公司，而是作为基金受托人的基金管理公司，所以是由代理人发行的。③一般采取直接发行方式，所以一般没有证券承销商参加。④在认购一段时间后（如 3 个月），基金持有人可将基金证券返售给发行人，发行人可将这些基金证券继续出售，所以基金证券的发售具有一定的连续性。⑤基金证券的发售价格依基金证券每单位净资产的变动而不同。⑥在基金证券总规模不受限制的条件下，基金证券的发行数量没有限额。

开放式基金作为基金的一种，同样可以按照投资对象或者风险收益的不同划分为不同种类，常见的有上市交易型开放式基金和契约型开放式基金、股票基金、债券基金、混合基金、货币市场基金、期货基金、期权基金、认股权证基金等。

二、基金的定价与费率

开放式基金单位的交易价格分为发行价、申购价与赎回价三种。发行价，即开放式基金发行时的认购价，一般按面值再加一定的手续费计算。当开放式基金进入日常申购与赎回时，投资者按照基金净值向基金管理人申购或赎回基金。因此，在确定开放式基金的申购价与赎回价之前，有必要了解开放式基金的资产净值。

1. 开放式基金的资产净值及估值

开放式基金的资产净值是指在某一基金估值的时点上，按照公允价格计算的基金资产总值扣除负债后的余额，该余额是基金单位持有人的权益。按照公允价格计算基金资产的过程就是基金的估值。基金的估值是计算单位基金资产净值的关键。

单位基金的资产净值即每 1 单位基金资产的净值，其计算公式为：

$$\text{单位基金的资产净值}=\frac{\text{总资产}-\text{总负债}}{\text{基金单位总数}}$$

其中，总资产为基金拥有的所有资产（包括股票、债券、银行存款和其他有价证券等）按照公允价格计算的资产总额；总负债为基金运作及融资时所形成的负债（包括应付管理费、应付托管费、应付资金利息等）。

开放式基金的单位总数每天都不同，必须在当日交易截止后进行统计，并与当日基金资产净值相除得出当日的单位基金资产净值，以此作为投资者申购赎回的依据。

2. 开放式基金申购价和赎回价的计算方法

基金的申购价、赎回价是以当日基金资产净值加减一定手续费为基础计算的，即：

$$\text{申购价}=\text{基金资产净值}+\text{手续费}$$

$$\text{赎回价}=\text{基金资产净值}-\text{手续费}$$

由此可见，基金资产净值和手续费是影响基金申购价、赎回价高低的主要因素。

基金资产净值的计价有两种方法：一是已知价或事前价；二是未知价或事后价。已知价是基金经理根据上一交易日证券市场收市价计算出来的。如果采用已知价交易，投资者当天就能知道基金的申购价和赎回价，可以早一天办理交割手续。未知价是基金经理根据当天的收市价计算出来的，投资者必须在当天交易结束后才能知道基金的单位价格。稳健型基金或低风险基金由于通常波动幅度较小，所以多采用已知价交易。但采用已知价交易的基金，有的会在基金书中声明：如果基金价格出现大的波动，基金经理有权改变计价方式，将已知价交易改为未知价交易。这一规定是为了确保买卖价格能正确反映基金在交易当日的价值，避免基金被炒卖。在以未知价交易的情况下，开放式基金在申购和赎回时是按照金额申购、份额赎回的方式进行的。因为基金的申购价格是以当天基金的净值来确定的，在投资者购买基金时，还无法确定基金当天的净值，也就不知道能买多少份基金，所以只能以购买的金额计算。在赎回时，赎回的价格也是以当天的基金净值来确定的，当天的基金净值只有在股票市场收盘后才能计算出来，投资者在提出赎回申请时只知道他所持有的基金数量，而不知道能赎回多少现金，所以只能以基金的份额计算。投资者在买入和卖出基金单位时必须缴纳一定的手续费，称为申购费和赎回费。手续费率的高低直接关系到申购价、赎回价的高低。下面介绍两种关于手续费的计算方法：

（1）外扣法公式。

$$净申购金额=\frac{申购金额}{1+申购费率}$$

$$申购费用=申购金额-净申购金额$$

$$申购份额=\frac{申购金额-申购费用}{基金份额面值}$$

（2）内扣法公式。

$$净申购金额=申购金额-申购金额\times 申购费率$$

$$申购费用=申购金额\times 申购费率$$

$$申购份额=\frac{申购金额-申购费用}{基金份额面值}$$

为了统一规范基金认（申）购费用及认（申）购份额的计算方法，更好地保护基金投资者的合法利益，中国证监会 2007 年 3 月对认（申）购费用及认（申）购份额的计算方法进行了统一规定，规定为外扣法。下面介绍一个认购开放式基金的费率的计算实例。

【例 13－2】 在某基金募集期间，投资 10 000 元申购该基金，申购费率为 1%。

投资者购买到的基金份额和申购手续费计算如下：

$$确认申购金额=\frac{申购金额}{1+申购费率}=\frac{10\ 000}{1+1\%}=9\ 900.99（元）$$

$$申购份额=\frac{确认申购金额}{基金份额面值}=\frac{9\ 900.99}{1}=9\ 900.99（份）$$

$$申购费用=确认申购金额\times 申购费率=9\ 900.99\times 1\%=99.01（元）$$

即投资 10 000 元认购某基金，可得到 9 900.99 份基金份额，需要支付 99.01 元申购费用。

三、基金的收益分配与清盘

基金收益的来源包括利息收入、证券投资收益和其他收入。基金净收益是基金收益扣除按国家有关规定可以在基金收益中提取的有关费用等项目后得出的余额。基金收益分配是指将本基金的净收益根据持有基金单位的数量按比例向基金持有人进行分配。若基金上一年度亏损，当年收益应先用于弥补上年亏损，在基金亏损完全弥补后尚有剩余的，方能进行当年的收益分配。基金当年发生亏损、无净收益的不进行收益分配。

（一）基金收益的主要来源

基金收益的主要来源有利息收入、股利收入、资本利得等。

（1）基金的利息收入。基金的利息收入是指基金活动中因债券投资、资产支持证券投资、银行存款、结算备付金、存出保证金、按买入返售协议融出资金等而实现的利息收入，具体包括债券利息收入、资产支持证券利息收入、存款利息收入、买入返售资产收入等。

（2）基金的股利收入。基金的股利收入是指开放式基金通过在一级市场或二级市场购入并持有各公司发行的股票，进而从公司取得的一种收益。股利一般有两种形式，即现金股利与股票股利。现金股利是以现金的形式发放的，股票股利是按一定比例送股票给股东作为红利发放的。

（3）基金的资本利得。任何证券的价格都会受证券供求关系的影响，如果基金能够在资本供给充裕、价格较低时购入证券，而在证券需求旺盛、价格上涨时卖出证券，那么将会赚取价差，所获价差称为基金的资本利得。

（二）开放式基金收益的分配

开放式基金收益的分配应当根据基金契约及招募说明书的规定进行。一般采取现金的形式，在符合基金分配条件的前提下，每年分配至少一次。投资者可以选择将所分配的现金自动转化为基金单位，即红利再投资。

开放式基金收益的分配可采用两种方式：

（1）分配现金。分配现金是向投资者分配现金，这是基金收益分配最普遍的形式。

（2）再投资方式。再投资方式是将投资者分得的收益再投资于基金，并折算成相应数量的基金单位，这实际上是将应分配的收益折为等额的新基金单位送给投资者。许多基金为了鼓励投资者进行再投资，往往对红利再投资低收或免收申购费。

当然，不同基金将在各自的招募说明书中明确规定自己的收益分配原则及方式，为投资者提供投资参考。

如同股票有退市的概念一样，基金也有退市的风险。关于退市的概念，封闭式基金和开放式基金有所区别。封闭式基金退市的原因往往是契约到期，比如，实施封闭转开放的基金就是契约到期，该封闭式基金退市。目前，所有到期退市的封闭式基金都实施了转型，变成开放式基金继续运作。而投资者如果持有即将退市的封闭式基金，可以根据公告到证券公司营业部办理份额确认和登记。此后，基金公司就会将投资者的份额转登记至投资者办理开放式基金账户的相关销售机构，而后投资者就可以办理正常的申购赎回业务。

开放式基金一般不规定自己的存续期限，而开放式基金退市的原因在基金合同中都有规定：基金份额持有人数量连续 60 个工作日内不足 100 人，或基金资产净值连续 60 个工作日内低于 5 000 万元，经中国证监会批准，基金公司就可以宣布基金终止。而在自基金终止日起 30 个工作日内成立清算小组，对持有人的资产进行清算。

从海外的情况看，开放式基金需要清盘的情形主要有如下几种：

（1）根据基金契约或公司章程的规定。如中国台湾规定，证券投资信托契约之终止事由，除法令另有规定外，依证券投资信托契约约定。

（2）持有人大会或股东大会决议通过。如英国规定，经特别决议通过，开放式基金可以清盘。中国香港开放式基金的清盘也需要持有人大会作出决议。

（3）主管机关取消开放式基金许可的情形。

①根据基金管理人的书面申请。英国规定，基金管理人的授权董事向金融服务局（FSA）申请取消授权，在 FSA 同意的情况下，开放式基金可以清盘。

②设立不当或变得不当。如荷兰规定，如果发现原设立申请的材料不正确、不完全或由于情况变更使得同等条件下设立申请将被拒绝，财政部可以取消许可。

③基金管理人和托管人不再具备法定条件。如韩国规定，在委托会社（基金管理人）被取消业务资格、解散等，而又未被财务部长官命令移交的情况下，可以废止信托契约。

④基于公益或受益人的利益。如中国台湾规定，基于公益或受益人的利益，以终止证券投资信托契约为宜者，“证管会”须命令终止之。

尽管股票中有退市的个案，但基金中很少出现退市的情况。2014 年 9 月 16 日，汇添富理财 28 天债券型证券投资基金宣告退市。这是 1998 年中国公募基金诞生以来，首次出现的清盘案例。截至 2014 年末，我国共有 130 只基金资产净值低于 5 000 万元人民币的清盘线，同时约有 500 只基金资产净值低于 2 亿元人民币。这些“迷你型基金”面临较大的退市风险。

在亚洲金融危机时期，中国香港曾经出现过基金退市的情况。中国香港多家基金公司旗下的基金由于基金份额赎回较多而被清盘，但这些基金的清盘都需要持有人大会表决后才能通过。所以，若基金规模太小，赎回压力肯定会增大。如果基金的规模较小，其流动性也会较小，一旦遭遇大规模赎回，基金投资肯定会受到影响，进而资产可能进一步缩水。

第三节 封闭式基金

一、基金的发行与交易

封闭式基金是指发行单位数固定，在发行期满或达到预定规模后，便不再接受投资人的申购或赎回的基金形态。一般封闭式基金的交易需要通过集中交易市场撮合，其交易的流程与股票买卖相同。因此，封闭式基金有两种报价：一是集中交易市场每日看板上的市价；二是基金公司每日计算的净值。当市价低于净值时，便是所谓的折价；反之，则为溢价。市场的涨跌通常取决于成交当日市场上基金筹码的供给和需求情况。

例如，在深交所上市的基金开元（4688），1998 年设立，发行额为 20 亿基金份额，存续期限（封闭期）为 15 年。也就是说，基金开元从 1998 年开始运作，期限为 20 年，运作的额度为 20 亿基金份额；在此期限内，投资者不能要求退回资金、基金也不能增加新的份额。尽管在封闭的期限内不允许投资者要求退回资金，但基金可以在市场上流通。投资者可以通过市场交易套现。我国封闭式基金单位的流通方式采取在证券交易所挂牌上市交易的办法，投资者买卖基金单位都必须通过券商在二级市场上进行竞价交易。

封闭式基金的发行流程主要包括以下环节：

（1）基金管理公司代表基金发起人在监管机构指定的报刊上刊登发行公告、招募说明书和基金契约等文件。同时，进行路演等一系列的推介活动。

（2）基金开始发行期间，通过证券营业所网点和商业银行代销渠道，向投资人发售基金单位。封闭式基金的募集期限为 3 个月，自该基金批准之日起计算。

（3）发行期结束后，基金管理人不得动用已募集的资金进行投资，应将发行期间募集的资金划入验资账户，由有资格的机构和个人进行验资。封闭式基金自批准之日起 3 个月内募集的资金超过该基金批准规模 80%的，该基金方可成立。

（4）封闭式基金募集期满时，其募集的资金少于该基金批准规模 80%的，该基金不得成立。基金发起人必须承担基金募集费用，已募集的资金加计银行活期存款利息必须在 30 天内退还基金认购人。

从不同的角度划分，封闭式基金的发行方式有不同的类型。

1. 公募与私募发行

基金发行按发行对象及发行范围可分为公募发行和私募发行。我国《证券投资基金管理暂行办法》规定，封闭式基金只能采取公募发行的方式。

所谓公募发行是指以公开的形式向不特定的社会公众发行基金的方式。发行的对象包括个人投资者和机构投资者，即合法的投资者都可以认购基金单位。公募发行可以采取包销、代销和自销三种方式，其中包销和代销需要券商等中介机构来经销基金。

所谓私募发行是指基金发起人面向少数特定的投资者发行基金的方式，基金发起人承担募集基金的全部工作。发行的对象一般是有资金实力的机构和个人。由于发行的对象特定，所以发行的费用较低，也节省时间。在美国，为了保护普通投资者的利益，要求对冲基金这类投资风险较高的基金只能采取私募的发行方式。

【课外推荐 13－1】

私募基金

2. 网上发行和网下发行

从发行渠道看，封闭式基金有网上发行和网下发行两种方式。前者是指通过证券营业网点发售；后者是指通过证券营业网点以外的渠道（如商业银行）发售。在实际操作中，还可采用网上发行和网下发行相结合的方式。在这种方式下，也可采用“回拨机制”调换两种渠道的销售额度和比例。

3. “比例配售”和“敞开发售”

因为 1998—2001 年投资者认购踊跃，所以封闭式基金的发行实际采用了“比例配售”的方式。投资者在认购基金单位时，需开设证券交易账户或基金交易账户，在指定的发行时间内通过证券交易网点以公布的价格和符合规定的申购数量进行申购。在申购结束后，按照申购的总数和发行的数量对所有的申购进行配号抽签，决定中签的申购号码，只有中签的投资者才能认购基金。自 2002 年开始，由于封闭式基金发行困难，投资者认购不踊跃，故实际采用“敞开发售”的方式。

4. 自行发行和承销

自行发行是指基金发起人不通过承销商而由自己直接向投资者销售基金，私募基金多采取自行发行的方式。承销是指发起人通过证券承销商发行基金，证券承销商可以全额包销，也可以余额包销或者代销。实际上，封闭式基金发行中多采用自办发行、承销和代销等相结合的方式。

在介绍了开放式基金和封闭式基金的发行与交易后，这里要介绍一种特殊的、融合两者发行和交易特点的基金品种——LOF（Listed Open-Ended Funds，LOF），即上市型开放式基金，它是通过深圳证券交易所交易系统发行并上市交易的开放式基金。LOF 基金的主要特点为：①LOF 本质上仍是开放式基金，基金份额总额不固定，基金份额可以在基金合同约定的时间和场所申购、赎回。②LOF 获准在深交所上市交易后，投资者既可以选择在银行等代销机构按当日收盘的基金份额净值申购、赎回基金份额，也可以选择在深交所各会员证券营业部按撮合成交的价格买卖基金份额。基金的申购、赎回程序与普通的开放式基金相同。上市型开放式基金在深交所的交易方式和程序与封闭式基金基本一致。

二、基金的定价与费率

封闭式基金的价格与开放式基金按照每股资产净值经连续出售和赎回的特征具有显著的不同，封闭式基金之所以称为“封闭”的，在于其初期资本一经确定，投资人不可赎回或再向基金购买，这意味着基金供给缺乏弹性。因此，集中体现供求关系的基金市场价格与每股资产价格（即净值）并非直接相关；同时，由于封闭式基金的基础资产是证券投资组合（含少量现金），这与企业发行的以企业实体运行为基础的证券也具有迥然不同的信息特性。在证券市场上，封闭式基金最主要的特征是同时向投资人展示了基金的市场价格回报以及其资产组合的价格回报。

事实上，封闭式基金的价格在其存续周期的不同阶段具有不同的有趣现象：

(1) 封闭式基金的 IPO 呈现溢价，这个溢价通常认为代表发行费用和与创立相关的起步费。那么，当投资者看到已发行的封闭式基金为折价交易时，仍溢价买入新基金是颇为有趣的现象之一。

(2) 封闭式基金发行后若干时间，溢价变为折价；此后，折价偶有变为溢价的时候，折价在较长的时期内会大幅度波动。从现象上看，这些波动伴随着市场趋势的起起伏伏；从回报角度看，这似乎与均值回归有关，已有一些文献记载了多大折价幅度的基金可获得超常收益率。

(3) 封闭式基金开放时，其市价上升至基金净值水平，在折价幅度渐小的过程中，超常回报持续积累。其中，折价现象是引发无数学者竞相研究的一个问题。

封闭式基金的费率较低，交易时的主要收费项目与收费比例有：交易佣金为交易额的 0.25%，过户登记费在上交所为 0.05%，而深交所则收取 0.025%的名册服务费。封闭式基金分红时，需要向登记公司缴纳派发金额 0.3%的分红手续费。

三、基金的收益分配与清盘

封闭式基金的收益分配适用关于基金收益分配的一般规定，但由于封闭式基金的特殊性质，又有一些不同。其中，最重要的区别在于封闭式基金一般采用定期定量的收益分配，即每月或每季度分配一次，每次收益分配保持相对固定的分配比例或者分配金额。这种做法的好处在于稳定持有人预期，降低基金折价率。

由于实行定期定额的收益分配政策，可能造成基金收益分配所需金额超过前述基金利息收入、股利收入和基金资本利得的总和。为此，封闭式基金采用下述两种方法予以解决：一是增加了长期资本利得的分配力度；二是增加了本金分配（Return of Capital），即定期定量分配中超过基金利息收入、股利收入和基金资本利得总和的部分可以使用基金本金予以弥补，利用本金分配的金额是免税的。基金还要对本金分配进行专门的披露，避免投资者误将本金分配当作基金净收入或资本利得。

我国《证券投资基金运作管理办法》第三十五条明确规定："封闭式基金的收益分配，每年不得少于一次，封闭式基金年度收益分配比例不得低于基金年度已实现收益的百分之九十。"这就是说，封闭式基金进行分红的基础是已经实现的收益，即我国封闭式基金还未引入本金分配策略。按照证券投资基金会计核算办法的有关规定，我国证券投资基金在实际运作中，均以基金收益作为收益分配的来源。基金收益是指基金投资所得股利、债券利息、买卖证券差价、银行存款利息以及其他收入。基金收益扣除相关费用后为基金净收益，基金净收益可用于收益分配。由于相关法律法规未对基金本金分配作出明确规定，所以现有封闭式基金和开放式基金仅按照上述规定制定了收益分配政策，没有制定本金分配政策。

封闭式基金一般都有存续期，按照基金契约，到期后：一是基金可以清算，投资者拿回基金净值，基金结束。封闭式基金到期清算时，将按照基金的净值进行清算。二是转型成为可以直接按净值申购和赎回的开放式基金，即基金“封转开”。由于封闭式基金的交易价格和净值之间存在较大折价，因此“封转开”理论上存在较大的套利空间。

四、封闭式基金折价之谜

封闭式基金折价是由 Pratt（1966）首次提出的，是指封闭式基金的价格低于其单位资产净值（Net Asset Value，NAV）的现象。这种现象在国内外资本市场上均广泛存在。Lee，Shleifer and Thaler（1991）的经典论文中，把封闭式基金的折价现象称为“封闭式基金之谜”，并总结了封闭式基金折价的四个主要表现：①封闭式基金折价现象与市场有效性相违背，实证研究发现，封闭式基金的基金份额通常是以不等于其所拥有的资产净值的价格交易的，基金的市场价格也并非围绕着净资产值上下波动。②封闭式基金的首次公开发行仍然是溢价交易的，且溢价幅度达到 10%，在维持 120 天左右的溢价之后，折价才开始出现。③封闭式基金折价的幅度随着时间变化而大幅度波动，并且这种时变性表现出反向修正的特征。④如果封闭期满，封闭式基金转为开放式基金或者清算时，折价幅度会大幅度减小，以至于趋近于零，即封闭式基金的价格与其单位资产净值趋于一致。

国内外关于封闭式基金折价问题的研究成果大致可以分为两大类：一类研究基于古典经济学的有效市场理论框架，对封闭式基金折价现象提出传统的解释，如净值偏差假说（包括资本利得未实现假说与资产流动性假说）、代理成本理论（包括管理费用假说与管理业绩假说）、纳税时机假说、市场分割假说等；另一类研究是运用行为金融学的框架，从投资者非理性的角度出发对封闭式基金折价现象作出解释，如噪声交易假说、投资者情绪假说等。

（1）未实现资本利得税负理论。Pratt（1966）最早指出，当投资者购买了含大量未实现资本升值的封闭式基金时，需承担潜在的资本利得税负。当基金将来卖出相应资产、实现资本升值时，必须支付资本利得税。因而基金资产净值中包含越多的未实现资本升值，基金折价的幅度也应越大。但这一理论也存在缺陷，即当封闭式基金转为开放式基金后，未实现资本升值并没有减少，按理说基金的折价幅度也不应当发生变化，而实际转型后，折价就消失了。显然，这一观点无法解释这一现象。此外，Malkiel（1977）的实证研究表明，未实现的资本利得税虽然与基金折价有一定的相关性，但只能解释不超过 6%的基金折价。现实情况是，近几年美国股票基金的平均折价幅度高达 10%，因此该理论对基金大幅折价的解释是有限的。

（2）资产的流动性缺陷理论。该理论认为：①一些基金把大量的资金投资于在一定时间内有流通限制的股票，由于这类股票的流动性较差，用其市值计算资产净值实际上夸大了基金的真实资产净值。因此，持有较大数量这种股票的基金价格应当有较大数量的折价。但事实上，许多封闭式基金持有的这种股票非常少，所以这种情况对这些基金折价的影响不大。②基金可能过多地持有某一公司的股票，由于流动性风险，这种股票的实现价值必然低于其公告的资产净值，从这一角度看，基金应当有一定程度的折价。不过，当封闭式基金转型后，基金仍然可能较多地持有某一公司的股票，而基金却不再折价了。对于这一现象，该理论无法解释。

（3）代理成本假说。代理成本假说试图从代理成本的角度出发来解释封闭式基金的折价现象。该理论认为，如果基金的管理费用过高，或者基金未来的管理业绩低于市场平均水平，那么与之相对应的是，基金的价格应当低于其单位资产净值。代理成本假说可以分为管理费用观点与管理业绩观点：①管理费用观点。管理费用观点认为，基金折价是对基金管理费用过高的一种反映。基金的日常运作需要成本，如基金管理人的报酬、管理费用等。由于这些成本，基金的市场价格应当低于其资产净值，那么就会形成基金的折价（Boudreaux，1973）。人们实证检验了基金折价与管理费用的关系，发现两者之间确实存在显著的相关性，最近具有代表性的研究是 Ross（2002），他运用无套利原理和有效市场理论构建了一个基于管理费用的模型，能够较好地解释基金折价现象。但由于基金的管理成本占基金资产净值的比例较小，并且变化不大，而封闭式基金的折价较多且呈现较大幅度的波动，因此这一观点未能很好地解释折价现象。②管理业绩观点。Malkiel（1977）认为，基金的折价反映了公众对基金业绩的预期。基金管理人的管理能力作为一种资产，其价值不尽相同。如果投资者认为基金管理人具备优秀的投资管理技能，能够以非常好的业绩（如能够超过市场平均水平）回报基金投资者，基金可溢价；反之，基金则应折价。然而，过去业绩表现较好的基金，将来的业绩并不一定就好，这使得该理论的应用性不强。而且统计数据表明，美国证券市场中收益超过市场平均水平的基金也常常发生折价。

（4）纳税时机假说。一些学者从纳税时机的角度出发解释封闭式基金的折价现象。这种理论认为，如果投资者直接投资于基金投资组合中的资产，就可以利用资产价格波动带来的有利税收交易机会。而投资者如果投资于基金，就丧失了这些税收交易机会。相应地，基金折价就是对投资者潜在损失的一种补偿。根据纳税时机假说，基金投资组合中所含资产的收益波动越大，投资者因持有基金丧失税收交易机会的价值就越大，基金的折价幅度也就越大。

（5）市场分割假说。该假说认为各种各样的市场分割可能是导致封闭式基金折价的原因。市场分割假说可以从两个角度进行解释：一是国际市场分割理论。该观点认为，对直接外国投资的限制会导致封闭式基金折价的形成。Bonser-Neal，Brauer，Neal and Wheatley（1990）的实证研究发现，80%以上的国家基金在解除投资限制以后，基金价格与基金单位资产净值的比率显著下降。二是国内市场分割理论。Huberman（1998）指出，由于市场上存在不同的投资群体，他们对基金市场营销的反应有所不同，加之个人投资者与机构投资者之间市场实力对比悬殊，国内市场也可能被分割。

（6）金融噪声理论。Black（1986）最早对噪声与噪声交易者的概念进行了经典、明确的界定。他认为，噪声是与信息相对的概念。信息是交易者据以正确预测与基础资产价值变动有关的信息，噪声则是与基础价值无关但可能影响资产价格使之非理性变动的错误信息，这一错误信息可以使资产价格偏离资产均衡价值。现实中，信息与噪声很难区分，如果交易者可以很清楚地辨别哪些是噪声、哪些是信息，就不会形成噪声。也就是说，交易中总会有一些把噪声视为信息的人。布莱克将这一行为称作噪声交易，而将进行噪声交易的人称为噪声交易者。

由于噪声交易者的长期存在，持有封闭式基金的风险包含两部分：持有基金投资组合的风险和噪声交易者风险。其中，噪声交易者风险是当基金折价时，理性的套利者若要购买基金，必须要考虑不久后噪声交易者可能会更加悲观，并驱使基金市场价格进一步下跌的风险。如果套利者在基金价格恢复之前必须卖出清算，他就会遭受损失。对这一损失的担心会限制他初始的套利行为。由于这一额外风险的存在，投资者持有封闭式基金比持有基金投资组合的风险更大。从这个意义上讲，基金的市场价格应低于其投资组合的资产净值，由此产生了封闭式基金的长期折价现象。如果投资者（噪声交易者）对基金的未来收益过于乐观，他们会推动基金的市场价格上涨，使基金折价减少或产生溢价（封闭式基金初始发行上市时就是这种情况）；反之，如果投资者（噪声交易者）对基金的未来收益过于悲观，则他们会推动基金的市场价格下跌，使基金的折价加大。

（7）投资者情绪假说。Lee，Shleifer and Thaler（1991）等人用实证的方法论述了封闭式基金的折价受市场上的同一投资主体——个人投资者的情绪（Individual Investor Sentiment）的影响。该假说可以解释封闭式基金折价之谜的四个表现方面。封闭式基金投资者面临的风险既包括基金基础资产的风险，也包括基金的其他投资者非理性交易的风险，这使投资者持有封闭式基金的风险比直接持有基金基础资产的风险更大。因此，投资者对封闭式基金会有更高的收益率要求作为风险补偿。该假说同样能解释首次发行溢价现象，这是由于基金发行者对于投资者情绪乐观发行时机的选择以及对于基金前景的宣传，使得非理性投资者对于基金前景过于乐观，形成首次发行溢价。对于基金折价幅度波动的解释是，非理性投资者情绪的波动程度高于所有投资者情绪波动的平均水平，使得封闭式基金的折价幅度出现较大变化。而当封闭式基金转为开放式基金或者被清算时，非理性投资者知道此时基金价格会趋同于资产净值，他们将会选择退出，此举导致理性投资者的比例升高、非理性投资者情绪的干扰会逐渐消失，而理性投资者要求获取的额外风险补偿也会随之减少，也就是基金折价幅度会逐渐减少。

第四节　指数基金

在每一个主要证券市场或区域证券市场中，我们都能发现若干个反映市场变化的指数；在投资领域，各种不同类型投资组合的绩效测量都是通过比较市场基准指数实现的。一般来说，指数的计算和维护方法是由成份证券加权方式所决定的，而设立指数是为了以下目的：成为市场的指示器、成为投资组合绩效测量的比较标准和成为可投资性的基准。我们可以将证券指数定义为：证券指数是由一篮子证券组成的，其收益（回报）率代表了所有样本证券的平均收益（回报）率。

证券市场指数的一个重要职能——投资职能能为投资者提供新的投资工具和复制投资策略蓝图，指数化投资是一种以完全复制某一指数为目标，根据证券指数编制原理和按照指数的成份股权重配置资金，创建投资组合的过程。这就是说，如果要进行指数化投资，目标指数一定要具备可投资性与可交易性。在我国A股市场，深证综合指数和上证综合指数由于编制过程中的选样原因，都不具备可交易性，而深证100指数与上证50指数都是可投资与可交易的指数产品，它们已经是一些开放式指数基金的复制模板，并将是未来金融衍生工具的标的，也将是未来交易型开放式基金的选择对象。从理论上说，所有投资者都可以直接参与指数化投资。但事实上，由于指数化投资需要一定规模的资金和专业化的指数投资管理工具，所以实际参与者大部分是机构投资者，开放式指数基金就是指数化投资者的一类重要的投资工具。在了解了指数和指数化投资基本概念的前提下，下面介绍一个具体的指数化投资工具——指数基金。

【课外推荐 13-2】

指数基金：长期投资的利器

一、指数基金的概念与分类

1. 指数基金的概念

指数基金采用被动式投资，选取某个指数作为模仿对象，按照该指数构成的标准，购买该指数包含的证券市场中全部或部分的证券，目的在于获得与该指数相同的收益水平。例如，上证 180 指数，做一个上证 180 指数基金，就是将资金按照这 180 只股票所占的市值比例，将资金投入 180 只股票所构造的一个投资组合，它的表现从理论上讲跟上证 180 指数的表现是一致的。

2. 指数基金的分类

首先，根据指数基金本身的投资操作方式，可以把指数基金分为完全被动跟踪指数的指数基金与增强型指数基金两类。前者是完全意义上的指数基金，后者在跟踪指数的同时加入了积极投资的成分以期战胜市场，在提高收益预期的同时，也在一定程度上增加了风险与成本。

其次，指数基金可以按照所跟踪指数对应的资产类型不同或投资区域的不同进行细分。比如说在美国，根据所跟踪指数涉及的资产类别不同，可以将指数基金分成股票价格指数基金、债券指数基金、不动产指数基金等；又如，股票价格指数基金可以根据投资区域的不同进行划分，如美国标准普尔 500 指数基金、英国金融时报 100 指数基金、日本日经指数基金等。

此外，目前的指数基金以股票基金为主，根据基金所跟踪的股票价格指数的特点可以进一步细分为以下几种类型：

（1）综合型指数基金。综合型指数基金是目前市场中见得最多也最为典型的指数基金，它们以市场中某一反映全市场状况的综合性指数作为跟踪标的，如上证综合指数、深证成指、上证 180 指数、深证 100 指数以及国际上著名的道琼斯工业平均指数、标准普尔指数等，都属于综合型指数。由于这些综合型指数反映的是整个市场的平均收益，不仅具有非常强的市场代表性，也充分分散了个股的风险，所以这类综合型指数基金也就成了指数基金的主流品种。

（2）按照板块分类的局部型指数基金。此类指数基金以反映市场中某一板块的指数作为跟踪对象，其中最常见的是按上市公司规模分类的指数以及它所对应的基金，也就是大盘股指数基金、中盘股指数基金和小盘股指数基金。另外，还有一种较为常见的按投资目标进行区分的指数基金。根据投资目标的风格类型不同，可以将股票分为价值型股票或成长型股票，于是也就有了价值型指数基金与成长型指数基金。

（3）行业指数基金。某些股票价格指数可以描述某一特定行业上市公司股票价格的变化情况，由此就产生了各种类型的行业指数，以这些行业指数作为跟踪目标的指数基金就是行业指数基金。

（4）混合型指数基金。此类基金是上述几种类型的组合，也就是将上述行业或板块进行复合后作为标的指数的指数基金。

二、指数基金的特点

指数基金最突出的特点就是费用低廉和延迟纳税，这两方面都会对基金的收益产生很大的影响，而且这种优点将在一个较长的时期里表现得更为突出。此外，简化的投资组合还会使基金管理人无须频繁地接触经纪人，也不用选择股票或者确定市场时机。具体来说，指数基金的特点主要表现在以下几个方面：

（1）费用低廉。这是指数基金最突出的优势。费用主要包括管理费用、交易成本和销售费用三个方面。管理费用是指基金经理人进行投资管理所产生的成本；交易成本是指在买卖证券时发生的经纪人佣金等交易费用。由于指数基金采取持有策略，不用经常换股，这些费用远远低于积极管理的基金，这个差异有时达到了1%～3%，虽然从绝对额上看，这是一个很小的数字，但由于复利效应的存在，该差异在较长时期内累积的结果将对基金收益产生巨大的影响。

（2）分散和防范风险。一方面，由于指数基金可以广泛地分散投资，任何单只股票的波动都不会对指数基金的整体表现构成影响，从而分散风险。另一方面，由于指数基金所盯住的指数一般都具有较长的历史可以追踪，因此指数基金的风险在一定程度上是可以预测的。

（3）延迟纳税。由于指数基金采取了一种购买并持有的策略，所持有股票的换手率很低，只有当一只股票从指数中剔除时，或者投资者要求赎回时，指数基金才会出售持有的股票，以实现部分资本利得。这样，指数基金每年缴纳的资本利得税（在美国等发达国家中，资本利得属于所得税纳税的范围）很少，再加上复利效应，延迟纳税会给投资者带来很多好处，尤其是在累积多年以后，这种效应更为突出。

（4）监控较少。由于运作指数基金不用进行主动的投资决策，所以基金管理人基本上不需要对基金的表现进行监控。指数基金管理人的主要任务是监控对应指数的变化，以保证指数基金的组合构成与之相适应。

指数基金以上市交易型开放式指数基金（ETF）对投资者最为便利。华安基金管理公司于2002年11月成立的华安MSCI中国A股是我国第一只指数基金，此外还有易方达50ETF、易方达深证100ETF、华夏中小企业板ETF、华夏上证50ETF、华安上证180ETF等。指数基金的投资策略就是购买指数的成份股（或其他证券）来跟踪指数。首先，根据不同的收益-风险特征，选择适当的标的指数。然后，按照目标指数的成份股构建投资组合。最后，按照一定的规则对标的指数的成份股做定期或不定期的调整，并且监控和调整跟踪误差，即跟踪指数基金的收益与对应标的指数收益之间的差异。表13-3为易方达50指数基金的基本情况。

表13-3　　　　易方达50指数基金

基金名称	易方达50指数	基金代码	110003
投资类型	指数型	投资风格	股票型
首次募集规模（元）	5 048 902 330.26	最新基金规模（份）	22 523 525 361.15
成立日期	2004-03-22	基金经理	林飞，马骏，梁天喜
基金托管人	交通银行	基金管理人	易方达基金管理有限公司
会计师事务所	安永华明会计师事务所	律师事务所	北京市天元律师事务所
投资目标	在严格控制与目标指数偏离风险的前提下，力争获得超越指数的投资收益，追求长期资本增值。 本基金为增强型指数基金，以上证50指数作为目标指数。资产配置上追求充分投资，不根据对市场时机的判断主动调整股票仓位，通过运用深入的基本面研究及先进的数量化投资技术，控制与目标指数的偏离风险，追求超越业绩比较基准的收益水平。		

投资原则及比例	1. 资产配置策略。 本基金尽可能追求基金资产在股票市场上的充分投资，基金管理人不在国债、股票、现金等各类资产之间进行主动配置。在目前的法律法规限制下，本基金投资于国债的比例不低于基金资产净值的 20%，投资于股票的比例一般不低于 75%；一旦法律法规不再限制基金投资于国债的比例，本基金除保留一定现金外将全部投资于股票，正常情况下，股票投资占基金净资产的比例不低于 95%。 在实际运作过程中，由于受市场价格波动、股票交易的零股限制、基金申购赎回情况等因素的影响，基金的资产配置比例可能会在规定比例附近小幅波动，基金经理小组及风险管理小组将对此进行实时的监控和调整。 2. 股票投资策略。 本基金以指数化投资为主，辅以有限度的增强操作及一级市场股票投资。本基金所跟踪的目标指数为上证 50 指数。基金将基本依据目标指数的成份股构成权重，基于基本面研究进行有限度的优化调整，并借助数量化投资分析技术构造和调整指数化投资组合。在投资组合建立后，基金定期对比检验组合与比较基准的偏离程度，适时对投资组合进行调整，将指数优化组合与目标指数的跟踪误差控制在限定的范围内。此外，本基金将利用所持有股票市值参与一级市场股票投资，以在不增加额外风险的前提下提高收益水平。
收益分配原则	1. 基金收益分配采用现金方式，投资者可选择获取现金红利或者将现金红利按红利发放日前一日的基金份额净值自动转为基金份额进行再投资（下称“再投资方式”）；如果投资者没有明示选择，则视为选择再投资方式。 2. 每一基金份额享有同等分配权。 3. 基金当期收益先弥补上期亏损后，方可进行当期收益分配。 4. 基金收益分配后每基金份额净值不能低于面值。 5. 如果基金投资当期出现亏损，则不进行收益分配。 6. 基金收益分配比例按照有关规定执行。 7. 在符合基金分红条件的前提下，本基金每年至少分红一次。当年成立不满 3 个月，收益可不分配。

第五节 股指期货在基金管理中的运用

股指期货是以股票价格指数为标的的期货合约。股指期货交易的实质是投资者将其对整个股票市场价格指数的预期风险转移至期货市场的过程。股指期货的推出主要是为了进行风险管理，即套期保值功能的延伸。

目前，我国基金面临的最大风险是股市系统性风险和流动性风险。而股指期货在基金的风险管理中具有规避基金的系统性风险、控制流动性风险以及优化投资组合的作用。

1. 规避基金的系统性风险

股指期货可以做双向交易，是规避系统性风险比较有效的工具。当股市上涨到一定幅度而出现掉头向下的迹象时，或者基金管理人想暂时锁定已有的收益时，可以不必抛售股票，只需在股指期货市场卖出一定数量的期货合约。如果股市真的下跌，基金所持有的股票会有损失，但其持有的股指期货合约可以盈利。等到股市跌势比较稳定时，平掉股指期货空单，以股指期货做空的盈利抵补股票的损失。这样，就可以使基金有效地规避系统性风险，保持其收益的稳定性。

2. 控制流动性风险，应付兑付压力

作为我国基金业的主要发展方向之一，开放式基金具有购赎自由的特性，这就要求基金资产保持充分的流动性，有足够的现金流满足支付需要，或保证资产及时变现以弥补资金之不足。因此，开放式基金的流动性管理显得尤为重要。股指期货可在缓解这一矛盾中起到独特的作用。比如面对兑付压力时，基金管理人可以先在股指期货市场上卖出期货合约作为股票现货的替代品，当股票现货卖出后，再将股指期货空头合约平仓。因此，股指期货在流动性管理中发挥着十分重要的作用。

3. 优化投资组合

我国目前的基金一般只投资于股票和债券，投资品种单一。股指期货可以丰富开放式基金的投资品种，从而优化资产组合，提高收益率。股指期货作为一种投资工具，本身也具有流动性强、交易成本低和资金的使用效率高等优势。在国际市场上，投资基金往往在股票、债券与期货间进行有效的投资组合，以分散风险、提高投资收益率。

具体说来，基金管理人员对股指期货的绝大多数运用基于其以下两个基本功能：

（1）调整β值。一个投资组合的β值等于其各项基本资产β值的加权平均和，即：

$$\beta=\sum \beta_i X_i$$

其中，$\sum X_i=1$。

若投资者购买股票的资金部分来源于贷款，则已投资股票的价值总额将不等于投资组合的净值。在这种情况下，X_i 就是投资组合净值中各资产的权重。除了进行股票期权的交易外，基金管理人有三种方式可用来控制其投资组合的β值：买卖股票；借入或贷出资金并买卖股票；买卖股指期货。

基金经理通过买卖股指期货调整投资组合的β值时，不需要买卖股票或无风险资产，也不要求投资者能以无风险利率借入资金，但必须延展期货头寸并为初始保证金的支付提供资金。若基金没有尚未投入的现金，这笔资金必须通过减少在无风险资产上的投资得到。一个由股票和股指期货组成的投资组合的β值（β_2）可以通过计算两者之和得到：所持股票的β值（β_1）与期货合约的数量（X_f）（多头头寸时为正值，空头头寸时为负值）乘以期货合约的价值（S_t），再除以股票组合的市场价值（S_tN），即 X_f/N。其中，N 为股票组合的价值被指数的现值与合约乘数的乘积（S_t）相除得到，即 N 是现货投资组合包含的“单位”数量。这样，假定指数期货的β值为 1，即 $\beta_f=1$，可得：

$$\beta_2=\beta_1+\frac{X_f}{N}$$

但很可能期货品种所基于的那个指数与市场组合拥有不同的构成，此时就必须考虑市场组合的收益变化后期货价格的反应。将投资组合的β值从β_1 调整至β_2 所需要的指数期货合约的数量可以下式计算：

$$X_f=\frac{N(\beta_2-\beta_1)}{\beta_f}$$

其中，β_f为指数期货相对于市场组合的β值。

（2）改变在市场中的投资规模。通过买卖指数期货，基金经理可以容易地扩大或缩小在股票市场的投资规模。如果基金经理希望向股票市场投入更多的资金，即他认为市场将会上升，就可以买入股指期货。若基金经理希望在股票市场投入更少的资金，即看空市场，就可以卖出股指期货。对于单只股票来说，仅当其被认为将强于大市时才买入。有许多原因可以解释为什么基金经理宁愿使用指数期货而不是买卖股票，比如，保证金要求较低，期货具有较强的杠杆效用；通过在期货市场建立空头头寸可以在下跌的市场中轻松获利，却不涉及股票的买卖；期货的交易成本较低，具有更高的流动性，但在买卖指数期货时，由于不能选择股票也不能获取额外收益。

综上所述，股指期货不仅是一种有效规避风险的工具，而且在优化投资组合、提高基金盈利性方面都有独特的作用。从另一个角度讲，股指期货市场是证券市场不可缺少的组成部分，没有股指期货的证券市场是不完整的。我国证券市场双边机制发展较慢，一些常用的避险工具（如股指期货）推出时间较晚。2006 年 9 月中国金融期货交易所正式成立，2010 年 4 月我国第一个股指期货合约——沪深 300 股指期货合约正式上市交易。

前面介绍了股指期货的避险作用，下面再介绍一类运用权益类衍生产品工具对冲风险的特殊基金——风险对冲基金。对冲基金（Hedge Fund）意为“风险对冲过的基金”，起源于 20 世纪 50 年代初的美国。其操作的宗旨在于，利用期货、期权等金融衍生产品以及对相关联的不同股票进行实买空卖、风险对冲的操作技巧，在一定程度上可规避和化解投资风险。

在最基本的对冲操作中，基金管理者在购入一种股票后，同时购入这种股票一定价位和时效的看跌期权。看跌期权的效用在于，当股票价位跌破期权限定的价格时，卖方期权的持有者可将手中持有的股票以期权限定的价格卖出，从而使股票跌价的风险得到对冲。在另一类对冲操作中，基金管理人首先选定某类行情看涨的行业，买进该行业的几只优质股，同时以一定比率卖出该行业的几只劣质股。如此组合的结果是，如该行业预期表现良好，优质股涨幅必超过其他同行业的股票，买入优质股的收益将大于卖空劣质股的损失；如果预期错误，此行业股票不涨反跌，那么较差公司的股票跌幅必大于优质股，则卖空劣质股所获利润必高于买入优质股下跌造成的损失。基于这种操作手段，早期的对冲基金可以说是一种基于避险保值的保守投资策略的基金管理形式。

经过几十年的演变，对冲基金已失去其初始的风险对冲的内涵，而成为一种新的投资模式的代名词，即基于最新的投资理论和复杂的金融市场操作技巧，充分利用各种金融衍生产品的杠杆效应，承担高风险、追求高收益的投资模式。对冲基金中最著名的莫过于乔治·索罗斯的量子基金及朱里安·罗伯逊的老虎基金，它们都曾创造过高达 40%～50%的复合年度收益率。专栏 13－1 介绍了对冲基金经理追求利润的一些投资策略。

专栏 13－1

对冲基金赚大钱的秘密

又一次看到对冲基金的收益无情地击败了作为业余选手的你所构建的投资组合的收益，你是否已经感到疲惫、厌倦了？

你可曾想过像鲍尔森（John Paulson）和科恩（Steve Cohen）这样的对冲基金巨子为何能轻松实现 15%、20%，甚至是 30%的年收益率？

你有富余的收入购置第二套房产吗？或是买下加勒比海上的一座小岛？抑或是投资德

加、沃霍尔、梵·高的名作，或其他艺术品？或者你只想锦衣玉食——就像拉贾拉特南（Raj Rajaratnam）服刑前那样？

SAC Capital Advisors 对冲基金经理和创始人科恩

嗯，别走开。你要做的是联系当地的证券律师，告诉他/她（最好是大声说），你要创立（Starting）一只对冲基金。不过别说创立，要说推出（Launching），你得说行话才行。告诉律师，与其接受你的现金付款，不如在你创立的 Black Tree Granite Advisers Capital LLC（黑树大理石顾问公司，相信我，这是一个好名字）中持有一定的股份。

对冲基金业曾经是华尔街那些老道的精英交易员的天下，但现在普通人想要在这个行业赚大钱确实也是前所未有的容易。是的，你得遵守新的监管规则，包括在美国证券交易委员会（SEC）注册，但这个资金规模达 3 万亿美元的行业大多数时候还是处于无人监管的状态。你不需要申请牌照，你的出身并不重要，你甚至无须拥有一台电脑，你可以在家办公。

一旦你创立了自己的对冲基金，你就开始寻找投资者。为了吸引投资者，你需要一个令人信服的投资策略来吸引资金。现在到了这篇文章的关键部分。目前市场上主要有以下几种投资策略：

研究推动型

别被名字唬住了，这里我们说的不是老式的分析、调查和大量复杂的数字运算，而是打个电话给公司董事、“专家网络”和高层管理人员——这就是如今对冲基金经理青睐的研究方式。看看这些“研究”给拉贾拉特南带来多大的回报：他可是个亿万富翁啊！

每个人都想从中分得一杯羹，调查员也不例外。科恩在 SAC Capital Advisors 十年来的交易记录正受到审查。大约 20 宗期权交易的时间可疑。这些交易可能都存在问题。除非有人戴着窃听器进行窃听，否则谁也查不到。

机会驱动型

这种策略受到对冲基金 John Paulson & Co. 以及 Magnetar Capital 的青睐。其知名度虽不高，但是非常有利可图。这种策略涉及大量的工作和风险，但这只是对你的投资者，而非作为对冲基金经理的你本人而言的。

作为对冲基金经理，你负责寻找投资机会。这可以是比如说，高盛发行的一只股票、债券或资产基金，甚至是你自己发行这些产品，然后开始做功课。这下你要开始忙了，向投资者兜售几种证券（比如抵押贷款支持证券，这里只是随口举个例子），添加到基金中。

“哇”，你会说，“在你的帮助下，这些都将成为非常可靠的投资。”当然你不会将已违约的抵押贷款放进投资组合中（这里当然也只是随口举个例子），对吧？你可不想败坏自己的声誉。

现在来看风险。你的对冲基金将通过一种衍生品对冲上述投资组合的风险。这很疯狂，风险很大。你知道这或许没有道理，但马格尼特和鲍尔森都通过类似手法获得了成功。他们帮助构建的一些投资组合表现不好，却通过反向操作赚了大钱。所有的代价不过是投资者付出的辛勤工作、承担的巨大风险。

其他投资策略

最后，虽然并不推荐，但你依然可以遵循百试不爽的各种对冲手段：外汇、大宗商品、主权债务、固定收益可转债套利，以及侧重于做空、以定量分析为基础的各种套利手段。

但你真的会这样做吗？据对冲基金指数 Hennessee Hedge Fund Index 透露，2011 年 4 月份对冲基金的平均收益率只有 1.36%。相比之下，标准普尔 500 指数的涨幅为 2.85%，道琼斯工业指数的涨幅为 3.98%。

经济状况不景气的时候，对冲基金的业绩往往更差。金融危机期间十分之一的对冲基金倒闭。投资者赎回和投资损失给整个对冲基金业造成的亏损超过 6 000 亿美元。换句话说，即便你想赎回你的股份，许多对冲基金不是倒闭就是处于锁定期而无法赎回。

还有一种投资策略

很多人可能会问是否还有第四种投资策略，这种策略可以产生稳定、强劲的收益，但又不需要做大量的“研究”或挑选各类用于对冲的证券。这是一种被动投资策略：你收集客户的资金然后将其注入全球各地的账户，其中瑞士的银行最受欢迎。然后你给每个客户发送业绩报表，上面会显示巨大的增幅，好年景时有 30%，熊市时可能只有 1%。客户想赎回自己的股份时，你只要从一个美国账户付款即可。摩根大通银行就提供过这种服务。

再来看看你的被动投资组合。你不必投入一分钱。记不清这种投资策略的名字是什么了，但有人通过这种手段赚了很多钱。当然，保密是很重要的，你可能只想让家里的人知道内幕。

资料来源：韦德纳．对冲基金赚大钱的秘密．华尔街日报（中文版），2011 - 05 - 30.

1969 年量子基金的前身双鹰基金由乔治·索罗斯创立，注册资本为 400 万美元。1973 年，该基金改名为索罗斯基金，资本额跃升到 1 200 万美元。索罗斯基金旗下有五个风格各异的对冲基金，而量子基金是最大的一个。1979 年，索罗斯把旗下的公司正式命名为量子公司。索罗斯认为：市场总是处在不确定和不停的波动状态，但通过明显的贴现与向不可预料的因素下赌注，赚钱是可能的。量子基金的总部设在纽约，但其出资人皆为非美国国籍的境外投资者，其目的是避开美国证券交易委员会的监管。量子基金投资于商品、外汇、股票和债券，并大量运用金融衍生产品和杠杆融资，从事全方位的国际性金融操作。凭借索罗斯出色的分析能力和胆识，量子基金在世界金融市场中逐渐成长壮大。由于索罗斯多次准确地预见到某个行业和公司非同寻常的成长潜力，从而在这些股票的上升过程中获得了超额收益，即使是在市场下滑的熊市中，索罗斯也以其精湛的卖空技巧而大赚一笔。至 1997 年末，量子基金已增值至资产总值近 60 亿美元。在 1969 年注入量子基金的 1 美元在 1996 年底已增值至 3 万美元，即增长了 3 万倍。1997 年 7 月，量子基金大量卖空泰铢，迫使泰国放弃维持已久的与美元挂钩的固定汇率制度而实行自由浮动汇率制度，从而引发了一场泰国金融市场前所未有的危机。此后，危机很快波及所有东南亚实行货币自由兑换的国家和地区。其后，量子基金和老虎基金试图狙击港元，但中国香港金融管理局拥有大量的外汇储备，加上当局大幅调高利率，使对冲基金的计划没有成功，但高利率却使香港恒生指数急跌四成，对冲基金意识到同时卖空港元和港股期货，使利率急升、拖垮港股，就“必定”可以获利。1998 年 8 月，索罗斯联手多家巨型国际金融机构冲击中国香港汇市、股市和期市，但以惨败告终。中国香港政府在 1998 年 8 月入市干预，令对冲基金同时在外汇市场和港股期货市场遭受损失。

在已经被人们了解的众多对冲基金投资案例中，对冲基金对金融市场价格的扰动只有在引起实体经济和货币体系的破坏时，这些价格才会向对冲基金期望的方向持续跌落。同时，被攻击的国家被破坏得越严重，对实施攻击的对冲基金越有利，其结果是对冲基金与民族国家之间的一次财富再分配。从分配的公正性角度看，对冲基金的这种行为被认为接近于垄断，那么它所获得的收入则近乎垄断利润。经济学界认为，市场作为一个配置资源的机制是有效的；但是，一旦对冲基金操纵价格，不仅输赢的机会不均等，而且会导致包括货币体系在内的市场本身的破坏，更谈不上提高市场的效率了。从经济学的价值观来看，既然没有效率，也就缺乏道德基础。因为这种行为导致的财富再分配，赢者的收入不仅以输者同等的损失为代价，而且以输者更大的损失，甚至其货币体系及经济机制的崩溃和失效为代价；从全球角度看，这是一种净的福利损失。

【小　结】

本章系统地介绍了投资基金的相关概念、分类，重点是开放式投资基金、封闭式投资基金定价与费率的具体计算方法，以及开放式投资基金和封闭式投资基金的发行、交易、收益分配、清盘等实务细节。另外，本章介绍了“封闭式基金折价”的四种表现，并对解释该现象的两大类理论框架，即基于古典经济学的有效市场理论框架和行为金融学的框架进行了总结，对两类框架下的一系列假说进行了梳理，希望引起读者对这一备受关注问题的兴趣。本章介绍指数基金和投资基金中股指期货应用的目的主要是，希望读者能够结合前面章节介绍的资产定价知识，深刻理解资产定价模型在投资基金实务中的应用。

【练习题】

1. 关于交易型开放式指数基金，以下说法不正确的是______。

A. 以某一选定的指数所包含的成份证券为投资对象

B. 可以进行套利交易

C. 本质上是一种指数基金

D. 会出现折价或溢价交易

2. 关于保本基金，以下说法不正确的是______。

A. 保本期越长，投资者承担的机会成本越高

B. 常见的保本比例介于80%～100%之间

C. 其他条件相同，保本比例较低的基金投资于风险性资产的比例也较低

D. 保本基金往往会对提前赎回基金的投资者收取较高的赎回费

3. 偏股型混合基金中股票的配置比例一般为______。

A. 10%～30%　　B. 50%～70%　　C. 20%～40%　　D. 70%～90%

4. 在基金的风险分析指标中，______将一个股票基金的净值增长率与某个市场指数联系起来，用以反映基金净值变动对市场指数变动的敏感程度。

A. 贝塔值　　　　B. 持股集中度　　　　C. 标准差　　　　D. 行业投资集中度

5. 反映股票基金投资业绩的指标主要有哪些？它们各有什么优势、劣势？

6. 简述美国共同基金与我国基金的区别。

7. 如果一只股票基金的平均市盈率、平均市净率小于市场指数的市盈率，可以认为该股票基金属于增长型基金；反之，该股票基金则可以被归为价值型基金。该表述正确吗？

8. LOF是一种既可以在场外市场进行基金份额申购、赎回，又可以在交易所（场内市场）进行基金份额交易、申购或赎回的开放式基金。该表述正确吗？

9. 由于ETF实行一级市场与二级市场交易同步进行的制度安排，因此，投资者可以在ETF二级市场交易价格与基金份额净值二者之间存在差价时进行套利交易。该表述正确吗？

10. 在目前的股利收益及预期的资本利得基础上，资产组合A与资产组合B的期望收益率分别为12%和16%。A的β值为0.7，而B的β值为1.4，现行国库券利率为5%，而标准普尔500指数的期望收益率为13%。A的标准差每年为12%，B的标准差每年为31%，而标准普尔500指数的标准差为18%。

（1）如果你现在拥有市场指数组合，你愿意在现有的资产组合中加入哪一个组合？说明理由。

（2）如果你只能投资于国库券和这些资产组合中的一种，你会如何选择？

11. 以下是5只共同基金的情况：

基金	收益率（%）	标准差（%）	β值
A	14	6	1.5
B	12	4	0.5
C	16	8	1
D	10	6	0.5
E	20	10	2

如果无风险收益率是3%，计算收益-波动性比率并排序。

12. A先生投资5万元申购一只LOF基金——南方高增长，他采取了场外申购，即通过银行柜台等申购方式。按照当日的基金份额净值申购14 993元、对应申购费率1.5%计算，A先生需要缴纳的申购费用是多少？

13. 同一只LOF基金，B先生选择了在场内申购，即像炒股一样通过交易所买入这只基金。B先生买入这只基金的价格将按其当日的收盘价1 475元计算，并且在交易过程中不需要支付申购和赎回费用，只需要支付一定比率的券商佣金。按照对应券商佣金比率为0.2%计算，获得了32 856.052 8份该基金份额，B先生需要支付多少券商佣金？

14. 假设你在年初以每份2元的价格买下了10 000份新基金，前端费用为4%。该基金年内投资的证券价值上涨了12%，基金的费率为1.2%。年末你出售所有基金份额所获得的收益率是多少？

15. 简述封闭式基金折价的几种理论解释。

16. 谈谈你对对冲基金的评价。对冲基金在我国的生存和发展受到哪些制约？

17. 某投资者者拥有400万元现金，有以下四种投资方式可供选择：开放式基金、封闭式基金、ETF和分析师推荐的个股。作为理财顾问，你如何向客户推荐？

【参考书目】

［1］Black，Fischer，1986，“Presidential Address：Noise”，*Journal of Finance*，41：529-543

［2］Bonser-Neal，Catherine，Greggory Brauer，Robert Neal，Simon Wheatley，1990，“International Investment：Restrictions and Closed-end Country Fund Price”，*Journal of Finance*，45：523-547

［3］Edwin J. Elton，Martin J. Gruber，Stephen J. Brown，William N. Goetzmann，2013，*Modern Portfolio Theory and Investment Analysis*，9th edition，New York：John Wiley & Sons，Inc.

［4］Fama，Eugene，1972，“Components of Investment Performance”，*Journal of Finance*，3：551-567

［5］Lee，Charles M. C.，A. Shleifer，R. H. Thaler，1991，“Investor Sentiment and the Closed-end Fund Puzzle”，*Journal of Finance*，46：76-110

［6］Pratt，Eugene J.，1966，“Myths Associated With Closed-end Investment Company Discounts”，*Financial Analysts Journal*，22：79-82

［7］Malkiel，Burton G.，1977，“The Valuation of Closed-end Investment-company Shares”，*Journal of Finance*，32：847-858

［8］陈雨露，汪昌云．金融学文献通论．北京：中国人民大学出版社，2006

［9］汪昌云，金融衍生工具．3版．北京：中国人民大学出版社，2017

第 14 章

投资绩效衡量

【本章导读】

合理有效地衡量投资绩效不仅有益，而且必要。作为出资人，投资者花钱雇用别人为其积极地管理证券组合，就有权利知道取得了什么样的业绩。尽管投资绩效衡量的是投资管理过程中最后的一个阶段，但同时也是连续操作的投资过程中必不可少的一步。从通常意义上说，对于经验丰富的投资经理，由于其拥有先进的技术和专业知识优势，通过分析公共信息或者独有的内幕信息，能获取优于普通大众的收益。因此，我们有理由期待投资经理管理的组合总能获取相对较高的收益，但问题是：如何分辨投资经理是真正的实力雄厚还是靠承担高风险来获取高收益，抑或是幸运所致？投资者可以通过有效的投资绩效衡量使得投资管理过程更有效率。具体而言，投资者可以运用这类信息来调整原来给投资经理施加的各种限制、调整给投资经理下达的投资目标或者调整用于分配给投资经理的资金，从而能够更好地对未来的管理方式施加影响。同样，对于投资经理来说，通过评估自己的业绩，可以确定自己的长处和劣势所在，辨别投资缺陷并对效益不佳的投资活动加以改善。此外，过去所取得的优秀业绩也可能来自投资经理高超的操作技巧和巧妙的时机把握。与此相对应，历史上的低迷业绩可能是由于坏运气，比如，中国股市中的“大小非”解禁和巨额融资行为也有可能来自过度自信行为下不恰当的买进和卖出、高昂的管理费用以及投资经理操作失当而导致的其他成本。

有效的业绩评估需要两个必不可少的环节：第一个环节是确定投资绩效是好还是坏。第二个环节是进一步区分这一业绩的具体来源。遗憾的是，要完成这两项工作都有一定的困难。因此，本章不仅介绍评估证券组合业绩时适用的方法，还要讨论在使用这些方法的过程中所碰到的问题。

资产组合的平均收益似乎是一个简单直接的评价尺度，其实不然，风险调整的收益带来了其他一系列问题。本章将从测算资产组合的收益开始，然后讨论资产组合业绩评价中如何考虑风险，同时简单介绍风险调整的几种常见方法及各自的优劣和适用条件。最后，本章将集中讨论业绩评估理论及实践中应用评估程序的一些新发展。

第一节　如何衡量投资回报

一、投资回报的测度

衡量投资业绩的第一步是计算出一段时期内基金投入资产的收益率。结合第3章中收益度量的知识，我们先来考察最简单的情况：在某个时期内，客户既不存钱也不取钱，即投资组合的总规模保持不变；此时，根据证券组合在每个时期期初和期末的市值就可以直接计算出每一时期的收益率。通常我们会考虑至少4年的月收益率或季度收益率，这样可以为统计评估提供比较合适的样本数量。

【课外推荐14-1】

基金份额

更现实的情景是，基金在投资期内会发生各项现金流入和流出，因此有必要在计算收益率时进行时间加权，以便对收益率作出调整。如果考虑客户申购基金份额或赎回基金份额，对应现金流入或流出，组合收益率的测度变得复杂，仅用各时期期初和期末价值变化的百分比并不能准确反映基金的收益率。例如，基金在期初的价值为20亿元，在期末之前客户又申购了1亿元，到了期末，基金的市值是20.6亿元；如果不考虑存入的1亿元而直接测度组合在该时期的收益率，得到的结果为3%[=(20.6−20)/20]。但是，这一结果显然没有真实反映出该基金的业绩，因为在期末的20.6亿元的市值中有1亿元不是来自投资经理的投资活动。如果考虑新存入的1亿元，基金在该期间的收益率应该是−2%[=(20.6−1−20)/20]。现金流入或流出直接影响到基金规模，我们需要确认资金存入或取出的时间，并对证券组合的市值进行调整后才能计算出收益率。如果现金流入发生在期末，必须从期末市值中扣除所存入的金额，而对于现金流出，则需要在期末市值中加上所取出的金额。

二、货币加权回报与时间加权回报

如果现金流入或流出发生在期中，上述方法就存在一定的问题。下面计算货币加权收益率，若上例中的1亿元申购发生在季度中期，那么其货币加权收益率就可以用下式求得：

$$20=\frac{-1}{1+r}+\frac{20.6}{(1+r)^2}$$

其中，r是半季度的收益率。

由上述方程求得：

$$r=-0.98\%$$

换算为整个时期的收益率为：

$$(1-0.009\,8)^2-1=-1.95\%$$

如果需要考虑货币的时间价值，可以运用时间加权收益率，这种方法需要知道每次基金发生现金流入或流出之前的价值。假设上例中的市值为19.8亿元，当申购产生现金流入后，基金的市值增加到20.6亿元。在这种情况下，前半期的收益率应该是−1%[=(19.8−20)/20]，而后半期的收益率是−0.96%[=(20.6−19.8−1)/(19.8+1)]，然后将两个半季度收益率转化成季度收益率所得的结果为−1.95%[=(1−0.01)(1−0.009 6)−1]。

从上例中可见，货币加权收益率等于时间加权收益率，那么两种方法中哪一种方法更可取呢？说明两者之间的差别也许不重要，但在某些情况下两者的计算结果相差巨大；经验表明，时间加权收益率法更可取。考察期初价值为20亿元的某基金，在某季度中间，市值下跌至10亿元，此时申购资金流入10亿元，到了季度期末，基金市值达到40亿元，证券组合的半季度货币加权收益率等于下面方程中的 r 值：

$$20=\frac{-10}{1+r}+\frac{40}{(1+r)^2}$$

求解这个方程可得：

$$r=18.6\%$$

转化为整个季度的货币加权收益率为：

$$(1.186)^2-1=40.7\%$$

而对于时间加权收益率而言，上半季度的时间加权收益率为−50%，下半季度的时间加权收益率为50%，整个季度的时间加权收益率为0。

在上述情况下，两种度量收益率的方法存在较大的差异。显然，时间加权收益率在这里更清晰地反映了基金的业绩。因为收益率受到现金流入和流出时间及规模的影响，而这一点往往不是基金经理所能左右的。如上例，货币加权收益率高达40.7%是因为申购资金的流入，可能是客户在基金增值之前偶然存入了一笔巨款，明显是客户的行为。

三、年度收益率

通常来说，在采用月收益率或者季度收益率的情况下，至少需要4年的时间跨度来评估证券组合的业绩。在实践中，由于存在组合管理人（如投资经理）的更迭，为了避免考察另一个投资经理的业绩，也会缩短时间跨度来对投资绩效进行衡量。但是，上述讨论只是考察了基金的季度收益率。在实际中，我们可以根据第3章关于多期收益率衡量的方法，通过相加或者相乘将季度收益率转换为年度收益率。

第二节 绩效评价的主要方法

投资组合风险广泛存在，这使得仅通过计算资产组合平均收益获取的收益率来简单评价投资绩效并不全面，而且有失公允。我们还需要根据风险来调整收益，以便使收益之间的比较有意义。相对于仅以收益率表示的、比较相对业绩的方法，我们将计算收益率并考虑风险的方法称为综合业绩度量。本节将对业绩评估的主要方法做详细介绍，而后将讨论两种能够产生高于平均业绩的主要投资管理方法的有效性。这两种投资管理方法就是市场时机选择

（Market Timing）和证券选择。

在根据资产组合的风险来调整收益的诸多方法中，最简单的方法莫过于直接与其他有类似风险的投资基金进行投资收益率的相互比较。在投资基金发达的欧美国家，有很多投资咨询机构都定期发布各基金投资组合的业绩排行榜，但这些排名并不十分可靠。这种方法忽视了管理者对资产组合中不同资产的重视程度，不同的资产组合特征弱化了组合间的可比性。例如，在资本市场中，某个管理者更关注高值的股票；类似地，在投资固定收益证券的情况下，久期因管理者的不同而各异。因此，寻求更精确的风险调整测度指标是相当有必要的。所谓风险调整测度指标，简单地说，就是通过一定的形式，用投资组合承担的风险对其收益率进行调整所得出的绩效评价测度指标。风险调整测度指标是评价一个投资组合管理者管理绩效或管理水平的科学标准。

早期的基金业绩衡量都是以单位资产净值和基金收益率来刻画的，而 20 世纪五六十年代以来的资产组合选择理论、资本资产定价模型、套利定价模型等一系列金融理论的出现为创造新的评估指标打下了基础。基于这些发展，投资管理咨询机构将风险调整方法纳入对投资经理在其可比的总体内进行评价的体系中。

最近，共同基金业绩评价机构在给广大机构和个人投资者的关于共同基金业绩的评价报告中，也使用了基于资本市场的度量指标。就传统理论而言，基本上有三种方法可以针对上述目的进行风险调整后的业绩评价：①每单位风险收益率（Return per Unit of Risk）；②差异收益率（Differential Return）；③业绩成分（Components of Performance）。这三种方法是相互关联的，我们将在风险和回报理论的基础上进一步分析各种方法的联系和在不同情况下的优劣。

一、马科维茨均值-方差

证券投资基金投资及其他风险资产投资首先需要解决的是预期收益与预期风险这两个核心问题。如何测定组合投资的预期收益与预期风险、如何根据这两个指标进行资产分配，是市场投资者迫切需要解决的问题。随着马科维茨资产组合理论的诞生，在一定假设条件下确立了证券组合预期收益、风险的计算方法和有效边界理论，建立了资产优化配置的均值-方差模型。将该模型运用于基金整体绩效的衡量，可表达为：

（1）目标函数。

$$\min \delta^2(R_P) = \sum\sum X_i X_j \operatorname{cov}(R_i, R_j)$$

$$R_p = \sum X_i R_i$$

（2）限制条件。

$$I = \sum X_i \qquad X_i < 0$$

或

$$I = \sum X_i \qquad X_i \geqslant 0$$

其中，R_P 为基金组合收益；R_i 为第 i 只基金（或第 i 只股票）的收益；X_i 和 X_j 为对基金 i、基金 j 的投资比例；$\operatorname{cov}(R_i，R_j)$ 为两种证券间的协方差。

该模型为现代证券投资理论奠定了基础。该模型表明，在限制条件下求解基金收益率使组合风险最小，可通过拉格朗日目标函数求得。其经济意义在于，投资者可以预先确定一个期望收益率，然后通过该模型可以确定投资者在每一个投资项目（如某只基金或股票）上的投资比例，使其总投资风险最小。不同的期望收益有不同的最小方差组合，这就构成了最小方差集合。虽然马科维茨理论模型为精确测量证券投资基金的风险和收益提供了良好的手段，但这一模型涉及计算所有资产的协方差矩阵，面对上百种可选择的资产，其模型的复杂性制约了实际应用。

二、夏普比率

夏普比率（*SR*）是用资产组合的长期平均超额收益除以该时期收益的标准差，它测度了对总波动性权衡的回报，又称收益-波动性比率（Reward-to-Variability Ratio）。夏普比率是一个简单的收益比率，即所实现的投资组合收益率 r_p 超过无风险利率的部分，除以用收益的标准差衡量的收益波动性（σ_p），即：

$$\text{夏普比率}=\frac{r_p-r_f}{\sigma_p}$$

在夏普比率之后，学者们很快就掌握了一批业绩评估方法，并出现了大量对共同基金业绩评估的研究成果。此后不久，市场上又出现了一些为资产组合经理提供评级服务并收取固定回报的代理。经风险调整的业绩评估指标出现后，其普及却一度滞后，对此现象的一种解释是统计数字对业绩呈现出普遍的负评价。在近似有效的市场上，投资者很难完全抵消他们主动投资所带来的研究费用和交易费用。事实上，无论是原始收益率指标还是经风险调整后的收益率指标，大多数专业基金管理者的业绩表现都低于标准普尔 500 指数。

三、特雷诺比率

与夏普比率类似，由杰克·特雷诺（Jack Treynor）建立的收益-波动性比率（Reward-to-Volatility Ratio），即特雷诺比率（*TR*）给出了单位风险的超额收益，但它用的是系统性风险，而不是全部风险，即：

$$\text{特雷诺比率}(TR)=\frac{r_p-r_f}{\beta_p}$$

特雷诺比率和夏普比率的区别就在于一种使用了以标准差衡量的全部风险，而另一种只考虑了用 β 值表示的市场风险。如前所述，在对完全多样化的投资组合评价其风险和收益关系，以及对投资组合业绩进行排序时，以标准差作为风险的度量是合适的。另外，当我们评价完全多样化的投资组合或者个别股票时，适当的风险度量应该是系数。

这样，究竟采用哪种每单位风险收益率的度量方法，将取决于对有关风险测量的观念。当所要评价的投资组合构成某投资者在特定资产类别中的主要投资或者全部投资时，以标准差表示的收益波动性可以被认为是对风险的适当度量。当所要评价的投资组合仅仅是某投资者在特定资产类别内投资的一个组成部分时，系数则被认为是适当的风险度量。例如，从一般意义上说，由于主要的养老金规模都比较大，其发起人在该养老金计划的一个资产类别内大多雇用好几个经理。对于采用多经理战略的投资者，使用系数度量风险是适合的。

实际上，对于完全多样化的基金或高度多样化的基金，不论使用哪种度量比较方法（如夏普比率或特雷诺比率），所得到的排序结果都是一致的。但是，对于非高度多样化的基金，则可能出现不同的结果。例如，使用特雷诺比率，一个非高度多样化的基金可能会优于另一个高度多样化的基金。但当使用标准差计量风险时，非高度多样化的基金往往会比高度多样化的基金表现出更高的风险。所以，以夏普比率比较时，非高度多样化的基金又可能劣于高度多样化的基金。

四、詹森指标

特雷诺比率和夏普比率都是对业绩的相对度量，而作为绝对业绩衡量指标的詹森指标是建立在 CAPM 测算基础上的资产组合的平均收益，它用到了资产组合的 β 值和平均市场收益，其结果就是资产组合的 α 值。他利用 1945—1964 年间 115 个基金的年收益率资料以及标准普尔计算的市场收益率进行了实证研究，定义了如下的詹森指标：

$$\alpha_p=\bar{r}_p-[r_f+\beta_p(r_m-r_f)]$$

詹森指标表示基金投资组合收益率与相同系统性风险水平下的市场基准组合收益率的差异。如果詹森指标大于零，表示基金业绩优于市场基准组合；反之，若詹森指标小于零，则基金业绩不及市场基准组合。詹森认为，从整体上说，基金经理为分析预测证券业绩表现所做的努力而获取的回报尚不能弥补其研究与交易成本，多数基金投资组合劣于市场平均表现就是由于基金运作中产生了太多的交易费用。在评价过程中，詹森指标假定基金的 β 系数是固定的，但是在实际操作中，基金经理往往根据市场走势改变基金风险状况，如果基金经理预期市场高涨而提高基金的 β 系数，根据詹森指标的定义式就会高估市场组合收益，进而低估能够准确预期市场走势的基金经理的技能。在形式上看，它与前面讨论的证券市场线很相近，区别仅在于式中的变量变成已实现的收益率以及风险，而不是事前值。当基金和基金进行比较时，詹森指标越高越好。

詹森模型奠定了衡量基金绩效的理论基础，也是至今为止使用最广泛的模型之一。但是，詹森指标评估基金隐含了一个假设，即基金的非系统性风险已经通过投资组合彻底分散掉了。因此，该模型只反映了收益率和系统性风险因子之间的关系。如果基金没有完全消除非系统性风险，则詹森指标可能给出错误的信息。

上述三种方法都是考察每单位风险收益率，从而将所获得的收益率的绝对水平与所面临的风险联系起来，并建立一种经过风险调整后的业绩度量，最后根据业绩度量对基金业绩进行排序。每单位风险收益率最高的基金是业绩最好的基金，反之，每单位风险收益率最低的基金则被认为是业绩最差的基金。

五、估价比率

估价比率（Appraisal Ratio）是用资产组合的 α 值除以其非系统性风险，它测算的是每单位非系统性风险所带来的非常规收益。非系统性风险是指在原则上可以通过持有市场上全部资产组合而完全分散掉的那一部分风险。由于经风险调整后的各种收益率指标在本质上是不同的，因此它们对于某一基金业绩的评估并不完全一致。

六、差异收益率

差异收益率（Differential Return）最基本的目标是在给定基金所面临风险的条件下，计算该基金的期望收益率，然后与同一时期该基金实现的收益率相比较。在比较中，我们假设投资者有一种被动的或自然的仅仅购买市场投资组合的选择，并且可以用无风险利率的借贷行为来调整自己所面临的风险。在这样的假设条件下，计算在给定风险条件下基金应该获得多少收益率所使用的最一般的方法，是通过事后 α 来计算：

$$N(\bar{r}_p)=r_f+\beta_p(r_m-r_f)$$

$$\alpha_p=\bar{r}_p-N(\bar{r}_p)$$

七、M^2测度

M^2测度是引入经改进的夏普比率后建立的测度标准，即莫迪利亚尼的平方测度，用M^2表示（Modigliani，1997）。与夏普比率类似，M^2测度也把总风险作为风险的度量，但这种收益调整方法很容易解释为什么相对于不同的市场基准指数会有不同的收益水平。

M^2测度的计算方法如下：假定把一定量的无风险证券（如国库券）头寸加入某资产组合，这个经过调整的投资组合的风险就可以与市场组合的风险相等。比如，若投资组合 P 的标准差为m/n（$m/n<1$，卖空无风险资产；$m/n>1$，买入无风险资产），那么经过风险调整的资产组合 P^* 已包括 n/m 的投资组合 P 和（$1-n/m$）的无风险资产。因此，M^2测度就等于经调整的投资组合期望收益率 $E(r_p^*)$与市场组合的期望收益率 $E(r_m)$之差，它反映的是在同样市场组合风险下经调整的投资组合 P^* 的期望收益率 $E(r_p^*)$与市场组合的期望收益率$E(r_m)$之间的比较。M^2测度与詹森指标在形式上一样，都以百分比形式表示，其方程式为：

$$M^2=E(r_p^*)-E(r_m)$$

如果 $M^2>0$，说明资产组合收益率领先市场指数；反之，如果 $M^2<0$，说明资产组合收益率落后于市场指数。

八、绩效衡量的比较

表 14－1 给出了一个包括我国市场上 10 种基金的样本、为期 2 年的风险调整收益率的计算结果，并包括了同期基准市场组合数据作为比较基准。表中所列的 10 只基金，包括了较早设立的 5 只基金（金泰、安信、裕阳、兴华、开元）。表中列出了 2 年期间基金所实现的超额收益、收益率标准差以及 β 值，也列出了 R^2 作为基金多样化程度的度量。表中后六列分别给出了基金的夏普比率、特雷诺比率和詹森指标以及按照相应风险调整收益率度量标准对每一只基金进行排序的结果。表中的数据表明，基金所实现的超额收益率在 0.49%和 0.77%之间，整体高于基准组合的值。各种基金的 R^2 都低于 1，由此表明基金并不是完全多样化的。将以总风险为调整基础的夏普比率、以系统性风险为调整基础的特雷诺比率和詹森指标作为评价标准，基金同益和安信分别位于第一位和第二位，而汉盛和景宏相对最弱，排名第九位和第十位。基金景宏的夏普比率小于基准组合，说明若以夏普比率为标准，基金

景宏的业绩低于市场表现。此外，基金景宏的特雷诺比率大于基准组合，且其詹森指标大于0，表明基金景宏的业绩优于基准组合的业绩。总体来说，对这10只基金的业绩进行风险调整之后，用特雷诺比率和用β值表示的基金业绩基本上是一致的，用两种度量指标对基金业绩进行的排序基本相同，基金的业绩优于基准组合的业绩。但对于R^2较小、分散程度较差的基金，使用夏普比率对基金的排序明显不同于使用另两种度量指标排序的结果。其中，同益和安信表现最佳，而金泰、汉盛和景宏的名次靠后。值得注意的是，各种绩效评价方法的理论假设不同，即便是最常用的评价方法，有时也会带来绩效度量的偏差。专栏14－1讨论了用夏普比率评价对冲基金的绩效时可能出现的问题。

表14－1　　中国资本市场风险调整收益率比较

基金名称	超额收益	β	标准差	R^2	夏普比率	名次	特雷诺比率	名次	詹森指标	名次
金泰	0.005 71	0.806	0.028 7	0.718	0.198 9	8	0.007 1	8	0.001 4	8
安信	0.007 78	0.905	0.032 6	0.701	0.238 7	2	0.008 6	2	0.002 9	2
裕阳	0.007 28	0.979	0.034 4	0.736	0.211 6	6	0.007 4	7	0.002 0	6
兴华	0.006 62	0.773	0.029 7	0.614	0.222 9	4	0.008 6	3	0.002 5	4
开元	0.007 72	0.947	0.033 9	0.711	0.227 7	3	0.008 2	4	0.002 6	3
普惠	0.006 27	0.775	0.028 9	0.654	0.217 0	5	0.008 1	5	0.002 1	5
同益	0.007 18	0.719	0.027 8	0.608	0.258 3	1	0.009 9	1	0.003 3	1
泰和	0.004 94	0.645	0.024 7	0.621	0.200 0	7	0.007 7	6	0.001 5	7
景宏	0.005 45	0.942	0.045 8	0.412	0.119 0	10	0.005 8	10	0.000 4	10
汉盛	0.005 22	0.782	0.028 1	0.702	0.185 8	9	0.006 7	9	0.001 0	9
基准组合	0.005 37	1.0	0.030 2	1.0	0.177 8	—	0.005 4	—	0	—

资料来源：沈维涛，黄兴孪．我国证券投资基金业绩的实证研究与评价．经济研究，2001(9).

专栏14－1

对冲基金有滥用夏普比率之嫌

全球经济学家2005年7月齐聚在加州索诺马（Sonoma）讨论一个迫在眉睫的问题——如何评估对冲基金的风险之时，威廉·夏普恐怕是与会者中声名最显赫的人物了。

现在是斯坦福大学退休教授的夏普在40年前设计出了一个简单的计算模型，衡量投资者在可接受的波动幅度内希望获得的收益率。换句话说，在市场的起伏让投资者辗转反侧之际，他们希望赚多少？

所谓的“夏普比率”于是成为现代金融领域的一块里程碑，投资者们用它来对比挑选理财公司和共同基金。但在本次会议上，包括夏普本人在内的许多知名学者都对这个比率的用法提出了批评。

夏普表示，这个比率没有被用到正处，反而成为对冲基金的营销手段。例如，Bayou Management LLC在营销文件中就把夏普比率用作宣传的噱头。这家位于康涅狄格州的对冲基金公司正在接受调查，监管当局怀疑该公司涉嫌卷入了一起大规模的欺诈案。投资顾问和编纂对冲基金数据的公司也使用夏普比率，行业刊物AsiaHedge在举办亚洲新一届年度最佳对冲基金大赛的过程中也把夏普比率用作评比指标。

现年 71 岁的夏普表示，这是一个令人头痛的问题。作为监管松散的投资工具，对冲基金经常使用错综复杂但容易受到突发事件干扰的策略，在衡量风险方面也往往有意使用深奥难解的模型。夏普说，以往的业绩与未来的表现之间不一定有什么必然的联系。

夏普设计这个比率是为了评估股票、债券和共同基金这些投资组合的风险。这个比率得来很简单：首先，用投资组合的收益率减去美国国债的收益率，再引入一个给定的时间段，得出收益率差的平均值。之后再用这个平均值除以投资组合偏离这个平均值的幅度，得出夏普比率。这个标准偏离度指标被用来衡量市场波动幅度。

夏普还因设计出另一套用于证券定价的模型，在 1990 年获得了诺贝尔经济学奖。夏普比率的值越高，对冲基金的长期预期表现就会越好。夏普比率超过 1 就说明这只基金很出色，因为这意味着投资组合能在起伏相对较低的情况下带来相对较高的收益率。

一些专家表示，在当前小型投资者和养老基金把资金交给对冲基金管理之际，这个比率可以用来营造一种安全假象。全球目前共有 8 000 只对冲基金，管理资产接近 1 万亿美元。

麻省理工学院的金融学教授罗闻全表示，散户投资者日益成为基金公司的客户，这个问题也就变得日益突出，看起来十分唬人的夏普比率很有可能误导普通的散户投资者。

夏普表示，对冲基金可以通过操纵夏普比率来谎报业绩。夏普还是投资顾问兼管理公司 Financial Engines 的创始人。他现在还在一家私人家族式基金担任董事，但并不用他亲手设计的比率来衡量对冲基金的表现。他说，任何人都可以在这个比率上做手脚，比如说我自己，就有办法让这个比率变得无限大。

在最近的一项研究中，罗闻全发现对冲基金的年度夏普比率可能被虚夸 65%之多。“你可以合理地算出一些很有吸引力的夏普比率，但还是赔钱，”他说，“不应该以账面价值看待夏普比率。”

即便没有被人为操纵，它也不能充分反映对冲基金的问题，因为“没有哪个数据能做到”。这个计算公式无法预测投资产品价格下跌时对冲基金无法迅速出局的问题，也无法考虑很多突发事件。康涅狄格州对冲基金长期资本管理公司在 1998 年突然破产前仍然有一个不断增长的夏普比率，然而俄罗斯突然宣布货币贬值、不履行所有外债就令该公司陷入灭顶之灾。

此外，对冲基金通常会对它们的投资战略守口如瓶，让投资者难以准确预测风险。“对于对冲基金，我们很难设定一个衡量风险的标准，”参加索诺马会议的斯坦福大学教授詹姆斯·霍恩（James Van Horne）称。

即使经验丰富的投资者对这一点也有些束手无策。芝加哥艺术学院在解释它为什么投资得克萨斯州小型对冲基金 Integral Investment Management 时曾提到该基金很高的夏普比率。2001 年，该机构以至少亏损 2 000 万美元为由将这只基金告上了法庭。此案仍在审理当中。

如何找到新的风险衡量标准已成为全世界专家的一大难题。在广为人知的对冲基金投资者虚拟团体 Albourne Village 中，有超过 2 000 名成员最近下载了伦敦一位投资经理撰写的《质疑夏普比率》一文，该报告正是警告投资者不要盲目相信夏普比率。

香港投资基金公会执行董事黄王慈明（Sally Wong）介绍说，中国香港政府已明令禁止对冲基金对外开放，除非它们能够证明不会亏损，但目前尚无一个准确的衡量标准。

她对夏普比率的质疑在于它假设一只基金的收益率长时间保持不变。“很多对冲基金策略有更大的下跌风险，”黄王慈明说。她比较看好另一个指标：索丁诺比率。它与夏普比率类似，不同的只是并不以标准偏离为标准，而是用下跌偏离，即投资组合偏离其平均跌幅的程度，来区分波动的好坏。

但以 20 年前开发该比率的弗兰克·索丁诺的名字来命名的这一指标在评估对冲基金的过程中也同样出现了问题。“我觉得它被过多地使用是因为它让对冲基金的业绩看上去非常好，”索丁诺说，“它只是表明最低风险，所以很容易对投资者产生误导。”索丁诺目前是旧金山 Pension Research Institute 的主管，“我不喜欢人们用我的名字来命名它。”

夏普也有同样的感受。“我从未将它命名为夏普比率，”他在提到这个公式时称，“我只是把它叫作收益-波动性比率。”

资料来源：对冲基金有滥用夏普比率之嫌．华尔街日报，2005－08－31.

第三节 选股和择时能力

影响基金业绩的因素非常多，国外已经进行了大量的实证研究。Fama（1972）认为，基金的业绩可以通过基金的两种预测能力进行分析：一是“微观预测”能力，是指对于股票整体而言，预测个股价格走势的能力；二是“宏观预测”能力，是指预测整个股票市场总体价格走势的能力。前者通常称为证券选择能力，后者称为市场时机把握能力，即择时能力。证券选择能力的体现要看基金经理能否识别那些相对于整个市场而言被低估或者高估的股票，市场时机把握能力的体现则要看基金经理能否预测市场组合未来的实现情况。如果基金经理相信自己能够预测市场收益情况，他将根据期望的市场走势调整其投资组合的风险水平：在预期市场收益上升时增加该组合的风险水平，在预期市场收益下降时则降低组合的风险水平，通过高风险资产和低风险资产的不断转换来战胜市场。

一、选股能力

Fama（1972）提出了风险调整收益率方法的详细分析框架，由此能得出对基金业绩比较细致的分解。图 14－1 是法玛对业绩进行分析的风险收益率整体框架图。纵轴表示收益率，横轴表示风险度量，通常用标准差或 β 值表示。这两种不同的风险度量指标可以帮助我们从市场风险和总风险两个不同的角度评价基金的业绩。图中的斜线是证券市场线，这条直线为评价所实现的收益率是否与所面临的风险相匹配提供了一个评价的基准。根据法玛的分析框架，我们假设市场收益率 r_M 是 9%，无风险利率 r_f 是 2%。

在上述分析框架下，我们来考察基金 A 的业绩。假设基金 A 的坐标为（0.67，8%），即该基金实现的收益率为 8%，而其面临的市场风险是 0.67。根据证券市场线的定义，我们可以知道在基金处于市场风险水平 A 时，投资者所期望获得的收益率为 6.7%。而这一期望收益率由两部分组成，即无风险利率 r_f＝2%，图 14－1 中表示为证券市场线的截距；风险溢价为 4.7%，图中表示为从 r_f 到 r_{β_A} 的距离。基金实际获得的收益率为 8%，比期望值高 1.3%，在图中表示为从 r_{β_A} 到 r_A 的距离。我们将这一收益率溢价称为股票选择收益率。

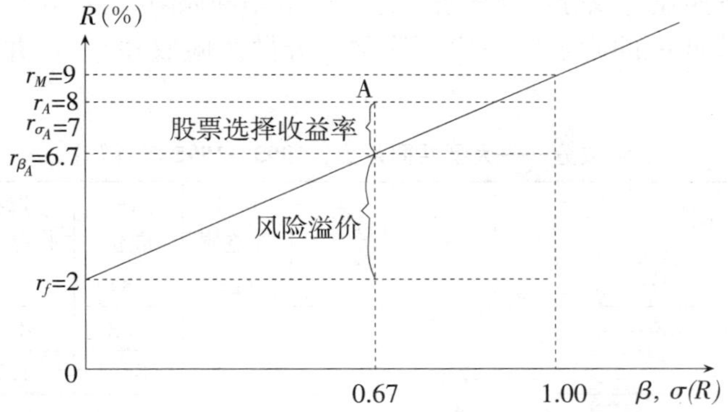

图 14-1 业绩分解

资料来源：Fama，Eugene，June 1972，"Components of Investment Performance"，*Journal of Finance*，pp. 551-567.

二、股票选择

我们也可以从给定与风险水平相联系的一般回报水平的角度来检验股票选择的好坏以及其对基金总体业绩的影响，即：

总超额收益率＝选择收益率＋风险收益率

$$r_A - r_f = (r_A - r_{\beta_A}) + (r_{\beta_A} - r_f)$$

我们将基金 A 的收益率与风险代入上式可以得到：

$$8\% - 2\% = (8\% - 6.7\%) + (6.7\% - 2\%)$$

$$6\% = 1.3\% + 4.7\%$$

可以看出，对于基金经理而言，想要获得超过平均值的收益率，一般要舍弃一些分散性，通过承担更高的投资组合风险来获取高收益。使用上述计算框架可以算出，当基金经理舍弃一些分散性而面临更高的风险时，他们应期望多获得多少收益率。为了进行这样的计算，我们首先使用资本市场线确定与用标准差表示的总风险匹配的收益率是多少。我们仍然使用图 14-1 中的数据，设市场基金的标准差 σ_M 为 21%，基金 A 的标准差（σ_A）为 15%，无风险利率及市场收益率如前所述。

使用总风险水平，我们可以计算基金 A 的一般收益率水平：

$$\begin{aligned} r_{\sigma_A} &= r_f + (r_m - r_f) \times \frac{\sigma_A}{\sigma_m} \\ &= 2\% + \frac{(9\% - 2\%) \times 15\%}{21\%} \\ &= 7\% \end{aligned}$$

在此，7%的收益率与仅考虑市场风险时的收益率（6.7%）之差，即为与可分散风险匹配的附加收益率，在本例中为 0.3%（＝7%－6.7%）。这样，基金的净选择收益率就等于上述计算的总选择收益率减去与可分散风险相匹配的附加收益率。在图中，净选择收益率表现为 r_A 到 r_{σ_A} 的距离，可用公式表示为：

$$净选择收益率=(r_A-r_{\beta_A})-(r_{\sigma_A}-r_{\beta_A})=1\%$$

我们应用法玛业绩成分框架对 1993—1995 年 25 只共同基金进行评价。在表 14－2 中，每种基金的业绩都按照业绩成分法被分解为选择收益率和风险收益率两部分。同时，表中还列出了与可分散风险匹配的附加收益率（简称可分散风险收益率），并由此求出总选择收益率。

表 14－2　　业绩成分——大型共同基金，1993—1995 年（%）

基金名称	投资目标	附加收益率 (2)	风险溢价 (3)	总选择收益率 (4)	多样化溢价 (5)	净选择收益率 (6)
1　20th Century Growth Investor	增长型	2.05	10.85	−8.80	4.81	−13.61
2　Affiliated	增长与收益型	10.63	8.91	1.72	1.27	0.46
3　Amcap	增长型	7.44	9.83	−2.39	1.77	−4.16
4　American Mutual	增长与收益型	9.54	7.88	1.66	1.04	0.62
5　Brandywine	增长型	13.41	10.24	3.17	8.07	−4.90
6　Dean Witter Dividend Growth	增长与收益型	9.15	9.11	0.04	0.96	−0.92
7　Dreyfus	增长与收益型	2.92	9.93	−7.01	1.40	−8.42
8　Fidelity Growth & Income	增长与收益型	13.18	8.70	4.48	1.31	3.16
9　Fidelity Growth Company	增长型	11.52	10.24	1.28	3.92	−2.64
10　Fidelity Magellan	增长型	13.65	10.75	2.90	3.79	−0.89
11　Fundamental Investors	增长与收益型	12.03	9.42	2.61	0.96	1.65
12　Growth Fund of America	增长型	9.03	9.63	−0.60	2.80	−3.39
13　IDS New Dimensions A	增长型	9.37	10.96	−1.59	1.93	−3.52
14　Investment Comp of America	增长与收益型	8.35	9.11	−0.76	0.70	−1.46
15　Janus	增长型	7.29	8.50	−1.21	1.07	−2.28
16　Mutual Shares	增长与收益型	12.66	8.09	4.57	2.19	2.38
17　New Economy	增长型	9.28	9.83	−0.55	3.82	−4.37
18　Nicholas	增长型	6.58	8.91	−2.33	1.87	−4.20
19　Pioneer	增长与收益型	7.78	8.09	−0.31	0.77	−1.08
20　Putuam Fund for Growth & Income	增长与收益型	10.84	9.42	1.42	0.88	0.53
21　Scudder Growth & Income	增长与收益型	10.77	9.63	1.14	1.37	−0.23
22　T. Rowe Price Growth Stock	增长型	10.05	9.52	0.53	1.59	−1.07
23　Vanguard U. S Growth	增长型	7.23	9.11	−1.88	2.01	−3.90
24　Vanguard/Windsor	增长与收益型	10.66	9.93	0.73	3.29	−2.56
25　Washington Mutual Investors	增长与收益型	11.96	9.52	2.44	1.50	0.94
平均值		9.49	9.45	0.05	2.20	−2.15
标准普尔 500 指数		10.24	10.24	0.00	0.00	0.00

资料来源：Morningstar，Chicago，Ⅲ.

正如我们所预计的那样，表 14－2 中的信息显示所有基金都是非完全多样化的，即 R^2 小于 1，因此也都存在补偿可分散风险的附加收益率。这部分附加收益率的变化范围是 0.70%～8.07%，基金样本的平均值为 2.20%。通过用可分散风险收益率对选择收益率进行调整，得到基金的净选择收益率平均为－2.15%，最高值为 3.16%，最低值为－13.61%。而总选择收益率平均为 0.05%，最低值为－8.80%，最高值为 4.57%。

净选择收益率总是不大于总选择收益率，因为与可分散风险匹配的附加收益率总是非负的。只有当基金的投资组合完全分散时，即投资组合与市场组合之间的 R^2 等于 1 时，两者才能相等。通过比较基金的 R^2，我们马上就可以估算出基金的可分散风险有多大。当基金的 R^2 比较高时，比如说等于或超过 0.95，相对来说基金的可分散风险比较低；当基金的 R^2 比较低时，比如说等于或低于 0.90，基金的可分散风险比较高。究竟是用总选择收益率还是用净选择收益率作为评价基金业绩的准绳，取决于投资者从哪种角度评价投资经理的业绩，也就是从单一经理的角度，还是从多个经理的角度评价投资经理业绩。

三、择时能力

证券组合的预期收益率是其 β 值的线性函数，即：

$$\bar{r}_p=\alpha_p+r_f+(\bar{r}_M-r_f)\beta_p$$

因此，具有市场时机把握能力的投资者，会在预期市场行情上升时选择 β 值相对较大的证券组合；而当他预期市场行情下跌时，将选择 β 值相对较小的证券组合。这就意味着择时能力强的基金经理会在预期市场收益率高于无风险收益率时选择高 β 值的证券组合，因为这类证券组合比低 β 值的证券组合具有更高的预期市场收益率。相反，投资者在预期市场收益率低于无风险收益率时，将选择低 β 值的证券组合。

1. T-M 模型

特雷诺和玛泽（Mazuy）1966 年首次对基金经理的时机选择能力进行了计量分析。他们的基本思想是，判断基金经理能否准确预测市场的转折点，并进行相应的调整。通过正确地估计市场走势，投资经理也可以提高所管理基金的业绩。也就是说，他们需要根据专业知识和经验估计出什么时候出现牛市，什么时候出现熊市，并据此进行投资组合的定位，对权益部分与现金作出调整以适应市场：当投资经理预计市场将出现下滑趋势时，可以出售高风险的投资组合中的权益部分，并增持现金。反过来，如果投资经理预计市场将出现上升趋势时，可以增持投资组合中的权益部分，并减小现金持有量，从而取得优秀业绩。简言之，择时能力强的投资者会选择如下策略：

（1）当 $\bar{r}_M>r_f$ 时，持有高 β 值的证券组合，即提高组合中权益部分的比例。

（2）当 $\bar{r}_M<r_f$ 时，持有低 β 值的证券组合，即降低组合中权益部分的比例。

因此，判断投资经理择时能力的强弱或者上述策略操作的成功程度，是参考市场收益率来判断基金收益率的变化情况是否提高了基金的业绩。运用这种方法需要计算业绩评价时期内基金的一系列收益率以及市场指数收益率，并将它们画在散点图上。下面考察美国某种基金在 1983 年结束的 10 年内所有季度收益率以及同时期相应的标准普尔 500 指数收益率。首先来看散点图及根据散点图拟合出的一条表示该投资组合和市场指数之间关系的特征直线（如图 14－2 所示），然后在此基础上进行市场时机选择的分析。

如果投资经理仅仅依赖股票选择操作来提高公司业绩，而不进行市场时机选择操作，那么投资组合的平均值是相当稳定的，并且相对于市场收益率的散布点将会表现出一种简单的线性关系。在图 14－2（a）中，散点图表明了基金经理未能准确判断出市场的变动趋势，仅是随时间变化而改变投资组合中的现金头寸或改变投资组合的值，而这仅仅是在图中拟合特征线的周围增加一个散点而已。而在图 14－2（b）中可以看到，投资组合的 β 值随着时间的变化而改变，当市场明显处于上涨趋势时，基金的 β 值高于一般的 β 值，基金所持有的投

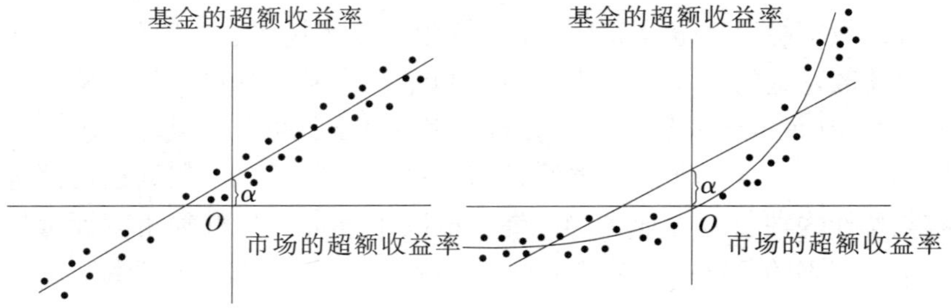

(a)优秀的股票选择　　(b)优秀的市场选择

图 14-2　基金收益率和市场收益率之间的关系

资组合中权益部分的比例明显提高，基金的收益率上升得比其他情况更快；而当市场处于下跌趋势时，基金的β值低于一般的β值，即基金增持了现金、降低了权益部分的持有比例，基金收益率下降得比较慢。为了更准确地描述这种关系，Treynor and Mazuy（1966）利用传统二次项回归模型对上述简单的线性关系进行了描述，下面引入一个二次项：

$$r_p-r_f=a+b(r_m-r_f)+c\times(r_m-r_f)^2$$

其中，r_p 为基金的收益率；r_f 为无风险收益率；r_m 为市场指数收益率；a、b、c 为回归方程的参数值。

他们认为具备择时能力的基金经理应能预测市场走势，在多头时，通过提高投资组合的风险水平以获得较高的收益；在空头时则降低风险，因此特征线不再是固定斜率的直线，而是一条斜率会随市场状况改变的曲线。Heriksson and Merton（1981）建立了二项随机变量模型，并将择时能力定义为：基金经理预测市场的收益与无风险收益间差异大小的能力，然后根据这种差异将资金有效率地配置于证券市场。具备择时能力的基金经理可以预先调整资金配置，以减少市场收益小于无风险收益时的损失。

我们可以利用二次回归来检验麦伦资本管理（Mellon Capital Management）在 1973—1990 年间的业绩。该公司首先提出战术资产配置方法（TAA），并使用技术管理超过 10 亿美元的几种投资组合，我们可以使用 1973—1990 年的季度收益率数据进行二次回归。下面给出了回归的估计参数值，标准普尔 500 指数代表市场组合，系数下面括号内的数值是参数的标准差，并将这一结果描绘在图 14-3 中。

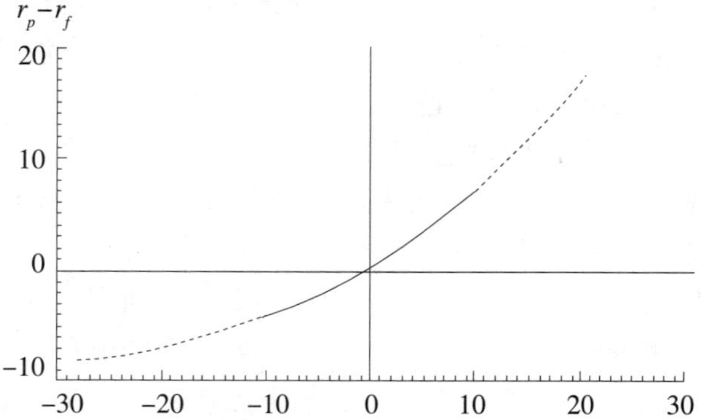

图 14-3　麦伦资本管理的 N 基金与市场的关系

$$r_p - r_f = 0.067 + 0.56 \times (r_m - r_f) + 0.0125 \times (r_m - r_f)^2$$
$$(0.542) \qquad (0.05) \qquad (0.0035)$$

式中，二次项的参数（c 值）显著为正，其 t 值等于 3.6。这说明在所分析的时期，麦伦对资本市场时机的选择是成功的。相应地，所估计的值（截距值）并不明显地区别于 0，表明股票选择对于收益率没有明显的增加和抵减作用。当该组织在货币市场工具和股票及债券的指数基金之间分配资产时，这一统计结论是可信的。这些被动类别的资产工具在组成上没有明显的证券选择收益率成分。该图表明，沿横轴向右移动时，拟合曲线变得越来越陡。这一变化说明，相对于市场来说，当市场收益率提高时，基金收益率提高得更多，即存在放大作用；当市场收益率降低时，基金收益率降低的幅度要小一些，即存在缩小作用。这种曲线变化形态说明，投资经理正确地预测了市场的变化，并通过良好的市场时机选择取得了优秀的业绩。

但是 Cumby and Glem（1990）对美国 15 个国际投资基金在 1982 年 1 月—1988 年 6 月（不包括 1987 年）的业绩进行了分析，其中也使用了 T-M 模型。研究发现，样本中绝大部分的 c 为负值，且大部分样本的 t 检验并不显著，总体上也呈现出一种负的市场时机选择能力。

2. H-M 模型

Henriksson and Merton（1981）提出了另一种相似但更简单的方法：他们假设投资组合的 β 值只取两个值，同时引入一个带有虚拟变量的模型（简称 H-M 模型）。当市场走强时，β 取较大值；当市场走弱时，β 取较小值，即对投资组合所实现的收益率分别拟合两条特征线，投资组合的特征线如图 14-4 所示。右侧的特征线是对市场走强时期（$r_m > r_f$）进行拟合，而左侧的特征线是对市场走弱时期（$r_m < r_f$）进行拟合。

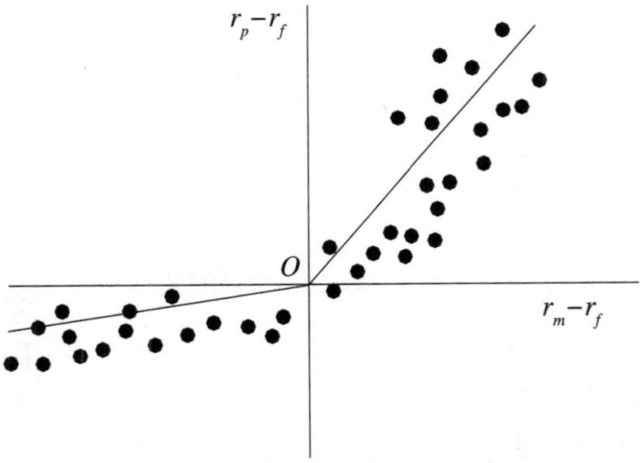

图 14-4 H-M 模型（虚拟变量回归）

成功的市场时机选择者为了提高基金业绩，应该在市场上升时提高 β 值，在市场下降时降低 β 值。市场上升时期拟合特征线的斜率应大于市场下降时期拟合特征线的斜率。在统计上，可在一般回归方程中加入一个虚拟变量来描述这种关系，即：

$$r_p - r_f = a + b \times (r_m - r_f) + c \times (r_m - r_f) \times D + e_p^2$$

其中，D 为虚拟变量，在市场走强的时期取零值，即 $r_m > r_f$ 时，回归方程退化为：

$$r_p - r_f = a + b \times (r_m - r_f)$$

此时，参数 b 就代表了基金总体的 β 值，正好对应图 14-4 中右半部分所表示的特征线。而图 14-4 左半部分则描绘了市场走弱时期，即 $r_m < r_f$，$D = -1$ 时的特征线，此时的

斜率变为（$b-c$），其方程形式为：

$$r_p-r_f=a+(b-c)\times(r_m-r_f)$$

对于成功的市场时机选择者，参数 c 应为正值，从而能够确保市场下降时期的斜率（$b-c$）明显低于市场上升时期的斜率 b。

在此，我们仍然使用麦伦资本管理 1973—1990 年的分季度数据估计虚拟变量回归中的参数。

$$r_p-r_f=\underset{(0.77)}{-0.78}+\underset{(0.10)}{0.80}\times(r_m-r_f)+\underset{(0.17)}{0.52}\times(r_m-r_f)\times D$$

在上述回归结果中可以看到，截距值并不显著非零，说明没有证券选择在起作用，因为这里本来就不存在证券选择收益率问题。同时，参数 b 显著非零，并且为正值，表明市场上升时斜率为 $b=0.80$。虚拟变量的参数 $c=0.52$ 且显著，表明在市场走弱时斜率为 0.28，说明基金经理在相应的分析期内拥有较强的时机选择能力。我们在图 14－5 中描绘了上述结果的图形，很明显，市场上升时期的直线斜率明显大于市场下降时期的直线斜率。变化的斜率表明了投资经理较强的择时能力：成功地估计了市场走势，在市场走强时通过承担风险提高了基金的收益，而在预计市场趋跌时成功降低了投资组合的风险。

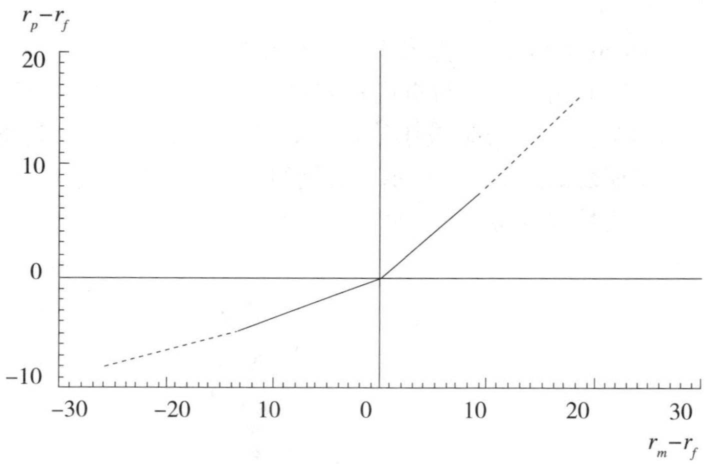

图 14－5　基金和市场的关系

而亨里克森（Henriksson）和默顿在 1981 年对 1968—1980 年的 116 家共同基金的回归检验中发现，尽管其特征水平没有达到 5%的一般要求，但虚拟变量的参数平均值却是 −0.07。11 家共同基金具有显著的 c 正值，而同时 8 家具有显著的 c 负值。从整体上看，62%的基金市场时机选择能力是负的。因此，这些结果对基金经理把握市场时机的能力同样没有提供多少有利的证据。

3. 现金管理分析

择时能力分析方法的核心思想是改变不同市场状况下现金和权益资产在基金所持组合中的比例来实现基金收益的最大化。作为补充市场时机选择分析的方法，现金管理分析方法是一种有用的方法，它只分析在不同的市场环境下（即市场走强或走弱），一种基金现金头寸所占比例的变化情况。根据择时能力分析方法的核心思想可以推断出，在市场的繁荣期，成功的市场时机选择会加大权益部分的投资，以把握市场机会，同时减少所持有现金的比例；而在市场萧条时期，出于规避风险的考虑，应减少权益部分的投资，同时增持现金所占的比例。为使用这种方法评价市场时机选择，我们需要以基金的正常现金比例作为参考基准。通常说来，可以通过政策规定现金比例，也可以根据评价时期基金现金比例的平均值得出现金比例，并以此代表正常的现金比例，进而在此基础上考察实际现金比例对平均值的偏差，以便推测基金经理的行为是不是根据市场的不同变化而采取的时机选择行为：在萧条的市场中，为回避风险而减少权益部分的比例，持有高于平均比例的现金；在繁荣的市场中，为获得超额收益率而增大权益部分的比例，持有低于平均比例的现金。

例如，一项针对 56 种大型共同基金样本的研究，在使用现金比例法对市场时机选择进行评价时，通过 1958—1975 年的数据，发现现金比例的最低值为 0～1%，现金比例的最高值为 18%～20%，而平均值为 8%。① 上述结果进一步表明，当基金经理预测到市场将发生变化时，会调整基金的资产组合，准备更多的现金资产以应付市场恶化的风险，而在通常情况下，这种调整为现金的资产会达到其管理资产的 10% 左右。

【课外推荐 14-2】

阿尔法狗
基金出炉，
看银华大数据
如何择时选股

第四节　绩效归因分析

前面通过基金业绩风险调整方法考察了基金的总体业绩，重点是基金持有的证券组合相对于基准组合及一系列其他组合而言的业绩衡量。然而，投资客户更关注基金在某一个特定的时间跨度内如何获得特定的风险调整回报。因此，本节将对基金业绩进行比较细致的分解，以期提供一个全面评价各种因素如何互相作用，进而影响投资业绩的分析框架，最后对总体业绩成分进行评价。

一、收益率属性

由于多经理项目的复杂性和各基金经理投资品种的广泛性，人们已经逐渐认识到从更多的方面对投资计划和投资过程进行评价的必要性。投资绩效衡量不仅可以度量投资过程实现投资目标的总体程度，还可以进一步细化分析在实现总体目标过程中每一种要素的贡献程度。绩效的衡量也从另一个角度为基金的全面评价提供了一个反馈机制，使得基金能够及时发现投资中效率不高的组成部分，对其加以改进或者剔除没有贡献的部分，并且进一步强化可以提高投资效率的方面。Brinson and Falcher（1985）对绩效归因进行了研究，他们所创建的布林森（Brinson）模型将业绩归纳为三个部分，包括资产配置贡献（Asset Allocation）、个股/个债选择贡献（Stock/Bond Selection）及由两者共同影响所产生的交互作用。下面以德胜稳健基金为例介绍绩效归因分析框架，见表 14-3。

① James L. Farrell，Jr.，"Is Marketing Timing Likely to Improve Performance?"，paper presented at the Spring 1976，Seminar of the Institute of Quantitative Research in Finance，Scottsdale，AZ.

表 14-3　　德胜稳健基金在基金层面的业绩分解情况

资产类别	基金		基准		超额收益分解			超额收益率（%）
	权重（%）	收益率（%）	权重（%）	收益率（%）	资产配置（%）	选择贡献（%）	交互作用（%）	
基金	100	−3.14	100	−3.45	0.14	−0.01	0.18	0.31
股票	60.73	−5.84	65	−7.80	0.20	1.27	−0.08	1.39
债券	28.98	1.06	35	4.79	−0.48	−1.31	0.22	−1.57
现金	10.29	0.38	0.00	0.00	0.32	0.00	0.04	0.36

资料来源：徐颖，刘海龙．基金的投资绩效归因分析及实证研究．系统工程，2006（1）.

根据 2005 年第一季度的数据，包括基金及其股票组合和债券组合在第一季度的配置比例和收益率，对该基金的业绩进行分解。该基金的业绩基准＝国泰君安指数×65%＋上证国债指数×35%。超额收益率是资产配置、选择贡献和交互作用三方面的指标之和。从表中可以看到，该基金的业绩在第一季度跑赢了基准，因为基金收益率高出基准收益率 0.31%，这主要来自资产配置的贡献，即基金的资产比较合理地配置于股票、债券和现金之间，这位基金经理带来了超额收益率。而该基金的股票组合也优于基准，这主要来自个股选择的贡献；相对而言，债券组的业绩劣于基准，表明个债选择有待优化，如果基金经理能够改进个债选择，基金业绩将会更好。

二、评价战略资产配置

首先要明确一点：实现投资目标是投资过程的基本目的，所以对投资过程中各要素的目的作出清晰的表述是对投资过程进行评价的一个关键步骤，也是在基金持有投资组合管理中所要实施的第一步。基金的各种特征应在基金设立之初就进行清晰的规定，如基金管理的总资产价值、主要投资证券的风险等级、基金持续年限和总资产的实际收益率。需要说明的是，在通常情况下，这里的时机收益率是指名义总资产收益率减去通货膨胀率之后的值，同时也要对基金的投资范围及各种资产的投资比率作出规定，并且设定允许实际配置在一定程度上偏离正常配置的适当值，为实际操作提供一定的空间。

而绩效评估的目标集中在三个主要方面：首先，我们需要确定整体资产分布（战略资产配置）在满足长期实际收益率目标方面是否有效，即长期目标设定为估计战略资产配置的效率；其次，评价各资产类别长期权重目标的混合变化对长期收益率目标的影响情况；最后，我们还需要估计基金经理在主要资产类别上的业绩表现，并且通过在各种资产类别内（包括国内权益、国际权益和固定收益证券）的资产选择，使得每一类资产取得相对于该资产类别基准值更高或更低的业绩。

很多投资者会将其长期目标表述为实际投资收益率，即名义收益率减去通货膨胀率，以避免通货膨胀的风险。决定实现计划的这一实际收益率目标的因素是资产配置的有效性。不同类别的资产在不同经济时期会有不同的表现：债券的优势在于通货紧缩时期，通常说来，随着通货紧缩，名义收益率减去通货膨胀之后的业绩表现好，而在通货膨胀期业绩表现不好，所以常常被作为针对通货膨胀进行套期保值的工具。国库券一般提供与通货膨胀率方向一致的收益率；普通股的特性恰恰相反，当经济实际增长势头强劲时，企业投资加大，普通股收益率较高。然而，在针对通货膨胀的套期保值方面，普通股却表现出了混合特性。国际权益通常能够回避一国国内高企的通货膨胀，但它们也更容易受其他经济和政治风险的影响。资产配置的目标就是利用各类资产的优势，对总资产进行合理的配置，使得组合既能够对不利的经济变化进行套期保值（降低风险），同时又能够创造产生长期稳定收益率的机会。

三、评价资产混合变化

在衡量战略资产配置的基础上，我们需要进一步对资产类别进行基金业绩评价，即对于长期资产配置目标，任何资产类别权重变化的效率如何？尤其是在资产类别的权重脱离了长期资产配置目标后，由此导致的业绩变化效果如何？例如，基金在投资国内、国外权益之间的配置是，如果在分析期内基金过多地投资于国际权益而使国内权益的份额相应减少，我们希望知道由此导致的资产持有结构与保持长期资产配置目标相比，基金业绩发生了什么变化。基于这一分析目标，首先我们设定一个参考基准：假定资产权重相对于长期资产配置目标权重没有变化，比较所分析的资产类别获得的收益率与投资组合获得的收益率。然后，我们用所分析资产类别与投资组合之间的差异收益率乘以该资产类别的权重变化率。例如，如果一个投资组合经理认为某年长期债券的风险收益率相互替换性很有吸引力，由此就会在投资组合中加大债券的权重，比如，增加 5 个百分点，那么我们就用 5%乘以长期债券的相对收益或损失来评价资产混合变化的结果。如果在该年度债券比投资组合获得了更高的收益率，我们就会从权重的变化上获益。反之，如果在该年度债券比投资组合获得了更低的收益率，我们就会从权重的变化上遭受损失。

四、对资产类别经理的评价

对于投资基金而言，通常会针对不同种类的投资管理设立多个经理。因此，在进行业绩评价时，我们就需要关注第三个方面：经理们在单一资产类别内的成功程度或者完成该类别投资收益目标的程度，包括在国内权益、国际权益和固定收益证券方面。因此，我们有必要评价单个类别的经理或经理们进行单个证券或行业选择的能力。比较分为如下三种情况：①对国内权益投资部分，评价时可以利用大盘指数这样的市场指数进行比较，以确定整体投资的优劣；②将其他专门从事同样资产类别的证券管理者的业绩作为基础进行比较；③在对系统性因素（如整体经济状况变化和政策变动等因素）影响进行调整后再评价。

五、多因素调整

通常投资收益率产生的过程是多个因素共同作用、相互影响的过程，因此在评价投资经理正确选择证券的能力时，有必要对影响投资回报的各种影响因素做进一步的分析。前面谈及的单因素业绩衡量方法无法解释按照股票特征，如市盈率、股票市值、账面价值比市场价值以及过去的收益等因素进行分类后，各类基金组合收益之间的差异。Lehman and Modest（1987）的多因素模型认为，影响证券收益的因素为市场平均指数收益、股票规模、公司的账面市值比、市盈率、公司前期的销售增长等；Fama and French（1993，1996）在 CAPM 的基础上，认为除了上述因素外，还应该将按照行业特征分类的普通股组合收益率、小盘股收益与大盘股收益率之差（SMB）、高账面市值比组合与低账面市值比组合的收益率之差

（HML）的等作为因素引入绩效评估模型。

因此，在分析投资组合中证券的属性如何影响投资组合的业绩时，我们评价证券属性对一种投资组合潜在增长影响的方法，是计算在投资组合中各个公司预计 5 年期增长率的加权平均值，然后将该加权平均值与作为市场指数所包含公司的预计 5 年期增长率的加权平均值进行比较。相应地，价值通常被认为是增长的伴随物：高增长通常伴随着高价值；低增长通常伴随着低价值。除上述比较方法外，很多投资者还经常用投资组合内的公司市盈率的加权平均值与作为评价标准的公司市盈率的加权平均值比较，以评价投资基金的价值。请注意，投资组合在两类低增长资产上的权重比市场指数的权重低，而在等于及超过 12%增长率的三类资产上的权重比市场指数的权重要高。同样地，投资组合在市盈率最高的两类资产上的权重低于市场指数的权重，而在市盈率较低的三类资产上的权重高于市场指数的权重。投资组合表现出了倾向于高增长和低市盈率的不规则配置性，也许这正好表明以合理的价格购买了超过平均增长水平的资产。

很多投资老手认为，行业部门划分是一个很重要的业绩影响因素。徐颖等（2006）对于德胜稳健基金的投资分析表明，行业也是一个重要的影响因素。对于超额收益贡献最大的行业是医药、交通运输、石化、电力和石油行业；同时，这几个行业也是基金的重仓行业。其中，交通运输和石化行业的超额收益主要来自资产配置贡献，而其他三个行业的超额收益主要来自股票选择。

六、收益率成分综合

最后，我们需要将各种业绩成分，包括资产配置、各资产类别权重变化以及在资产类别内的证券选择综合到一起，并以此对所衡量业绩的基金进行整体业绩评价。同时对这三种业绩成分进行比较，使得我们能确定投资过程中每一种成分的相对贡献，也使我们能够评价该投资过程实现基金整体投资目标的有效性。

【小　结】

投资绩效的衡量对投资者而言非常重要：第一，基金经理能否完成投资设定的目标以及其在投资过程中对风险控制的状况是投资者最关心的问题。第二，以大盘指数及其他被动投资战略作为参考基准，为投资者提供了简单易行的判断投资经理完成投资目标情况的标准。第三，投资绩效的衡量不仅停留在判断过去的投资管理方法是否得当上，同时也为辨别投资过程中的缺陷并对效益不佳的投资活动加以改进提供了不错的机制。在这种意义上，业绩评价不仅是一种评价投资管理价值的方法，也是改进投资管理过程的一种反馈机制。

尽管对过去的绩效进行衡量有益且必要，但我们应该谨慎对待从分析中得出的结论。这源于以下几点：第一，我们所采用的经风险调整后的收益度量是有偏的和不充分的；第二，市场环境是如此的富有竞争性，这使业绩度量技术还不足以清晰地辨认竞争的微弱优势，或至少在短期内如此；第三，任何管理组织也是随着时间的延续而不断变化的，成功的投资过程只能代表过去的成绩，并不能表示将来也是如此。

【练习题】

1. 解释并比较詹森指标与特雷诺比率。

2. 年初基金的净资产价值为 30 元，年末时达到 45 元，到第二年末又变为 42 元，请问该基金每年的收益率是多少？两年期的加权收益率是多少？

3. 为什么在绩效衡量期间的现金流入、流出会使资产组合收益率的测度变得复杂？

4. 第一年初基金甲的价值为 3 亿元，在第二年初，基金获得一大笔申购款 200 万元，第二年末基金的价值为 3.6 亿元，那么两年加权平均基金的收益率是多少？

5. 区别时间加权收益率和货币加权收益率。在什么情况下，货币加权收益率更好？

6. 业绩评定机构通常将某个股票资产组合的收益率与由其他股票资产组合组成的大样本收益率进行比较，这种分析方法潜在的问题是什么？

7. 天成基金是一家普通股共同基金，在过去五年里，该基金与大盘指数的业绩比较如下表所示：

	天成基金	上证综合指数
季度超额收益率平均值	0.58%	0.51%
季度超额收益率标准差	9.62%	6.67%
β值	1.13	1.00

投资者 A 打算在天成基金和另一家以上证综合指数业绩为目标的基金中选择一家进行投资。如果仅仅参考历史业绩进行决策，哪种基金值得推荐？用测度风险调整业绩的不同方法来证明你的结论。

8. 考虑对股票 A 与 B 的两个（超额收益）指数模型的回归结果（见下表），在这段时间内，无风险利率为 6%，市场平均收益率为 14%，对项目的超额收益以指数回归模型来测度。

	股票 A	股票 B
指数回归模型估计	$1\%+1.2\ (r_u-r_f)$	$2\%+0.8\ (r_u-r_f)$
R^2	0.576	0.436
残差的标准差 $\sigma(e)$	10.3%	19.1%
超额收益标准差	21.6%	24.9%

计算每只股票的下列指数：

（1）α 值；

（2）夏普比率；

（3）特雷诺比率。

9. 在下列情况下，哪只股票是最佳选择？

（1）这是投资者唯一持有的风险资产。

（2）这只股票将与投资者的其他债券资产组合混合，是目前市场指数基金的一个独立组成部分。

(3) 这是投资者目前正在分析以便构建一积极的管理型股票资产组合的众多股票中的一种。

10. 我们已经看到了市场择时的威力。因此把用于选股的资源和精力投放到关注市场择时上是明智的吗?

11. 一个传统的观点是，一个人应该在一个完全的市场周期中测度投资者的业绩。怎样评价这一观点? 什么样的论述是与之相矛盾的?

12. 通过大量有相似投资风格的基金经理来评价各自的相对投资业绩，是否可以克服与贝塔值不稳定性或者总体波动性有关的统计方面的问题?

13. 在某年中，无风险收益率为6%，市场组合收益率为14%，一资产组合经理，其组合的贝塔值为0.5，实现的收益率为10%。

(1) 以资产组合的 α 为基础评价该经理。

(2) 根据布莱克–詹森–舒尔斯发现证券市场线过于平缓的事实，重新考虑对阿尔法的回答。

14. 收集我国有影响的基金排名结果，以你从本章所学的知识对这些排名方法和结果予以综合比较和评价。

【参考书目】

[1] Ankrim, Ernest, 1922, "Risk-Adjusted Performance Attribution", *Financial Analysts Journal*, pp. 75-82

[2] Brenson, Gary, Jeffrey Diermeir, Gary Schlarbaum, 1986, "A Complete Portfolio Benchmark for Pension Plans", *Financial Analysts Journal*, March-April, pp. 15-24

[3] Brinson GP, Fachler N., 1985, "Measuring Non-US Equity Portfolio Performance", *Journal of Portflio Management*, pp. 73-76

[4] Fama, Eugene, 1972, "Components of Investment Performance", *Journal of Finance*, June, pp. 551-567

[5] James L. Farrell, Jr., "Is Marketing Timing Likely to Improve Performance?", paper presented at the Spring 1976 seminar of the institute of Quantitative Research in Finance, Scottsdale, AZ.

[6] Jensen, Michael C., 1968, "The Performance of Mutual Funds in the Period 1945—1964", *Journal of Finance*, May, pp. 389-416

[7] Kon, Stanley, 1983, "The Market Timing Performance of Mutual Fund Managers", *Journal of Business*, July, pp. 323-348

[8] 汪光成. 基金的市场时机把握能力研究. 经济研究，2002 (1)

[9] 王聪. 证券投资基金绩效评估模型分析. 经济研究，2001 (9)

[10] 赵坚毅，于泽，李颖俊. 投资者参与和证券投资基金风格业绩的评估. 经济研究，2005 (7)

图书在版编目（CIP）数据

投资学/汪昌云，类承曜，谭松涛编著. --4版. --北京：中国人民大学出版社，2020.7
经济管理类课程教材. 金融系列
ISBN 978-7-300-28300-5

Ⅰ.①投… Ⅱ.①汪… ②类… ③谭… Ⅲ.①投资经济学-高等学校-教材 Ⅳ.①F830.59

中国版本图书馆CIP数据核字（2020）第110085号

经济管理类课程教材·金融系列
投资学（第四版）
汪昌云 类承曜 谭松涛 编著
Touzixue

出版发行	中国人民大学出版社		
社　　址	北京中关村大街31号	**邮政编码**	100080
电　　话	010－62511242（总编室）		010－62511770（质管部）
	010－82501766（邮购部）		010－62514148（门市部）
	010－62515195（发行公司）		010－62515275（盗版举报）
网　　址	http://www.crup.com.cn		
经　　销	新华书店		
印　　刷	北京溢漾印刷有限公司	**版　　次**	2009年9月第1版
规　　格	185 mm×260 mm　16开本		2020年7月第4版
印　　张	22.75	**印　　次**	2020年7月第1次印刷
字　　数	571 000	**定　　价**	49.00元

教学支持说明

1．教辅资源获取方式

为秉承中国人民大学出版社对教材类产品一贯的教学支持，我们将向采纳本书作为教材的教师免费提供丰富的教辅资源。您可直接到中国人民大学出版社官网的教师服务中心注册下载——http://www.crup.com.cn/Teacher。

如遇到注册、搜索等技术问题，可咨询网页右下角在线 QQ 客服，周一到周五工作时间有专人负责处理。

注册成为我社教师会员后，您可长期根据您所属的课程类别申请纸质样书、电子样书和教辅资源，自行完成免费下载。您也可登录我社官网的"教师服务中心"，我们经常举办赠送纸质样书、赠送电子样书、线上直播、资源下载、全国各专业培训及会议信息共享等网上教材进校园活动，期待您的积极参与！

2．赠送"经管之家"论坛币

经管之家（http://www.jg.com.cn）于 2003 年成立，致力于推动经济学科的进步，传播优秀教育资源，做最好的经管教育。目前已经发展成国内最大的经济、管理、金融、统计类在线教育平台，也是国内最活跃和最具影响力的经济类网站。

为了更好地服务于教学一线的任课教师，凡使用中国人民大学出版社经济分社教材的教师，注册成为我社教师会员后，可填写以下信息调查表，发送电子邮件或者邮寄或者传真给我们，我们将会向您赠送经管之家论坛币 200 个。

教师信息表
姓名：
学校：
论坛 ID：
教授课程：
使用教材：
论坛识别码：pinggu_com_1501511_8899768

3．高校教师可加入下述学科教师 QQ 交流群，获取更多教学服务

经济类教师交流群：140105952

财政金融教师交流群：一群：182073309（已满），或二群：766895628

国际贸易教师交流群：162921240

税收教师交流群：119667851

4．购书联系方式

网上书店咨询电话：010-82501766

邮购咨询电话：010-62515351

团购咨询电话：010-62513136

中国人民大学出版社经济分社

地址：北京市海淀区中关村大街甲 59 号文化大厦 1506 室　100872

电话：010 -62513572　010-62515803

传真：010 -62514775

E-mail：jjfs@crup.com.cn